GÜNTHER WEISSE

Totale Überwachung: Staat, Wirtschaft und Geheimdienste

ARES VERLAG

Günther Weiße

Totale Überwachung

Staat, Wirtschaft und Geheimdienste im Informationskrieg des 21. Jahrhunderts

ARES VERLAG

Umschlaggestaltung: DSR – Digitalstudio Rypka/Thomas Hofer, Dobl
Umschlagabb. Vorderseite: Archiv des Verlages (Menwith-Hill-Kuppel)
Umschlagabb. Rückseite, Bild oben: Archiv G. Weiße, Sammlung Traditionsverein Hohenbogen-Kaserne, Bad Kötzing, ehemalige Sammlung Traditionsverein Trier (R-350-M); Bild unten (SAR-Lupe): © OHB-System AG (www.ohb-system.de)
Umschlagabb. oben + Bildnachweis Innenteil: Archiv G. Weiße, Sammlung Traditionsverein Hohenbogen-Kaserne, Bad Kötzing, ehemalige Sammlung Traditionsverein Trier: Bilder S. 21, 23, 128, 231; © OHB-System AG (www.ohb-system.de): Bilder S. 32, 33, 34, 35; Ullstein-Bilderdienst: Bild S. 79; alle anderen Bilder: Archiv des Verlages; Organigramme: G. Weiße

Bibliographische Information der Deutschen Nationalbibliothek
Die Deutsche Nationalbibliothek verzeichnet diese Publikation in der Deutschen Nationalbibliographie; detaillierte bibliographische Daten sind im Internet über http://dnb.d-nb.de abrufbar.

Hinweis:
Dieses Buch wurde auf chlorfrei gebleichtem Papier gedruckt. Die zum Schutz vor Verschmutzung verwendete Einschweißfolie ist aus Polyethylen chlor- und schwefelfrei hergestellt. Diese umweltfreundliche Folie verhält sich grundwasserneutral, ist voll recyclingfähig und verbrennt in Müllverbrennungsanlagen völlig ungiftig.

Auf Wunsch senden wir Ihnen gerne kostenlos unser Verlagsverzeichnis zu:
Ares Verlag GmbH
Hofgasse 5 / Postfach 438
A-8011 Graz
Tel.: +43 (0)316/82 16 36
Fax: +43 (0)316/83 56 12
E-Mail: ares-verlag@ares-verlag.com
www.ares-verlag.com

ISBN 978-3-902475-88-6

Layout: Ecotext-Verlag, Mag. G. Schneeweiß-Arnoldstein, Wien
Gesamtherstellung: Druckerei Theiss GmbH, 9431 St. Stefan
Printed in Austria

Inhaltsverzeichnis

Vorwort

„Die Aufgabe der Politik liegt in der möglichst richtigen Voraussicht dessen, was andere Leute unter den gegebenen Umständen tun werden."[1]

Die asymmetrische Bedrohung sowohl unseres Landes bzw. unserer Partner und Verbündeten durch nachrichtendienstliche Aktivitäten fremder Staaten, als auch Wirtschafts- und Industriespionage sowie die Gewalt terroristischer Gruppierungen und schließlich Bedrohungen, die sich durch auflösende Staaten („failed states") entwickeln und jederzeit mögliche Informationsoperationen[2] auswärtiger Mächte und Gruppierungen nötig machen, erfordern vorausschauende und umfassende Schutz- und Abwehrmaßnahmen. Dieses Buch soll dazu beitragen, die Zusammenhänge zwischen den fortschreitenden technischen Möglichkeiten der Aufklärung mit elektronischen Mitteln und deren Mechanismen durch fremde Nachrichtendienste bzw. die Bedrohungen durch die transnationale organisierte Kriminalität oder Terrorgruppen transparent zu machen.

Staatliche Überwachungsmaßnahmen in allen Bereichen der Kommunikationsbeziehungen werden zukünftig nach Auffassung interessierter Kreise in der Europäischen Union noch verstärkt werden müssen und werden vermutlich tief in die „individuelle informationelle Selbstbestimmung" eines jeden Bürgers eingreifen. Aus Gründen der Sicherheit werden neuerdings mit Unterstützung durch die Europäische Union Systeme entwickelt, die eine gezielte Überwachung auch größerer Menschenansammlungen ermöglichen, was eine entsprechende Reaktion der Überwachungs- und Sicherheitskräfte zur Folge haben wird. Parallel dazu sind in der EU umfassende Maßnahmen zur „technischen Sozialkontrolle"[3] geplant.

Die Vielfältigkeit der Angriffe auf Informations- und Kommunikationssysteme aller Art und deren Abwehr erfordern profunde Spezialkenntnisse. Aus diesem Grunde soll in diesem Werk auf spezielle technische Einzelheiten nur dort eingegangen werden, wo es zum Verständnis der Materie erforderlich ist.

---

1 Otto von Bismarck, zitiert in Emde, H.: Die geheime Nachrichtendienste der Bundesrepublik Deutschland, Bergisch Gladbach 1979.

2 Informationsoperationen (InfoOps) sind „zielgerichtete, räumlich und zeitlich zusammenhängende und aufeinander abgestimmte Maßnahmen zur Beeinträchtigung fremder und Schutz eigener Informations- und Kommunikationssysteme (IKS) einschließlich dazugehöriger Prozesse". Vgl. auch: Teilkonzeption Informationsoperationen der Bundeswehr (TKInfoOPBw Bonn, 17. 2. 2005) sowie www.bundeswehr.de/portal/a/bwde/streitkräfte/transformation, aufgerufen am 15. 3. 2010.

3 Eine überaus weitsichtige Bewertung der künftigen Entwicklungen enthält Miller, A. R.: Der Einbruch in die Privatsphäre, Neuwied und Berlin 1973.

Weiterführende Literatur steht dem interessierten und fachkundigen Leser in einer fast unüberschaubaren Vielfalt zur Verfügung.

Bei der Beschreibung von Nachrichtendiensten und deren Fähigkeiten sowie Aktivitäten musste aus naheliegenden Gründen ausschließlich auf offen verfügbare Informationen aller Art zurückgegriffen werden. Dies gilt insbesondere für Aussagen über deren Struktur sowie die Voraussetzungen und Möglichkeiten der Technischen Aufklärung durch diese Dienste. Die erkennbar werdende Verwischung der Grenzen zwischen Nachrichtengewinnung durch offene Mittel und Methoden sowie die Nachrichtenbeschaffung mithilfe nachrichtendienstlicher Mittel durch fremde, auch befreundete Nachrichtendienste machen es erforderlich, auch die Aktivitäten militärischer Spezialkräfte – Special Operation Forces – in die Betrachtungen über die Gefährdung durch Informationsoperationen mit einzubeziehen. Auch die in den europäischen Nachrichten- und Sicherheitsdiensten neuerdings erkennbar werdende Tendenz, nachrichtendienstliche Aufgaben mit Aufgaben der inneren Sicherheit zu vermischen, stellt einen nicht zu übersehenden Paradigmenwechsel dar, dessen letzte Konsequenzen noch nicht absehbar sind.

In diesem Buch sollen, soweit es die Erkenntnisse[4] aus offenen Quellen zulassen, die Wechselwirkungen zwischen der signalerfassenden (Technischen) Aufklärung (SIGINT), der netzwerkzentrierten Kriegführung (Network Centric Warfare) und der Informationsoperationen sowie die begleitenden Aktivitäten fremder Staaten und Gruppen zur Nachrichtengewinnung und Aufklärung (NG&A) beschrieben werden. Auf die Einzelaspekte der nachrichtendienstlichen Beschaffung und die Gewinnung von Informationen mithilfe menschlicher Quellen (HUMINT) soll im Rahmen des Werkes nur dort eingegangen werden, wo es erforderlich ist. Ein nicht minder wichtiger Aspekt ist die umfassende Telekommunikationsüberwachung durch staatliche Stellen zur Bekämpfung des internationalen Terrorismus und internationaler organisierter Kriminalität. Nicht zuletzt die Überwachung des Zahlungsverkehrs in der Europäischen Union und die Weitergabe der dabei gewonnenen sensitiven Daten wie auch die umfassende Weitergabe von Fluggastdaten an eine ausländische Regierung stimmen bedenklich. Nicht minder bedenklich stimmen Bestrebungen interessierter Kreise in der EU zur Schaffung umfassender, nahezu alle Lebensbereiche abdeckender Datensammlungen und deren künftige Verknüpfung mit bereits bestehenden nationalen und supranationalen Datensammlungen mit dem Ziel der Terrorbekämpfung. Besonders herauszuheben sind die Bestrebungen der EU, Instrumente zur „Erkennung unsozialen Verhaltens“ bzw. zur „Mind-“ und „Crowd Control“ zu entwickeln, um diese Daten in eine umfassende künftige Datensammlung der EU zu integrieren. Dies gilt auch für eine Reihe bereits

4 Die in diesem Werk beschriebenen Sachverhalte beruhen ausschließlich auf Erkenntnissen, die aus offenen, jedermann frei zugänglichen Quellen gewonnen wurden oder offenkundig sind. Auf die entsprechenden Quellen wird im Text hingewiesen. Für die daraus abzuleitenden Folgerungen und Bewertungen trägt ausschließlich der Autor die Verantwortung. Benutzte Quellen wurden, soweit möglich, nach den Vorgaben des Chicago Manual of Style, 14th Edition, zitiert. Sie geben den Informationsstand vom Juli 2010 wieder.

bestehender Datensammlungen in Deutschland und die geplante Errichtung des Elektronischen Einkommensnachweises (ELENA)[5], in dem bereits mehr als 36 Mio. Datensätze erfasst sein sollen.

Nicht zuletzt die unter dem Aspekt des Schutzes vor Pornographie geplanten Internetsperren der EU könnten, falls dies aus Sicht maßgeblicher Kreise in der EU erforderlich sein sollte, auch auf andere Sachverhalte im Internet und möglicherweise auch auf andere Medien ausgedehnt werden. Auch wird die kaum kontrollierbare Sammlung von sensitiven personenbezogenen Daten aller Art durch Wirtschaftsunternehmen und deren Nutzung einen noch nicht absehbaren Einfluss nehmen. Die im Zusammenhang mit der Erweiterung der EU-Grenzagentur FRONTEX geplante Überwachung von Reisebewegungen, die zum Teil in Großbritannien bereits jetzt verwirklicht wurde, ist ein Beispiel für die bisher maßgeblich von Großbritannien[6] inspirierten Überwachungs- und Kontrollmaßnahmen. Nicht zuletzt die im EU-Programm INDECT[7] geplanten umfassenden weiteren Überwachungs- und Kontrollmaßnahmen auf EU-Ebene stellen eine ernsthafte, auch nicht mit Terrorbekämpfung zu begründende Kontrolle aller EU-Bürger dar.

Weiter werden der nicht minder wichtige Aspekt der Industrie- und Wirtschaftsspionage mithilfe von Informationsverarbeitungs- und Kommunikationssystemen und die Schutzmaßnahmen gegen derartige Angriffe behandelt. Dabei spielen auch die Forderungen der Vereinigten Staaten nach ungehin-

---

5 Gegenwärtig (Mai 2010) ist eine Verfassungsklage gegen die Einführung von ELENA beim BGH anhängig, die auch auf die Einführung des Elektronischen Personalausweises ausgeweitet werden soll. Insbesondere der im Elektronischen Personalausweis enthaltene RFID-Chip ist nicht gegen das Auslesen durch Unbefugte gesichert. Dieser Mangel begünstigt auch den jederzeit möglichen elektronischen Identitätsdiebstahl mit unabsehbaren Folgen für den Betroffenen. Daher verfügen amtliche Dienstpässe in Deutschland nicht über den Chip, auf dem biometrische Daten gespeichert sind.

Gegen die im Oktober 2008 eingeführte elfstellige Steuernummer, in der u. a. Name, Anschrift, Religionszugehörigkeit, Geburtsdatum, Geschlecht und die Daten der Ehepartner enthalten sind, wurden vor dem Landgericht Köln bisher 170 Klagen Betroffener eingereicht, die eine Löschung verlangen. Die Steuer-Identifikationsnummer wird vom Bundeszentralamt für Steuern (BZSt) in Bonn verwaltet und könnte, in weitere Dateien integriert, künftig als unverwechselbare Personenkennziffer dienen, vgl.: www.suedddeutsche.de/geld/2.220/steuer-identifikationsnummer

6 Aber hier scheint sich ein Paradigmenwechsel durch die neue Regierung abzuzeichnen, da diese beabsichtigt, die Vorratsdatenspeicherung und andere Maßnahmen zur inneren Sicherheit nicht länger fortzuführen. Großbritannien verfügt derzeit über mehr als 4,5 Mio. Überwachungskameras, deren Einsatz als fragwürdig bezeichnet wird; vgl. www.derstandard.at, 26. 5. 2010.

7 INDECT = Intelligent information system supporting observation, searching and detection for security of citizens in urban environment (dt. etwa: Intelligentes Informationssystem, das Überwachung, Suche und Entdeckung für die Sicherheit von Bürgern in einer städtischen Umgebung unterstützt). Vgl. hierzu in diesem Buch insbesondere die S. 86–91.

dertem Zugang zu den Banktransferdaten[8] Europas eine gewichtige Rolle. Die Bedrohung durch den weltweit vernetzten Terrorismus unter dem Aspekt von religiös und politisch motivierten Terrorangriffen gegen Einzelpersonen, Personengruppen und jederzeit mögliche Informationsoperationen gegen Kritische Infrastrukturen im In- und Ausland sind zu einer elementaren Bedrohung der westlichen Zivilisation mit noch nicht absehbaren Folgen geworden. Dies kann auch für die Bedrohung durch die transnationale organisierte Kriminalität gelten, deren Aktivitäten zu ernsthaften Gefährdungen in vielen Lebensbereichen führen, insbesondere durch Drogenhandel, Korruption, Förderung der illegalen Migration und andere Delikte. Die derzeitigen Konfliktherde in Zentralasien, Afrika und anderen Weltgegenden werden auch die Kommunikationsumwelt nachhaltig beeinflussen.

Wir stehen zu Beginn des 21. Jahrhunderts vor Herausforderungen, hervorgerufen durch die fortschreitende Entwicklung der Waffentechnologie und ihres Einsatzes wie auch durch die Informations- und Kommunikationstechnologie, deren Auswirkungen nicht absehbar sind. Die Reaktion des Staates, nämlich die Überwachungs- und Kontrollmaßnahmen zur Abwehr terroristischer Angriffe beständig auszuweiten, könnte die Demokratie westlicher Prägung nachhaltig verändern.

Seit Erscheinen der ersten Auflage dieses Werkes[9] im Jahre 2007 sind mit Blick auf das Thema Kommunikation tiefgreifende politische und technische Veränderungen zu konstatieren, die aus Sicht des Autors eine vollständige Überarbeitung des Werkes erforderlich machten. Auf die umfassende Darstellung von Schutz- und Abwehrmaßnahmen gegen Angriffe auf Kommunikationssysteme aller Art wurde wegen der Komplexität der Materie bewusst verzichtet, da diese den Rahmen dieses Werkes sprengen würde. Hier wird auf die reichlich verfügbare Fachliteratur zum Thema verwiesen.

---

8 Die Nachrichten- und Sicherheitsdienste der Vereinigten Staaten bemühen sich im Rahmen des „Information Sharing" nachhaltig um Zugriff auch auf andere Datenbestände in der EU, deren letzte Konsequenzen nicht endgültig abgeschätzt werden können.

9 Informationskrieg und Cyberwar: Die unbekannte Gefahr, Stuttgart 2007.

Konturen des Informationskrieges

Neudefinition der Rolle der Nachrichtendienste

Nachrichtendienste bzw. deren Mitarbeiter, Organisationen, eingesetzte Technik und angewandte Verfahren waren und sind noch heute mit der Aura des Geheimnisvollen umgeben. Dies hat sich auch seit dem Ende des Kalten Krieges im Wesentlichen nicht geändert. Misserfolge der Nachrichtendienste werden durch die Presse naturgemäß weit häufiger als deren Erfolge publiziert. Besonders die weltweite und regionale Erfassung eigener und die Aufklärung fremder elektromagnetischer Ausstrahlungen aller Art ist neben dem Einsatz klassischer Nachrichtenbeschaffungs- und -gewinnungsmethoden durch den Einsatz von Agenten und die Abschöpfung offener Quellen in den vergangenen Jahren ein wesentlicher Bestandteil des Auftrages eines jeden nationalen Nachrichtendienstes geworden. Daher unterliegen dessen Personal, Mittel, Verfahren und Methoden zur Nachrichtengewinnung wie auch die besonderen regionalen Interessengebiete und die Ergebnisse der Beschaffung und Gewinnung meist einem besonderen Schutz, um sie vor möglichen Bloßstellungen zu schützen. Deren Folgen können für einen Nachrichtendienst, insbesondere in Krisen und bei kriegerischen Auseinandersetzungen, zu unabsehbaren Konsequenzen führen. Derartige Vorgänge beeinflussen natürlich auch die Partnerbeziehungen eines Nachrichtendienstes so nachhaltig, dass sie durch einen befreundeten Partnerdienst eingeschränkt oder gar gänzlich abgebrochen werden können.

In den letzten Jahren ist zu den klassischen Aufgabenfeldern der nationalen Nachrichten- und Abwehrdienste und der Strafverfolgungsbehörden zunehmend die Überwachung der geschäftlichen und privaten Telekommunikationsbeziehungen hinzugekommen, die eine immer wichtigere Rolle bei der Nachrichtengewinnung und Strafverfolgung durch die nationalen Behörden spielt. Im Verbund mit der staatlichen und privaten Video-Überwachung der öffentlichen und privaten (betrieblichen) Räume und gerichtlich angeordneter Lausch- und Kommunikationsüberwachungsmaßnahmen ergeben sich hier bisher nicht erwartete Ansatzmöglichkeiten der individuellen zielgerichteten Überwachung durch die nationalen Behörden und Dienste. Die Nachrichtendienste fremder Staaten mit entsprechenden technischen Voraussetzungen bedienen sich in den letzten Jahren vermehrt der Möglichkeiten, die ihnen die grenzüberschreitende Überwachung des Fernmeldeverkehrs und die Erfassung elektronischer Ausstrahlungen aller Art bieten. Hinzu kommen die umfassenden Möglichkeiten, die sich aus dem Eindringen in Kommunikations- und Datenverarbeitungssysteme und Rechnernetzwerke, auch befreundeter Staaten, für Nachrichtendienste ergeben. Nachrichtendienste verstanden sich schon immer als nationale

Institutionen, die schon aus Gründen des Eigenschutzes und der Abschirmung vor Angriffsversuchen fremder Nachrichtendienste bestrebt waren und sind, ihre Quellen, Mittel, Methoden und Ergebnisse vor befreundeten Nationen und deren Nachrichtendiensten zu schützen. Dies schloss zeitlich und örtlich begrenzte Zweckbündnisse mit Alliierten während des Kampfes gegen einen gemeinsamen Gegner, so zum Beispiel zwischen den USA und Großbritannien während des Zweiten Weltkrieges im Rahmen der Operation ULTRA, grundsätzlich nicht aus. Aber auch hier wurden nicht alle Ergebnisse zwischen den Partnern vollständig ausgetauscht.

Diese Politik wurde auch nach dem Ende des Zweiten Weltkrieges durch die beteiligten Nationen fortgesetzt und fand in dem zwischen den USA und Großbritannien in den 1940er Jahren geschlossenen UKUSA-Agreement seinen Niederschlag. Das später andere Nationen, so zum Beispiel Kanada, Australien und weitere Nationen, diesem Übereinkommen beitreten konnten, änderte nichts an der eingeschränkten Weitergabe von Informationen durch die Dienste der Vereinigten Staaten und Großbritanniens, die besonders aus der Fernmeldeaufklärung (COMINT) gewonnen werden konnten. Hierbei handelte es sich im Wesentlichen um die Zugangsmöglichkeiten westlicher SIGINT-Dienste in die geschlossenen, hochrangigen Kommunikationsverbindungen zwischen Regierungs- und Parteidienststellen, die Kommunikation der Nachrichtendienste und die militärischen Führungsverbindungen von operativer und strategischer Bedeutung des damaligen Warschauer Paktes. Dies schloss jedoch nicht aus, dass sich die westlichen SIGINT-Dienste auch für die Kommunikation blockfreier befreundeter und neutraler Staaten interessierten. Auch im vergangenen Kalten Krieg galt dieses Prinzip zwischen Partnerdiensten, das, soweit aus offenen Quellen ersichtlich, auch heute noch unverändert in Kraft ist. Diese rigorose Politik der Geheimhaltung der Mittel, Methoden und Ergebnisse kann auch heute noch beobachtet werden und gilt weiterhin für Teilergebnisse der Kryptologie aus dem Zweiten Weltkrieg.

Auch nach Ende des Kalten Krieges sind die Nachrichtendienste und ihre Fähigkeiten wichtiger denn je für die Gewinnung und Beschaffung von Informationen aller Art und dienen damit auch der Früherkennung möglicher krisenhafter Entwicklungen, sofern die Erkenntnisse der Dienste durch die jeweilige politische Führung akzeptiert und in entsprechende Reaktionen umgesetzt werden. In Krisen und im Krieg sind die Nachrichtendienste, insbesondere deren Fähigkeiten zur Technischen Aufklärung, das einzige Instrument, das in der Lage ist, Informationen zeitgerecht zu beschaffen.

Mit dem Anwachsen terroristischer Gewalttaten, besonders durch islamistisch gesteuerte Terrorbewegungen, begann sich das Bedrohungsbild, mit dem sich die westliche Welt plötzlich konfrontiert sah, zu wandeln. Nicht erst mit dem 11. September 2001 war eine neue Situation entstanden, die ein radikales Umdenken und eine Reorganisation der Nachrichtengewinnung und -beschaffung durch die westlichen Dienste erforderte. Damit war der Kalte Krieg endgültig beendet und das Zeitalter des „Informationskrieges“ hatte begonnen.

Nach wie vor spielen sowohl Ressortegoismen als auch interne Verteilungskämpfe zwischen den nationalen Nachrichten- und Sicherheitsdiensten eine entscheidende Rolle. Auch zeigte sich bei den meisten westlichen Diensten sehr bald, dass diese bei der Auswertung der täglich eingehenden Informationen an die Grenzen der Auswertekapazität gelangten, und zwar sowohl was den Einsatz qualifizierter Auswerter, insbesondere mit Fremdsprachenkenntnissen, als auch was den Einsatz technischer Hilfsmittel betraf. Hier war das Ausmaß des „Information Overload“ unübersehbar. In der Folgezeit entwickelten insbesondere die Nachrichten- und Sicherheitsdienste der Vereinigten Staaten eine Vielzahl von Programmen zur besseren Auswertung der eingehenden Informationen. Ob diese allerdings erfolgreich waren, muss bezweifelt werden. Besonders die seit einigen Jahren zu beobachtende Vernetzung der Sensoren im militärischen Bereich bis hin auf die Ebene des „Einzelschützen“ unter dem Stichwort „Situational Awareness“ wird den Einzelnen in einer Weise belasten, die es ihm in einer Kampfsituation nahezu unmöglich machen wird, seinen Auftrag durchzuführen. Es besteht kein Zweifel, dass derartig umfassende Informationen auf höheren Ebenen der militärischen Führung zur Entscheidungsfindung unbedingt notwendig sind. Allerdings sollte hier auch die menschliche Aufnahmefähigkeit mit in Betracht gezogen werden. Je mehr Informationen vorliegen, um so schwerer wird es dem Auswerter/Feindlagebearbeiter im Nachrichtendienst fallen, genau die für den Ausgang des Gefechts entscheidenden Informationen aus der Vielzahl der zur Verfügung stehenden Informationen, zudem noch unter Zeit- und Entscheidungsdruck, herauszufiltern. Es sind auch Zweifel angebracht, ob die in den Nachrichtendiensten und Sicherheitsbehörden aus der Kommunikationsüberwachung und sonstigen Datensammlungen anfallenden Daten tatsächlich erforderlich sind und auch dementsprechend genutzt werden können. Hier werden die Dienste bald an technische Grenzen stoßen. Auch hier wäre weniger mehr, wenn sich die Überwachungsmaßnahmen gezielt gegen Terrorismusverdächtige oder tatsächliche Terroristen richten würden. Die Aufgaben der Nachrichten- und Sicherheitsdienste können wie nachfolgend umrissen werden:

- **Strategischer Nachrichtendienst:** Beschaffung und Gewinnung von Informationen und Gewinnung von Erkenntnissen mit langfristiger Bedeutung aus den Interessengebieten und Bereichen für die politische und militärische Führung.
- **Operativer Nachrichtendienst:** Beschaffung und Gewinnung von aktuellen Informationen zu politisch, militärisch und wirtschaftlich bedeutsamen Themen aus regional begrenzten Bereichen.
- **Militärischer Nachrichtendienst:** Beschaffung und Gewinnung von aktuellen Erkenntnissen zur Wehrlage fremder Staaten, zur Sicherheitslage im eigenen Bereich und den Einsatzgebieten, und zwar sowohl im operativen als auch im taktischen Bereich. Dies schließt naturgemäß auch die Bearbeitung strategischer, operativer und taktischer Probleme mit ein.
- Im zivil geführten **Bundesnachrichtendienst** (BND) werden sowohl Aufgaben der Nachrichtenbeschaffung mit nachrichtendienstlichen Mitteln und Methoden, der Nachrichtengewinnung mit technischen Mitteln und aus offenen Quellen, sowohl auf der strategischen als auch auf der operativen Ebene, als auch militärische Nachrichtenbeschaffung und -gewinnung

wahrgenommen. Insbesondere in den Einsatzgebieten der Bundeswehr führt dies zu einer Verwischung der Grenzen zwischen zivilem und militärischem Nachrichtendienst, wie das jüngste Ereignisse in Afghanistan gezeigt haben. Hier haben offenbar sowohl Kräfte des Nachrichtendienstes als auch Kräfte der militärischen Nachrichtengewinnung und Aufklärung (NG&A) kooperiert.

- **Abwehr- und Sicherheitsdienste:** Die meist ziviler Führung unterstellten Abwehr- und Sicherheitsdienste nehmen vorwiegend Aufgaben der Spionageabwehr und den Schutz des Staates gegen Subversion, Zersetzung und Wirtschaftsspionage wahr. In Einzelfällen sind diese Dienste auch an die nationalen Strafverfolgungsbehörden angegliedert.
- Als Sonderfall können das **Bundesamt für Verfassungsschutz** und die entsprechenden **Landesämter oder Landesbehörden für Verfassungsschutz** in Deutschland betrachtet werden, da in Deutschland aus historisch bedingten Gründen ein Trennungsverbot zwischen Strafverfolgungsbehörden und Nachrichtendiensten besteht. Allerdings sind Bestrebungen erkennbar, dieses Trennungsgebot zwischen Nachrichten- und Sicherheitsdiensten einerseits und den Strafverfolgungsbehörden andererseits im Rahmen der Terrorbekämpfung zu relativieren. Zum klassischen Auftrag der nationalen Abwehr- und Sicherheitsdienste gehören die Gewinnung und Beschaffung von Erkenntnissen zur Sicherheitslage. Aspekte der Spionageabwehr (Counter Intelligence) sind dabei besonders zu berücksichtigen, jedoch werden derartige Funktionen in der Regel durch gesonderte nationale Dienste wahrgenommen, die jedoch bei den jeweiligen Nachrichtendiensten auf enge Zusammenarbeit angewiesen sind. In den letzten Jahren wurden die Nachrichten- und Sicherheitsdienste wie auch die klassischen Polizeibehörden vermehrt in die Bekämpfung des internationalen Terrorismus und der internationalen organisierten Kriminalität mit eingebunden. Daneben gewinnen und beschaffen andere Zweige der staatlichen Verwaltung, wie Finanzaufsicht oder Steuer- und Zollbehörden, Informationen zu Personen und Sachverhalten, um diese gegebenenfalls in Ermittlungsverfahren einzuführen. Dabei hat die Kommunikationsüberwachung in den letzten Jahren an Bedeutung gewonnen, insbesondere, wenn Informationen aus der Kommunikationsüberwachung mit bereits vorhandenen Daten von mehr oder minder Betroffenen zusammengeführt und ausgewertet werden. Die Europäische Union verstärkt auf Druck interessierter politischer Kreise, hier insbesondere Großbritanniens und der USA, hin zu einer totalen Informationskontrolle und Überwachung der Bevölkerung. Auf die rechtliche Problematik bei der Bearbeitung von Fällen von Gegenspionage durch Strafverfolgungsbehörden (Legalitätsprinzip und Trennungsgebot) sei hier besonders hingewiesen.

In den letzten Jahren haben insbesondere die Sicherheitsbehörden bei der Gewinnung von Informationen vermehrt auf die Kommunikationsüberwachung zurückgegriffen, ohne dass bisher endgültig der Beweis erbracht werden konnte, dass die Kommunikationsüberwachung tatsächlich als taugliches Mittel zur Abwehr von terroristischen Straftaten gelten kann.

Allein der aus der künftigen Vorratsdatenspeicherung zu erwartende Umfang von Daten wird die Behörden bald an die Grenzen ihrer Auswertefähigkeit führen.

Dieses Werk widmet sich vor allem den Interdependenzen zwischen der Gewinnung von Nachrichten aller Art[10] mithilfe technischer Mittel, sei es durch Elektronische Aufklärung (Electronic Intelligence)[11], signalerfassende Aufklärung (SIGINT), Fernmeldeaufklärung (COMINT), Kommunikationsüberwachung (Lawful Interception) und, soweit erforderlich, durch Beschaffung von Informationen mithilfe menschlicher Quellen (HUMINT)[12] im Rahmen der Nachrichtengewinnung und Aufklärung (NG&A) durch nationale Nachrichten- und Sicherheitsdienste sowie überstaatliche Einrichtungen. Soweit erforderlich wird auch auf die raumgestützte abbildende (geographische) Aufklärung eingegangen. Besonders berücksichtigt werden Informationsoperationen im Rahmen der netzwerkzentrierten Kriegführung (netzwerkzentrierte Operationen [NetOpFü]) sowie der Business Intelligence[13] und die Kommunikationsüberwachung durch die Nachrichten- und Sicherheitsdienste. Dabei sollen auch Problemstellungen der „vernetzten Sicherheit" nicht außer Acht gelassen werden. In diesem Zusammenhang werden auch Kritische Informationsinfrastrukturen und deren Bedeutung für die Funktion des Staates und der Wirtschaft betrachtet. Dort wo erforderlich wird auch auf die besondere Rolle militärischer und paramilitärischer Spezialeinsatzkräfte eingegangen.

Aktionsfelder des Informationskrieges

Im Bereich des Nachrichtenwesens (Intelligence)[14] und der elektronischen Aufklärung kursiert eine Vielfalt von Begriffen und Bezeichnungen für gleichartige Tätigkeiten. Soweit möglich, wurde die nationale Terminologie für Begriffe

---

10 In diesem Zusammenhang sind Nachrichten mit dem Begriff Informationen gleichzusetzen.

11 Einen guten Überblick über die komplexe Materie gibt Grabau, R.: Funküberwachung und Elektronische Kampfführung, Stuttgart 1986. Das Werk enthält die grundlegenden Informationen zur Technik und zu den Verfahren der Fm/EloAufkl (Signals Intelligence).

12 Im Kontext hierzu soll auf die umfangreiche Literatur zur Spionage und zu nachrichtendienstlichen Operationen verwiesen werden, da eine Behandlung dieses Themas den Rahmen des Werkes sprengen würde.

13 Hier als Sammelbegriff für staatlich gelenkte Wirtschafts- und Konkurrenzspionage verstanden.

14 Im anglo-amerikanischen Sprachraum ist hierfür der Begriff „Intelligence" gebräuchlich. Zu Recht weisen Paul Todd und Jonathan Bloch in ihrem Buch „Globale Spionage" (Berlin 2003) daraufhin hin, dass der Begriff im Deutschen keine Entsprechung hat: „*Intelligence* geht weit über die Arbeit … der Geheimdienste hinaus und umfaßt ebenso den Bereich der militärischen Aufklärung sowie die Arbeit staatlicher und nichtstaatlicher Organisationen." Allgemein kann mit Todd und Bloch gesagt werden, dass Intelligence „Informationen mit einem Bezug zur nationalen Sicherheit" betrifft, die „zur Bekämpfung eines tatsächlichen oder auch nur potentiellen Gegners erforderlich sind"; vgl. S. 12–18.

des Nachrichtenwesens verwendet. Nachfolgende Definitionen sollen vorab zur Klärung der Begriffe beitragen:

Elektronische Kampfführung (Electronic Warfare)

umfasst ohne Rücksicht auf die Art der Kommunikationsbeziehung alle Maßnahmen der Aufklärung, Unterstützung, Gegen- sowie Schutzmaßnahmen im gesamten elektromagnetischen Spektrum. Das können zum Beispiel Funk, drahtgebundene Verbindungen, Lichtwellenleiter, Rechner, Netzwerke, Bündelfunk aller Art einschließlich UTMS GMRS, GPRS sowie TETRA, TETRA 25, TETRAPOL, Fernwirkanlagen, Wireless Local Area Networks (WLAN) und ähnliche Anwendungen sein. Dies betrifft auch funkgebundene militärische und zivile Führungssysteme aller Art (Luftverteidigung, militärische Ortungs- und Leitsysteme wie auch Systeme der Sicherheitsbehörden und des Katastrophenschutzes in der zivilen und militärischen Flugsicherung u. a.).

Elektronische Aufklärung (COMINT/ELINT/SIGINT),

kurz ELINT (Electronic Intelligence), hat die Aufgabe, Strahlungsquellen zu orten, zu identifizieren, technische Parameter zu evaluieren und im Verbund mit der Fernmeldeaufklärung die Erstellung von Nutzungs- und Bewegungsprofilen zu ermöglichen; so zum Beispiel die Ortung eines Mobiltelefons, die Identifizierung und Auswertung der Nachrichteninhalte und damit auch die Identifizierung des möglichen Nutzers und seiner Kommunikationsbeziehungen oder das Erstellen von Aktivitäts- und Bewegungsprofilen. Auch ist durch Manipulation des Mobiltelefons das Abhören von Gesprächen, auch bei scheinbar abgeschaltetem Mobiltelefon, technisch möglich. Die Erfassung technisch/betrieblicher Parameter bei drahtlosen (Local Area Network [LAN], Wide Area Network [WAN], Mobiltelefon) und anderen Anwendungen sowie die parasitäre Abstrahlung von Informations- und Kommunikationsanlagen richtet sich nach den örtlichen Gegebenheiten. In derartigen Fällen ist jedoch ein größerer professioneller Aufwand im technischen Bereich notwendig und erfordert Nähe zum Aufklärungsobjekt. Unabhängig hiervon können auch mit relativ einfachen Mitteln einzelne WLAN-Hot Spots identifiziert, deren Kommunikationsbeziehungen erfasst und die Inhalte ausgewertet werden.

Die Fernmeldeaufklärung[15] erfasst Kommunikationsbeziehungen und elektronische Strahlungen sowie Kommunikationsinhalte aller Art im gesamten derzeit nutzbaren Frequenzspektrum ohne Rücksicht auf das verwendete Medium (Funk, Draht, Lichtwellenleiter) und klärt sie auf. Zu unterschieden ist also zwischen:

- COMINT = Communications Intelligence = Fernmeldeaufklärung
- ELINT = Electronic Intelligence = Elektronische Aufklärung

---

15 Jertz, W., in: BND: Information Warfare – Kampf mit und um Informationen, Bonn 2003, S. 40.

- SIGINT = signalerfassende Aufklärung = nachrichtendienstliche Informationsgewinnung, beispielsweise aus abgehörten Funksignalen; dt.: Fernmelde- und Elektronische Aufklärung (COMINT/ELINT)

Elektromagnetische Ausstrahlungen[16] aller Art können mit geeigneten technischen Mitteln und Methoden jederzeit gesucht, erfasst, analysiert und ausgewertet werden und vermitteln damit ein Bild der technischen Möglichkeiten, Fähigkeiten und Absichten eines möglichen zivilen, terroristischen, kriminel-

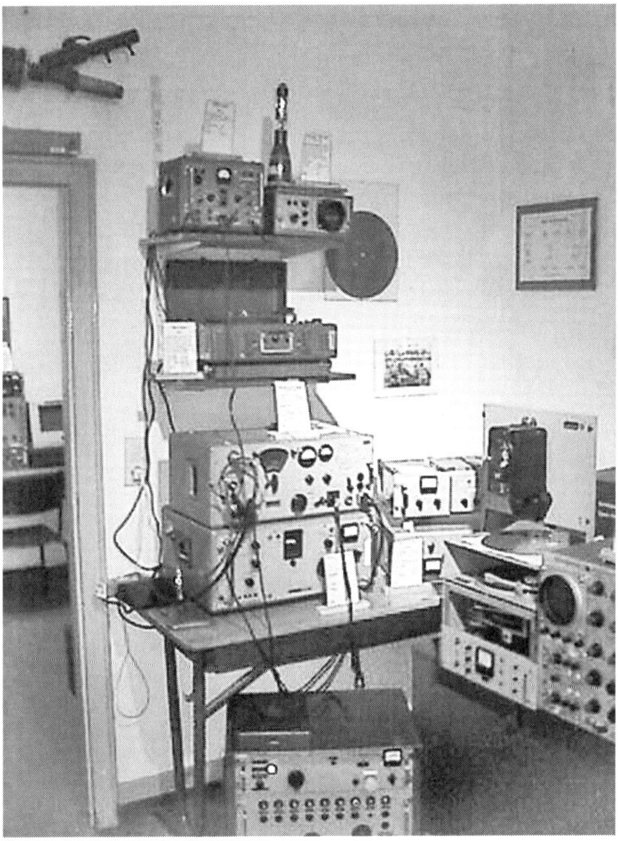

COMINT-Arbeitsplatz mit Empfänger Telefunken UK 80–160 MHz, Rohde und Schwarz 80–230 MHz, Assmann-Tonschreiber, Zeitgeber; im Einsatz bis Anfang der 1980er Jahre (Einführung der VKEA); danach noch an einzelnen Spezialerfassungsplätzen und im mobilen Einsatz

len, staatlichen oder militärischen Gegenübers. Dies gilt für den Frieden, für Spannungszeiten und militärische und bürgerkriegsähnliche Konflikte aller Art. In Friedenszeiten liegt das Schwergewicht derartiger Aktivitäten auf der Gewinnung von Informationen über technische Verfahren der Nachrichtenübermittlung, deren Verarbeitung, den politischen, militärischen und wirtschaftlich bedeutsamen Nachrichteninhalten selbst und ihrer weiteren Verarbeitung innerhalb der Systeme möglicher Gegner und auch befreundeter Nationen durch meist staatliche Stellen der jeweiligen Nachrichtendienste. Zusätzlich sind durch

16 Department of Defense (DOD), Joint Publication 3–13, Informations Operations, 13. 2. 2006, S. IX, Washington, D. C. (U), unclassified.

diese Dienste Informationen über die gesamte elektronische Umwelt – insbesondere der technischen und betrieblichen Parameter in Interessengebieten der politischen Führung und in möglichen künftigen Konfliktregionen, die einen Einsatz eigener Kräfte erwarten lassen – zu sammeln, um sie im Bedarfsfalle zum Schutz eigener Kräfte anwenden zu können. Damit dient die Sammlung elektronischer Ausstrahlungen und deren zielgerichtete Auswertung durch die Nachrichtendienste auch der strategischen Überwachung möglicher künftiger Konfliktregionen und sonstiger, die Nachrichtendienste interessierende Aufgabenfelder. Ein weiterer Aspekt der zielgerichteten Erfassung elektronischer Ausstrahlungen ist die Gewinnung von umfassenden Erkenntnissen über die Systemarchitektur und Schwachstellen derartiger ziviler und militärischer Systeme. Damit hat die Erfassung und Auswertung elektronischer Ausstrahlungen aller Art durch staatliche Stellen in den letzten Jahren ein Ausmaß angenommen, das nicht absehbar war und in einigen Teilbereichen bereits zur totalen Telekommunikationsüberwachung geführt hat.

Die Fernmeldeaufklärung (COMINT) ist *das* klassische Instrument für die Aufklärung von Verkehrsbeziehungen, Nachrichteninhalten und – im Verbund mit Maßnahmen der elektronischen Aufklärung – für die Ortung, Identifizierung und Klassifizierung von Strahlungsquellen aller Art im elektromagnetischen Spektrum, insbesondere aber für den Einsatz von Funkanwendungen jeder Art. Durch die Bemühungen der Nachrichten- und Sicherheitsdienste, insbesondere in den Vereinigten Staaten und der Europäischen Union, beginnen sich in letzter Zeit die Grenzen zwischen militärischer/nachrichtendienstlicher Fernmelde- und Elektronischer Aufklärung und der Kommunikationsüberwachung durch Nachrichten- und Sicherheitsdienste sowie Strafverfolgungsbehörden zu verwischen. Auch werden im Rahmen des All Source Management[17] vermehrt Erkenntnisse, die aus der Kommunikationsüberwachung leitungsgebundener Kommunikation oder der Nutzung der mobilen Kommunikation sowie aus umfangreichen nationalen behördlichen Datensammlungen stammen, in die Auswertung durch Nachrichten- und Sicherheitsdienste sowie den Straf- verfolgungs- und Steuerbehörden mit einbezogen.

Elektronische Gegenmaßnahmen,

engl. Electronic Countermeasures, werden offen (in der Regel nur bei militärischen Anwendungen) und verdeckt angewendet und verfolgen die Absicht, die Nutzung des elektromagnetischen Spektrums zu erschweren oder unmöglich zu machen. Sie werden in diesem Buch nur dann behandelt, wenn sie unmittelbaren Einfluss auf die Fernmelde- und Elektronische Aufklärung haben. Eigene Gegenmaßnahmen gegen die Wirkung gegnerischer Elektronischer Gegenmaßnahmen werden als Electronic Counter-Countermeasures (ECCM) bezeichnet.

17 Einen zusammenfassenden Überblick über die Problematik der All Sources Intelligence vermittelt der Beitrag von Werren K. & Fartab, K.: All Sources Collection – Kernstück eines leistungsfähigen Nachrichtendienstes, All Sources, Zimmerwald CH, April 2010.

SIGINT-Analyse-Platz, FmEloAufklLw in den grenznahen Erfassungstürmen, Mitte der 1980er Jahre UHF/SHF-Bereich

Elektronische Schutzmaßnahmen,

engl. Electronic Support Measures (ESM), haben den Schutz eigener Ausstrahlungen zum Ziel und sollen die Aufklärung durch Dritte erschweren oder unmöglich machen. Der Aspekt der Täuschung/Irreführung im Rahmen der Elektronischen Schutzmaßnahmen verdient künftig besondere Beachtung, da die eigene IT-Umwelt für derartige Maßnahmen als extrem anfällig betrachtet werden muss.

Lawful Interception: Grundlagen der Kommunikationsüberwachung

Bereits seit den 1990er Jahren, als die Existenz des globalen US-Kommunikationsüberwachungssystems Echelon durch eine Studie der Europäischen Union bekannt wurde, haben sowohl die Vereinigten Staaten als auch die Europäische Union ihre Bemühungen ausgeweitet, die weltweite Telekommunikation unter Kontrolle zu bringen. Neben dem vom FBI zur Kommunikationsüberwachung eingesetzten System Carnivore (DCS 1000)/Magic Lantern) wurden auch durch die NSA entsprechende Systeme zur weltweiten Kommunikationsüberwachung eingesetzt. Es ist davon auszugehen, dass Erkenntnisse, die mit militärischen Systemen gewonnen wurden, in die Datenbestände der Sicherheitsbehörden der USA mit eingeflossen sind. Das im Verbund des FBI und europäischer Strafverfolgungsbehörden seither eingesetzte System wird als ENFOPOL bezeichnet und basiert auf den Grundlagen des ILETS-Protokolls, das bereits früher verabschiedet worden war. Im Jahre 2001 wurde die Ratsentscheidung der EU zur

Lawful Interception des Kommunikationsverkehrs verabschiedet (9194/Limite ENFOPOL 55 ECO 134), in der die technischen und rechtlichen Einzelheiten festgelegt wurden. Unter Lawful Interception wird hier die gesetzeskonforme Überwachung von Telekommunikationsnetzen und -diensten verstanden. In der Richtlinie ES201-671 (ETSI-Standards) wurde diese nochmals den technischen Gegebenheiten für die Einrichtung länderübergreifenden Schnittstellen angepasst. Daneben hat die EU unter vorwiegend britischem Einfluss die Richtlinien[18] für die Langzeitspeicherung von Kommunikationsdaten aller Art beschlossen. In das System der Kommunikationsüberwachung sind auch Maßnahmen der Überwachung der Reisebewegungen von Einwohnern des EU-Raumes, des Grenzübertritts und der Registrierung von Ausländern eingebunden. Im Rahmen bilateraler Übereinkommen von Einzelstaaten der EU und der USA wird eine Vielzahl von personenbezogenen Daten an die Sicherheitsbehörden der USA übermittelt.

Computerforensik in der Telekommunikationsüberwachung[19]

Nicht erst seit der Veröffentlichung eines bekannten deutschen Magazins im April 2009 über den bereits seit 2007 bekannten Einsatz eines Computer Forensic Tools durch das Federal Bureau of Investigations (FBI) der Vereinigten Staaten sind derartige Verfahren sowohl in den USA als auch in Europa (zum Beispiel auch der geplante „Bundestrojaner" in Deutschland) im Einsatz. Die gegenwärtige Diskussion über die Erfassung von Nutzern des Internets, die auf „Stoppschild-Seiten" landen, zeigen die vielfältigen Möglichkeiten derartiger Systeme. Aus einer Reihe von kommerziellen Entwicklungen zum Zwecke der forensischen Datenanalyse wurden vorwiegend in den USA – unter anderem CIPAV (Computer and Internet Protocol Address Verifier), daneben noch eine Reihe weiterer Systeme –, aber auch in Großbritannien, Frankreich und in Deutschland entsprechende Systeme sowohl für die Sicherheits- und Nachrichtendienste als auch für die Strafverfolgungsbehörden entwickelt, die einen Echtzeit-Zugriff auf computergestützte Kommunikation aller Art erlauben. Hierbei werden die Diensterbringer ebenso eingebunden wie die nationalen Fernmeldebehörden.

Britische Schätzungen vom April 2009 rechnen mit Kosten in Höhe zwei Milliarden britischen Pfund für die Errichtung und den Betrieb eines derartigen Kommunikationsüberwachungsnetzwerkes in Großbritannien. In diesem System sollten alle Kommunikationsverbindungsdaten erfasst und nach dem Willen der britischen Regierung in einem zentralen Register für unbestimmte Zeit verfügbar gehalten werden. Von dieser Absicht wurde nach neuesten Erkenntnissen wieder abgerückt. Geplant ist nun, die Informationen in unterschiedlichen Dateien durch die Diensterbringer (Provider) zu erfassen und für 12 Mo-

18 Data Retention Directive (EC-Directive) v. 26. 7. 2007.

19 Gegenwärtig ist eine Vielzahl von Forensischer Software für unterschiedliche Aufgabenstellungen auf dem Markt verfügbar, so dass hier auf die reichlich vorhandene Literatur verwiesen werden kann. Vgl. auch: Top Secret, Teil 3, 2007, Phönix v. 2. 6. 2010, 21.15 Uhr.

nate vorzuhalten. Als beispielhaft sei hier das britische Online-Werbesystem PHORM erwähnt, das es erlaubt, die Bewegungen eines Internet-Teilnehmers ohne dessen Wissen zu protokollieren und das mit Billigung von British Telecom bereits zur Überwachung der Internet-Nutzer eingesetzt wurde.

Der Umfang der auf dem Markt verfügbaren Computer Forensic Tools und den daraus adaptierten Überwachungssystemen des Internets und anderer Kommunikationsnetze für staatliche Stellen ist unübersehbar und kann aus naheliegenden Gründen nur abgeschätzt werden. Es ist davon auszugehen, dass die Behörden mit Methoden der Social Network Analysis und Data-Mining-Applikationen sowohl die Internet-Kommunikation als auch Chatrooms, Blogs und Social Networks auf verwertbare Informationen hin untersuchen. Jüngst haben die US-amerikanischen Beschaffungsbehörden entsprechende Aufträge zur Entwicklung neuer Systeme (u. a. C2C-SIGINT) erteilt, die im Rahmen des Information Sharing Environment (ISE) durch die Nachrichten- und Sicherheitsdienste der USA und deren ausgewählte Partner die Erkenntnisgewinnung in den Nachrichten- und Sicherheitsdiensten verbessern sollen. Daneben arbeiten die Dienste der USA an Systemen, die den unbemerkten Zugriff auf Rechner im Rahmen des Remote Forensic Access[20] verbessern sollen. Damit werden unbemerkte Zugriffe auf Festplatten und die entsprechende Rechnerumgebung erleichtert, ohne dass deren Urheber bekannt wird. Damit sind derartige Operationen auch in „politisch sensitiven Ländern“, die einen direkten Zugriff auf die Systeme nicht erlauben, möglich. Derartige Systeme sollen bei den Strafverfolgungsbehörden Großbritanniens bereits im Einsatz sein. Hierzu wurde in Großbritannien ein Forensic Incident Management Service (FIMS) gebildet, der ständig verfügbar ist und im Bedarfsfalle sofort eingesetzt werden kann.

Die netzwerkzentrierte Kriegführung[21]

Nach dem Verständnis der Planer im US-Verteidigungsministerium[22] umfasst der Begriff Network Centric Warfare (NCW) den „netzwerkzentrierten militärischen Ansatz für das Informationszeitalter“. Studien haben gezeigt, dass die Nutzung von Netzwerken Streitkräfte befähigt, eine Reihe unterschiedlicher Aufträge durchzuführen, die durch nichtnetzwerkangebundene Kräfte nicht durchgeführt werden könnten. Netzwerkzentrierte Kriegführung nutzt Datenverarbeitungssysteme und Kommunikationsverbindungen, um unterschiedliche Nutzer im Rahmen des Datenflusses, der von der Interoperabilität der bestehenden Systeme abhängt, zu verbinden. Netzwerkzentrierte Kriegführung nutzt die Zusammenarbeit und gemeinsame Teilhabe an Informationen, um so

---

20 Fernforensischer Zugriff.

21 In Deutschland als „Vernetzte Operationsführung“ (NetOpFü) bzw. in Großbritannien als „Network Enabled Capabilities“ bezeichnet.

22 Wilson, C.: Network Centric Warfare: Background and Oversight Issues for Congress, S. 2, CRS Report for Congress, Congressional Research Service, The Library of Congress (RL 32411), Washington, D. C., June 2004.

sicherzustellen, dass alle verfügbaren Hilfsmittel dem Befehlshaber während der Kampfoperationen zur Verfügung stehen. Die nationale Beschaffungspolitik ist bestrebt, dass die ökonomische Effizienz durch die Vermeidung von Engstellen und unterschiedlicher Interessen, Eliminierung des Einsatzes nichtredundanter Systeme und Beachtung der Interoperabilität der Systeme gewahrt ist. Die Ziele der netzwerkzentrierten Kriegführung enthalten:

- Selbstsynchronisierung oder „das zu tun, was zu tun ist, ohne auf herkömmliche Befehle zu warten",
- verbessertes Verständnis der Intentionen höherer Kommandoebenen;
- verbessertes Verständnis der operationellen Situation auf allen Kommandoebenen;
- verbesserte Fähigkeiten der kollektiven Wahrnehmung der Situation aller US- und verbündeter Streitkräfte, um den „Nebel und die Anspannung während des Kampfes" zu reduzieren, auf den in allen Kampfschilderungen besonders hingewiesen wird.

Damit ist die netzwerkzentrierte Kriegführung wichtiger Teil der Transformation konventioneller Streitkräfte, um den „asymmetrischen Bedrohungen"[23] des 21. Jahrhunderts angemessen begegnen zu können.

Computernetzwerkoperationen, engl. Computer Network Operations, kurz CNO, sind integraler Bestandteil von Informationsoperationen (InfoOps) mit speziellen Applikationen zum Einwirken[24] auf andere Computer und Computernetzwerke. Die Computer Network Operations umfassen damit Aktivitäten, die gegen die Verfügbarkeit, Vertraulichkeit und Integrität fremder und gegnerischer Systeme und Netzwerke gerichtet sind. Diese Maßnahmen sind auch die Basis für die Abwehr von Angriffen auf eigene Systeme und Netzwerke durch Dritte. Damit werden die eigenen Fähigkeiten zur netzwerkzentrierten Operationsführung, vorwiegend im militärischen Bereich, gestärkt. Grundlegende Voraussetzung für Computer Network Operations (CNO) sind fundierte Erkenntnisse über eigene, fremde und gegnerische informationsverarbeitende Systeme, Netze, Infrastrukturen sowie über die in derartigen Systeme und Netzen verfügbaren Informationen. Computer Network Operations (CNO) können in folgende Teilbereiche untergliedert werden:

- Verteidigung von Computern und Computernetzwerken – Computer Network Defense (CND);

23 Ackerman, R. K.: Asymmetric Missile Threats Loom on Horizon, S. 9, AFCEA SIGNAL, Fairfax, VA, Oktober 2005

24 Einwirken bedeutet in diesem Zusammenhang das elektronische Eindringen in funk- oder netzgebundene Kommunikationsbeziehungen mit dem Ziel, Kommunikationsinhalte zu verfälschen, Kommunikationsverbindungen aller Art zu stören, zu unterbrechen oder in ihrer Funktion zu beeinträchtigen. Beim Eindringen in Rechnersysteme aller Art können Informationsinhalte manipuliert, verfälscht und gelöscht werden. Desgleichen können bei Angriffen auf Rechnersysteme Kommandos verfälscht werden, bei Denial of Service-(DoS)Angriffen können derartige Systeme durch eine Vielzahl von Abfragen geflutet (flooded) und damit zeitweise oder gänzlich lahmgelegt werden.

- Gewinnung von Systeminformationen gegnerischer und fremder Systeme – Computer Network Exploitation (CNE);
- Angriffe auf Computer und Computernetzwerke – Computer Network Attack (CNA).

Mit Blick auf Computernetzwerkoperationen der Bundeswehr kann Folgendes konstatiert werden[25]: Im Rahmen der Vernetzten Operationsführung (NetOpFü) in der Bundeswehr gewinnen Computernetzwerkoperationen zum Erringen und Halten der eigenen Informationsüberlegenheit in einem Einsatzraum an Bedeutung und werden künftig nicht ausschließlich auf den militärischen Anteil in einem Staatswesen beschränkt sein. Als Computernetzwerkoperationen (CNO) werden Maßnahmen bezeichnet, die dem Schutz eigener Systeme und Netzwerke dienen. Gegnerische Netzwerke und Systeme werden im Bedarfsfall Ziele eigener Computernetzwerkoperationen sein, um deren Funktionsfähigkeit nachhaltig zu beeinträchtigen oder diese gänzlich auszuschalten. Damit umfassen derartige Operationen sowohl Schutz- und Abschirmmaßnahmen für eigene Systeme als auch Maßnahmen, die sich gegen die Verfügbarkeit von Informationen in fremden Systemen und Netzen als auch gegen deren Betrieb richten. Daher sind umfassende eigene Fähigkeiten in der Computer Network Exploitation (CNE)[26], der Computer Network Defence (CND) sowie bei Computer Network Attacks (CNA) unabdingbare Voraussetzungen für die Informationsüberlegenheit im zivilen und militärischen Informationsraum. Auf die rechtliche Problematik der Nachrichtengewinnung in Bezug auf fremde Netze und Systeme, insbesondere in Friedenszeiten, kann hier aus naheliegenden Gründen nicht eingegangen werden, da, soweit bekannt, eine gefestigte nationale Rechtsprechung bisher noch nicht vorliegt.[27]

Open Sources Intelligence (OSINT)

Die als besonders sensitiv eingestufte neue National Cybersecurity Initiative der USA dient offenbar vorrangig der Stärkung der Fähigkeiten der US-Nachrichtendienste bei der Nachrichtenbeschaffung aus geheimen und offenen Quellen, wie aus Bemerkungen des Senate Armed Services Committees zu entnehmen

---

25 Vgl. hierzu auch Ostermann, F./Topf, M./Slomka, H.: Informationsoperationen – Entwicklungen im Rahmen der Transformation der Bundeswehr, Strategie und Technik, Bonn 2005; sowie: Vorlesung (Modul 2508) Anwendungssysteme in der Vernetzten Operationsführung (M. Sc.), Winter-Trimester 2010, Karcher, A./Hagel, H.: Kapitel 3, Einführung: „Concept Development & Experimentation (CD&E)" der Universität der Bundeswehr in München.

26 Gewinnung von Informationen über fremde/gegnerische Informationssysteme aller Art.

27 Vgl. zu CNE/CNA auch: Artikel 2 Absatz 7 UN-Charta sowie Artikel 2 Absatz 4 UN-Charta. Im Falle eines bewaffneten Angriffs kommen demnach noch Artikel 51 beziehungsweise Kapitel VII der UN-Charta in Betracht. Auch differieren die Auffassungen der Fachleute über die Bedrohung durch Computer-Attack-Operationen in Friedenszeiten und deren Abwehrmöglichkeiten beträchtlich.

war. Als besonders wirkungsvolles zusätzliches Instrument der Nachrichtengewinnung aus offenen Quellen durch die US-Dienste erweist sich neuerdings die Open Sources Intelligence. Es gewinnt durch die kürzlich implementierte Information Sharing Strategy zusätzlich an besonderer Bedeutung. Als Quellen für Open Sources Intelligence-Informationen können betrachtet werden:

- Offene Quellen: Zeitungsartikel, Magazine, Rundfunk- und Fernsehsendungen sowie Veröffentlichungen aller Art im Internet, offizielle öffentliche Datenbestände aller Art, Regierungsverlautbarungen, akademische Veröffentlichungen aller Art, Veröffentlichungen von Wirtschaftsunternehmen, Lichtbilder sowie Film- und Fernsehveröffentlichungen.[28]
- Graue Quellen: Dienstreiseberichte, Arbeitspapiere, Diskussionspapiere, Forschungsberichte, Marktübersichten und ähnliche, vom Herausgeber nicht zur unbeschränkten Veröffentlichung freigegebene Papiere, Datenträger, Übersichten o. Ä.

Weitere Open-Source-Informationen können auch sensitive Finanzaufstellungen, kommerzielle Planungsabsichten, Angebote und Kalkulationsunterlagen sowie vertrauliche Personalinformationen und Bonitätsaussagen enthalten, die nicht zur Veröffentlichung vorgesehen oder nur einem beschränkten Empfängerkreis zugänglich gemacht werden sollen. Im Zusammenhang mit der zunehmenden Nutzung von Open-Source-Informationen durch fremde Dienste oder sonstige Stellen in den USA hat die National Archives and Records Administration (NARA) der Vereinigten Staaten im April 2010 die Errichtung des Controlled Unclassified Information Office (CUI Office) veranlasst. Diese Behörde wird die Weisung des Präsidenten der Vereinigten Staaten umsetzen, welche die Weitergabe und Veröffentlichung von nichtklassifizierten Informationen, die dennoch gegen Preisgabe geschützt werden müssen, künftig staatlicher Aufsicht unterstellen wird. Es handelt sich hierbei um die Umsetzung einer regierungsweiten Anwendung von Schutzmaßnahmen für Informationen aller Art.

Data-Mining-Prozesse[29] und Informationsgewinnung

Aus den Ergebnissen der am 17. April 2007 in Brüssel abgehaltenen Konferenz der EUROSINT, des Europa-Forums für Open Sources Intelligence, wird

28 Hierzu haben die Nachrichtendienste der USA die Entwicklung von Auswertesystemen für Bildsendung in Auftrag gegeben, die in der Lage sein werden, Filme und TV-Sendungen in Real Time auf bestimmte vorgegebene Sachverhalte hin zu untersuchen und auszuwerten. Das bedeutet, dass die Inhalte der Sendung, und zwar während diese noch läuft, bereits untersucht und ausgewertet werden können. Dies ist insbesondere bei der Überwachung von Sprachkommunikationskanälen von Bedeutung, wenn die fremdsprachlichen Inhalte in eigene taktische Aktionen, z. B. bei der Bekämpfung von Aufständischen, unverzüglich umgesetzt werden sollen. So beispielsweise bei der Überwachung einer mit Mobiltelefon geführten Kommunikation zwischen Aufständischen, die Hinweise auf einen kurz bevorstehenden Anschlag enthält, auf den dann reagiert werden kann.

29 ISN-Security Watch, ETH Zürich, ISN Security Watch, Intel: Oceans of Data, No silver Bullet, 7. 5. 2007; Schulze, R.: Ende mit der Kleinstaaterei bei polizeilicher Software,

ersichtlich, dass weltweit gegenwärtig eine Reihe von Ansätzen und Systemen für die Gewinnung von Informationen aus offenen, frei verfügbaren Quellen (Open Sources) als auch in Kommunikationsnetzen im Gebrauch sind, die wegen unterschiedlicher Schnittstellen und Software nicht immer kompatibel sind. Daraus ergeben sich grundlegende Probleme bei der Auswertung und Nutzung derartiger Erkenntnisse durch den Auftraggeber. Staatliche Sicherheits- und Strafverfolgungsbehörden setzen zur Gewinnung von Informationen aus unterschiedlichen Quellen schon seit längerer Zeit vermehrt auf Prozesse, die gemeinhin als Data Mining beschrieben werden. Je nach verwendetem Ansatz sind derartige Verfahren mehr oder minder erfolgreich. Das Hauptproblem hierbei liegt auf unterschiedlichen Ansätzen und Zielen, unterschiedlicher Software und Integrationsproblemen mit anderen Systemen sowie deren Softwareapplikationen. Dass auch Wirtschaftsunternehmen die Möglichkeiten des Data Mining, der Social Network Analysis und anderer wissenschaftlicher Verfahren nutzen, um Informationen über Mitbieter und mögliche Konkurrenten zu gewinnen, ist seit langem bekannt. Daher sollen die Möglichkeiten untersucht werden, die sich aus der Anwendung neuartiger Verfahren bzw. insbesondere im Wirtschaftsbereich ergeben.

Aufgrund der stetig wachsenden Flut von nutzbaren Informationen aus offenen Quellen wird es immer schwieriger, aus dem verfügbaren Datenbestand unterschiedlicher Quellen mit unterschiedlicher Strukturierung die Daten zu extrahieren, die für die Erkenntnisgewinnung unabdingbar sind. Damit besteht die Möglichkeit, umfangreiche zieldefinierte Recherchearbeiten innerhalb unterschiedlicher Quellenmedien mithilfe von (Web-)Crawlern (Suchmaschinen), Digestern (Auswertungsalgorithmus), Summarizern (Auswertungsalgorithmus), NLP-Software[30] und Ontologien[31] durchzuführen. Mithilfe „offener Architektur“[32] können die gewonnenen Daten ausgetauscht und integriert werden und mit entsprechenden Protokollen (zum Beispiel XML) können mit anderen Bedarfsträgern nach einem einheitlichen Protokoll formatierte Daten ausgetauscht werden.

Der Kriminalist, Ausgabe 10/05; Schulze, R.: Informations- und Krisenmanagement, Sicherheitspolitik der Verwaltung, Wirtschaft und Bevölkerung (http://www.sicherheitspolitik.ch) Nummer 1, Januar 2007; Ontos International (ronald.schulze@ontos.com): Wir finden Wissen – Analyse von unstrukturierten Daten mithilfe von NLP-Software und Ontologien; Seifert, J.: Data Mining and Homeland Security: An Overview; The Library of Congress, RL 31798, Washington, D. C., 27. Jan. 2006; vgl. hierzu auch die Äußerungen von R. Schulze in: Top Secret, Teil 3, Ö/D 2007, Phönix, 2. 6. 2010, 20.15 Uhr.

30 NLP = Neurolinguistisches Programmieren.

31 Hilfsdisziplin des Data Mining, die auf der Suche nach Entitäten (Personen, Gegenstände, Eigenschaften, Prozesse oder Verknüpfungen) in strukturierten und unstrukturierten Texten oder Datensammlungen basiert.

32 Meint ein Computersystem, das durch zusätzliche Komponenten erweitert werden kann.

ERRATA

Aufgrund eines technischen Fehlers
blieb im Buch die Seite 30 unbedruckt.

Wir bitten unsere Leser um Entschuldigung.

Data-Mining-Systeme[33] verfügen unter anderem über folgende Grundfähigkeiten:

- Fähigkeit zum Natural Language Processing
- Spracherkennung und Textextraktion
- automatische Analyse strukturierter/unstrukturierter Daten aller Art
- Plattform – offen und skalierbar

Damit lassen sich unstrukturierte Daten und die darin enthaltenen Objekte und deren Eigenschaften sowie bestehenden Beziehungen kognitiv darstellen. Dies ist insbesondere von Vorteil beim Massenanfall unstrukturierter Daten und bei deren Bearbeitung, insbesondere auch unter Beachtung möglicher Zeitbeschränkungen bei der Auswertung und Präsentation der Ergebnisse.

Social Network Analysis (SNA)[34]/Social Engineering

SNA untersucht die Beziehungsgeflechte zwischen Einzelpersonen, Personengruppen und Organisationen aller Art mithilfe von ausgeklügelten IT-gestützten Analyseverfahren. In die Analyse fließen Erkenntnisse aus einer Vielzahl von Quellen (Kommunikationsüberwachung, Fernmeldeaufklärung, IT-Netzwerkstrukturen, Informationsflüsse u. Ä.) ein. SNA kann mithilfe der Auswerteverfahren komplexe Informationsbeziehungen darstellen. Nachrichtendienste und Sicherheitsbehörden in aller Welt nutzen Verfahren der SNA in Verbindung mit anderen Verfahren, um die Informationsbeziehungen unterschiedlicher Personen, Personengruppen oder Organisationen auszuwerten. Die Nachrichtendienste in aller Welt nutzen schon seit Jahren die Möglichkeiten der OSINT, der SNA und auch des Data Mining[35] bei der Beschaffung von Informationen über Zielpersonen oder über staatliche und sonstige Organisationen im Interessen- beziehungsweise Aufklärungsbereich. Wirtschaftsunternehmen und Wirtschaftsauskunfteien gehen vermehrt dazu über, diese Methoden der nach-

33 Gegenwärtig ist eine Vielzahl unterschiedlicher Systeme auf dem Markt verfügbar. Daher wird das o. a. System als Beispiel angeführt.

34 Vgl. hierzu auch http://www.orgnet.com/sna.html. Teil der SNA ist auch das „Social Engineering", d. h. das gezielte Abschöpfen von menschlichen Quellen im Rahmen zwischenmenschlicher Beziehungen, um Informationen über Zielobjekte und Personen zu gewinnen. Die ehemals sowjetischen Nachrichtendienste nutzten die Form der Nachrichtenbeschaffung im Rahmen der „Kultivierung" von Kontakten mit Ziel- und Auskunftspersonen. Das US-amerikanische Unternehmen hat eine neue Lösung für die Auswertung von Social-Media-Inhalten im Web vorgestellt; vgl. hierzu: Pressetext: Pressemappe (www.pressetext.de/news/100421013/neue-sas-loesung-zur-au) v. 27. 4. 2010. Die Lösung kann 13 Sprachen verarbeiten, versteht Szeneausdrücke, Jugendsprache oder Slangs. Damit werden Sinnzusammenhänge dargestellt sowie Begriffe determiniert und verarbeitet.

35 Zu der Anwendung von Data-Mining-Prozessen durch das Department for Homeland Security der USA vgl. Seifert, J.: Data Mining and Homeland Security: An Overwiew, CRS Report for Congress, RL 31798, Washington, D. C., 27. 1. 2006. Hierbei gewinnen Erkenntnisse aus der Signals Intelligence und der Kommunikationsüberwachung besondere Bedeutung.

richtendienstlichen Praxis für ihre Zwecke zu adaptieren. Für die Unternehmen, die von Open Sources Business Intelligence[36] betroffen sind, ist die Kenntnis der Methoden und Mittel wichtig, um entsprechende Gegenmaßnahmen erfolgversprechend generieren zu können. Im Bereich nachrichtendienstlicher Praxis gehört die Bewertung des möglichen Verhaltens und der Interaktionen homogener Gruppen zu den schwierigsten Aufgaben, da mit nachrichtendienstlichen Mitteln und Methoden gewonnene Informationen lediglich einen Ausschnitt bereits abgelaufener Vorgänge darstellen. Am Anfang der SNA steht immer die Frage: „Wer kennt wen?" Welche Individuen, welche Gruppen verkehren zu welchen Bedingungen und unter welchen Umständen miteinander?[37] Einige Methoden und angewandte Techniken der SNA[38] sind:

- Hierarchische Clusteranalyse (Hierarchical Clustering)
- Multidimensionale Skalierung (Multidimensional Scaling [MDS])
- Korrespondenzanalyse (Correspondence Analysis)
- Darstellung der Beziehungsgeflechte (Social Networking Analysis Flow Mapping) bzw. der Sozialbeziehungen (Flow Model Data)

Alle diese Instrumente können Ansatzpunkte für Business Intelligence[39] liefern.

Die abbildende geographische Nachrichtengewinnung[40]

Die weltraumgestützte abbildende (geographische) Aufklärung gewinnt im Zuge der Bekämpfung des internationalen Terrorismus und zur Gewinnung von Informationen über Potenziale in möglichen Krisenregionen immer mehr an Bedeutung. Dies soll am Beispiel des deutschen Systems SAR-Lupe (Synthetic Aperture Radar; dt.: Radar mit synthetischer Apertur[41]) verdeutlicht werden.

---

36 Leijonhielm, J.: The Critical Role of Open Sources and Products in Economic Intelligence Cooperation between Government and Industry in: Fourth International Symposium on Global Security & Global Competitiveness: Open Source Solutions, S. 201, Washington, D. C., 7.–9. 11. 1995.

37 Bei fehlenden direkten Zugangsmöglichkeiten zu geschlossenen Informationssystemen (Partnerbeziehungen) ergeben sich durch den gezielten Einsatz von Maßnahmen der Fernmeldeaufklärung (COMINT) besonders gute Möglichkeiten zur Feststellung möglicher Beziehungsgeflechte der Zielgruppe und deren Absichten.

38 Die angewandten Techniken sind vielfältig und unterliegen zum großen Teil der Geheimhaltung. Deswegen werden die hier beschriebenen Techniken nur als Beispiel angeführt; vgl. hierzu auch: Neue SAS-Lösung zur Auswertung von Social Media-Inhalten im Web, SAP-Überwachung mit Open Source, www.pressetext.de v. 27. 4. 2010.

39 Diese Verfahren werden allerdings auch in der Aufstandsbekämpfung (Counterinsurgency Operations) angewandt.

40 Vgl.: 21. Tätigkeitsbericht des Datenschutzbeauftragten des Bundes, April 2007, Berlin, Department of Defense, Joint Publication 20-03, Geospatial Intelligence Support to Joint Operations, 22. 3. 2007, Washington, D. C.

41 Apertur einer Optik oder eines technischen Gerätes bezeichnet eine freie Öffnung, durch welche die Lichtstrahlen entweder mittels Linsen oder Spiegeln weitergeleitet werden. Diese Öffnung ist meist kreisförmig (= Aperturblende). Bei einem Radar mit synthetischer Apertur wird die Erdoberfläche mit kurzen, von einer Radarantenne abgestrahlten Pulsen qua-

Auch Deutschland[42] verfügt nun, nach dem erfolgreichen Start des nationalen Radar-Aufklärungssatelliten SAR-Lupe in Plessezk, neben den Vereinigten Staaten, Russland, Frankreich wie auch der VR China, über eigene Fähigkeiten bei der weltweiten Informationsgewinnung mithilfe von hochauflösenden Radarbildern der Erdoberfläche. Die verfügbare moderne Sensortechnik der zivilen und militärischen Erdbeobachtungssatellitensysteme ist in der Lage, aussagekräftige Abbildungen der Erdoberfläche mit einem Auflösungsmaßstab unter einem Meter bereitzustellen. Staatliche Stellen im In- und Ausland aller Art nutzen diese Abbildungen zu mannigfaltigen Zwecken. Hier ist nicht auszuschließen, dass sich im Rahmen der Konkurrenzausspähung auch mitbietende Unternehmen mithilfe derartiger Daten einen Überblick über die Leistungsfähigkeit eines Konkurrenzunternehmens verschaffen können.

Geographische Aufklärungssensoren[43] (Erdbeobachtungssysteme) verfügen über eine Reihe von technischen Fähigkeiten, die es erlauben, Abbildungen der Erdoberfläche unabhängig von den am Beobachtungsort herrschenden

Animation der drei Orbitalbahnen der fünf SAR-Lupe-Satelliten (Bild: OHB-System AG)

---

si „beleuchtet“. Der Radarpuls wird von der Erdoberfläche reflektiert und das „Radarecho“, wiederum von der Antenne empfangen und aufgezeichnet; vgl. detailliert hierzu: www.dlr.de/rd/desktopdefault.aspx/tabid-4271/6850_read-9898/

42 Mit Inbetriebnahme des Systems SAR-Lupe werden die nationalen Fähigkeiten hinsichtlich der politischen und militärischen Beurteilungs- und Entscheidungsmöglichkeiten in Bezug auf Regionen, die von Interesse für die deutsche Politik sind, wesentlich verbessert. Durch die zusätzliche Einbindung der Erfassungsmöglichkeiten des Systems HELIOS II in die nationalen Entscheidungsgänge werden bisher bestehende nationale Fähigkeitsdefizite beseitigt.

43 Inwieweit hier bereits Fähigkeiten des Airborne Laserscan genutzt werden, ist ungewiss.

Trennung der Fairing von der COSMOS-Trägerrakete (Bild: OHB-System AG). Unter Fairing wird hier die Raketenspitze verstanden, die für die breite Parabolantenne der SAR-Lupe-Satelliten modifiziert werden musste.

Start einer COSMOS-3M-Rakete mit SAR-Lupe 5 am 22. Juli 2008 (Bild: OHB-System AG)

Witterungsbedingungen und der Tageszeit zu erstellen. Gegenwärtig werden vorwiegend Systeme eingesetzt, die in der Lage sind, mithilfe von Fotografie, Falschfarbenfotografie, elektrooptischen Systemen, Multispektralerfassung, Infrarotabbildung, synthetischen Radarabbildungen, hyperspektralen Abbildungen, Bewegungsabbildungen, Lichterfassungssystemen, interferometrischen synthetischen Radarabbildungen sowie nichtabbildender Infraroterfassung, in Kombination von verschiedenen Systemen hochauflösende Abbildungen der Erdoberfläche im Interessenbereich zur Verfügung zu stellen.

Das System SAR-Lupe[44] besteht aus einem Raum- und einem Bodensegment. Das Raumsegment soll in der Endkonfiguration aus fünf baugleichen Radarsatelliten mit etwa 700 kg Gewicht und den Maßen 4 x 3 x 2 m bestehen. Jeder Satellit verfügt über eine eigenständige, weitgehend automatisierte Sensorik, die Radar-Rohdaten generiert. Das Bodensegment besteht aus einem Nutzerbodensegment (NBS), das durch das Kommando Strategische Aufklärung (KSA) der Bundeswehr in Gelsdorf bei Bonn betrieben wird. Das Satellitenbodensegment (SBS) wird durch die Industrie aus dem Zentrum in Oberpfaffenhofen betrieben. Im NBS erfolgt:

- Auftragssteuerung und Freigabe des Missionsplanes
- Arbeitsvorbereitung
- Erzeugung nutzerspezifischer Produkte durch Auswertung und Aufbereitung der Bilder, Verwaltung der Bilddaten und der fertigen Produkte

SAR-Lupe-Satellit während des Inverstests in Bremen (Bild: OHB-System AG)

44 Vgl. weiter oben FN 42.

Im SBS werden wahrgenommen:

- Technische Koordination auf Basis der Missionsplanung
- Betriebssteuerung der Satelliten
- Bearbeitung der Bildrohdaten und deren Verarbeitung

Die deutsche Industrie ist für die technische Steuerung der Satelliten und die Betriebsbereitschaft des SBS für eine geplante Nutzungsdauer von zehn Jahren verantwortlich.

SAR-Lupe kann weltweit wetter- und tageszeitunabhängig in einer Umlaufbahn von etwa 500 km über der Erdoberfläche eingesetzt werden und liefert Bilder mit einer geometrischen Auflösung von unter 1 Meter. Die Aufnahmen können im Spot- oder Streifen-Modus erstellt werden. Im Spot-Modus können

Integrationshalle für die SAR-Lupe-Satellitenproduktion bei OHB in Bremen (Bild: OHB-System AG)

kleinere quadratische Flächen (5,5 x 5,5 km) mit höchster Auflösung aufgenommen werden. Im Streifen-Modus werden größere Geländestreifen (8 x 60 km) mit geringerer Auflösung abgebildet. Damit ist SAR-Lupe in der Lage, nach entsprechender Anforderung nahezu alle Teile der Erdoberfläche zu erfassen.

Im aktuellen Datenschutzbericht des Bundesdatenschutzbeauftragten wird ausdrücklich auf das Anwachsen der Nutzung georeferenzierter Daten und deren Verknüpfung[45] mit anderen, bereits vorhandenen Datenbeständen, dabei auch ursprünglich anonymisierter personenbezogener Daten, durch Wirt-

---

45 Siehe hierzu auch: Handy-Verbindungsdaten sind Goldgrube: www.pressetext.de/news/100605003/handy-verbindungsdaten, v. 7. 6. 2010.

schaftsunternehmen aller Art hingewiesen und eine gesetzliche Regelung zur Anwendung derartiger Verfahren angemahnt. Im staatlichen Bereich[46] werden die mithilfe weltraumbasierter Sensortechnik gewonnenen Informationen für zivile und militärische Zwecke umfassend genutzt.

Unbemannte Aufklärungs- und Wirksysteme[47]

Neben den US-Streitkräften setzen eine Reihe von Staaten unbemannte Systeme zur Aufklärung und Wirkungsanalyse ein. Die Bundeswehr hat im Jahre 2009 das erste System Euro Hawk (UAS) in den Dienst gestellt. Dieses System soll die bereits vorher ausgeschiedene Breguet Atlantic 1150 M SIGINT[48] ersetzen. Damit wird die Luftwaffe künftig wieder über ein luftgestütztes System zur Fernmelde- und Elektronischen Aufklärung (COMINT/SIGINT) verfügen. Das System kann in einer Höhe bis zu 20.000 m operieren und verfügt über eine Einsatzzeit von bis zu 35 Stunden. Beim Euro Hawk (UAS) handelt es sich um das modifizierte US-System Global Hawk RQ4 Block 20 mit von EADS entwickelter SIGINT-Sensorik[49]. Die deutsche Luftwaffe plant, insgesamt fünf dieser Systeme zu beschaffen. Auch die NATO plant im Rahmen des Allied Ground Surveillance Systems (AGS) den Einsatz des Euro Hawk (UAS). Das System UAS High Altitude, Long Endurance (HALE UAS Euro Hawk), wird künftig durch das Aufklärungsgeschwader 51 Immelmann der Luftwaffe in Jagel technisch betreut und eingesetzt. Daneben plant die Bundeswehr den Einsatz weiterer unbemannter Systeme für die taktische Aufklärung[50] und die Wirkanalyse auf dem Gefechtsfeld.

---

46 So verfügen die Sicherheitsbehörden über die Möglichkeit, insbesondere den Standort von Mobiltelefonen anhand von Dienstmerkmalen und Informationen über die im Betrieb befindliche Mobilfunkzelle zeitverzugslos zuordnen zu können.

47 Vgl. hierzu: http://www.homeland-sec.de/mediapool/62/624941/data/UAV/091104_Vortrag_GSW_Hemer_Final.pdf, abgerufen am 31. 3. 2010, sowie http://euro-police.noblogs.org/post/2010/02/25/germany-readies-for-heron-uav-deployment; http://www.dfkom.de/_data/EADS_UAV-Trends.pdf, http://www.daten.euro-defence.eu/2005/2005smith_semmler.pdf; http://www.afcea.de/fileadmin/downloads/Young_AFCEAns_Meetings/September %202009/UAV_Briefing_EADS_Afcea_09-_2009.pdf.

48 Eine dieser Maschinen befindet sich auf dem Vorfeld des Dornier-Museums Friedrichshafen-Löwenthal. Die Marineaufklärer (Marine Patrol Aircraft [MPA]) BR 1150 des Marinefliegergeschwaders (MFG) 3 in Nordholz wurden mit dem letzten Flug am 20. 6. 2010 außer Dienst gestellt. Die bisherigen Aufgaben der BR 1150 werden künftig durch acht von der niederländischen Marine übernommene MPA Lockheed P-3C Orion wahrgenommen; vgl. Loyal Nr.: 4/2010 S. 39.

49 Aus naheliegenden Gründen sind hierüber keine Informationen verfügbar. Durch EADS wird auch die COMINT-Sensorik entwickelt und in Manching bis Ende 2010 eingerüstet.

50 Unter anderem ist die Einführung folgender Systeme geplant: HERON, TACTICAL UAS, SURVEILLANCE UAS, RECCE UAS, Vertical Take Off and Landing (VTOL)-UAS sowie Earth Observation Satellite(s) (EOS).

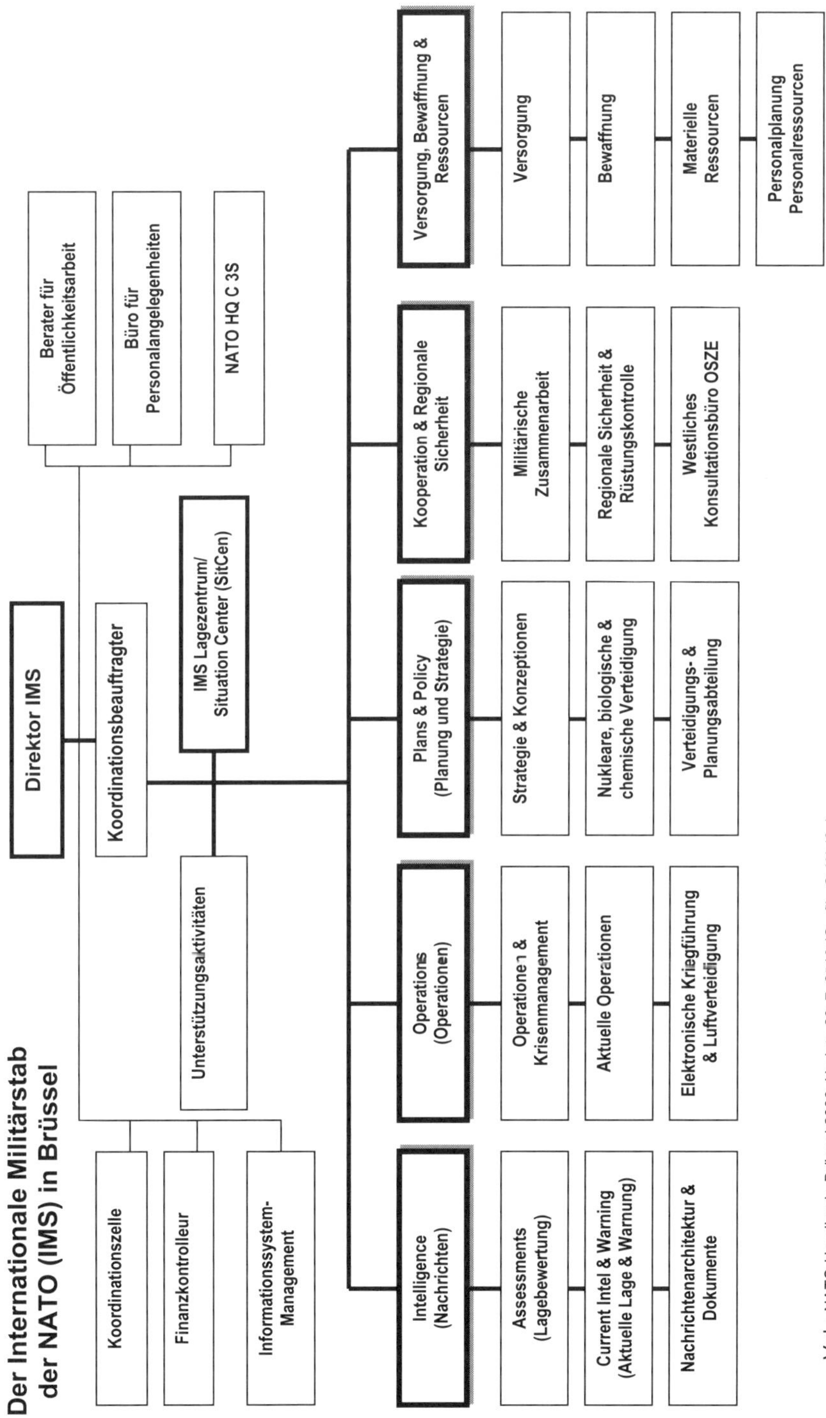

Vgl.: NATO-Handbuch, Brüssel 2006, Update 28. 7. 2010 (Grafik: G. Weiße)

Kryptologie[51]

Die Kryptologie spielt beim Schutz sensitiver Inhalte sowohl in Datenbanken aller Art als auch bei der Übermittlung geheimhaltungsbedürftiger Inhalte[52] eine entscheidende Rolle. Da es sich bei der modernen Kryptologie über ein überaus komplexes Gebiet handelt, muss hier auf die reichlich verfügbare Fachliteratur verwiesen werden, da die Behandlung dieses Themas den Rahmen des Werkes sprengen würde. Dies gilt auch für die komplexen Gebiete der Steganografie und Quantum-Kryptografie, die hier nicht weiter behandelt werden können[53].

Cloud Computing

Cloud Computing bezeichnet die Nutzung bereits bestehender Rechnersysteme (Rechner, Speicher, Netze sowie weitere systemrelevante IT-Architektur) eines Anbieters durch externe Nutzer, meist auf Zeitbasis. Die Cloud-Computing-Architektur umfasst die Schichten, Infrastruktur, Plattform(en) und die Anwendungen. Clouds können als private Clouds, als Unternehmens-Clouds und als öffentliche Clouds betrieben werden. Hierbei können durch den Anbieter und den/die Nutzer exklusive, d. h. zugriffsbeschränkte Clouds betrieben werden. Bei Open Clouds bestehen keine Zugangs-/Zugriffsbeschränkungen. Bei Hybriden Clouds, die meist in einer traditionellen IT-Umgebung betrieben werden, können Mischformen auftreten. Cloud Computing sollte nicht mit Grid Computing verwechselt werden. Im Grid Computing werden ausschließlich gemeinsame Ressourcen ohne zentrale Steuerung genutzt. Im Peer-to-Peer-Verfahren (P2P) soll die Rechenleistung gleichmäßig im System verteilt werden. Peer to Peer, Cloud Computing und Grid Computing können auch in aus Sicherheitsgründen getunnelten, „virtuellen privaten Netzwerken" (VPN) betrieben werden. Netzwerke von Behörden oder großen Unternehmen werden meist im VPN-Modus, bei geheimschutzbedürftigen Inhalten auch verschlüsselt betrieben. Cloud Computing dient durch das Outsourcing von Systemleistungen der Kosteneffizienz in Unternehmen und Behörden, da keine IT-Infrastruktur

---

51 Für tiefergehende Studien zur Kryptologie wird die Homepage des Lehrstuhls für Kryptologie und IT-Sicherheit (CITS) der Ruhr-Universität Bochum (www.cits.ruhr-uni-bochum.de) empfohlen. Auch das Bundesamt für die Sicherheit in der Informationstechnik (BSI) widmet sich, wie auch zahlreiche Unternehmen, derartigen Fragestellungen. Siehe hierzu auch das Literaturverzeichnis zu diesem Werk. Für historisch Interessierte bietet das Werk von Pröse Informationen zum Thema. Siehe auch die Werke: Singh, S.: The Codebook, London, 1999; sowie Wrixon, F. B.: Codes, Chiffren und andere Geheimsprachen, Köln 2000.

52 Auch die Bundesregierung wurde Anfang 2010 mit Krypto-Mobiltelefonen ausgestattet.

53 Vergleiche hierzu auch Schwarz, M.: Es gibt keine Schonräume – Interview mit Hans-Georg Wieck, Junge Freiheit, 9. 7. 2010, Berlin; Winkels, Heinz-Michael: Anwendungen der Kryptographie, Fachbereich Wirtschaft FH Dortmund, Oktober 2004; Bahn, Ute/Bihlmeier, Karl/u. a.; überarbeitet von Koch, Werner/Samson, Florian v./Schütze, Emanuel/Wagner, Jan-Oliver: Das Gpg4win-Kompendium, Sichere E-Mail- und Datei-Verschlüsselung mit GnuPG für Windows. Basierend auf einer Fassung vom 21. Mai 2010.

(Server) bereitgehalten werden muss. Allerdings ergeben sich beim Cloud Computing erhebliche Sicherheitsrisiken mit Blick auf den Zugang zur Peripherie und den meist nicht kontrollierten Zugriff auf die Inhalte im System. Soweit bekannt, sind in Deutschland noch keine Anwendungen des Cloud Computing in der öffentlichen Verwaltung implementiert. Die anfänglich erwartete Kostenminimierung bei Anwendung des Cloud Computing durch die Wirtschaft und Industrie bleibt offenbar hinter den Erwartungen[54] zurück. Allerdings bietet gegenwärtig bereits ein Unternehmen eine auf Cloud Computing basierende Firewall an. Auch hier stellt sich die Frage nach deren Verwundbarkeit durch entsprechende Angriffe aus dem Netz.

Nachrichtengewinnung mit menschlichen Quellen (HUMINT)[55]

Im Zuge der noch andauernden Reorganisation der US-Nachrichten- und Sicherheitsdienste werden die Nachrichtenbeschaffungs- und Gewinnungsaktivitäten mithilfe menschlicher Quellen (HUMINT) für die Dienste der USA, besonders im Ausland, umfassend erweitert[56]. Künftig ist daher in spezifischen Bereichen mit verstärkten Aktivitäten der US-Dienste bei der Gewinnung neuer Quellen, besonders im Ausland, zu rechnen. Auch die Nachrichten- und Sicherheitsdienste in der Europäischen Union setzen nun vermehrt wieder auf den Einsatz menschlicher Informationsquellen, wie in einem Aufsatz[57] der „Washington Post" vom 12. Mai 2010 deutlich wird.

Industrie- und Wirtschaftsspionage[58]

Private, staatliche und halbstaatliche Organisationen und Einzelpersonen sind umfassend in die Beschaffung von Informationen über Mitbieter und Konkur-

---

54 Pelkmann, T.: Cloud Computing wird teurer, Spiegel-Online v. 8. 1. 2010.

55 Vgl.: Director of National Intelligence, Vision 2015, Washington, D. C., 24. 7. 2008 (Unclassified) Hess, P.: DIA's new mission adds to intel arsenal, The Associated Press, Washington, D. C., 5. 8. 2008; Deputy Secretary of Defense, Subject: Directive Type Memorandum (DTM) 08-032, Establishment of the Defense Counterintelligence and Human Intelligence Center (DCHC), Washington, D. C., Jul 22, 2008 (Unclassified); Innenministerium Baden-Württemberg, Verfassungsschutzbericht 2007, Abschnitt G, S. 250, Stuttgart, März 2008.

56 Dies war bereits bei der im Sauerland operierenden Terrorgruppe erkennbar, die durch die deutschen Sicherheitsbehörden mithilfe eines US-Partnerdienstes penetriert und letztendlich zerschlagen werden konnte. Siehe hierzu auch: Tagesspiegel, Berlin, 7. 9. 2008.

57 Adam, K., De Young, K., Nakashima, E.: Europes antiterrorism agencies favor human intelligence over technology, Washington Post, 12. 5. 2010.

58 Business Intelligence – BI; auch als Competitive Business Intelligence (CBI) bezeichnet – nutzt wissenschaftliche Verfahren zur Gewinnung von Informationen aller Art über Mitbieter und Konkurrenten. Auch nutzt die BI/CBI nachrichtendienstliche Verfahren zur Informationsbeschaffung; vgl. Schaaf, C.: Industriespionage, S. 124, Stuttgart 2009, und SIFO-Studie: Know how-Schutz in Baden-Württemberg/Handlungsempfehlungen für Unternehmen, Stuttgart 2009; Dreger, W.: Counter Intelligence – Betriebliche Spionageabwehr, Renningen-Malmsheim, 1999.

renten eingebunden. Diese Organisationen und Einzelpersonen bedienen sich meist nachrichtendienstlicher Mittel und Methoden bei der verdeckten Beschaffung von Informationen über Forschungsvorhaben, Entwicklungen sowie Strukturen von staatlichen und privaten Unternehmen. Die angewandten klandestinen Mittel und Methoden bei der Informationsbeschaffung stellen für die Ermittlungsbehörden und betroffenen Unternehmen und Forschungsinstitute das Haupthindernis bei Ermittlungsansätzen dar, da häufig zwischen staatlich initiierter Wirtschaftsspionage, Konkurrenz- bzw. Wirtschaftsspionage, zumindest im Anfangsstadium, nicht unterschieden werden kann. Auch zögern viele Unternehmen, sich bei der Aufklärung derartiger Angriffe staatlicher Hilfe zu bedienen. Nicht zuletzt entwickeln Fachunternehmen auf wissenschaftlicher Basis entsprechende Programme[59] für Geschäftsanalysen, die sich in vielfältiger Weise nutzen lassen. Auch in Deutschland steigen die Umsätze softwarebasierter BI-Programme. Etwa 136 Unternehmen bieten derzeit in Deutschland derartige Lösungen an. Weitere Steigerungen können daher künftig im Bereich der operativen Business Intelligence erwartet werden. Das Gesamtvolumen des Umsatzes von BI-Software erreichte 2007 in Deutschland 698 Mio. Euro. Bis 2012 kann eine Steigerung des Umsatzes von bis zu 12 Prozent erwartet werden.

InfoOps und Cyberwar

Die stete Verfügbarkeit und Integrität von Daten aller Art in lokalen, globalen zivilen und militärischen Informationsverarbeitungssystemen und -netzen hat essentielle Bedeutung für die Funktion der Wirtschaft, die staatliche Verwaltung, die Streitkräfte und nicht zuletzt im Hinblick auf die Anlagen und Einrichtungen der nationalen Kritischen Infrastruktur. Der Ausfall oder die Beeinträchtigung derartiger Systeme und Netze durch Informationsoperationen fremder Mächte oder terroristischer und krimineller Gruppierungen kann zu unabsehbaren Folgen führen, und zwar insbesondere bei der kritischen Infrastruktur der öffentlichen Versorgung. Informationen werden hier als „strategische Ressource" verstanden, „lebenswichtig für die nationale Sicherheit und militärische Operationen. Diese simultanen und integrierten Aktivitäten sind abhängig von der Funktionalität der eigenen Informations-, Führungs- und Entscheidungs-Systeme und der darin enthaltenen Informationen aller Art". Informationsoperationen[60] werden als integrierte Anwendung folgender Instrumente verstanden:

- Elektronische Kriegführung (Electronic Warfare)
- Computer-Network-Operationen (CNO)
- Psychologische Operationen (PsyOps)

59 Bessere BI und Wertschöpfung mit neuen Automatisierungslösungen von UC4, www.pressetext.de v. 3. 5. 2010.

60 Department of Defense, Joint Publication 3-13, Informations Operations (Unclassified), Washington, D. C., 2006

- Militärische Irreführung (Military Deception [MILDEC[61]])
- Operation Security (OpSec)

Im Zusammenhang mit spezifizierten Unterstützungs- und sonstigen Aktivitäten verfolgen sie das Ziel, die Fähigkeiten eines Gegners zur autonomen und/oder automatischen Entscheidungsfindung zu beeinflussen, zu unterbrechen, zu verfälschen oder gänzlich zu übernehmen, um eigene Fähigkeiten zu schützen. In diesem Zusammenhang werden die Begriffe Information Warfare sowie offensive/defensive Informationsoperationen künftig nicht mehr angewandt.

Die Informations-Umwelt nach amerikanischem Verständnis umfasst Individuen, Organisationen und Systeme, die Informationen gewinnen, sammeln, bearbeiten, verteilen und/oder auf Informationen reagieren. Die Akteure können umfassen: Führungskräfte im zivilen und militärischen Bereich, Entscheidungsträger, Einzelpersonen und Organisationen aller Art. Informationssysteme bestehen aus Anlagen und Einrichtungen, die Daten sammeln, analysieren, aufbereiten und verteilen. Die Informations-Umwelt kann als System verstanden werden, in dem Menschen und automatisierte Systeme Informationen überwachen, beobachten, einordnen und auf Informationen reagieren. Daher ist dies die Ebene, auf der wichtige Entscheidungen getroffen werden. In der Informations-Umwelt werden dabei folgende wichtige Dimensionen unterschieden:

- Die physikalische Dimension umfasst Informations-Systeme und Netzwerke, Kommunikationssysteme und unterstützende Peripherie.
- Die informationelle Dimension enthält die Gesamtprozesse (Sammeln, Bearbeiten, Auswerten, Vergleichen, Verteilen und Entscheidungsfindung) der Informationsverarbeitung. Hier kann auch die automatisierte Entscheidungsfindung eingeordnet werden.
- Die kognitive Dimension wird geprägt durch die menschliche Entscheidungsfindung, die von Unabwägbarkeiten, wie Moral, öffentliche Meinung, Zusammenhalt wirtschaftlicher oder militärischer Gruppierungen, situationsbedingte Aufmerksamkeit, Annahmen, Vorbehalten sowie Emotionen und situativem Verständnis, geprägt ist.

Die Überlegungen zu multinationalen militärischen Informationsoperationen der Vereinigten Staaten mit ihren Partnern sind im „America, Britain, Canada and Australia Interoperability Coalitions Operations Handbook“ enthalten und folgen der Linie, die bereits im UK/USA-Agreement für Signals Intelligence vorgegeben wurde, die die Zusammenarbeit und den Austausch von spezifischen SIGINT-Informationen regelt. Folgende Faktoren werden die US-Stellen bei der Planung und Durchführung von gemeinsamen, meist militärischen Informationsoperationen in die Überlegungen mit einbeziehen:

- Anerkennung und Beachtung der kulturellen Werte und Institutionen der Partner, Berücksichtigung der Interessen und Vorbehalte der Partner

61 Department of Defense Joint Publication 3-13.4-Military Deception (Unclassified), Washington, D. C. 13 July 2006.

- Berücksichtigung der Unterschiede zwischen den moralischen und ethischen Werten der US-Seite und ihrer Allianz-Partner;
- Verständnis für die Einsatzvorschriften (Rules of Engagement) und rechtlichen Rahmenbedingungen der Partner in Bezug auf militärische Aktivitäten im Informationsumfeld.

Einschränkend hierzu werden die Vereinigten Staaten die Bestimmungen der National Disclosure Policy (NDP 1) – National Policy and Procedures for the Disclosure of Classified Military Information to Foreign Governments and International Organizations – sowie die Informationsoperations-(InfoOps)Security Classification Guidance (U) anwenden, da eine automatische Weitergabe von geschützten Informationen an Partner nicht erforderlich erscheint, da diese nach dem Grundsatz: „Kenntnis, nur wenn nötig“ nicht umfassend über die Möglichkeiten und Fähigkeiten der US-Seite für Informationsoperationen unterrichtet werden sollen.

Die Planung und Durchführung von Informationsoperationen erfordern die Einhaltung folgender Kriterien für die Bewertung von Informationen:

- Genauigkeit: Die Informationen müssen die tatsächliche Lage abbilden.
- Relevanz: Lage- und situationsbezogene Informationen.
- Zeitnähe: Die Informationen müssen für Entscheidungen zeitnah zur Verfügung stehen.
- Nutzbarkeit: Informationen müssen verständlich sein.
- Vollständigkeit: Die Informationen müssen vollständig sein, um den Entscheidungsprozess zu unterstützen.
- Beschränkung auf das Wesentliche: Informationen sollen sich auf die für den Auftrag erforderlichen Details beschränken.
- Sicherheit: Die Informationen müssen entsprechend ihrer Bedeutung für den Auftrag gegen Offenlegung geschützt werden.

InfoOps können durch militärische als auch zivile Stellen sowohl defensiv als auch offensiv geführt werden. Hierbei verfolgen die USA vor allem folgende Ziele:

- Zerstörung von gegnerischen Systemen
- Unterbrechung gegnerischer Systeme und Anlagen
- Herabsetzung der Wirkungsfähigkeit gegnerischer Systeme
- Verhindern des Zugriffs des Gegners auf eigene Systeme
- Irreführung[62] des Gegners durch entsprechende Manipulationen im gegnerischen System. Identifizierung von Schwachstellen im gegnerischen System
- Beeinflussung der gegnerischen Entscheidungsträger durch entsprechende Informationen, die in das fremde System eingebracht werden
- Schutz eigener Systeme gegen Informationsoperationen der Gegenseite
- Entdeckung gegnerischer Angriffsversuche beim eigenen System

---

62 Department of Defense – Joint Publication 3-13.4 (Formerly JP 3-58) – Military Deception (Unclassified) 13 July 2006.

- Wiederherstellung eigener Systeme nach gegnerischen Angriffen
- Einleiten und Durchführen eigener Gegenmaßnahmen (offensiv/defensiv) bei erkannten Angriffen des Gegners

Das Schwergewicht von Informationsoperationen wird wohl künftig auf Computer Network Operations (CNO) liegen. Eine nicht zu unterschätzende zusätzliche Unterstützung vor und während der Informationsoperationen ist durch die Informationspolitik (Public Information) zu erwarten. Die Nachrichtengewinnung und -beschaffung für derartige Operationen bildet einen wesentlichen Anteil der Planung und Durchführung von Informationsoperationen und erfordern umfangreiche Koordination bei allen Beteiligten und Partnernationen.

Mit dem Erlass der Joint Publication 3-13[63] durch das US-Verteidigungsministerium (13. Februar 2006) wurden erstmals die Umrisse der strategischen Planung für Informationsoperationen der Vereinigten Staaten erkennbar. Derartige Operationen sind nicht ausschließlich als Teil möglicher kriegerischer Auseinandersetzungen zu erwarten, sie können vielmehr auch isoliert im Rahmen des weltweiten Kampfes gegen Terrorismus, die Weiterverbreitung von Massenvernichtungswaffen und gegen Gruppierungen der transnationalen organisierten Kriminalität eingesetzt werden, falls dies von den USA im Verbund mit ihren Partnern für erforderlich gehalten wird.

Dies führt zu der Frage, welche Position die Europäische Union in dieser Frage einnimmt: Bereits in den Jahren vor der Jahrtausendwende wurden Bestrebungen in der EU erkennbar, die eine Intensivierung der staatlichen Kontrolle in fast allen Lebensbereichen, insbesondere aber auf dem Gebiet der sich rasch entwickelnden Kommunikations- und Informationstechnologie erwarten ließen. Die Entwicklung ist noch längst nicht abgeschlossen, und es können noch einschneidende Veränderungen erwartet werden.

„Vernetzte Sicherheit“: Die Anatomie des Informationskrieges

Die Möglichkeiten, die sich aus der Anwendung von Prinzipien des Informationskrieges, insbesondere mit Zielrichtung auf die Kritischen Infrastrukturen der hochentwickelten westlichen Gesellschaften ergeben, werden allmählich in Umrissen deutlich. Als beschleunigend haben sich unter anderem die Terroranschläge vom 11. September 2001 erwiesen, die in den USA zu einer umfassenden Ausweitung der Sicherheitsmaßnahmen geführt haben, die nun nahezu alle Lebensbereiche sowohl in den USA als auch in Europa tiefgreifend beeinflussen. Die meisten Staaten der Europäischen Union sind unter dem maßgeblichen Einfluss Großbritanniens und interessierter Kreise in den USA und der europäischen Sicherheitsindustrie der Verschärfung der Sicherheitsmaßnahmen gefolgt. Mittlerweile haben staatliche Überwachungs- und Kontrollmaßnahmen auch in Europa einen Umfang erreicht, der vor den Terroranschlägen in den USA für

63 Department of Defense – Joint Publication 3-13 Information Operations (Unclassified), 13. 2. 2006.

politisch nicht durchsetzbar gehalten wurde. Einhergehend damit ist das Bestreben der nationalen Behörden erkennbar, bereits vorhandene personenbezogene Daten in großen Datensammlungen zusammenzufassen und diese mit zusätzlich zu erhebenden Daten zu ergänzen, um sie dann im europäischen Rahmen auszutauschen. Einen wichtigen Aspekt der neuen Sicherheitsphilosophie stellt auch die umfassende Kommunikationsüberwachung und Vorratsdatenspeicherung dar. Im Verbund mit Data Mining, Social Network Analysis und der Nutzung intelligenter Textauswertungsprogramme zeigt sich hier ein Instrumentarium, das künftig eine umfassende Kontrolle der gesamten Bevölkerung erlauben wird, wie dies eindrucksvoll im INDECT-Programm der Europäischen Union erkennbar wird. Ergänzt werden diese Bemühungen durch die Entwicklung und den Einsatz von Systemen der automatisierten, selbstlernenden, IT-basierten Verhaltens- und Stimmungskontrolle durch die Behörden und Wirtschaftsunternehmen. Daneben verwischen die Grenzen traditioneller Methoden der Nachrichtendienste bei der Beschaffung von Informationen und der Strafverfolgungsbehörden, die sich zunehmend auch der Methoden der Nachrichtendienste bedienen. Es bleibt nur festzustellen, dass der „gläserne Bürger" bereits Wirklichkeit ist und ihm nur mehr wenige Möglichkeiten bleiben, sich diesen Zumutungen auf Dauer zu entziehen.

Die Entwicklung in Deutschland seit 2007[64]

Wegen der aus Sicht der Sicherheitsbehörden anwachsenden terroristischen Bedrohung wurde seitens der Bundesregierung eine Reihe von Gesetzesvorhaben geplant, darunter auch die umfassende Ausweitung der staatlichen Kommunikations-Überwachungsmaßnahmen. Im Einzelnen sollten folgende Rechtsvorschriften novelliert werden:

- das Informationsfreiheitsgesetz
- Novellierung des Antiterrorgesetzes
- Europol-Gesetz
- INPOL-Datei
- Europol-Kontrollinstanz

---

64 Der Bundesbeauftragte für den Datenschutz und die Informationsfreiheit – Aktuelle Bundesgesetzgebung, Stand: 1. 3. 2007; Der Bundesbeauftragte für Datenschutz – Tätigkeitsbericht 2003–2004 (20. Tätigkeitsbericht) v. 19. 4. 2005, Gesetz zur Bekämpfung des internationalen Terrorismus v. 9. 1. 2002; Bericht der Bundesregierung zu den Auswirkungen der nach Artikel 22 Absatz 2 des Terrorismusbekämpfungsgesetzes befristeten Änderungen vom 17. 6. 2005; BMI, Informationen zum Terrorismusbekämpfungsgesetz v. 11. 7. 2006; Gesetz zur Errichtung gemeinsamer Dateien von Polizeibehörden und Nachrichtendiensten des Bundes und der Länder (Gemeinsames Dateien-Gesetz [Antiterror-Datei]) v. 22. 12. 2006; Beschlussempfehlung und Bericht des Innenausschusses (4. Ausschuss), BT 16/4882 v. 28. 3. 2007, Pressemitteilung zur 73. Konferenz der Datenschutzbeauftragten des Bundes und der Länder – Entschließungen; Prantl, Heribert: Datenschützer alarmiert – Proteste gegen Schäubles Schnüffelgesetz, SZ v. 2. 4. 2007; Prantl, Heribert: Angriff auf die Bastion des Rechts, SZ, 3. 4. 2007: Provider müssen künftig häufiger Daten ihrer Kunden herausgeben; Schwäger, T., S. 67, Wirtschaft Neckar-Alb, April 2007, IHK Reutlingen.

- Gemeinsame Schengen-Kontrollinstanz (GK)
- Member States Operational Projects with Europol Support (MSOPES)
- Bundesdatenschutzgesetz, Bundesmeldegesetz, Gefahrenabwehrgesetz
- Bundesgrenzschutz-, Bundespolizeigesetz
- Passgesetz, Artikel 10 GG-Gesetz (Ergänzungsgesetz zum Terrorismusbekämpfungsgesetz)
- Gemeinsames Dateien-Gesetz
- Abschaffung des Zeugnisverweigerungsrechts für Verlobte und weiterer Privilegien im Strafrecht
- Telekommunikationsüberwachung; Gesetz zur Reform der Telekommunikationsüberwachung[65]
- Novellierung des Teledienste-Datenschutzgesetzes
- Umsetzung der europäischen Richtlinien, Ergänzung des StGB (§§ 202a, 303a, 303b; Einfügung: §§ 292b, 202c StGB)
- Verhinderung von Sozialleistungsmissbrauch
- Gesetz zum Schutz von Journalisten und der Pressefreiheit im Straf- und Strafprozessrecht/Entwurf eines Gesetzes zur Pressefreiheit (§§ 100g, 100h StGB) von Medienangehörigen, Antiterror-Datei-Errichtungsgesetz
- Geplante Initiative zur Online-Durchsuchung von Datenverarbeitungsanlagen
- Geplante zentrale Speicherung elektronischer Einkommensnachweise sämtlicher abhängig Beschäftigter im System ELENA[66] [67]

---

65 Nach dem 20. Tätigkeitsbericht des Bundesdatenschutzbeauftragten vom 19. 4. 2005 stieg die Technische Kommunikationsüberwachung (TKÜ) in den Jahren von 1990 bis 2000 von 2494 Fällen um das sechsfache auf 15.741 Fälle im Jahr 2000. Davon waren lediglich 24 % der Fälle substantiell begründet und erbrachten in nur 17 % der Fälle entsprechende Ermittlungserfolge. Es ist jedoch anzunehmen, dass sich die steigende Tendenz der TKÜ fortsetzen wird. Die geplante Ausweitung der nationalen Vorratsdatenspeicherung geht weit über die europäischen Unterstützungsverpflichtungen hinaus und stellt einen unverhältnismäßigen Eingriff in die Kommunikationsfreiheit der Bürgerinnen und Bürger dar. Dabei soll auch die Nutzung anonymer E-Mail-Kommunikation abgeschafft und eine Zwangsidentifikation durch Angabe von Namen und Anschrift des E-Mail-Nutzers eingeführt werden. Diese Angaben sollen einer Vielzahl von Behörden zum Online-Abruf zur Verfügung stehen, darunter der Polizei, den Staatsanwaltschaften, den Nachrichtendiensten, dem Zoll und der Bundesanstalt für Finanzdienstleistungen. Dies begegnet erheblichen datenschutzrechtlichen Bedenken der 73. Konferenz der Datenschutzbeauftragten am 8./9. 3. 2007 in Erfurt; vgl. auch den 22. Tätigkeitsbericht des Bundesdatenschutzbeauftragten für die Jahre 2007/2008 v. 6. 4. 2009.

66 Seit März 2010 ist gegen dieses Gesetz eine Klage vor dem Bundesverfassungsgericht in Karlsruhe anhängig. Siehe auch: Computer-Bild, Nr. 12/2010, S. 24–26. Der Beitrag konstatiert eine umfassende Gefährdung der durch die ZSS gesammelten personenbezogenen Daten.

67 Soweit aus Pressemitteilungen bekannt wurde, beabsichtigt die Bundesregierung, den elektronischen Bundespersonalausweis und das elektronische Einkommensdatenregister ELENA vorläufig nicht einzuführen; vgl. Neue Osnabrücker Zeitung v. 13. 3. 2010. Allerdings wurden bereits Anfang Mai 2010 erste Zertifizierungen von Behörden für die Ausgabe des neuen Bundespersonalausweises vorgenommen: http://www.bmi.bund.de/SharedDocs/Pressemitteilungen/DE/2010/mitMarginalspalte/05/perso.html

- Geplante Anlage einer bundesweiten Schülerstatistik auf Länderebene
- Geplante Maßnahmen zur Verhinderung der anonymen Nutzung des Fernsehens
- Einsatz und Nutzung von RFI-(Radio Frequency Identification)Einrichtungen
- Terrorismusbekämpfungsgesetz

Durch den Regierungswechsel und die neugebildete Koalition aus CDU/CSU und FDP wurde nur ein Teil der Vorschläge umgesetzt; teilweise auch auf Intervention des BGH (Vorratsdatenspeicherung) ausgesetzt. Ob die durch die politisch Verantwortlichen initiierten Maßnahmen und Gesetzesvorhaben, insbesondere im Rahmen der Kommunikationsüberwachung, indes tatsächlich geeignet sind, geplante Terroranschläge gegen Deutschland oder auf seine Verbündeten und Partner bereits frühzeitig zu erkennen, um entsprechende behördliche Maßnahmen erfolgversprechend einsetzen zu können, bleibt höchst zweifelhaft. Seit 2007 wurden durch die Bundesregierung weitere Initiativen entwickelt, die im Folgenden dargestellt werden sollen: Mit dem Umsetzungsplan 2008 E-Government 2.0 treibt die Bundesregierung ein von der Europäischen Union bereits im Jahre 2006 initiiertes Programm zur beschleunigten Einführung elektronischer Behördendienste in Europa voran und übernimmt damit eine Vorreiterrolle in der Europäischen Union. Der Umsetzungsplan der Bundesregierung enthielt folgende vier strategische Handlungsfelder, die in den kommenden Jahren bis 2010 gezielt ausgebaut werden sollten, um den Modernisierungsprozess in der Verwaltung und den Standort Deutschland durch E-Government zu fördern. Unter anderem sind folgende Maßnahmen geplant:

- elektronische Zusammenarbeit zwischen Wirtschaft und Verwaltung durch gemeinsame Prozessketten;
- Einführung eines elektronischen Personalausweises und die Erarbeitung von E-Identity-Konzepten;
- Schaffung einer sicheren Kommunikationsinfrastruktur für Bürgerinnen und Bürger, Unternehmen und Verwaltungen.

Aus den strategischen Einzelaspekten und Handlungsfeldern ergaben sich im Umsetzungsplan folgende Projekte:

- Kundenportal der Arbeitsagentur
- Ausbau des E-Service der Deutschen Beamtenversicherung
- REACH-Helpdesk zum neuen EU-Chemikalienrecht für Hersteller und Überwachungsstellen, Ausbau der Ausschreibungsplattform des Bundes (e-Vergabe)
- Integration allgemeiner Grundsätze der Statistik in eBusiness und XÖV-Prozesse (Datenverarbeitung in der Verwaltung); Integration der eStatistik in allgemeine Prozesse der öffentlichen Verwaltung
- Steuer-Online für Großmelder und Einzelanwendungen
- Elektronische Sortenakte
- Datenstruktur und Datenübermittlung in der Lebensmittel- und Futtermittelüberwachung sowie im Veterinärwesen

- Digitales Bildarchiv des Bundesarchivs
- Meldewesen
- Personenstandswesen
- Kraftfahrzeugwesen
- Internetverbund der Verwaltungsportale
- Nutzungs- und Barrierefreundlichkeit
- Elektronische Beihilfebearbeitung in der Verwaltung
- Energieportal der Bundesnetzverwaltung
- Deutsche Digitale Bibliothek
- Elektronische Begleitinformationen zu Maßnahmen der Städtebauförderung
- eSolution-Rentenversicherung
- Zulassungsverfahren für die chemische Industrie
- Elektronische Verdachtsanzeigen (eVA)
- Elektronisches Abfallnachweisverfahren (eANV)
- ITFoodTrace-sichere Lebensmittelkette
- Bürokratiekostenreduzierung durch IT-basierte Informationsbereitstellung
- Elektronisches Schadstofffreisetzungs- und Verbringungsregister (ePRTR)
- Vollzug der Tierarzneimittelzulassung
- Elektronischer Personalausweis, Anwendungen für den elektronischen Personalausweis
- E-Identity-Konzept
- Bürgerportale
- Deutschland-Online-Infrastruktur (DOI)
- Förderung der Breitbandversorgung ländlicher Gebiete im Rahmen von Verbesserung der Agrarstruktur und des Küstenschutzes (GAK)
- Nationales Waffenregister[68]

Damit verbunden sind Maßnahmen der EU in Bezug auf die „Aufstellung gemeinsamer und einvernehmlicher Vorgaben der Kommissionen und der Mitgliedstaaten für die Abstimmung der E Government-Entwicklung mit der e-Accessibility-Mitteilung“ sowie die „Herausgabe von Spezifikationen für plattformübergreifende Bereitstellungsstrategien“, die den Zugang zu elektronischen Behördendiensten über verschiedene Kanäle wie „Digitalfernsehen, Mobilfunk und Festtelefon sowie andere interaktive Geräte“ vorsehen. Weitere Vorgaben der EU betreffen die Datenerfassung sowie den Austausch von Daten im Rahmen der Fortschreibung der E-Government-Initiative (i2010-Initiative). Für das Jahr 2009 war die Einführung einer EU-weiten E-Signatur geplant. Damit kann langfristig folgende Entwicklung erwartet werden: Die Vernetzung der europäischen E-Governance wird fortschreiten. Allerdings stellt sich angesichts

68 Dieses zentrale nationale Waffenregister soll bis zum Jahre 2012 errichtet werden. Es kann nicht ausgeschlossen werden, dass die darin enthaltenen Daten auch anderen Behörden in den EU-Mitgliedsstaaten zugänglich gemacht werden. Siehe hierzu auch die Schengen II-Datei (SID-II). Möglicherweise werden die im Rahmen des E-Governments erhobenen Daten wie auch andere nationale Datenbestände in die zu erwartende Großdatei der EU integriert.

der ständig steigenden Gefährdung von Informations- und Kommunikationsnetzen aller Art durch fremde Stellen, halbamtliche, regierungsnahe und andere Organisationen sowie durch Terrorismus und die internationale organisierte Kriminalität die Frage, ob diese Netze künftig selbst ausreichend gegen fremden Zugriff und damit der Manipulation der Systeme und der darin verarbeiteten Daten geschützt sind. Dies kann insbesondere für die Bereiche Meldewesen, Personenstandswesen, Kraftfahrzeugwesen, Elektronischer Personalausweis und E-Identity gelten. Hier sei besonders auf die Gefahren des Identitätsdiebstahls, der Manipulation und des Klonens[69] elektronischer Personaldokumente[70] hingewiesen.

Die Online-Infrastruktur Deutschlands

Die Bundesregierung plant, eine flächendeckende Kommunikationsinfrastruktur in der öffentlichen Verwaltung einführen. Welche umfassenden Wirkungen großangelegte Cyber-Angriffe auf die Informations- und Kommunikationsinfrastruktur einer Volkswirtschaft und eines Staatswesens haben können, zeigen Beispiele aus der jüngsten Vergangenheit – so wie im Frühjahr 2007 die Angriffe auf die Netzinfrastruktur Estlands oder Litauens im Jahre 2008[71] sowie die Angriffe im Rahmen des Georgien-Konflikts[72] im Jahre 2008, die deutlich machen,

69 Soweit aus Presseberichten bekannt, gelang es im Herbst 2009 in Großbritannien, einen britischen Pass mit RFID-Chip, der biometrische Daten enthielt, innerhalb kurzer Zeit zu klonen.

70 Vgl. auch BSI-Studie: Identitätsdiebstahl und Identitätsmissbrauch im Internet, 31. 5. 2010, Bonn.

71 Basierend auf den Auseinandersetzungen um die Verlegung eines russischen Kriegerdenkmals aus dem Zentrum von Talinn begann am 27. 4. 2007 eine Reihe von Cyber-Angriffen, zunächst auf estnische Regierungs-IT-Systeme, darunter die des Parlaments und der estnischen Nationalbank und die von Ministerien; gefolgt von weiteren Angriffen auf IT-Systeme der Medien und das estnische Telefonsystem. Die Angriffe zeigten eine ungewöhnliche Professionalität, die bei derartigen Gelegenheiten bisher noch nicht beobachtet worden war. Seriösen Quellen zufolge wurden die Cyber-Angriffe aus der ehemaligen Sowjetrepublik Transnistrien gesteuert. Eine Gruppe mit der Bezeichnung „Nashi" (siehe S. 241 im Buch) unter Führung des „Kommissars" Konstantin Goloskow übernahm später die Verantwortung für diese Attacken. Es ist davon auszugehen, dass diese Attacken mit stillschweigender Billigung durch staatliche Stellen in Russland erfolgten, vgl. hierzu: http.//wwww.internetnews.com/security/article.php/3678606. Diese Angriffe bewogen westliche Regierungen und die NATO, ihre Schutzmaßnahmen für IT-Systeme kritisch zu überprüfen. Als Folge hat die NATO im Jahre 2008 in Talinn das Cooperative Cyber Defence Centre of Excellence (CCDCOE) errichtet, das es seither betreibt. Ähnliche Angriffe auf mehr als litauische 300 Web-Seiten erfolgten im Jahre 2008, nachdem die Regierung das öffentliche Zeigen sowjetischer Symbole untersagt hatte; vgl. hierzu auch: http://www.nytimes.com/2008/07/01/world/europe/01baltic.html?_r=2&scp=3&sq=lithuania&st=nyt&o v. 1. 7. 2008.

72 Im August 2008 kam es zwischen Georgien und Russland über die Zukunft Südossetiens, das von Georgien beansprucht wird, zu einer offenen kriegerischen Konfrontation. Im Vorfeld der russischen Militärintervention in Georgien wurde eine Vielzahl von georgischen IT-Einrichtungen durch Informationsoperationen, vermutlich russischen Ursprungs, ange-

wie verwundbar die Kommunikationsinfrastruktur der öffentlichen Verwaltung und der Wirtschaft sein kann.

Aus Sicht der Bundesregierung und der Landesregierungen ist der Einsatz der Informationstechnik in der öffentlichen Verwaltung selbstverständlich. Bisher haben die Behörden auf Landes- und Bundesebene eigene Konzepte, meist im Rahmen von Insellösungen, verfolgt. Daher ist es derzeit nicht möglich, die bereits bestehenden Systeme zu vernetzen und für eine gemeinsame Nutzung zu adaptieren.

Im Projekt „Deutschland Online“ werden Lösungen für folgende Handlungsfelder entwickelt:

- Erarbeitung eines Governance-Modells zur Steuerung und Kontrolle für eine nationale Kommunikationsinfrastruktur[73]
- Klassifizierung der Anforderungen hinsichtlich Sicherheitskriterien
- Verfügbarkeit und Bandbreite
- Beschreibung des Organisationsmodells und der Betreiberkonzeption einschließlich Finanzierung und Beteiligungsmodelle
- Beschreibung möglicher Migrationspfade zur Transformation und Anbindung bereits bestehender Netz-Infrastrukturen
- Beschreibung der Dienste des künftigen Netzes wie E-Mail, Verwaltung, digitale Signaturen, Telefonbücher und andere Verzeichnisdienste

Vor dem Hintergrund, dass es sich bei dem im Errichtungszustand befindlichen Netz um ein zentralisiertes Netz handeln wird, das die gesamte öffentliche Verwaltung der Bundesrepublik Deutschland (Bundes-, Landes- und Kommunalbehörden einschließlich der übrigen Ressorts der Bundesregierung und der Nachrichtendienste) umfassen wird, muss dessen partieller oder totaler Ausfall für die Bundesrepublik Deutschland nicht absehbare Folgen haben.

---

griffen. Am 9. 8. 2008 wurde das Land in den „Kriegszustand“ versetzt. Die Ergebnisse der militärischen Operationen dürfen als bekannt vorausgesetzt werden. In diesem Zusammenhang sollte allerdings erwähnt werden, dass eine wichtige Pipeline durch Georgien verläuft, die später von russischen Truppen unter Kontrolle gebracht werden konnte. Im Verlauf der Cyber-Attacken wurden Webseiten der georgischen Regierung lahmgelegt, wie auch Systeme in Aserbeidschan und Abchasien. Daneben wurden die IT-Systeme wichtiger georgischer Banken nachhaltig in ihrer Funktion beeinträchtigt. Dies kann auch für eine Vielzahl anderer georgischer IT-Systeme gelten. Im Verlaufe dieser Angriffe erhöhte sich der Datenverkehr (Flooding) von 211.66 Mbps auf 814.33 Mbps. Durchschnittlich dauerten die Flooding-Angriffe zwischen 2 Stunden und 15 Minuten und bis zu 6 Stunden. Daneben wurden während der Angriffe Schadsoftware in erheblichem Umfang auf die georgischen Systeme verteilt; vgl. hierzu auch: Cyber Attacks Against Georgia: Legal Lessons Identified (NATO Unclassified) v. 26. 11. 2008 (http://www.carlisle.army.mil/DIME/documents/Georgia %201 %200.pdf) sowie: Defending against cyber attacks (http://www.nato.int/cps/en/natolive/topics - 49193. htm)

73 Dazu könnte möglicherweise auch das „Content-Filtering“ von Inhalten im Internet gehören.

Die künftige Nutzung biometrischer Daten

Die Europäische Union forciert die Nutzung biometrischer Daten unter anderem auf Betreiben der Industrie, insbesondere im Bereich des Identitätsnachweises. Biometrische Daten sollen künftig in der noch zu errichtenden europäischen Zentraldatei bei der Strafverfolgung eine herausragende Rolle spielen. Nicht zuletzt werden biometrische Daten zur Identitätskontrolle im geplanten Europe Surveillance-System (EUROSUR) bei automatisierten Grenzkontrollen eine nicht unbeträchtliche Rolle spielen. Nicht auszuschließen ist überdies die künftige Anwendung von biometrischen Identitätsüberprüfungen im elektronischen Zahlungsverkehr (Homebanking) und anderen Bereichen. Die Sammlung biometrischer Daten in einer zentralen Datei würde bei missbräuchlicher Verwendung der Daten durch Unbefugte den Identitätsdiebstahl begünstigen. Nicht ausgeschlossen werden kann auch die Verfälschung oder gar komplette Löschung derartiger biometrischer Daten in einer Zentraldatei durch Unbefugte oder Straftäter. Dies hätte noch nicht absehbare Folgen für den Betroffenen, da er unter anderem für die Behörden nicht mehr existent ist. Zur Automatisierung der Grenzkontrollen im Reiseverkehr mit den Vereinigten Staaten hat die Bundesregierung einer Verknüpfung nationaler biometrischer Datenbestände mit dem System der USA zugestimmt.

Die Bundesrepublik erklärte zur Verknüpfung biometrischer Programme Folgendes: Die Daten des US-amerikanischen Systems GOES[74] (Global Online Enrollment System) und des deutsche Systems ABG werden verknüpft und erlauben den Nachrichten- und Sicherheitsdiensten der USA den Zugriff auf die biometrischen Daten deutscher Reisender, die sich freiwillig an diesem System beteiligen. Das Bundesministerium des Innern gewährt dem US-Heimatschutzministerium den Zugriff auf biometrische Daten von Reisenden in die USA. Im Rahmen der Programme ABG/Global Entry haben bereits mehr als 24.000 deutsche Reisende freiwillig der Nutzung ihrer biometrischen Daten zu Kontrollzwecken durch die US-Behörden zugestimmt. Damit soll die Grenzabfertigung Einreisender in den USA beschleunigt werden. Die biometrischen Daten werden von der Bundespolizei erhoben. Dieses Programm ist Teil eines von der EU unterstützten Programms zur automatisierten Grenzabfertigung an den Außengrenzen der EU. In den Vereinigten Staaten nehmen über 42.000 Reisende am GOES-Programm teil.

Nach einer europaweiten Ausschreibung hat die Bundespolizei am Flughafen Frankfurt das System ABG eingeführt. Für den Nicht-Schengen-Verkehr wurde im Pilotbetrieb die Automatisierte und Biometriegestützte Grenzkontrolle

---

74 Es handelt sich hierbei um ein computergestütztes System zur Überwachung aller Reisebewegungen von und nach den USA. Das deutsche System Automatisierte Biometriegestützte Grenzabfertigung (ABG) der Bundespolizei nutzt biometrische Daten zur automatisierten Grenzabfertigung. Pressemitteilung BMI: Deutschland und die Vereinigten Staaten vereinbaren Partnerschaft zur Verknüpfung von Programmen für überprüfte Reisende, BMI, Berlin, 15. 4. 2010, Border Search of Electronic Devices containing Information, CBP Directive 3340-049, 20. 8. 2009.

(ABG) eingeführt. Das ABG gilt zunächst nur für die Abfertigung des Nicht-Schengen-Verkehrs, zu dem auch Ein- und Ausreisen aus/in die USA gehören. Im Schengen-Raum gilt für EU-Bürger Freizügigkeit. Alle Bürger des Nicht-Schengen-Raums benötigen zur Einreise und zum Aufenthalt in der EU ein Visum. Gleichwohl könnte das ABG bei Bedarf auch innerhalb des Schengen-Raumes zur Kontrolle von Reisebewegungen angewandt werden, wenn die technischen Voraussetzungen hierfür geschaffen würden Noch erfolgt die Teilnahme an diesem Kontrollverfahren für „freizügigkeitsberechtigte Personen aus dem EU/EWR-Raum" freiwillig und setzt einen „maschinenlesbaren Reisepass mit biometrischen Daten" voraus, dessen Inhaber sich zur Teilnahme am Programm durch die Bundespolizei registrieren lassen muss. Bei registrierten Nutzern erfolgt beim Grenzübertritt die routinemäßige Fahndungsabfrage im INPOL bzw. SIS (Schengen-Informations-System). Die mithilfe der IRIS[75]-Abfrage bei der Kontrolle gewonnenen Daten werden verschlüsselt in einer lokalen Datenbank der Bundespolizei gespeichert. Im Rahmen der „Auto-Control" werden am Programm teilnehmende Reisende bei der Ausreise auf gesonderten Spuren zu den Ausweislesern geführt. Dort werden die biometrischen Daten verifiziert und eine automatische Fahndungsabfrage INPOL/SIS generiert. Liegt keine Fahndung vor und stimmen die Daten überein, wird der Grenzübertritt freigegeben. Offenbar erhalten die Sicherheitsbehörden der USA nun umfassenden Zugriff auf die lokal gespeicherten Daten des ABG-Systems. Ob im Gegenzug Daten, die von den Sicherheitsbehörden der USA im Rahmen des Programms Global Entry den deutschen Sicherheitsbehörden uneingeschränkt zur Verfügung stehen werden, ist aus der Pressemitteilung des BMI vom 15. April 2010 nicht ersichtlich. Offenbar sind noch keine gemeinsamen Verfahren, die den reziproken Zugriff auf die jeweilig anderen Datenbestände erlauben, vereinbart.

Das Programm GOES der US-Customs and Border Protection besteht aus Teilprogrammen für eine automatisierte Grenzabfertigung[76] und wurde im Jahre 2009 implementiert: Das Global Entry Program als Teil des GOES-Programms ist ein dialogbasiertes, automatisiertes Computersystem und erfordert die vorherige Anmeldung/Hinterlegung der personenbezogenen Daten im System. Im Dialog zwischen dem System und dem Teilnehmer werden die personenbezo-

75 = Internet Registry Information Service = Verzeichnisdienst.

76 Einen guten Einblick in die Verfahren des US-Customs and Border Protection Service (CBPS) vermittelt die siebenteilige Dokumentation über die US-Border Patrol (Folge 1 am 30. 5. 2010, 20.15, in Kabel Eins). Hier zeigen sich auch die Schwächen des Systems, insbesondere wenn Einträge in der Fahndungsdatei nicht zuverlässig abgeglichen werden. Dies führte in dem in der Dokumentation geschilderten Fall zur Festnahme eines unbescholtenen Reisenden an der Grenze zwischen den USA und Kanada.

Gegen den dem US-Justizministerium unterstehenden US-Marshals Service wurde durch das US-Electronic Privacy Center Klage eingereicht, da der US-Marshals Service sogenannte „Nacktscannerbilder", die bei der Kontrolle von Flugreisenden angefallen waren, rechtswidrig speichert. Gegenwärtig sind auf 41 US-Flughäfen 148 „Bodyscanner" eingesetzt (http://www.pressetext.de/news/100807004/us.marshals-sammeln...). Sollten derartige Systeme künftig EU-weit eingesetzt werden, kann nicht ausgeschlossen werden, dass derartige Abbildungen auch an die US-Sicherheitsbehörden gelangen.

genen Daten abgefragt. In diesem System können sich auch registrierte Anwender der Subsysteme EXUS, SENTRI, US-Mexico FAST und Global Entry[77] einbuchen.

Mit Wirkung vom 20. August 2009 trat die CBP-Directive No. 3340-049 des US-Customs and Border Protection Service in Kraft. Demnach können die Einwanderungs- und Zollbehörden der Vereinigten Staaten ohne besonderen Anlass elektronische Geräte von Reisenden bei der Ein- oder Ausreise auf Speicherinhalte durchsuchen. Eine ähnliche Regelung für Reisende aus den USA existiert, soweit bekannt, in der EU nicht.

„Virtuelle" Agenten im Netz

Die deutschen Sicherheitsbehörden, unter anderem das Bundesamt für Verfassungsschutz und analog dazu wohl auch die Landesämter für Verfassungsschutz oder die jeweiligen Abteilungen der Landesinnenministerien, planen zur Überwachung[78] Linksradikaler den Einsatz „virtueller" Agenten, die den Auftrag haben, entsprechende Blogs mit dem Ziel aufzubauen, Kontakte zu Personen und Gruppen in der linken Szene herzustellen und diese zu Diskussionen anzuregen. Nicht zuletzt durch eine jetzt bekannt gewordene Daten-Affäre[79] wird klar, dass auch die Sicherheitsbehörden nicht von derartigen Aktivitäten verschont bleiben werden.

Aufgeweichte Trennungsgebote

Erkennbar ist auch die Tendenz, im nationalen deutschen Bereich das Trennungsgebot zwischen den Nachrichtendiensten und den Polizeibehörden aufzuweichen, wie aus Verlautbarungen aus dem Bundesinnenministerium kurz vor der Wahl bekannt und am 25. September 2009 durch den damaligen Staatssekretär Hanning indirekt bestätigt wurde.

Befähigung für InfoOps

Neben den Diensten der Bundesrepublik Deutschland, hier vor allem der Bundesnachrichtendienst und das Bundesamt für Verfassungsschutz, verfügen auch

77 NEXUS: Dieses Programm gilt für Land-, Luft- und Seereisen zwischen den USA und Kanada und soll hier nicht weiter betrachtet werden. SENTRI: Dieses Programm gilt für Land-, Luft- und Seereisen zwischen den USA und Mexiko und wird deshalb nicht weiter betrachtet. FAST: Dieses Programm berücksichtigt die Bedürfnisse von gewerblichen Transportunternehmen bei Ein- und Ausreise zwischen Kanada und den USA als auch zwischen Mexiko und den USA und ist für den europäischen Reisenden nicht von Bedeutung.

78 Der Spiegel, 20/2010 v. 17. 5. 2010, S. 32. Es kann nicht gänzlich ausgeschlossen werden, dass diese „virtuellen" Agenten noch weitere Aufträge erhalten werden. Der Einsatz von „agent provocateurs" gehört zur gängigen Praxis von Nachrichten- und Sicherheitsdiensten in aller Welt.

79 Röbel, S., und Wassermann, A.: Datenaffäre in Sachsen-Anhalt. Polizeidirektion spähte eigene Beamte aus, DDP v. 14. 6. 2010.

die Streitkräfte über Fähigkeiten zur Führung von Informationsoperationen. Im Kommando Strategische Aufklärung (KSA) in Gelsdorf bei Bonn sind die deutschen militärischen Fähigkeiten im Bereich der Nachrichtengewinnung und Aufklärung (NG&A) gebündelt. Für Aufgaben im Rahmen der Führung von Informationsoperationen steht dem KSA die Abteilung Informations- und Computernetzwerkoperationen mit gegenwärtig 76 Soldaten in Rheinbach bei Bonn zur Verfügung. Im Gegenzug erweitert auch das Bundesamt für die Sicherheit in der Informationstechnik (BSI) in Bonn seine Fähigkeiten zum Schutz deutscher Netze. Ob das künftige Kompetenzzentrum der Technischen Kommunikationsüberwachung (CC-TKÜ)[80] beim Bundesverwaltungsamt in Köln in derartige Vorhaben eingebunden sein wird, ist noch nicht abzusehen, erscheint aber für die Zukunft nach Klärung der Rechtslage wahrscheinlich.

Entwicklungen in Österreich

Auch in der Republik Österreich sind starke Widerstände gegen die von der EU geplanten umfassenden Maßnahmen der Kommunikationsüberwachung und Kontrolle erkennbar, die sich in der Arbeit der österreichischen EU-Parlamentarier manifestiert.[81] Bemerkenswert ist die Initiative des österreichischen Bundesheeres zur Verstärkung der Fähigkeiten der Streitkräfte im Bereich der Informationssicherheit. Seit Anfang 2010 steht den Angehörigen des Bundesheeres als zentrale Anlaufstelle für Fragen der Informations- und Kommunikationssicherheit im Bundesheer im ÖBH-Intranet eine Homepage unter der Bezeichnung IKT-Sih zur Verfügung[82]. Leider ist diese Seite der Öffentlichkeit aus nachzuvollziehenden Gründen nicht zugänglich, so dass hier keine weiteren Angaben über deren Inhalte gemacht werden können.

Konturen europäischer Innen- und Sicherheitspolitik[83]

Auch in der Europäischen Union sind, insbesondere unter britischem Einfluss, Tendenzen erkennbar, die langfristig zu einer Ausweitung der Überwachung und Kontrolle führen werden. Ein besonders gutes Beispiel hierfür bietet das Stockholm-Programm der EU[84].

80 Gegenwärtig, seit Anfang 2010, ist der weitere Ausbau dieser Behörde vorläufig eingestellt, da die Rechtsgrundlagen erneut geprüft werden sollen.

81 Siehe hierzu: SIS II, EU-Parlament stellt Ultimatum. Neuer Anlauf für SWIFT-Abkommen, SWIFT: USA wollen keine Gegenseitigkeit, www.futurezone.orf.at

82 Truppendienst-Bundesheer, Nr. 3/2010, S. 241, Wien 2010.

83 BMI-Newsletter vom 19. 4. 2007, BMI-Pressemitteilung: JI-Rat beschließt Warn- und Meldeverbund zur Ausweisung Terrorismusverdächtiger; BMI-Newsletter vom 20. 4. 2007; BMI-Pressemitteilung: Schengen- und Visum-Informationssystem weiter im Zeitplan; BMI-Newsletter vom 21. Mai 2007; BMI-Pressemitteilung: Hochrangige Arbeitsgruppe zu Beratungen über die künftige Gestaltung europäischer Innenpolitik ab 2010 erstmals zusammengetreten.

84 Vgl. hierzu auch: http://statewatch.org/stockholm-programme.htm

Auf Einladung des damaligen Bundesministers des Innern trat am 20. und 21. Mai 2007 in Eltville eine hochrangige beratende Gruppe zur Zukunft der europäischen Innenpolitik (Zukunftsgruppe – Future Group) erstmals zusammen. Neben anderen Tagesordnungspunkten nahmen Beratungen über Probleme der europäischen Sicherheits- und Strafverfolgungsbehörden im Zusammenhang mit Drogenhandel, illegaler Migration, organisierter Kriminalität und islamistisch motivierten Terrorismus breiten Raum ein. Am Ende der Beratungen wurde durch die „Zukunftsgruppe" festgestellt, dass in den Bereichen „Schengen-Informationssystem, der grenzüberschreitenden polizeilichen Zusammenarbeit, bei Europol und den gemeinsamen Visabestimmungen" noch erheblicher Handlungsbedarf im Hinblick auf die „Fortentwicklung der Konzeptionen und Anpassung an die Herausforderungen der Zukunft" besteht. In dem am 25. Juni 2007 in Brüssel abgehaltenen zweiten Treffen der Zukunftsgruppe unter deutscher Präsidentschaft standen Diskussionen über die „Verschmelzung von innerer und äußerer Sicherheit", allgemeine Rechtsgrundsätze bei der Bekämpfung von Terrorismus und Sicherheit bzw. der Ausbau der Zusammenarbeit in Sicherheitsfragen mit Drittstaaten in Bezug auf eine „bessere Koordinierung des Einsatzes von Militär-, Polizei- und Zivilschutzkräften" auf dem Programm.

Der europäische Warn- und Meldeverbund zur Terrorbekämpfung

Das vereinbarte und in Einführung begriffene Warnsystem schafft für die zuständigen Behörden der Mitgliedsstaaten und angeschlossenen Drittländern die Möglichkeit, sich gegenseitig frühzeitig über bereits ausgewiesene sicherheitsrelevante Drittstaatsangehörige zu informieren. Die Übermittlung von Daten basiert auf bestehenden nationalen Rechtsgrundlagen. Zur Übermittlung werden bereits eingerichtete sichere Informationssysteme genutzt. Dadurch werden weder neue Datenbanken noch weitere Netzwerke geschaffen. Das Vorhaben lag damals auf der Linie der deutschen EU-Ratspräsidentschaft, die gerade im Bereich der Innenpolitik Maßnahmen zur Verstärkung der praktischen Zusammenarbeit in den Vordergrund stellte.

Das europäische Visum-Informations-System (VIS)

Der Fortfall der Kontrollen an den Innengrenzen der neu beigetretenen Staaten, so begrüßenswert er aus politischen Gründen auch sein mag, setzt intensive Grenzkontrollen an den Außengrenzen der Schengen-Staaten voraus. Ob alle neu beigetretenen Staaten die EU-Grenzkontroll-Standards bereits jetzt erfüllen, darf indes in Zweifel gezogen werden. Daher werden die nationalen, zum Teil auch anlasslosen Binnenkontrollen, so beispielsweise auf Autobahnen, auf Bahnhöfen oder anderen Schwerpunkten der Reisebewegungen, erhöht werden. Dies wird zwangsläufig die Überwachungs- und Kontrollfrequenzen durch die nationalen Polizeibehörden erhöhen und damit scheinbar zu einer effizienten und steigenden Präsenz der Polizei führen. Dies gilt auch für den großräumigen Einsatz von Identifizierungssystemen im fließenden Verkehr. Die Überwachung der Reisebewegungen möglicher Terrorverdächtiger oder Krimineller innerhalb des Schengen-Raumes wird dadurch nicht effizienter. Ob die neugeschaffene FRONTEX-Grenzschutzagentur der EU künftig zur Erhöhung der Sicherheit einen Beitrag leisten kann, bleibt abzuwarten. Ob die durch die Staatsschutzbehörden bisher praktizierte „Beobachtung" extremistischer, besonders terrorverdächtiger Gruppierungen ausreichend ist, mag bezweifelt werden. Hier ist eine proaktive, auch den Hintergrund Terrorverdächtiger umfassende Aufklärungstätigkeit durch die Dienste erforderlich.

Nach Einführung des VIS sollen in dieses System auch Fingerabdruck-Dateien für Grenzkontrollen integriert werden. Des Weiteren ist geplant, den nationalen Sicherheitsbehörden unbeschränkten Zugriff auf die im System verfügbaren Daten zu gewähren, um diese bei der Bekämpfung der illegalen Migration, des Terrorismus und der organisierten Kriminalität zu unterstützen.

Ausweitung der Kontrollen: Das Stockholm-Programm der EU[85]

Die im Jahre 2007 unter dem Patronat des damaligen Innenministers Schäuble gegründete Future Group, deren personelle Zusammensetzung und Rechtsgrundlage bis heute nicht öffentlich sind, hat während der schwedischen Ratspräsidentschaft einen Plan unter dem Titel „Ein Raum der Freiheit, der Sicherheit und des Rechts im Dienste der Bürger – Mehr Freiheit und mehr Sicherheit" vorgelegt, der zeitnah von der Kommission der Europäischen Gemeinschaften diskutiert und baldmöglichst angenommen werden sollte. Neben Reformen in der Rechtssetzung der Mitgliedsstaaten der EU, der Ausweitung der Freizügigkeit innerhalb der Grenzen der EU, dem Ausbau des Zivilschutzes, Maßnahmen im Bereich der Migration und der Schaffung eines gemeinsamen Sockels für Mindestnormen im Recht, nehmen Sicherheitsfragen breiten Raum ein. Unter dem Vorsitz von Schäuble hatte die informelle Future Group[86] im

---

85 Council of the European Union, Report by the Future Group (Police and Immigration), 11960/08 LIMITE, JAI 388, Brüssel, 22. 7. 2009, Kommission der Europäischen Gemeinschaften, Mitteilung der Kommission an das Europäische Parlament und den Rat – Ein Raum der Freiheit, der Sicherheit und des Rechts im Dienste der Bürger – KOM (2009) 262 endgültig, Brüssel, 10. 6. 2009: Kommission der Europäischen Gemeinschaften, Mitteilung der Kommission, Legislativpaket zur Errichtung einer Agentur für das Betriebsmanagement von IT-Großsystemen im Bereich Freiheit, Sicherheit und Recht – KOM (2009) 293 endgültig, KOM (2009) 294 endgültig, SEK (2009) 836, SEK (2009) 837, Brüssel, 24. 6. 2009. Koch, K. C.: Feind hört mit, Süddeutsche Zeitung (SZ), 14. 9. 2009; Brössler, D.: Der Staat hört mit, SZ, 22. 9. 2009, http://www.statewatch.org/future- group.htm, http://www.ecln.org/

Stellungnahme des europäischen Datenschutzbeauftragten zum Stockholm-Programm: In seiner ausgewogenen Stellungnahme zum Stockholm-Programm vom 19. 7. 2009 stellte der europäische Datenschutzbeauftragte Peter Hustinx fest, dass der Stockholm-Plan in Form und Inhalt nicht den Vorgaben des Lissabon-Vertrages entspricht. Er stellte außerdem fest, dass vor Einführung der im Stockholm-Plan vorgesehenen Maßnahmen (die im Text des Plans allerdings nur vage und allgemein beschrieben sind) entsprechende Untersuchungen zu den zu erwartenden tiefgreifenden Konsequenzen erfolgen sollten.

86 Es handelt sich hierbei um eine informelle Gruppe aus Behördenvertretern der EU, die bisher ohne gültige Rechtsgrundlage agierte.

Herbst 2009 ein umfassendes Fünfjahres-Programm, unter anderem für die Ausweitung der Kommunikationsüberwachung in Europa, vorgelegt, das von der EU-Kommission diskutiert wurde. Sollte das Programm implementiert werden, ist mit einer umfassenden und tiefgehenden Kontrolle aller Kommunikationsbeziehungen einschließlich der Ausweitung der Vorratsdatenspeicherung in Europa zu rechnen. Im Einzelnen enthält das Stockholm-Programm folgende Ziele:

- Schutz personenbezogener Daten und Schutz der Privatsphäre
- Externe Sicherheit und gemeinsame Sicherheitskultur
- Europäisches Informationsmodell mit Fähigkeiten zur Erfassung und Verarbeitung operativer und strategischer Informationen
- Europäische Informationsarchitektur und moderne Informations- und Kommunikationstechnologien (IuK)
- Entwicklung einer wirksamen EU-Sicherheitsstrategie
- Entwicklung einer Plattform zur Bekämpfung der Cyber- und Wirtschaftskriminalität
- Verstärkte Überwachung des Internets im Rahmen der Terrorbekämpfung

ETSI-Standards: Die totale Kommunikationskontrolle

Das ETSI (European Telecommunications Standards Institute) ist ein privatwirtschaftliches Non-Profit-Unternehmen, von der EU als European Standards Organization anerkannt; es verfügt über mehr als 766 Mitglieder, darunter auch die VR China und Russland, und erarbeitet, von der Öffentlichkeit kaum wahrgenommen, Standards für Kommunikationsverfahren aller Art, für Rundfunk- und Fernsehanwendungen und andere elektronische Kommunikationsverfahren. Das Institut wird durch eine Generalversammlung geführt. Die Verwaltung wird von einem international besetzten Board und einem Sekretariat wahrgenommen. Zur Erarbeitung von Standards verfügt das ETSI über mehr als 27 Projekt-Komitees. Im Rahmen von Partnerschaftsprojekten, zum Beispiel des EPP3 GPP, werden spezielle Fragen bearbeitet und Standards festgelegt. Daneben verfügt das ETSI über Spezial-Komitees und eine Industry Specification Group.

Für die Erarbeitung von Standards in der Kommunikationskontrolle sind gegenwärtig folgende, international besetzte Arbeitsgruppen (Technical Committees) von Bedeutung:

ETSI TC Lawful Interception (TCLI)

Diese Arbeitsgruppe, in der sich unter anderem auch Mitarbeiter der nationalen Nachrichten- und Sicherheitsdienste und Vertreter der Kommunikationsindustrie befinden, legt die technischen Spezifikationen für Verfahren und Schnittstellen zur zunächst noch national geplanten Telekommunikationsüberwachung fest. Gegenwärtig werden durch diese Arbeitsgruppe mehr als 21 Standards zur Kommunikationsüberwachung (TS 101 331, 101 671, ES 201 671, TR 101 943, TS 102 232, TS 102 232-1 bis TS 102 232-7 u. a.) betreut und nach den Wünschen der nationalen Teilnehmer und Anregungen aus den nationalen Diensten modifiziert. In den Beschlüssen der Arbeitsgruppe (Security Workshop #04 Session 5 am 14. Januar 2009) wurde zur Vorratsdatenspeicherung nach den Vorgaben der EU die Speicherung folgender Daten festgelegt:

- Teilnehmerrufnummer, Abrechungsdetails; Nutzungszeiten des Telefons; Art des Telefons; Daten des Netzwerkes, in dem dieses Telefon verwendet wird; Zugangsdaten, Nutzung von Nicht-Sprachdiensten.
- Soweit möglich sollen für Festnetz und Mobilverbindungen folgenden Daten erhoben und gespeichert werden: Teilnehmer-ID, Informationen über den Teilnehmer (Name, Anschrift, nationales Identifikationsmerkmal, Geburtsdatum, Geschlecht, Informationen zur Authentifizierung des Betroffenen), benutzte Telefondienste, Abrechnungsnummer, ID des Telefondiensteanbieters/Betreibers, Zeitraum der Nutzung, angewählte Rufnummern, registrierte Dienstemerkmale, genutzte Dienste, Art des Dienstes, Anschrift des Nutzers, Verbindungsdaten, IMSI (interne Teilnehmerkennung), Angaben zum genutzten Netz, Status der Verbindung, Details zur Abrechnung wie: Rufnummer, Abrechnungsnummer, Rechnungsanschrift, Identifikationsmerkmale der Rechnung, Rechnungsdaten nach Zeit, Ort, Umfang, Währung und Zahlungsmethode.

In der vom 3.–5. November 2009 in Scottsdale abgehaltenen Tagung der TCLI wurden weitere zusätzliche Erweiterungen durch die Arbeitsgruppe eingebracht, die auf Forderungen aus den USA und Großbritannien (National Technical Assistance Centre/MI5) und des General Communications Headquarter (GCHQ) basieren:

- Peer-to-Peer-Netzwerke – zusätzliche Aufnahme der Bankverbindungen bei Abrechnungsdetails
- Username, Login, Datenverkehr nach Upload und Download gegliedert

ETSI AG TISPAN[87]

In dieser ebenfalls international besetzten Arbeitsgruppe werden die Grundlagen für die Kontrolle (Lawful Interception) des Internetverkehrs und der mobilen Kommunikation erarbeitet. Unter anderem wurden auf deutschen Wunsch in der Arbeitsgruppensitzung vom 11.–13. November 2008 in Washington, D. C., unter der Leitung eines Vertreters von Nokia-Siemens und unter Beteiligung eines Vertreters des deutschen Bundesamtes für Verfassungsschutz sowie des deutschen BMWI folgende Punkte behandelt: dynamisches Triggering sowohl national, international als auch weltweit, Überprüfung der rechtlichen Rahmenbedingungen des Einbringens einer zwingenden Funktion im Protokoll

87 TISPAN = Telecommunication and Internet converged Services and Protocols for Advanced Networking.

X.4, Retained Data Handover Interface[88] sowie nordamerikanische und kanadische Forderungen nach Lokalisierung und Kontrolle von Voice over IP-Verbindungen (VoIP). Soweit bekannt, wurde bei einer der letzten Arbeitsgruppensitzungen auch angeregt, zusätzliche optionale Parameter in die Kontrolle von Kommunikationsverbindungen mit aufzunehmen. So ist geplant, künftig den Überwachungsbehörden auch den Zugang zu den IMEI[89] und den Pin Unlock Keys (PUK) der mobilen Endgeräte zu gewähren. Damit würden derartige Systeme von fremder Stelle aus manipulierbar. Ob und inwieweit bei der Kontrolle von Skype bereits Erfolge durch die Überwachungsbehörden erzielt werden konnten, ist gegenwärtig noch nicht feststellbar.

Automatische Auskunftsverfahrens nach § 112 TKG

Im September 2009 hatte die Bundesnetzagentur auf Anregung der TK-Unternehmen eine Anhörung zum automatisierten Auskunftsverfahren nach § 112 TKG mit den betroffenen Unternehmen angeregt. Damit sollen alle Kundendaten (Telefon, Mobilfunk, Internet) eines Betreibers zum Zwecke der Namens- und Adressabfrage an die „berechtigten Stellen", in diesem Falle vermutlich an das CC-TKÜ beim Bundesverwaltungsamt, automatisiert weitergegeben werden. Die vorher geschilderten Aktivitäten stellen nur einen geringen Ausschnitt aus der Gesamtheit der Maßnahmen, die im Bereich der EU auf dem Gebiet der Kommunikationsüberwachung[90] bereits jetzt eingeführt sind, dar. Es ist wohl davon auszugehen, dass die bereits einzeln vorhandenen Datensammlungen zu nationalen Datensammlungen zusammengeführt und damit später zu einem Teil der geplanten gesamt-europäischen Datenbank werden sollen, auf die Strafverfolgungsbehörden, Nachrichtendienste und Sicherheitsbehörden der EU und andere Partner uneingeschränkten Zugriff erhalten werden, wie dies die noch laufenden Verhandlungen zum SWIFT-Zugang durch die US-Behörden

---

88 Es handelt sich hierbei um eine Vorrichtung im Mobilfunk, die die Verbindungsdaten speichert und auf Anforderung dem Betreiber (Provider) übermittelt. Dieser muss derartige Daten auf Anforderung der Strafverfolgungsbehörden oder Nachrichtendienste zur Verfügung stellen. Es handelt sich hierbei um einen Standard des ETSI, basierend auf der Resolution des Rates der EU vom 17. 1. 1995 (Official Journal C329, 041/11/1996 p. 0001–0006, Council Resolution on the lawful interception of telecommunications of 17 January 1995). Aus den gespeicherten Verbindungsdaten lassen sich auch Bewegungsprofile des Nutzers vom Mobiltelefonen, Smartphones, Laptops und Netbooks oder anderen Mobilfunkanwendungen mit drahtloser Anbindung an das Mobilfunknetz erstellen. Die Auswertung der Verbindungsdaten eignet sich auch zur Erstellung eines Kommunikationsprofils (Wer mit wem, wie oft, wo), das in die Social Network Analysis einfließen kann.

89 Die International Mobile Station Equipment Identity (IMEI) meint eine eindeutige 15-stellige Seriennummer, anhand derer jedes GSM- oder UMTS-Endgerät eindeutig identifiziert werden kann.

90 Vgl. hierzu auch: Federal Department of Justice and Police, FDJP, Lawful Interception of telecommunications traffic-Organisational and administrative requirements (OAR), Bern 2009 (ACIPSS NL 2010-25 1777/2010 Lawful Interception of Swiss telecommunications traffic).

deutlich machen. Da das ETSI eine Vertiefung der Kooperation mit Russland plant, muss befürchtet werden, dass künftig auch Russland mit seinen Nachrichten- und Sicherheitsdiensten auf europäische Daten zugreifen kann. Dies mag künftig auch für die Zusammenarbeit des ETSI mit der VR China gelten.

COSI fan tutte: Gemeinsame Terrorabwehr der EU

Die spanische Ratspräsidentschaft plante bereits im Jahre 2009 die Zentralisierung der Terrorabwehr[91] in der EU. Hierbei sollen auch die Befugnisse des EU-SitCen erweitert und eigene nachrichtendienstliche Strukturen geschaffen werden. Auch ist die weitere Vernetzung der nationalen Sicherheitsdatensysteme geplant. Der spanischen Initiative haben sich, wie zu erwarten, bereits Deutschland, Frankreich, Großbritannien, die Niederlande, Belgien, Dänemark, Italien und Portugal angeschlossen. Deutsche Politiker fordern nun zusätzlich eine Verschärfung der nationalen Sicherheitsgesetzgebung.

Bereits im Jahre 2004 hatte die belgische Regierung, vermutlich auch unter dem Einfluss der Anschläge in Madrid, die Errichtung einer Nachrichtendienstzentrale, ähnlich der Organisation der Europol vorgeschlagen. Damit hatte die spanische Präsidentschaft der EU unter dem Eindruck des kürzlich in den USA vereitelten Anschlags, diesen Vorschlag wieder aufgegriffen und schlägt die Bildung eines Europäischen Antiterror-Komitees unter dem alle sechs Monate wechselnden Vorsitz einer nationalen Antiterror-Behörde (Antiterrorzentrum) vor. Allerdings stellt sich die Frage, welche Funktion der Antiterror-Beauftragte der EU (EU-Counterterrorist Coordinator) und Professor an den Universitäten Brüssel und Louvain, Gilles de Kerchove, in diesem System erhalten wird. Diese Behörde soll die Arbeit der nationalen Antiterrorbehörden künftig koordinieren und den Informationsaustausch beschleunigen. Auch ist in diesem Zusammenhang geplant, nationale Antiterror-Spezialisten auszutauschen. Daneben ist daran gedacht, die Terrorfahndung im Internet arbeitsteilig unter den EU-Antiterrordiensten zu gestalten und die Ergebnisse EU-weit auszutauschen. Die künftige Zuweisung der Aufgaben der Terrorbekämpfung soll offenbar nach nationalen Vorgaben erfolgen. Es ist anzunehmen, dass diese Zentrale beim EU-SitCen angesiedelt werden könnte, da hier bereits jetzt eine Nachrichtenauswertung stattfindet. Möglich erscheint aber auch, dass unter der Verantwortung des EU-Antiterrorbeauftragten eine eigenständige Behörde begründet wird, die künftig zentrale Funktionen der Koordination und Informationsweitergabe zu übernehmen hat.

Das neue Standing Committee on Operational Cooperation on Internal Security (COSI) wird möglicherweise ein weiterer Baustein in der Überwachungs- und Sicherheitsarchitektur der EU oder Keimzelle einer künftigen EU-Innenbehörde. Der Auftrag des neuen Komitees, dessen rechtliche Grund-

---

91 Informationsvermerk-Auswirkungen des Vertrages von Lissabon auf die Arbeit des Rates (Justiz und Inneres): Ausweitung des Mitentscheidungsverfahrens und neue Strukturen, Generalsekretariat des Rates der EU, Brüssel, November 2009.

Waterfield, B.: EU Treaty scrutinity too COSI, Daily Telegraph, London, 11. 2. 2008.

lage bisher nicht durch Artikel III-261 des Lissabonner Vertrages gedeckt ist, besteht in der Angleichung und verstärkten Koordination der operationellen Aktionen der Sicherheitsbehörden der EU-Mitgliedsstaaten auf dem Gebiet der inneren Sicherheit. Dadurch kann künftig weitreichender Einfluss auf die nationale Sicherheitsgesetzgebung in den Staaten der EU erwartet werden. Am 25. Februar 2010 hat das Komitee in Brüssel seine Arbeit aufgenommen. Es soll künftig nach dem Willen der EU-Innenminister die Prinzipien, strategischen Handlungslinien sowie die sich aus der Bedrohung durch internationale organisierte Kriminalität, Terrorismus und illegale Immigration ergebenden Herausforderungen der EU in politische Aktionen umsetzen. Dabei wird das Standing Committee die Arbeit aller Institutionen der EU für Justiz und Inneres koordinieren (Justice and Home Affairs), darunter Europol, FRONTEX, EUROJUST, EUROSUR, die Europäische Polizeiakademie CEPOL und nicht zuletzt auch das EU-SitCen. Dazu gehört unter anderem auch die Definition der internen Sicherheitsstrategie der EU mit den Aspekten:

- Verhütung und Bekämpfung der Kriminalität
- Verhütung terroristischer Aktivitäten
- Austausch nachrichtendienstlicher Informationen
- Aufrechterhaltung der öffentlichen Ordnung und Sicherheit
- Verhütung und Bekämpfung illegaler Migration und des Menschenhandels
- Implementierung eines umfassenden EU-Grenzmanagements
- grenzüberschreitende Krisenbewältigung[92]

Die beteiligten Regierungen entsenden aus den nationalen Behörden entsprechende Vertreter zu den jeweiligen Themenbereichen. Mehrfachwahrnehmung durch einzelne nationale Vertreter ist möglich.

Als Folge des Stockholm-Programms wird das Standing Committee unter spanischer Leitung die gegenwärtige Sicherheitsstrategie der EU überarbeiten. Hierbei sollen die Politikfelder Innen- und Sicherheitspolitik, Außenpolitik, Verteidigungs- und die Entwicklungspolitik angemessen berücksichtigt werden. Dabei ist die Ausweitung der Befugnisse der EU-Grenzschutzagentur FRONTEX in Warschau zu erwarten. Soweit bekannt, soll die FRONTEX-Agentur künftig für die Überwachung der EU-Außengrenzen verantwortlich sein und damit zum Hauptakteur für die Koordination aller Grenzüberwachungsmaßnahmen und das Grenzmanagement der EU werden. Dabei wird FRONTEX künftig auch über eine Flotte eigener Hubschrauber, Flugzeuge und Schiffe zur Grenzüberwachung verfügen. Ob künftig nationale Grenzsicherungskräfte der FRONTEX-Agentur für den Einsatz unterstellt werden, ist noch nicht beschlossen, scheint aber auf lange Sicht möglich. Einhergehend damit kann auch der weitere Ausbau der europäischen Gendarmerie erwartet werden. Damit würde die EU über eigene paramilitärische Kräfte zur Aufrechterhaltung der Ordnung in besonderen Lagen verfügen. Dies wurde früher auch bereits durch die Police

92 Von Bedeutung hierzu ist der Artikel 222 AEUV – Konsolidierte Fassung des Vertrags über die Arbeitsweise der Europäischen Union –, der Beistandsverpflichtungen und Eingriffsmöglichkeiten in außergewöhnlichen Fällen regelt.

Chiefs Task Force vorgeschlagen. Auch sind grenzüberschreitende Operationen nationaler Sicherheitskräfte bereits jetzt möglich. Daneben wird FRONTEX im Rahmen eines neun Monate dauernden Pilotversuches eine Außenstelle im griechischen Hafen Piräus zur Überwachung der Seegrenzen der EU im Mittelmeer errichten. Eine ähnliche Einrichtung kann für die Seegrenzen der EU gegenüber Nordafrika im Atlantik erwartet werden.

Das Standing Committee wird künftig auch die Arbeit der europäischen Police Chiefs Task Force (ein seit dem Jahre 2000 bestehender informeller Zirkel europäischer Polizeiführer ohne gesetzliche EU-Legitimation), die Koordination in Sicherheitsfragen mit Drittstaaten und in Schlüsselregionen maßgeblich beeinflussen. Durch die Tätigkeit des COSI kann künftig eine Ausweitung des Einflusses interessierter Kreise in der EU, insbesondere Großbritanniens[93], auf die nationale Sicherheitsgesetzgebung in den EU-Mitgliedsstaaten erwartet werden. Gleichwohl ist die Übertragung legislativer Rechte auf das Standing Committee nach dem Willen der EU-Kommission nicht beabsichtigt. In diesem Zusammenhang hat sich der Rat der EU in folgenden Bereichen das alleinige Initiativrecht vorbehalten: Pässe und Ausweise (Art. 77 AEUV), Familienrecht (Art. 81 AEUV), Operative polizeiliche Zusammenarbeit (Art. 87 AEUV) sowie Einsetzung einer Europäischen Staatsanwaltschaft (Art. 86 AEUV). In den vorgenannten Fällen soll das Europäische Parlament lediglich angehört werden.

Internationale Sicherheitsrisiken durch Vernetzung[94]

Die nationalen Sicherheitsbehörden in Europa beginnen mit der umfassenden Vernetzung ihrer bisher nur national verfügbaren Datenbestände. Im Zuge der allgemeinen Diskussion über die künftige Gestaltung von multilateralen Sicherheitsmechanismen gewinnen ganzheitliche Ansätze zur Gestaltung eines gemeinsamen europäischen Sicherheitsumfeldes unter Einbeziehung der Aspekte

---

93 Die neue britische Regierung hat erkennen lassen, dass sie Vorratsdatenspeicherung und Internetsperren abschaffen will. Hier können auch entsprechende Einflüsse auf die übrigen Staaten der EU erwartet werden. Vgl.: Briten sagen Goodbye zum Überwachungsstaat, Der Standard-Online v. 25. 5. 2010. Auch soll die in Einführung begriffene „National ID-Card mit einem Biometrie-Chip" nicht eingeführt werden; BBC News v. 27. 5. 2010.

94 Weißbuch 2006 zur Sicherheitspolitik Deutschlands und zur Zukunft der Bundeswehr, Bonn 2006, Data Analysis Challenges, JSR-08-142, JASON – The MITRE Corporation, McLean, VA, Dezember 2008, Homeland Security, „vernetzte Sicherheit" aus Sicht der deutschen ITK-Industrie, BITCOM, 2005: Borchert, H.: „vernetzte Sicherheit", Notwendigkeit, Prinzipien und Konsequenzen eines neuen Leitbildes, BAKS, Berlin 2004; Cohen, R. & Mihalka, M.: Kooperative Sicherheit: Neue Horizonte für die internationale Ordnung, The Marshall Center Papers, Nr. 3, Garmisch-Partenkirchen, Report on the Progress made in developing the European Border Surveillance System (EUROSUR), Commission of the European Communities, Brüssel, 24. 9. 2009; Inaugural Report of the Global Maritime and Air Communities of Interest Intelligence Enterprise, Director of National Intelligence, Washington, D. C., November 2009, Could Europe do better on pooling Intelligence? SDA, Brüssel, Oktober 2009, http://news.bbc.co.uk/go/pr/fr/-/2/hi/technology/8363175.stm,
http://www.marshallcenter.org/mcpublicweb/de/nav-security-insights-de.html

- Schutz Kritischer Infrastrukturen,
- Errichtung einer umfassenden Europäischen Datenbank,
- multilaterale Terror- und Kriminalitätsabwehr sowie
- Bekämpfung möglicher Pandemien

zunehmend an Bedeutung. Die Nachrichtendienste der Vereinigten Staaten fordern im Rahmen der Informationsteilhabe (Information Sharing) unbeschränkten Zugriff auf derartige Datenbestände, ohne selbst bereit zu sein, ihren Partnern reziproken Zugriff auf US-Datenbestände zu gewähren. Großbritannien nimmt derzeit in Europa eine Vorreiterrolle[95] bei der Telekommunikationsüberwachung ein. Es kann erwartet werden, dass Großbritannien auch künftig in der EU entsprechende Impulse geben wird. Die Vereinigten Staaten fordern auch künftig umfassenden Zugriff auf europäische Datenbestände mit dem Ziel, diese in ein eigenes, neu entwickeltes Überwachungssystem zu integrieren. Auch werden die Vereinigten Staaten künftig Systeme der Sicherheitsüberwachung in der Luft- und Seefahrt in ihr Gesamtsystem integrieren. In Zukunft kann auch vermehrt mit der Einbindung des European Union Military Staffs (EUMS) in nachrichten- und sicherheitsdienstliche Aktivitäten gerechnet werden, wie jüngste Ankündigungen aus dem EUMS in Brüssel erkennen lassen.

Die im Rahmen des Stockholm-Programms geplanten Maßnahmen der EU im Rahmen der „vernetzten Sicherheit" bergen mehr Risiken als Chancen, da der nahezu unkontrollierbare Zugriff und die nichtkontrollierte Verwendung einer Vielzahl sensitiver Daten, sowohl durch europäische als auch die Nachrichtendienste der USA und möglicherweise auch Russlands, zum Verlust des Schutzes der Privatsphäre führen wird. Mit dem Zugang zu europäischen Banktransferdaten gewinnen die USA die Möglichkeit einer nahezu lückenlosen Überwachung von Zahlungsvorgängen in Europa, die auch Rückschlüsse auf die Wirtschaftstätigkeit in Europa zulassen, die nicht allein mit dem Kampf gegen den Terrorismus begründet werden können. Ähnliches kann für die Planungen der EU gelten, den Datenaustausch mit Russland[96] zu intensivieren. Die bereits in der EU verfügbaren Instrumente der Zusammenarbeit der Strafverfolgungsbehörden erscheinen ausreichend und sollten künftig der Kontrolle

---

95 Hier können jedoch entsprechende Änderungen erwartet werden, da die neue britische Regierung offenbar beabsichtigt, die bisherigen Maßnahmen der inneren Sicherheit in Großbritannien zu revidieren.

96 Auch die Forderung des russischen Präsidenten nach Aufhebung der Visapflicht russischer Staatsbürger im Schengen-Raum unterstreicht die Bedeutung eines möglichen Datenaustauschs mit Russland und den Zugriff auf diesen Daten durch die russischen Dienste. Bemerkenswert in diesem Zusammenhang ist der Hinweis auf die Aktivitäten der russischen Nachrichtendienste in Deutschland; BMI-Verfassungsschutzbericht 2009, Vorabfassung v. 21. 6. 2010.

Im Rahmen einer großangelegten Übung wollen die NATO und Russland gemeinsam aus Kontrollzentralen, die auf dem jeweiligen Territorium liegen, den gesamten Luftverkehr über Europa kontrollieren. Offenbar ist geplant, dieses System ab 2011 in den Wirkbetrieb zu nehmen. Begründet wird dieser Schritt mit der Abwehr von Terrorangriffen aus der Luft; vgl. Signal, Juli 2010, Newsnet, S. 10, Fairfax, VA.

Der Militärstab der Europäischen Union (EUMS = European Union Military Staff, Brüssel)

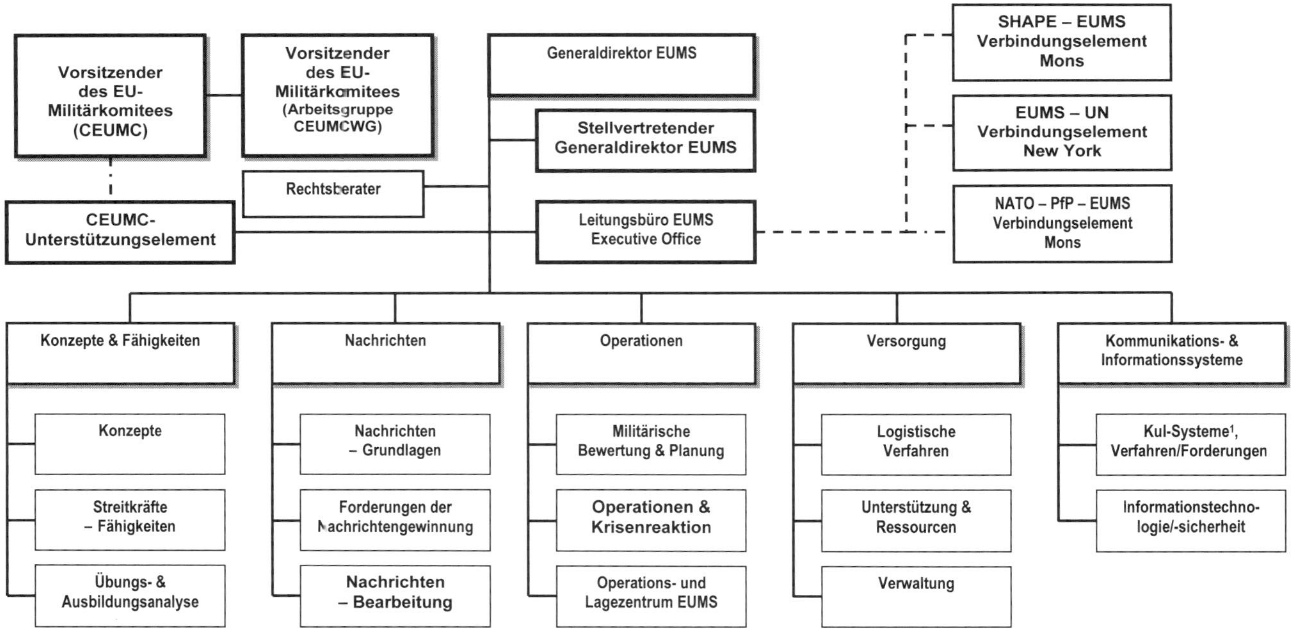

[1]Kul-Systeme beim EUMS bedeuten in diesem Zusammenhang die wörtliche und reihenfolgengerechte Übersetzung von Communcations and Information Systems = Kommunikations- und Informationssysteme (Kul). Im amtlichen deutschen Sprachgebrauch wird diese Bezeichnung in abgewandelter Form verwendet: Informations- und Kommunikationssysteme = IuK.

Vgl.: EUMS-Broschüre , Juni 2010, http://www.consilium.europa.eu/uedocs/cmsUpload/Organigrame-June10.pdf (Grafik: G. Weiße)

durch das europäische Parlament unterliegen und nur bei erkennbarer Notwendigkeit erweitert werden.

„Vernetzte Sicherheit"[97] im internationalen Kontext

Mit Ausweitung der globalen Terrorismusbekämpfung gewann die grenzüberschreitende Zusammenarbeit nationaler Sicherheits- und Nachrichtendienste mit befreundeten Partnerdiensten zunehmend an Bedeutung. Auch zeigte sich bald, insbesondere in Deutschland, dass die nationalen Verfahren in der Zusammenarbeit der Sicherheitsbehörden und Nachrichtendienste nach Auffassung der Dienste und Sicherheitsbehörden den neuen Herausforderungen angepasst werden sollten. Dies führte zu Diskussionen über die grundgesetzlich vorgegebene Aufgabenzuweisung und Abgrenzung der Befugnisse zwischen Strafverfolgungsbehörden und Nachrichtendiensten in Deutschland, die noch anhält. Im Zuge des Stockholm-Programms hat die Future Group der EU entsprechende Vorschläge für die Angleichung der Verfahren in der EU vorgelegt, die innerhalb von fünf Jahren umgesetzt werden sollen. Neu ist nun auch die erkennbar werdende stärkere Einbindung militärischer Kräfte in das System der „vernetzten Sicherheit". Nach nationaler deutscher Auffassung bestehen die Ziele der „vernetzten Sicherheit" in der „Veränderung der sicherheitspolitischen Kultur, Schaffung einer ganzheitlichen Doktrin, Anpassung der Strukturen der Sicherheitsorganisationen und Steigerung der Effektivität in der Leistungserbringung und Zusammenarbeit der beteiligten Stellen".

Unter dem Begriff Homeland Security hat auch die deutsche Industrie ein entsprechendes Modell für die nationale und internationale Zusammenarbeit entwickelt, das sowohl den Staat, die Wirtschaft als auch die Wissenschaft auf den Ebenen Europa, Bund, Bundesländer, Landkreise sowie Städte und Gemeinden in das Modell einbindet. Hierbei spielt die Informationstechnik eine zentrale Rolle. Das Modell stellt in seiner Konzeption ausschließlich auf die zu erwartenden Bedrohungen ab. Inwieweit den Forderungen nach einem Nationalen Sicherheitsrat durch die jetzt amtierende Regierung künftig stattgegeben wird, ist ungewiss. Nach Auffassung der meisten Sicherheitspolitiker in der EU hat sich die Gemeinschaft zu einem kooperativen Sicherheitsbündnis entwickelt, das über entsprechende Fähigkeiten verfügt und diese auch zielgerichtet einsetzen sollte. Erkennbar wird auch die Tendenz, den Europäischen Militärstab (EUMS) in Brüssel stärker in das System der europäischen „vernetzten Sicherheit" einzubinden, wie dies in einer Veranstaltung am 26. Oktober 2009 unter dem Patronat der Security and Defence Agenda in Brüssel erkennbar wurde.

---

97 Vgl. hierzu: BMVg-Weißbuch 2006 zur Sicherheitspolitik Deutschlands und der Zukunft der Bundeswehr, Abschnitt 1.4 „vernetzte Sicherheit", Bonn 2006. Siehe auch zur derzeitigen Diskussion über Einsätze der Bundeswehr: S. 26: Transportwege – Ressourcen-Kommunikation, S. 27: Energiesicherheit, als auch: BMVg, Verteidigungspolitische Richtlinien (VPR) v. 21. 5. 2003.

EUROSUR/FRONTEX: Die überwachten Grenzen

Im September 2009 ergab sich nach einem Bericht der EU-Kommission folgender Sachstand zum Europäischen Grenzkontrollsystem EUROSUR:

- **Phase 1:** Verbindung und Angleichung bereits existenter nationaler Grenzüberwachungssysteme und Verfahren auf der Ebene der Mitgliedsstaaten der EU. Erarbeitung von Richtlinien für die nationalen Koordinationszentren und die Grenzagentur FRONTEX. Festlegung der Informationskategorien zwischen den nationalen Koordinationszentren und FRONTEX. Festlegung der für jeden Grenzabschnitt zu treffenden Maßnahmen. Erarbeitung einer Bedrohungsanalyse. Aufbau eines Kommunikationsnetzwerkers zwischen den nationalen Koordinationszentren und FRONTEX. Unterstützung von Nicht-Schengen-Staaten beim Aufbau eigener Grenzüberwachungsfähigkeiten.
- **Phase 2:** Entwicklung und Einführung gemeinsamer Verfahren zur Grenzüberwachung auf EU-Ebene. Implementierung des Systems LIMES (Land and Sea Integrated Monitoring for European Security) des European Maritime Security Services (MARISS). Fortentwicklung des Interoperable Approach to European Union Maritime Security Management (OPERARMAR) und des European Global Border Environment (GLOBE). Implementierung des European Security Research and Innovation Forum (ESRIF). Anwendung gemeinsamer Überwachungsverfahren. Entwicklung des Common Pre-Frontier Intelligence Pictures (CPIP). Abschluss der Evaluierung gemeinsamer Grenzüberwachungsverfahren durch die Global Monitoring for Environment and Security-Gruppe (GMES).
- **Phase 3:** Errichtung einer gemeinsamen „Informationsteilhabe-Infrastruktur" für die Überwachung der europäischen Seegrenzen im Mittelmeer, Atlantik (Kanarische Inseln) und im Schwarzen Meer. Für die Überwachung problematischer Grenzbereiche plant FRONTEX sowohl den Einsatz hochauflösender Satelliten als auch unbemannter Luftfahrzeuge (UAV). Für die Zukunft ist auch die Einführung technischer Grenzkontrollsysteme bei Ein- und Ausreise; möglicherweise auf Basis der Prüfung biometrischer Daten, auch an den Landgrenzen der EU, geplant.

EU-Terrorbekämpfung mittels „Action Plan"[98]

Am 26. November 2009 hat der EU-Counterterrorism Coordinator der Öffentlichkeit seinen ersten Zwischenbericht zu den im Jahre 2004 von der EU

---

98 http://www.statewatch.org/; http://www.consilium.europa.eu/showPage.aspx?id=1344&lang=de, Council of the European Union – EU-Counterterrorism Strategy discussion paper, 15359/1/09 REV. 1, Brüssel, 26. 11. 2009; Council of the European Union – EU-Action Plan on combating terrorism, 15358/09, ADD 1 REV. 1 Brüssel, 27. 11. 2009; Council of the European Union – Draft Council Regulation and draft Council Decision on the establishment of an evaluation mechanism to verify the application of the Schengen aquis – Proposal for the way ahead, 15339/1/09 REV 1 LIMITE, Brüssel, 16. 11. 2009; Council of

angenommenen „EU Action Plan on combating terrorism“ vorgelegt. Dieser Zwischenbericht beschreibt die bereits erreichten Ziele der EU. Von besonderer Bedeutung sind die geplanten Maßnahmen zur Überwachung des Internets, der weitere Ausbau des Schengen-Informations-Systems (SIS), des europäischen Visa-Information-Systems (VISA) sowie des European Asylum Support Office (EASO). Einen weiteren Schwerpunkt der EU-Aktivitäten bilden die IT-Sicherheit (Cybersecurity) sowie der Schutz Kritischer Infrastrukturen und die Transportsicherheit. Von besonderer Bedeutung sind auch Maßnahmen im Bereich der Aviation und Maritime Security.

In den vergangen Jahren wurde die Überwachung von Explosivmitteln in der gesamten EU verstärkt. Weitere Maßnahmen sind hier zu erwarten. Hierzu wurde auch das European Explosive Ordnance Disposal Network (EEODN) eingerichtet. Dies schließt auch ein European Bomb Data System (EBDS) sowie unkonventionelle Spreng- und Brandvorrichtungen mit ein. Der im Jahre 2007 implementierte und bis in das Jahr 2013 reichende Forschungsplan der EU auf dem Gebiet der Sicherheit (EC Framework Programme 7) umfasst sowohl militärische als auch zivile Forschungsprogramme und verfügt über ein Budget von mehr als 460 Mio. Euro. Des Weiteren werden die Fortschritte im Programm Passenger Name Record (PNR9) und der geplante Fingerabdruck-, PKW-Halter- und DNS-Datei behandelt. Die Fortschritte im SWIFT-Abkommen mit den USA und das geplante europäische Terrorist Finance Tracking Program (TFTP) werden ebenso behandelt.

Die Verhandlungen im Hinblick auf die nationalen Zentren für Terrorismusbekämpfung werden fortgeführt. Im Januar 2010 hat die spanische Präsidentschaft hierzu zusätzliche Vorschläge gemacht. Aufschlussreich sind auch die Ausführungen des EU-Counterterrorism Coordinator in einem Discussion Paper vom 26. November 2009, in dem die künftige Gestaltung der europäischen Sicherheitsarchitektur erkennbar wird. Das Schwergewicht der EU-Aktivitäten wird unter anderem auf dem Gebiet der Prävention liegen. Auch sollen die Instrumente der European Security and Defence Policy der sich wandelnden Bedrohung angeglichen werden. Ein weiterer Schwerpunkt liegt im Bereich Informations-Management und Datenschutz. Hier soll insbesondere der Datenaustausch mit den USA im Rahmen des SWIFT-Abkommens auf eine gleichwertige Basis gestellt werden. Überdies finden sich der Schutz Kritischer Infrastrukturen, die Sicherheit im Luft- und Seeverkehr sowie der Schutz des Cyber-Raums auf der Prioritätenliste der EU.

---

the European Union – Proposal for a new denomination for the Coordinating Committee in the area of police and judicial cooperation in criminal matters (CATS), 17611/09, Brüssel, 15. Dezember 2009, Council of the European Union – Draft Council Decision supplementing the Schengen Borders Code as regards the surveillance of the sea external borders in the context of the operational cooperation coordinated by the European Agency for the Management of Operational Cooperation at the External Borders, 17511/09 LIMITE, Brüssel, 15. Dezember 2009, Statewatch analysis: The dream of total data collection – status quo and future plans for EU information systems, Statewatch bulletin vol 16 no 5/6, 2009; Hayes, B.: Transnational Institute, NeoConOpticon – The EU-Security Industrial Complex, Statewatch 2009.

Die Autoren des Discussion Papers weisen auch auf den künftigen verstärkten Ausbau der Public Private Partnership[99] im Nachrichten- und Sicherheitsbereich hin. Zusätzlich kann auch künftig mit einer Ausweitung der Forschungsarbeiten im Hinblick auf die Schaffung einer stärkeren europäischen Sicherheitsindustrie gerechnet werden. Damit einhergehend ist auch die Implementierung einheitlicher rechtlicher EU-Standards bei der Telekommunikationsüberwachung zu erwarten. Dies schließt auch die Regelung der künftigen Anwendung von Verschlüsselungstechniken durch Private und Wirtschaftsunternehmen ein. Weiter ist der Ausbau der Befugnisse des Coordinating Committee in the area of police and judical cooperation in criminal matters (CATS) geplant. Künftig wird auch die Überwachung und Kontrolle der EU-Seegrenzen intensiviert. Wie aus dem Bericht des Statewatch Committees ersichtlich, kann auch die Ausweitung der Datenerfassung, insbesondere auch biometrischer Daten, durch nationale Sicherheitsbehörden der EU-Staaten erwartet werden. Im Endzustand ist eine umfassende EU-Datensammlung mit Zugriffsmöglichkeiten durch die nationalen Dienste geplant.

Europäischer Auswärtiger Dienst (EAS): Ausweitung der diplomatischen Kampfzone

Die Beauftragte der EU für Fragen der Außen- und Sicherheitspolitik der EU, Catherine Ashton, beabsichtigt die Ausweitung des diplomatischen Dienstes der Europäischen Union[100]. Der geplante EAS der EU soll dem Vernehmen nach nicht über verdeckte Mitarbeiter im Außendienst verfügen. Desgleichen sind noch keine Informationen über die Befugnisse des neuen, geplanten Nachrichtendienstes verfügbar. Dies gilt auch für die Frage, wo dieser neue Dienst seinen Sitz haben wird. Allerdings scheint die Einrichtung der Zentrale in Brüssel wahrscheinlich, da hier die Zugangsmöglichkeiten zu den Entscheidungsträgern in der EU als bereits institutionalisiert bewertet werden können. Die Errichtung

---

99 Aufschlussreich ist in diesem Zusammenhang eine Veröffentlichung der Financial Times Deutschland (FTD) vom 2. 6. 2010, die den künftigen Umfang des Public Private Partnership im Sicherheitsbereich sowohl in Europa als auch in den USA erkennen lässt.

100 Monar, J.: Braucht die Europäische Union ein „European Bureau of Investigation“ und eine „European Intelligence Agency“?, Sussex European Institute, University of Sussex 2005; Wetzling, T.: Concerted high politics in the absence of angels? European intelligence governance and democratic accountability, Geneva Graduate Institute of International Studies, Genf 2005; Rettman, A.: EU diplomats to benefit from new intelligence hub, Euroobserver, Brüssel, 22. 2. 2010; SDA Brüssel, Could Europe do Better on Pooling in Intelligence, Bibliotheque Solvay, Brüssel, 26. 10. 2009; Morisse-Schildbach, M. & Peine, A. (Hrsg.): Demokatische Außenpolitik und Geheimdienste, Berlin 2008; Korte, G.: Aspekte der nachrichtendienstlichen Sicherheitsarchitektur, FHS des Bundes für öffentliche Verwaltung, Brühl 2005; Smidt, W. K./Poppe, U. (Hrsg.): Fehlbare Staatsgewalt, Berlin 2009. Jüngsten Pressemeldungen zufolge (Spiegel-Online v. 14. 6. 2010) wird das jährliche Budget dieser Organisation 8 Milliarden Euro betragen. Die Anzahl der Beschäftigten dieser Behörde wird mit 8000 angegeben. Mehr als 5000 Mitarbeiter der neuen Behörde sollen die Interessen der EU in mehr als 100 Ländern vertreten.

eines Dienstsitzes an einem anderen Ort als Brüssel erscheint nach dem gegenwärtigen Kenntnisstand fraglich. Ohne eine von allen Mitgliedsstaaten der EU getragene rechtliche Grundlage für den neuen Dienst wird dieser eine eher untergeordnete Rolle spielen. Sollten allerdings bei der Erarbeitung der Grundlagen für diesen Dienst auch entsprechende Zugangsmöglichkeiten des Dienstes zu anderen, im Rahmen der EU bereits institutionalisierter Programme – Beispiele: Europol, SIS, SIS II, TECS, EIS, EUROJUST, CEPOL, FRONTEX, NSIS, CSIS, SIRENE, EURODAC, VIS, ISIS, INDECT, ADAPTS und anderer bereits in Entwicklung und Erprobung befindlicher Systeme der EU im Bereich der inneren Sicherheit – geplant sein, dürfte dieser Dienst zu einer zentralen Überwachungs- und Kontrollbehörde mutieren.

Die Effizienz der bereits für die Nachrichtenbearbeitung eingesetzten Stellen der EU könnte durch ein erweitertes, institutionalisiertes „Information sharing" unter Einbeziehung der nationalen Nachrichtendienste gestärkt werden und würde die Schaffung eines externen Nachrichtendienstes der EU überflüssig machen. Allerdings sind Nachrichtengewinnung und -beschaffung auch künftig streng von den Aufgaben der inneren Sicherheit zu trennen. Ein institutionalisiertes Trennungsgebot nach deutschem Muster erscheint hier zwingend angebracht. Daher dürfte die Errichtung des External Action Service der EU, der allein schon aus der Wortwahl eine „proaktive, nachrichtendienstliche Tätigkeit" impliziert, nicht erforderlich sein. Sollte er denn errichtet werden, ist eine umfassende und strenge parlamentarische Kontrolle unumgänglich. Einhergehend damit ist auch die Zusammenfassung bestimmter Funktionen des EU-SitCen, des Intelligence-Anteils des EUMS, des Commission Crisis Room und des Political und Security Committees der EU in einen Nachrichtendienst der EU geplant. Die Europäische Union verfügt zur Bewertung von Risiken aller Art und zur Lageführung bereits über folgende Einrichtungen:

Das Situation Centre der EU (EU-SitCen)

Das in der Avenue Cortenbergh in Brüssel eingerichtete EU-SitCen verfügt über einen Mitarbeiterstab in Stärke von 110 EU-Beamten. Die Aufgaben der Auswertung und Bewertung, auch seitens von Informationen, die von nationalen Sicherheitsbehörden und Nachrichtendiensten eingehen, sind einer Geheimdienstzelle vorbehalten, bestehend aus zur EU abgeordneten Mitarbeitern nationaler Nachrichten- und Sicherheitsdienste; sie wird durch einen französischen Beamten geleitet. Diese Zelle erarbeitet die Lagebeurteilungen für das Political and Security Committee der EU. Außerdem verfügt das SitCen über ein Lagezentrum mit 12 Mitarbeitern aus den nationalen Sicherheits- und Nachrichtendiensten zur Bearbeitung der aktuellen Lage. Diesem angeschlossen ist eine Ansprechstelle, die im 24-Stunden-Einsatz ausgewählten EU-Diplomaten Lageinformationen geben kann.

Die Intelligence Division des EU Military Staff

Die Intelligence Division, hier besonders der Anteil Current Intelligence, bearbeitet die aktuelle Lageführung.

Der EU-Commission Crisis Room

Der im Kommissionsgebäude „Charlemagne" eingerichtete „Crisis Room" der EU, besetzt mit sechs Beamten, betreibt eine Webseite, die nur entsprechend ermächtigten Angehörigen der EU zugänglich ist. Auf dieser Seite werden Daten zu den über 118 von der EU beobachteten weltweiten Konflikten verfügbar gehalten. Dabei werden die wichtigsten Rundfunk- und Fernsehsender sowie Presseagenturen weltweit überwacht und entsprechende Informationen archiviert.

Das Political and Security Committee (PSC) der Europäischen Union

Das auf Botschafterebene agierende Komitee ist das wichtigste Gremium der EU für die Bewertung von Bedrohungen aller Art. Die Beauftragte für Außen- und Sicherheitspolitik der EU beabsichtigt eine Änderung des Statuts des PSC. Danach soll das PSC künftig von einem ständigen, auf die Amtszeit von 5 Jahren eingesetzten Präsidenten geführt werden. Ein möglicher Kandidat für diesen Posten ist Frankreichs frühere Vertreterin im PSC, Botschafterin Christine Roger. Mit der Auswahl dieser Kandidatin will Ashton französischen Befürchtungen eines zu großen britischen Einflusses im künftigen External Action Service der EU vorbeugen. Ob andere Kandidaten aus Schweden, Belgien oder Spanien bei der Auswahl berücksichtigt werden, erscheint zweifelhaft.

SWIFT – Unbeschränkter Zugang zu europäischen Banktransferdaten durch die US-Regierung

Das revidierte SWIFT-Abkommen hat Anfang Juli 2010 das EU-Parlament passiert. Dem Vernehmen nach sind die Vereinigten Staaten trotzdem nicht bereit, den europäischen Partnern des SWIFT-Abkommens Zugriff[101] auf Daten in den USA zu gewähren.

---

101 Neuer Anlauf für das SWIFT-Abkommen, futurezone.orf.at v. 23. 4. 2010. Im Rahmen des ausgelaufenen SWIFT-Abkommens wurden von den Diensten der USA bisher mehr als 90 Mio. Datensätze angefordert. Im Gegenzug haben die Behörden der EU etwa 4 Mio. Datensätze in den USA angefordert (ARD-meta.tagesschau.de v. 5. 5. 2010). Das Abkommen wurde Ende Juni 2010 abgeschlossen und muss noch durch das Europäische Parlament gebilligt werden. Wesentliche Verbesserungen wurden offenbar nicht erreicht. Anscheinend beabsichtigen die USA künftig, auf weitere in der EU verfügbare personenbezogene Daten zuzugreifen, wie dies aus den Vorbereitungen für einen übergreifenden Datenpakt zwischen den USA und der EU ersichtlich wird. Die Verhandlungen sollen bis Ende 2011 abgeschlossen werden. Die Art und der Umfang der künftig an die USA zu übermittelnden Daten von EU-Bürgern konnten noch nicht geklärt werden; RP-Online vom 23. 7. 2010. Deut-

Die EU wird auf die andauernden Forderungen der USA auf umfassenden Zugang zu europäischen Banktransferdaten mit der Einführung eines eigenen Terrorist Finance Tracking Program[102] reagieren. Nach den Vorstellungen einflussreicher Kreise in der EU soll Europol mit der Durchführung des Programms beauftragt werden. Um mit den USA künftig auf Augenhöhe verhandeln zu können, plant die EU langfristig die Errichtung eines eigenständigen Terrorist Finance Tracking Program. Dies hätte den Vorteil, dass Ermittlungen zur Terrorismusfinanzierung allein durch nationale und Behörden der EU geführt werden und lediglich die entsprechend gefilterten Ergebnisse an die USA weitergegeben würden. Eine derartige Maßnahme würde die Position der EU beim Austausch von Daten zwischen den USA und der EU stärken. Allerdings sind Zweifel angebracht, ob die Regierungen der EU-Mitgliedsstaaten bereit sind, entsprechende Befugnisse an eine Behörde der EU zu übertragen. Auch sind Zweifel angebracht, ob eine zentrale Polizeibehörde der EU wie Europol geeignet ist, derart sensitive Daten von Bedeutung zu bearbeiten. Hier besteht immer die Gefahr, dass diese Daten auch in andere, bereits bestehende und künftig geplante Datensammlungen der EU unkontrolliert abfließen und für Zwecke verwendet werden, die nicht ursächlich mit der Terrorismusfahndung in Zusammenhang stehen. Daher erscheint die Einrichtung spezieller nationaler Einrichtungen zur einheitlichen Überwachung der Terrorismusfinanzierung, die unter dem Dach einer EU-Behörde angesiedelt sein könnten, eher angebracht. Allerdings sollen die bisher im Rahmen des Programms ELENA[103] in Deutschland erhobenen rund 35 Mio. Datensätze nach der gegenwärtigen Auffassung der deutschen Regierung für Fahndungszwecke der EU nicht zur Verfügung stehen.

---

sche Ermittlungsbehörden halten nach Informationen des Hamburger „Spiegel" (2. 1. 2010) die Weitergabe von Banktransferdaten im Rahmen des SWIFT-Abkommens an die USA mit Blick auf die Terrorfahndung für nutzlos. Auch der Datenschutzbeauftragte der EU hat das neuerliche SWIFT-Abkommen scharf kritisiert. SWIFT liefert nun wieder alle zur Verfügung stehenden Transferdaten aus grenzüberschreitenden Aktionen. Vor der En-bloc-Weitergabe prüft die europäische Polizeiorganisation Europol die Daten. Diese Daten werden für 5 Jahre in den USA gespeichert. Allerdings sollen US-Ermittler ihre Erkenntnisse aus der Auswertung der Transaktionen an Europol mitteilen. Nach den Vorstellungen der EU sollen bis 2013 mit der endgültigen Einführung des SEPA (Single European Payment Area) alle Girokonten in der EU neue „internationale" Kontonummern, sprich eine 22-stellige International Bank Account Number (IBAN), erhalten. Bei Überweisungen, auch innerhalb des Heimatlandes, muss künftig ab 2013 der elfstellige BIC (Bank Identification Code) verwendet werden. Damit wird die Überwachung des innereuropäischen Zahlungsverkehrs und die mögliche Weitergabe von Transferdaten an befreundete Staaten ungemein erleichtert; vgl. ARD-Online v. 3. 8. 2010.

102 Mehr Schutz für Bankkunden vor US-Terrorfahndern, Handelsblatt v. 24. 3. 2010.

103 Vgl. hierzu: Vorratsdatenspeicherung 2.0, Computer-Bild, Nr. 12/2010, S. 24–25, Hamburg 2010. Der amtierende Wirtschaftsminister Brüderle (FDP) hat wegen des zu erwartenden finanziellen Aufwandes, der in keiner Relation zum Nutzen steht und aus Gründen der Sicherheit der Daten, einen Abbruch des Programms angeregt. Mit einem endgültigen Abbruch kann nach der Entscheidung des BGH in Karlsruhe, vor dem eine Klage in dieser Angelegenheit anhängig ist, wohl im Herbst 2010 gerechnet werden.

Selbst bei einer umfassenden Neuregelung der Übermittlung europäischer Banktransferdaten an die USA und deren eingeschränkte Verwendung ausschließlich zur Terrorfahndung sind die Möglichkeiten, diese Daten auch zu anderen Zwecken als vereinbart zu verwenden, nach wie vor gegeben. Wie aus dem SWIFT-Interimsabkommen bekannt, muss die Übermittlung der durch die USA angeforderten Daten noch nicht durch entsprechende Beweise für einen tatsächlichen Verdacht auf terroristische Betätigung der Betroffenen begründet werden. Die pauschale Übermittlung derartiger Daten eröffnet den Diensten der USA überdies die Möglichkeit, die Wirtschaftstätigkeit europäischer Bürger und Wirtschaftsunternehmen mit wissenschaftlichen Methoden auszuwerten und deren Ergebnisse zu dokumentieren. In Zeiten kritischer globaler wirtschaftlicher Entwicklungen stellt die Kenntnis derartiger Daten einen wesentlichen wirtschaftlichen Vorteil für die Empfängernation dar. Nicht unerheblich ist auch die Gefahr für den betroffenen EU-Bürger, aufgrund fehlerhafter Daten oder Fehlern bei der Auswertung dieser Daten durch die US-Behörden selbst in den Verdacht der Terrorismusunterstützung zu geraten, von den strafrechtlichen Folgen bei Einreise in die USA ganz abgesehen.

Operationelles Management mittels Großrechensystem[104]

Die EU plant offenbar die Einführung eines zentralen Großrechensystems, in dem bisher einzeln geführte Datenbanken wie Schengen-Informations-System II (SIS), SIRENE II, VIS, EURODAC und FRONTEX gemeinsam betrieben werden sollen. Eine Ausweitung auf andere, in der EU bereits verfügbare weitere Datenbestände wie Passenger Name Record (PNR) oder die geplante Datei zur Überwachung von Grenzübertritten im Rahmen von FRONTEX kann nicht ausgeschlossen werden. Ob und inwieweit auch Verknüpfungen zu Dateien, die im Rahmen der Vorratsdatenspeicherung vorgehalten werden, geplant sind, ist noch nicht absehbar. Dabei ist auch eine umfassende Datei über „Reisende Unruhestifter“ (Violent Travelling Offenders)[105] im Gespräch. Derartige Daten

---

104 Bunyan, T.: Statewatch, Protests in the EU: Troublemakers and travelling violent offenders (undefined) to be recorded und database and targeted, April 2010; Amended Proposal for a Regulation EU No of the European Parliament and of the Council on establishing an Agency for the operational management of large-scale IT-system in the area of freedom, security and justice, COM (2010) 93 final-2009/0089/P (COD), Brüssel, 19. 3. 2010: Single Progress Report on the Development of EU Military Capabilities for First Semester 2010; 8234/10 LIMITE ESDP/PESD – COSDP 268, Brüssel, 6. 4. 2010; Europol Frequently Asked Questions (FAQ) on the association of Third Parties to Europols AWF's, File No: 3300-381, EDOC# 413746 v4, The Hague, 15. 9. 2009; Draft Council conclusions on an Action Plan to implement the concerted strategy to combat cybercrime, 5957/210-REV 2, LIMITE, CRIMORG 22, ENFOPOL 32, Brüssel, 25. 3. 2010; Draft Council Conclusions of the use of a standardised, multidimensional, semistructured instrument for collecting data and information on the process of radicalisation in the EU, 8570/10–ENFOPOL 99, Brüssel, 16. 4. 2010; vgl. auch: www.statewatch.org/stockholm-programme.htm

105 Nach einer Bewertung durch „Statewatch“ vom April 2010 „verfügt die EU gegenwärtig über fragwürdige Prozeduren für den Austausch von Informationen und Nachrichten

werden gegenwärtig innerhalb der EU nur von Deutschland und Dänemark vorgehalten. Besonders Deutschland, Bulgarien, Estland und Lettland begrüßen die Schaffung einer zentralen Datei über „Reisende Unruhestifter". Die EU-Kommission beabsichtigt, die Datei generell auf Personen auszuweiten, die die öffentliche Ordnung stören, worunter auch Hooligans, gewalttätige Störer der öffentlichen Ordnung, Sexualstraftäter sowie kriminelle Wiederholungstäter fallen.

Cybercrime-Bekämpfung à la EU

Im Rahmen des Stockholm-Programms intensiviert die EU den Kampf gegen die Internet-Kriminalität. Einhergehend damit bringt die EU eine Reihe zusätzlicher Initiativen auf den Weg, die künftig beträchtlichen Einfluss auf die Informations- und Kommunikationsumwelt in der EU haben werden. In Fortschreibung der EU-Cybercrime Convention vom 23. November 2001 und als Folge des Stockholm-Programms von 2009 hat die EU einen Plan zur Einführung eines „Aktionsplans zur konzertierten Strategie der Bekämpfung der Cyber-Kriminalität" zur Diskussion gestellt. Zu den Zielen dieser noch einzuführenden Strategie gehören die effektive Bekämpfung von Cyber-Kriminalität, Kinderpornographie, Sexualstraftaten, terroristischer Aktivitäten, Angriffe auf elektronische Netzwerke, von Identitätsdiebstahl und ähnlichen Straftaten. Zur Implementierung dieser Strategie gehören/gehört die:

- Forderung nach internationaler Zusammenarbeit auf diesem Gebiet
- höhere Sicherheit in den Netzwerken
- zeitnahe Reaktion auf Störungen oder Angriffen in den Netzen
- Errichtung von nationalen Alarm-Plattformen
- Errichtung einer gemeinsamen europäischen Alarmplattform mit der Möglichkeit, Verstöße und Angriffe strafrechtlich zu verfolgen

Parallel wird die Stärkung öffentlich-privater Partnerschaften und die Schaffung der Analysemöglichkeiten für Europol intendiert. Dabei soll Europol bei der Aufklärung von Straftaten im Internet mitwirken wie:

- Verletzung der Privatsphäre
- unberechtigter Zugang zu Netzen mit Sabotageabsicht
- Straftaten gegen geistiges Eigentum
- Online-Betrug
- Handel mit verbotenen Substanzen

(Intelligence), die „weich" oder „hart" sein können, d. h. beim Verdacht/der Annahme möglicher Straftaten (durch die Behörden). Die Vorstellung der Schaffung einer ständigen Datei auf EU-Ebene von „Verdächtigen Unruhestiftern" innerhalb der SIS-SIRENE-Datei verletzt das Recht auf Bewegungsfreiheit. „Statewatch" bezeichnet die „Sammlung und Harmonisierung derartiger personenbezogener Informationen und Erkenntnisse in einer Zentraldatei als völlig unangemessen"; vgl. Bunyan, T.: Statewatch, Protests in the EU: Troublemakers and travelling violent offenders (undefined) to be recorded und database and targeted, April 2010.

Geplant ist auch die Weiterentwicklung der Europol European Cybercrime Platform (ECCP) sowie die Anpassung der nationalen Cybercrime-Meldeverfahren. Auch soll die Gewinnung von Informationen und der Austausch sowie die Analyse von Informationen durch Europol verstärkt werden. Die Programme Safer Internet Programme and the Prevention of Fight against Crime (ISEC) sowie die Content-Filterung des Internets sollen im Rahmen des Jugendschutzprogramms CIRCAMP[106] verstärkt werden. Dabei gewinnt die Europol-Working Group on Monitoring of Internet besondere Bedeutung. Hierbei sollen die European Financial Coalition (EFC), EUROJUST und Europol verstärkt eingebunden werden. Außerdem ist die Aufstellung gemeinsamer Ermittlungsgruppen (Joint Investigation Teams) geplant. Dabei ist auch Aufstellung einer European Cyber Crime Training and Education Group (ECTEG) vorgesehen. Ferner ist die Intensivierung der Zusammenarbeit zwischen der European Union Strategic Group mit den nationalen High Tech Crime Groups von Europol geplant. Dazu gehören auch die Erfassung und Auswertung der Domain-Namen und IP-Adressen von Internetnutzern. Überschneidungen zwischen den Aufträgen von G8 und Interpol sind zu vermeiden. Die Zusammenarbeit von EU-Organisationen wie EMSI, CEPOL, EUROJUST, Europol, ENISA, ECTEG, IACIS (International Association for Computer Information Systems) und Interpol ist zu intensivieren. Diese Aktivitäten sind durch ein noch zu gründendes Zentrum der EU zu koordinieren. Zu den Hauptaufgaben dieses Zentrums wird die Koordination zwischen staatlichen und privaten Stellen sowie Drittstaaten gehören. Damit werden diese Bemühungen Teil einer noch auszuarbeitenden internen Sicherheitsstrategie (Internal Security Strategy) der EU.

EU-Datensammlungen zum politischen Radikalismus

Im Rahmen des „standardisierten, multidimensional strukturierten Instruments zur Datensammlung und Informationsgewinnung des Prozesses der Radikalisierung in der EU" ist beabsichtigt, eine Strategie zur Bekämpfung der Radikalisierung in der EU zu entwerfen, die auch Elemente zur Terrorismusbekämpfung enthalten soll. Hierzu ist die Intensivierung des Informationsaustauschs erforderlich. Die Arbeitsgruppe Terrorismus (Working Party on Terrorism) der EU[107] hat hierzu entsprechende Vorschläge erarbeitet. Hierbei soll die freiwillige, interaktive Zusammenarbeit nationaler Behörden bei der Bewertung terroristischer Bedrohungen und die Zusammenarbeit nationaler Strafverfolgungsbehörden

---

106 CIRCAMP/COSPOL = Internet Related Child Abusive Material Project; COSPOL = Comprehensive Operational Strategic Planning for the Police (auf Deutsch etwa: umfassende strategische Operationsplanung der Polizei). CIRCAMP befasst sich mit Taktiken und Regelungen zu Netzsperren.

107 Dem Vernehmen nach soll die Datei künftig auch Angaben zu Personen umfassen, die verdächtigt werden, der extremen Linken oder Rechten, islamistischen Kreisen, nationalistischen Organisationen oder Kreisen der Globalisierungsgegner anzugehören (www.statewatch.org/analyses/no-98-eu-surveillance-of radicals.pdf); v. 28. 5. 2010.

gestärkt werden. Insbesondere sollen die nationalen Bearbeiter in gemeinsamen Standards besonders geschult werden.

Europol-Work Files

Die Analysis Work Files (AWF) der Europol stellen bereits jetzt ein ausgefeiltes System für die Bearbeitung und Auswertung von Informationen, die mit unterschiedlichen Mitteln und Methoden durch Europol gewonnen werden, dar. Durch strukturierte Formate und Inhalte ist ein relativ problemloser Datenaustausch zwischen den einzelnen Sicherheitsbehörden der EU und Drittstaaten-Partnern möglich. Das System verfügt über mehr als 18 Einzeldateien, die nach Deliktgruppen[108] geordnet sind.

Pädophile enttarnen

Wissenschaftler der University of Lancaster[109] arbeiten gegenwärtig an einer Software, die automatisch Pädophile im Netz erkennen kann. Die Forschungen sind so weit fortgeschritten, dass bereits erste erfolgreiche Versuche im Internet zur Identifizierung von Pädophilen in Chatrooms unternommen werden konnten. Auch hier kann künftig nicht ausgeschlossen werden, dass diese Software durch Behörden auch zu anderen Zwecken als zur Pädophilen-Fahndung im Netz genutzt werden könnte.

Die Interessen der europäischen Sicherheitsindustrie

In dem 84-seitigen Papier des Transnational Institute mit dem Titel „NeoCon-Opticon – The EU-Security Industrial Complex", das in Zusammenarbeit mit „Statewatch" am 15. September 2009 erschienen ist, werden der interessierten Öffentlichkeit Verflechtungen und Einfluss der europäischen Sicherheitsindustrie deutlich gemacht. Soweit bekannt, werden in den Staaten der westlichen Welt gegenwärtig über 141,6 Milliarden US-Dollar in die Entwicklung und den Betrieb von Sicherheitssystemen aller Art investiert. Die Studie enthält darüber hinaus fundierte Aussagen zum gegenwärtigen Stand und die künftigen Entwicklungen, insbesondere im Hinblick auf den staatlichen Sicherheitssektor. Die durch die EU geplanten Initiativen auf dem Gebiet der Sicherheit werden künftig den Alltag aller Bürger in der EU in einer noch nicht zu übersehenden Weise beeinflussen und damit auch das Sozialverhalten jedes Einzelnen signifikant verändern. Erklärtes Ziel der EU ist auch die Ausweitung der Telekommunikationsüberwachung und die „Sozialkontrolle" mithilfe ausgeklügelter Syste-

---

108 Es sind dies die Dateien: HYDRA, EE-EC TOP 100, HERON SUSTRANS, COLA, TWINS, TERMINAL, DOLPHIN COPPER, FURTUM, PHOENIX, SYNERGIE, SOYA, SMOKE, CHECKPOINT, COPY, MTIC, CYBORG. Eine Zuordnung zu Deliktgruppen ist wegen der Quellenlage derzeit nicht möglich.

109 Pädophilen-Erkennung im Web vor dem Durchbruch? (www.pressetext.de/news/100602004/paedeophilen-erkennung) v. 4. 6. 2010.

me. Dies wird nicht zuletzt auch umfassende Auswirkungen auf die Wirtschaft und Industrie mit sich bringen.

Kommunikationsüberwachung und InfoOps in der EU

Im Folgenden sollen die organisatorischen, materiellen und technischen Voraussetzungen und Möglichkeiten der Informationsoperationen (InfoOps) dazu befähigter Einzelstaaten[110] und Organisationen untersucht werden. Einer der wesentlichsten Bestandteile künftiger Informationsoperationen als Teil der netzwerkzentrierten Kriegführung/netzwerkzentrierten Operationsführung sind die Fähigkeiten einer Organisation zur Signalerfassung[111] im Rahmen der Fernmelde- und Elektronischen Aufklärung (SIGINT). Die Signalerfassung wird nach wie vor ausschließlich im nationalen Rahmen durchgeführt. Die hierbei gewonnenen Erkenntnisse werden im Rahmen bilateraler und multinationaler Vereinbarungen in aller Regel, wenn auch nur begrenzt, ausgetauscht. Im Sachstandsbericht der EU (Single Progress Report on the Development of EU Military Capabilities for the First Semester 2010) vom 6. April 2010 sind folgende Abschnitte von besonderer Bedeutung:

- **E7:** Forderungen für den Austausch von Informationen (Information Exchange Requirements): Das European Operations Wide Area Network (EOW) verarbeitet Informationen auf der politischen und strategischen Ebene und ist bereits im Betrieb. Dabei ist ein intensiver Informationsaustausch innerhalb der militärischen Organisation der EU vorgesehen.
- **E9:** Informationsgewinnungsmechanismen (Information Gathering Tool): Das IG TOOL verbindet den EUMS-Headline Goal Questionaire (HGQ) mit dem NATO-generierten Defense Planning Questionaire (DPQ 04). Es kann nicht ausgeschlossen werden, dass der EUMS künftig bei seinen Operationen auch Zugriff auf die von der EU unterhaltenen Dateien, insbesondere im Sicherheitsbereich erhält, wenn dies für erforderlich gehalten wird.

---

110 Die Untersuchung der Fähigkeiten zu SIGINT und Informationsoperationen beschränkt sich aus naheliegenden Gründen auf Staaten und Gruppen, deren technische Fähigkeiten bekannt sind und von denen angenommen werden kann, dass sie über entsprechende Kräfte und Mittel zur Durchführung von SIGINT- und Informationsoperationen verfügen. Die Fähigkeiten Polens, der Tschechischen Republik sowie anderer früherer Warschauer-Pakt-Staaten können derzeit wegen fehlender Informationen nicht mit ausreichender Sicherheit bewertet werden. Gleichwohl sind dort auch entsprechende Fähigkeiten vorhanden, wie dies aus der Teilnahme dieser Staaten am EU-Programm INDECT geschlossen werden kann.

111 Nach Einschätzung von Martin Garner, „Wireless Intelligence", sind derzeit weltweit 2,5 Milliarden Mobilfunkanschlüsse, davon mehr als 200 Mio. in der Asien-Pazifik-Region und 150 Mio. in Lateinamerika, verfügbar; vgl.: Wirtschaft Neckar-Alb, Februar 2007, IHK Reutlingen. Damit werden die erfassenden Dienste in diesen Regionen künftig bei der Erfassung und Auswertung der Kommunikationsinhalte an die Grenzen ihrer Möglichkeiten stoßen. Für die überwachenden Dienste in Europa werden sich ähnliche Problemstellungen ergeben, die vermutlich nur durch den Einsatz fortgeschrittener Technik und Anwendung spezifischer Verfahren gelöst werden können.

Die Bedrohung Westeuropas durch die organisierte transnationale Kriminalität und den weltweiten Terrorismus sowie die Bekämpfung von Straftaten aller Art erfordert nach Ansicht einiger Regierungen der Europäischen Union die Ausweitung der Überwachung des gesamten Telekommunikationsverkehrs, und zwar sowohl innerhalb der EU als auch weltweit. Bereits in den 1980er Jahren wurde innerhalb interessierter Kreise innerhalb der EU deutlich, dass auf die Überwachung des gesamten Kommunikationsverkehrs zur Verhinderung und Bekämpfung von Straftaten aller Art künftig nicht verzichtet werden könne[112].

Nach einigen Vorarbeiten auf der Ebene der beteiligten Regierungen hat der Rat 1993 die Council Resolution on the Interception of Telecommunications angenommen. Daraus folgend beschloss das ILETS (International Law Enforcement Telecommunication Seminar) die im International User Requirements (IUR 1.0/IUR 95) festgelegten technischen Anforderungen für die Überwachung des Kommunikationsverkehrs. In der Folge wurden die Anforderungen weiterentwickelt und am 17. Januar 1995 als Council Resolution on the Lawful Interception of Telecommunications angenommen. Die Resolution wirkte sich auch auf die Gestaltung der ENFOPOL 98 und ENFOPOL-Übereinkommen der EU aus, in denen Einzelheiten der Durchführung der Überwachung festgelegt wurden. Hierzu wurden durch das ETSI verbindliche Normen und Standards für den gesamten Telekommunikationsverkehr und die Überleitung der zu überwachenden Kommunikationskanäle an die nationalen staatlichen Strafverfolgungsbehörden festgelegt. Diese Normen und Standards wurden auch in nationales deutsches Recht (TKÜV, TKÜV-TRI) übernommen. Überwacht werden können demnach alle Arten der Kommunikation, die über terrestrische Netze oder Luftschnittstellen einschließlich Satellitenkommunikation abgewickelt werden. In Fortentwicklung der bereits bestehenden Resolutionen wurde die Resolution 9194/01 LIMITE ENFOPOL 55 ECO 143 (Council Resolution on Law Enforcement Operational Needs with Respect to Public Telecommunications Networks and Services) am 20. Juni 2001 verabschiedet. Mit der Resolution 9194/01 besteht für die Strafverfolgungsbehörden innerhalb der EU die Möglichkeit, auf Anforderung folgende technische und betriebliche Daten sowie Inhalte zu überwachen: E-Mail-Adressen, Gerätenummern, Username, Portnummern, PLMN-IMSI, MS-ISDN, IMEI, PSTN, ISDN, Verzeichnisnummern, persönliche und Vanity-Rufnummern, IP-Adressen, Accountnummern, LOG-on-ID, Passwörter, PIN, Netzwerknutzer oder Teilnehmer an Roamingverfahren. Überdies ist eine physische, geografische oder logische Lokalisierung möglich. Die Inhalte der Telekommunikationsverbindungen (Sprache, Daten u. a.) in Echtzeit werden ebenfalls erfasst und den Strafverfolgungsbehörden zur Verfügung gestellt.

Die Provider der Kommunikationsdienstleistungen haben die Voraussetzungen für die simultane Überwachung und die Durchführung von Mehrfachabhöraktionen zu schaffen. Vor Beginn einer Überwachungsaktion sind der Behörde im Voraus ein technisches Identifizierungsmerkmal, der Name des

---

112 Vgl. hierzu auch: Federal Department of Justice and Police, Lawful Interception of telecommunications traffic, Bern 2009.

Zielobjekts sowie alle postalischen Adressen, Kreditkartendaten und Verzeichniseinträge zu übermitteln. Der Diensteanbieter muss auf Anforderung der Behörde die erforderlichen vorbereitenden Maßnahmen so schnell wie möglich, in Eilfällen innerhalb von Minuten, durchführen. Bietet ein Diensteanbieter Codierung, Kompression oder Verschlüsselung von Daten oder Kommunikation an, müssen die Daten der die Kommunikation überwachenden Behörde in Klarform zur Verfügung gestellt werden. Für die Durchführung dieser Maßnahmen befinden sich derzeit beim ETSI (mit Stand 22. Juli 2010) 16 Arbeitspapiere für Lawful Interception im Bearbeitungsgang. So zum Beispiel TS 101 671 Lawful Interception: Handover interface for the lawful interception of telecommunications traffic (Version V2.11.1 publ. 2004-11), TIPHON (TR 101 750) (Telecommunications and Internet Protocol Harmonization over Networks), Requirements Definition Study, Studies into the impact of lawful interception (Version V1.1.2 publ. 2002-01 und andere Einzelheiten sind in ETR 331 [REV] festgelegt). Daneben bearbeitet das ETSI gegenwärtig mehr als 3000 Vorgänge im Zusammenhang mit der Erarbeitung von Kommunikationsstandards aller Art in der EU[113].

Die Resolution 9194/01 schreibt dem Diensteanbieter auch vor, dieser habe geeignete Maßnahmen zu treffen, um die Güte der Kommunikationsverbindung während der Überwachung durch die Strafverfolgungsbehörde (Law Enforcement Agency) sicherzustellen. Des Weiteren regelt die Resolution auch die Möglichkeit des Zugriffs auf nationale Kommunikationskanäle innerhalb eines Mitgliedsstaates durch eine Strafverfolgungsbehörde eines anderen Mitgliedsstaates (die so genannte „grenzüberschreitende Lawful Interception"): Das geplante Rechtshilfeabkommen ENFOPOL und als COPEN 32 vom 15. Mai 2000 implementierte Dokument sieht hierzu zusätzlich nach Artikel 17 bis 22 COPEN 32 ein unabhängiges und eigenständiges Recht auf die Durchführung von Überwachungsmaßnahmen ohne Einwilligung des betroffenen Staates durch andere Mitgliedsstaaten der EU vor.

Breiten Raum nimmt auch die Speicherung von Verbindungsdaten ein, die, einem Vorschlag einiger Mitgliedsstaaten der EU zufolge, auf einen Zeitraum von zwölf Monaten ausgedehnt werden soll. Die Telekommunikationsüberwachung in der Europäischen Union hat einen beachtlichen Stand erreicht, legt man die entsprechenden Resolutionen der EU zugrunde. Die Bestimmungen der Resolutionen werden in nationales Recht umgesetzt und prägen damit auch die nationale Abhörpraxis. Nicht betrachtet werden dabei die Aktivitäten der jeweiligen Nachrichtendienste[114] in diesem Bereich, da für diese andere Regeln gelten. Mit der Fortentwicklung der Telekommunikationsüberwachung zur Bekämpfung von Straftaten aller Art in der Europäischen Union ist daher zu rechnen. Inwieweit diese Maßnahmen tatsächlich zur Verhinderung, Bekämpfung und Verfolgung von Straftaten dienen, muss an dieser Stelle dahingestellt

113 Vergleiche hierzu auch die Aufstellung im Work Programme des ETSI (http://portal.etsi.org/li/status.asp) mit Stand Juli 2010.

114 Die Nachrichtendienste könnten sich aber auf die technischen Verfahren der Lawful Interception abstützen.

bleiben. Die Europäische Union verfügt derzeit, soweit bekannt, nur über begrenzte SIGINT-Fähigkeiten, soweit diese in der ENISA vorhanden sind. Problematisch erscheinen nach wie vor die nationalen Vorbehalte der Einzelstaaten bei der Weitergabe von Informationen, die durch die Technische Aufklärung gewonnen worden sind.

Besser fahnden mit Schengen II

Im Rahmen des SIS II-Systems erlaubt eine europaweite IT-gestützte Fahndung innerhalb der europäischen Polizei- und Grenzschutzbehörden. Die in diesem System verwalteten Daten sind allen angeschlossenen Sicherheitsbehörden uneingeschränkt zugänglich. Es wird künftig durch das europäische Visum-Informations-System und den europäischen Warn- und Meldeverbund zur Ausweisung Terrorverdächtiger ergänzt.

Neben umfassenden technischen Verbesserungen, die bereits veranlasst sind, können in diesem System[115] künftig europaweit Fingerabdrücke und Lichtbilder an die angeschlossenen Sicherheitsbehörden der Mitglieds- und auch Drittstaaten übermittelt werden. Allerdings hat der Datenschutzbeauftragte des Bundes in seinem letzten Bericht für das Jahr 2006 wie auch in den Jahren 2008/2009 erhebliche Defizite im Bereich des Datenschutzes, insbesondere des relativ unkontrollierten Zugriffs auf die im System verfügbaren personenbezogenen Daten, insbesondere durch Drittstaaten, festgestellt. Geplant war, Ende Dezember 2007 die Binnengrenzkontrollen zu Lande und auf dem Wasser für die am 1. Mai 2004 beigetretenen neuen Mitgliedsstaaten und ab Frühjahr 2008 auch die Kontrollen an den Luftgrenzen (mit Ausnahme Zyperns) aufzuheben.[116] Die Europäische Union baut im Rahmen der Terrorismusbekämpfung das Schengen Informationssystem (SIS II) weiter aus. In seiner zweiten Ausbaustufe (SIS II) wird das SIS wesentlich erweitert. Auch nationale Nachrichtendienste sollen künftig europaweiten Zugriff auf diese Datenbestände erhalten. Mit der Verordnung (EG) Nr. 2424/2001 des Rates vom 6. Dezember 2001 über die Entwicklung des Schengener Informationssystems der zweiten Generation (SIS II) wurde ein weiterer Schritt zur Integration der neuen EU-Mitglieder und zum Abbau der innereuropäischen Grenzkontrollen eingeleitet. Das staatenübergreifende Schengen-Informationssystem (SIS) besteht aus dem Schengen Central Information System (C.SIS) mit seinem Rechner in Straßburg und aus den Nationalen Schengen-Informationssystemen (N.SIS) bei den jeweiligen nationalen

---

115 Offenbar hat sich dieses System, für das bisher mehr als 80 Mio. Euro durch die EU bereitgestellt wurden, auch im endgültigen Testlauf im Jahre 2010 nicht bewährt. Gegenwärtig umfasst dieses System mehr als 11 Mio. Einträge. Diese Datei soll um biometrische und Fingerabdruckdaten erweitert werden; vgl. auch: EU Innenminister geben grünes Licht für SIS II, futurezone.orf.at v. 23. 4. 2010.

116 Der russische Präsident Medwedjew machte im Frühjahr 2010 den Vorschlag, die Visapflicht für russische Bürger bei Einreise in die EU aufzuheben. Soweit bekannt, hat sich die EU zu diesem Vorschlag noch nicht abschließend geäußert. Gleichwohl wird dieser Vorschlag von deutscher Seite unterstützt.

Klassiker der Abhörmethoden: die Richtmikrophontechnik, die aus über 1000 Meter Entfernung zur Anwendung gebracht werden kann und Nebengeräusche herausfiltert.

Sicherheitsbehörden. Ergänzt wurde das SIS durch das bereits bestehende Netz SIRENE (Supplément d'Information Requis a l'Entrée Nationale), dessen Betrieb im August 2001 beendet wurde. Das Nachfolgesystem SISNET umfasst dieselben Datenbestände und soll langfristig zum Europäischen Informationssystem ausgebaut werden. Derzeit beteiligen sich 13 Mitgliedsstaaten der EU sowie zwei weitere Staaten (Island und Norwegen) an diesem System. Aufgrund technischer Gegebenheiten können gegenwärtig maximal 18 Staaten in dieses System eingebunden werden. Daher ist aus Sicht der EU eine völlige Neuorganisation des SIS unabdingbar. Es enthält zur Zeit nach seriösen Angaben etwa 11 Millionen Falldaten aus allen Mitgliedsstaaten der EU. Durch entsprechende Übereinkünfte zwischen den Vereinigten Staaten von Amerika und der EU erhalten auch die Nachrichten- und Sicherheitsdienste der USA Zugriff auf diese Datenbestände.

Die geplanten Erweiterungen des SIS II sollen neben den bereits bestehenden Möglichkeiten zusätzlich die europaweite Rasterfahndung nach deutschem Muster ermöglichen. Additiv ist die Einführung von vier neuen, europaweit verfügbaren Dateien geplant:

- Datenbank für gewalttätige Unruhestifter
- Demonstranten-Datenbank
- Terroristen-Datenbank
- Datenbank für Personen mit „Aufklärungskennzeichen" und „Personen, die eine psychologische Gefahr" darstellen

Im Rahmen der Überarbeitung des Schengen-Besitzstandes durch die EU und seiner Einbeziehung im Rahmen der Europäischen Union sind weitere einschneidende Maßnahmen geplant. Dazu gehören unter anderem:

- die gemeinsame Festlegung von Bedingungen für das Überschreiten der Außengrenzen;
- die Festlegung der Rolle der Verkehrsunternehmen bei der Bekämpfung der illegalen Einwanderung;
- die obligatorische Anmeldung der Staatsangehörigen von Drittländern, die von einem Land in ein anderes reisen;
- die Einführung eines grenzüberschreitenden Beschattungs- und Verfolgungsrechts[117];
- die Einrichtung (bzw. Erweiterung) des Schengen-Informationssystems auf SIS II-Standard,
- die Aufnahme biometrischer Daten in das System und Zugriffsmöglichkeiten auf nationale Datenbestände der Gesichts- und Iriserkennung;
- die Einbeziehung national verfügbarer DNA-Profile;
- der Zugriff von Europol (mit Änderungs- und Ergänzungsrechten gemäß CRIMORG 80 und EUROJUST auf die Datenbestände von SIS II).[118]

Für das Jahr 2010 ist die Evaluierung[119] der unter dem Dach der Schengen- und anderer Abkommen (zum Beispiel Prüm-Abkommen) im Sicherheitsbereich eingeführten Maßnahmen durch die EU geplant. Daneben werden unter Federführung des EU-Kommissars Frattini in einer Arbeitsgruppe der EU erste Maßnahmen für die Einführung einer EU-weiten Datenbank zur Terrorbekämpfung geplant, in der alle in der EU verfügbaren Fingerabdrücke gesammelt und den nationalen Antiterror- und Polizeibehörden zur Verfügung gestellt werden sollen. Diese Datei soll künftig auch auf alle Halterdaten von Kraftfahrzeugen sowie DNS-Profile erweitert werden. In diesem Zusammenhang sollen auch die unterschiedlichen nationalen Datensysteme den Forderungen nach vereinfachtem Zugriff durch die EU-Partnerdienste angepasst werden. Es bleibt abzuwarten, ob in diese Zentraldatei künftig zusätzlich auch biometrische und weitere Daten aufgenommen werden.

Im Schengen-Informationssystem II werden Aspekte des Datenschutzes[120] nur sehr unvollkommen geregelt. Der unkontrollierte Abfluss von personenbezogenen Daten und Zusammenhängen und deren Verknüpfung zu Profilen in

---

117 13598/09, COPEN 178, ENFOPOL 218, EUROJUST 55, EJN 35, NOTE from: General Secretariat to: Delegations Subject: Joint Investigation Teams Manual, Brüssel, 23. 9. 2009. Es handelt sich hierbei um die Regularien einer grenzüberschreitenden Observation bzw. des Zugriffs durch die Strafverfolgungsbehörden aus einem anderen EU-Staat.

118 Ob im Rahmen des SIS II oder von Nachfolgesystemen auch auf die Daten des von der Bundesregierung geplanten zentralen Deutschen Melderegisters zugegriffen werden kann, geht aus den Veröffentlichungen nicht hervor, erscheint aber wahrscheinlich.

119 Offenbar haben sich die Kosten für das Schengen II-System verzehnfacht. Bei der Einführung des Systems im Jahre 2001 waren Kosten in Höhe 15,5 Mio. Euro veranschlagt. Nach neuesten Erkenntnissen betragen die Kosten für dieses System 143 Mio. Euro; vgl. Schwarzwälder Bote, v. 4. 6. 2010.

120 Die Bundesregierung beabsichtigt das Datenschutzrecht zu verschärfen (SWR 4, 22. 6. 2010, 9.00 Uhr). Es bleibt abzuwarten, ob dabei auch die Modalitäten in den Schengen-Abkommen revidiert werden.

anderen nationalen Dateien/Datenbanken kann für den möglicherweise betroffenen EU-Bürger bei Auslandsaufenthalten gravierende Folgen haben. Durch den geplanten Zugriff auf SIS II-Datenbestände durch nationale Nachrichten- und Sicherheitsdienste besteht die Gefahr der unsichtbaren Stigmatisierung eines Betroffenen, gegen die er keine erfolgversprechenden Möglichkeiten der Richtigstellung möglicherweise unrichtiger Daten hat. Auch ist die Frage der Nutzung der SIS II-Datenbestände durch die Behörden der EU-Mitgliedsstaaten nicht befriedigend gelöst, zumal entsprechende Kontrollmechanismen offensichtlich nicht vorgesehen sind.

Herr der Lage sein: Das Joint Situation Centre der EU[121]

Die Europäische Union verstärkt ihren Kampf gegen den internationalen Terrorismus im Verbund mit den Vereinigten Staaten. Nachdem die Vereinigten Staaten kürzlich auch ihre Strategie der Gegenspionage der sich verschärfenden Sicherheitslage angepasst haben, scheint die EU wohl auch unter dem Eindruck des Stockholm-Programms im zivilen und militärischen Bereich entsprechende weitgehende Maßnahmen zu planen. Das im Jahre 2005 im Rahmen des Haager Programms, einem Vorläufer des derzeitigen Stockholm-Programms, mit der Sammlung von Informationen zur Terrorismusbekämpfung beauftragte und als Organisationseinheit dem Ratssekretariat angegliederte Joint Situation Centre der EU verfügt über drei Organisationselemente:

- Die Civilian Intelligence Cell, besetzt mit zivilen Nachrichtenspezialisten, die den Auftrag haben, strategische Analysen im politischen Bereich und zur Terrorismusbekämpfung durch die EU zu erstellen.
- Die General Operations Unit, die operationelle Unterstützung im 24-Stunden-Dienst sowie Forschung und nicht Intelligence-basierte Analysen durchführt.[122]
- Die Communications Unit, die Fragen der Kommunikationssicherheit, Monitoring Services für konsularische Dienste sowie das Kommunikationszentrum des EU-Rates betreibt.

---

121 http://www.telegraphh.co.uk/news/uknews/6210255/EU-funding-Orwell/http://blog.kairaven.de/archives/1601-Europa-Ein Raum für-Geheimdienstler, Polizisten und Soldaten; van Buuren, J.: Secret Truth – The EU Joint Situation Centre, Amsterdam 2009; Smidt, W. K. & Poppe, U. (Hrsg.): Fehlbare Staatsgewalt, Berlin, 2009; Weiße, G.: Informationskrieg + Cyberwar, Stuttgart 2009; The National Counterintelligence Strategy of the United States of America 2008, NCIX-2009-002, Washington 2009; Annual Report to the Congress on Foreign Economic Collection and Industrial Espionage, Financial Year 2009, NCIX-007-09, Washington 2009; Johnston, I.: EU funding Orwellian artificial intelligence plan to monitor public for, "abnormal" behaviour, Daily Telegraph, London, 29. 9. 2009. Eine umfassende Wertung der Bemühungen der EU bei der Kriminalitätsbekämpfung enthält Monar, J.: Braucht die Europäische Union ein European Bureau of Investigation (EBI) und eine European Intelligence Agency (EIA)?, Bertelsmann-Stiftung, 2005.

122 Anmerkung: Die Analysen sind, soweit bekannt, klassifiziert und damit der Öffentlichkeit nicht zugänglich.

Geleitet wird das Joint Situation Centre derzeit von Direktor William Shapcott (U. K.). Das Personal besteht aus Mitarbeitern der EU sowie aus dem nationalen Bereich zeitweilig abgeordnete Mitarbeiter von Polizeibehörden und Nachrichtendiensten der EU-Mitgliedsstaaten. Gegenwärtig umfasst der Mitarbeiterstab etwa 20 Personen. Damit können, wenn auch nicht offiziell, gewisse Synergieeffekte in der Zusammenarbeit der nationalen Dienste mit dem Joint Situation Centre auch künftig erwartet werden. In seinem Aufgabenbereich arbeitet das SitCen auch mit nationalen Sicherheits- und Polizeibehörden sowie mit Behörden der EU und möglicherweise auch „bevorrechteten" Drittstaaten auf bilateraler Ebene zusammen. Eine institutionalisierte Zusammenarbeit des SitCen mit dem EU-Military Staff und seiner Intelligence-Division kann auch aufgrund der räumlichen Nähe und dem Auftrag des EUMS angenommen werden.

Aufgrund der kürzlich veröffentlichten National Counter Intelligence Strategy 2008 der Vereinigten Staaten, deren Gegenspionageoperationen durch die „Counterintelligence Community" künftig „aggressive, strategisch ausgerichtete Operationen gegen Prioritäten-Nachrichtenziele in aller Welt („around the World") unter Einbeziehung aller operationellen Mittel" vorsehen, ist auch hier eine Zusammenarbeit im vertraglich vereinbarten Rahmen zu erwarten. Diese Zusammenarbeit mit den Sicherheitsbehörden in Großbritannien besteht offenbar schon lange, wie jüngst aus britischen Veröffentlichungen bekannt wurde. Zu erwarten ist auch, dass die Vereinigten Staaten künftig verstärkt gegen Industriespionage und die Sammlung von Wirtschaftsdaten durch fremde Organisationen in den USA vorgehen werden, was zum Beispiel im Annual Report to Congress on Foreign Economic Collection and Industrial Espionage FY 2008 angedeutet wird. Dabei wird möglicherweise auch die EU in die Bemühungen der Vereinigten Staaten mit einbezogen werden.

Zu erwarten ist überdies eine Ausweitung des Auftrages des EU-Situation Centre (SitCen): Die EU plant nämlich nicht nur den Einsatz von militärischen EU-Battlegroups, der derzeitige Stab befindet sich in Ulm, sondern künftig auch den Einsatz „robuster" Polizeikontingente[123] in Krisenregionen. Besonderes Gewicht gewinnt dabei der vernetzte Austausch von relevanten Daten zwischen den beteiligten militärischen und zivilen Behörden der EU, die ein gemeinsames Datensystem erforderlich machen. Damit verbunden sind auch Bemühungen der EU-Behörden zur Ausweitung der Datenanalyse, wie bereits im Stockholm-Programm angekündigt. Hier ist ein europäisches operationelles und strategisches Auswertesystem geplant. Im Zusammenhang damit sollen auch die Grenzkontrollen an den EU-Außengrenzen automatisiert werden. Das von der EU in Auftrag gegebene Programm INDECT, das in einem Zeitrahmen von 5 Jahren entwickelt werden und „abnormes Verhalten" im Internet und später möglicherweise auch bei anderen Kommunikationsformen entdecken soll, zeigt die künftige Tendenz der Entwicklungen in der EU auf. Im

---

123 Siehe hierzu auch Artikel 222 EUAV, Beistandspflichten und künftige mögliche Einsätze der „EU-Gendarmerie", einer paramilitärischen Truppe unter EU-Führung; vgl. hierzu: http://www.eurogendfor.eu/

Rahmen eines weiteren Forschungsauftrages mit der Bezeichnung ADAPTS (Automatic Detection of abnormal Behaviour and Threats in crowded Spaces), das in Schweden ansässig ist und vom britischen Home Office und von BAE-Systems unterstützt wird, sollen später auch weitere Informationen aus anderen Systemen mit einfließen, so zum Beispiel Bewegungsprofile von „reisenden Unruhestiftern" („violent Travellers"). Die Universität York arbeitet derzeit an einem System, das aktiv und passiv im Rahmen der Social Network Analysis und beim Data Mining, möglicherweise in Verbindung mit der Ausweitung der Telekommunikationsüberwachung, später durch die EU eingesetzt werden soll. In Kürze soll auch zur Unterstützung von EU-Operationen außerhalb der EU das System G-MOSAIC (GMES-Services for Management of Operations, Situational Awareness and Intelligence for regional Crises) einsatzbereit sein. Dieses Projekt[124] wird durch die EU mit mehr als 15,3 Mio. Euro gefördert. Die durch die EU geplante Schaffung einer Europäischen Zentraldatei wird von den deutschen Datenschützern mehrheitlich abgelehnt. Diese forderten anlässlich ihres Kongresses in Berlin eine „Generalrevision" des deutschen Datenschutzrechts. Im Rahmen der zu erwartenden „aggressiven" und strategischen ausgerichteten Operationen der US-amerikanischen Gegenspionage können diesbezügliche Aktionen durch den US-Clandestine Service[125] künftig wohl auch in Europa möglich werden.

EU-Institutionen mit Einfluss auf die künftige Sicherheitspolitik

Die europäische Sicherheitsindustrie und ihre Institutionen[126] gewinnen bei der Implementierung von Sicherheitsmaßnahmen und der Nachrichtengewinnung

124 Vgl. hierzu auch: Geiger, H.: Effizienz vor Recht in: Smidt/Poppe (Hrsg.): Fehlbare Staatsgewalt S. 223–237, und den Beitrag in der ARD v. 9. 10. 2009, 14.57 Uhr.

125 Der Clandestine Service der Central Intelligence Agency ist mit der weltweiten Beschaffung von Informationen mithilfe menschlicher Quellen verantwortlich. Es kann angenommen werden, dass der NCS auch entsprechende Quellen in den Zielländern führt. Daneben hat der NCS auch verdeckte nachrichtendienstliche Operationen zu unterstützen: „Der nationale verdeckte Dienst dient als verdeckter Arm der Central Intelligence Agency und der nationalen Autorität zur Koordination, internen Konfliktlösung und Bewertung verdeckter Operationen der Nachrichtengemeinde der Vereinigten Staaten." (Übersetzung durch den Autor) CIA v. 20. 4. 2010; Anmerkung: Im Juli 2010 wurde der in der CIA bisher für Pakistan verantwortliche Abteilungsleiter mit der Führung des National Clandestine Services der CIA betraut; vgl. Neue Züricher Zeitung-Online v. 22. 7. 2010. Damit werden künftige Prioritäten des NCS im asiatisch-pazifischen Raum deutlich.

126 An Initial Long-Term Vision for European Defence Capability and Capacity Needs, Brüssel, 14. 11. 2006, European Security and Defence Policy 1999–2009, ESDP, Brüssel, 28. 10. 2009, Command and Control? Planning for EU Military Operations, Occasional Paper 81, Paris, Januar 2010; Could Europe Do Better On Pooling Intelligence? SDA-Roundtable-Report, Brüssel, 26. 10. 2009 "NeoConOpticon, The EU-Security Industrial Complex", Transnational Institute (TNI), Amsterdam, 2009; http://www.esrif.eu/documents/esrif_final_report.pdf / http://eda.europa.eu/ http://www.securitydefenceagenda.org/http://iss.europa.eu / http: //www.etsi.org/WebSite/homepage.aspx/ http://www.enisa.europa.eu / http://www.tni.org/

in der EU zunehmend an Einfluss. Nicht zuletzt auch andere staatliche halbstaatliche und private Einrichtungen befassen sich intensiv im Rahmen der Terrorabwehr mit Fragestellungen auf dem Gebiet der Kommunikationsüberwachung, Nachrichtengewinnung und Auswertung, deren künftige Folgen noch nicht abzusehen sind. Innerhalb der EU befasst sich eine Vielzahl nationaler privater, halbstaatlicher und staatlicher Institutionen mit Fragen der inneren Sicherheit, deren Einfluss auf die Politik von der Öffentlichkeit nur sehr schwer eingeschätzt werden kann. Daher sollen im Folgenden wichtige Institutionen[127] innerhalb der EU mit Einfluss auf die künftige Sicherheitspolitik vorgestellt werden:

European Security Research and Innovation Forum (ESRIF)

Das im Jahre 2007 als gemeinsame Initiative der EU-Kommission und der 27 Mitgliedsstaaten der EU gegründete ESRIF, dem gegenwärtig 65 Mitglieder aus 32 Staaten angehören, hat unter der Leitung von Dragutin Mate im Dezember 2009 einen 324 Seiten umfassenden ESRIF-Final Report vorgelegt. Er enthält in 11 Kapiteln grundlegende Angaben über Forschungsvorhaben, Projekte, Ziele und bereits in der EU implementierte Maßnahmen in einem Zeithorizont bis zum Jahre 2030. Die ESRIF verfügt derzeit über folgende Arbeitsgruppen (Working Groups): Sicherheit der Bürger, Sicherheit Kritischer Infrastrukturen, Grenzsicherheit, Krisenmanagement, Vorausschauende Planung und Szenarien, Bedrohung durch chemische, biologische, strahlende und nukleare Substanzen, Situationsbedingte Aufmerksamkeit, Rolle des Weltraums, Fragen der Innovation, staatliche Verwaltung und Koordination, humane und gesellschaftliche Dynamik der Sicherheit, Identifikation von Personen und Gegenständen. Die Durchsicht des Berichts zeigt, dass langfristig fast alle Lebensbereiche in der EU durch die Arbeit der ESRIF tiefgehend beeinflusst werden. Die Ziele der ESRIF lassen sich aus einer Vielzahl von europäischen Initiativen (u. a. Stockholm-Programm) auf dem Gebiet der Sicherheit ableiten. Die European Research and Innovation Agenda (ESRIA) des ESRIF enthält die Planungen im Rahmen des FP-7 (EC-Framework Programme) bis zum Jahre 2013, von 2013 bis 2020 im Rahmen des FP-8 und Planungen für den Zeitabschnitt nach 2020.

Die European Defence Agency (EDA)

Die European Defence Agency ist unter anderem an der Entwicklung von Verteidigungsfähigkeiten, der Verteidigungsforschung und Technologieentwicklung, der Zusammenarbeit in der Verteidigungsindustrie, der Schaffung eines wettbewerbsorientierten Marktes in der Verteidigungsindustrie und der

127 Eine schier unüberschaubare Zahl von Institutionen, Gruppen, Zusammenschlüssen und Unternehmen beschäftigen sich in der EU mit Problemen der äußeren und inneren Sicherheit, der Telekommunikationsüberwachung, Business Intelligence und anderen Fachgebieten in diesem Bereich. Daher kann hier nur auf wichtige Institutionen Bezug genommen werden.

Verstärkung der europäischen Verteidigungsindustrie und ihrer technologischen Basis beteiligt. Die langfristigen Ziele der EDA, die auch Innovationen im Sicherheitsbereich umfassen, sind in dem Bericht „An Initial Long-Term Vision for European Defence Capability and Capacity Needs" enthalten und werden ständig aktualisiert.

Die Security and Defence Agenda (SDA)

Die in Brüssel beheimatete Security and Defence Agenda (SDA), eine Denkfabrik, entfaltet Aktivitäten im Rahmen von monatlichen Roundtable-Gesprächen, Diskussionspapieren, internationalen Konferenzen mit prominenten Teilnehmer aus Politik, Wirtschaft und Militär. Damit wird hochrangigen Persönlichkeiten ein Forum des Meinungsaustauschs geboten. Viele der in den Veranstaltungen behandelten Vorschläge finden sich später in politischen Initiativen, insbesondere auf dem Gebiet der äußeren und inneren Sicherheit, wieder. Ein besonderes Ziel der SDA ist die transatlantische Zusammenarbeit, und zwar sowohl auf militärischem Gebiet als auch im Bereich der Sicherheit und Nachrichtengewinnung. Durch die Teilnahme eines hochrangigen deutschen Vertreters aus dem Bereich des EU-Military Staffs an einem Round-Table-Gespräch der SDA mit prominenten Teilnehmern am 26. November 2009, der dort für den Bereich Nachrichtenwesen (Intelligence) verantwortlich ist und sich für eine umfassende Kooperation auf diesem Gebiet ausgesprochen hat, sind zukünftig wohl Veränderungen auf diesem speziellen Gebiet zu erwarten. Auch kann wohl künftig ein vermehrter Informationsaustausch zwischen Europol und dem EUMS erwartet werden.

Das European Institute for Security Studies (EUISS)

Das der EU-Kommission unterstehende EUISS in Paris, das seit 2007 von Alvaro de Vasconcelos geleitet wird, beschäftigt sich mit Fragen der gemeinsamen auswärtigen Sicherheitspolitik der EU. Es ist für Forschungsvorhaben auf diesem Gebiet verantwortlich und führt internationale Konferenzen und Tagungen zu sicherheitsrelevanten Themen durch. Das Institut wird zur Gänze durch die EU finanziert. Forschungs- und Tagungsergebnisse des Instituts fließen in politische Entscheidungen der EU mit ein.

Das European Telecommunications Standards Institute (ETSI)[128]

European Network and Information Security Agency (ENISA)

Die auf der griechischen Insel Kreta beheimatete ENISA ist für die europäischen Zertifizierungsstandards, für Risk Management, Identitätsfragen und Trustcen-

128 Vgl. hierzu in diesem Buch vor allem die S. 56–58.

ter sowie die Planung des Schutzes von IuK-Anlagen in der EU zuständig. Die ENISA wird seit Herbst vom vormaligen Leiter der BSI, Udo Helmbrechts, geleitet. Das Arbeitsprogramm für das Jahr 2010 wurde erst kürzlich vorgelegt. Die Schwerpunkte für das kommende Jahr werden in den Bereichen Kooperationsmodelle, Risikobewertungsmaßnahmen und -management, Informationssicherheit im künftigen Internet sowie in der Weiterentwicklung der sektoralen Kooperation in EU-Netzwerken verortet.

Das Transnational Institute (TNI) Amsterdam

Eine umfassende Aufstellung der internationalen Verflechtungen der europäischen Sicherheits- und Verteidigungsindustrie enthält der Bericht des TNI mit dem Titel „NeoConOpticon – The EU-Security Industrial Complex". Die vielfältigen Einflussmöglichkeiten nationaler Organisationen und supranationaler Einrichtungen der EU lassen für die Zukunft eine überbordende Entwicklung im Bereich der inneren Sicherheit, sowohl in der EU selbst als auch durch nationale Gesetzgebung, insbesondere durch die Schaffung umfassender Datenbanken und die Ausweitung der Kommunikationsüberwachung, erkennen. Nicht zuletzt wird auch die „Sozialkontrolle" durch entsprechende Systeme, die sich bereits in einem fortgeschrittenen Stadium der Entwicklung befinden, ausgeweitet werden. Die Errichtung des Datenbanksystems ELENA in Deutschland und dessen mögliche künftige Verknüpfung mit anderen Systemen wird diese Entwicklung beschleunigen.

INDECT: Auf dem Weg zur „vernetzten Sicherheit"

Das Ziel von INDECT besteht darin, alle bestehenden Überwachungstechnologien zu einem universellen Überwachungsinstrument erkenntnisgestützter Polizeiarbeit zu bündeln. Zielgruppe sind vor allem „Homeland Security Services", Polizeibehörden und lokale Gemeinden. Das von der EU initiierte und mit 15 Mio. Euro geförderte INDECT-Projekt, das auf 5 Jahre angelegt ist, verfolgt im Einzelnen folgende Ziele:

- Entwicklung einer Plattform für die Gewinnung und den Austausch operationeller Daten, Gewinnung von Multimedia-Daten und die intelligente Auswertung aller gewonnenen Informationen, die automatische Identifizierung von Bedrohungen sowie das Erfassen „abnormen Verhaltens" oder „Aufruhrs".
- Entwicklung eines netzwerkzentrierten Systems zur Unterstützung der operationellen Aktivitäten der Sicherheitsbehörden, dabei Bereitstellung von entsprechenden Techniken und Verfahren unterschiedlicher mobiler Objekte.
- Entwicklung eines neuartigen Suchverfahrens, das die direkte Suche nach Bildern und videobasierten, mit elektronischen Wasserzeichen versehenen Inhalten sowie die Archivierung von Metadaten mit digitalem Wasserzeichen erlaubt.

Die Ziele und zu erwartende Resultate der INDECT-Entwicklung und Systemerprobung lauten:

- Probebetrieb in unterschiedlichen städtischen Umgebungen mit 15 Außenstationen.
- Implementierung eines Systems zur Gewinnung von Informationen sowie der Auswertung und Verteilung dieser Informationen.
- Entwicklung von System-Prototypen für die mobile Erfassung und Verfolgung unterschiedlicher Objekte.
- Entwicklung einer „Search Engine" für die Detektion von Personen, Objekten und Dokumenten, basierend auf Verfahren der Kennzeichnung mithilfe digitaler Wasserzeichen und semantischer Suchoptionen.
- Entwicklung von Vorrichtungen für die ständige und automatische Überwachung öffentlicher Informationsquellen, so beispielsweise Webseiten, Diskussionsforen, UserNetGroups, File Server, Peer-to-Peer (P2P)-Netzwerke, aber auch individuelle Datenverarbeitungssysteme aller Art und auch anderer drahtloser Kommunikationssysteme.
- Entwicklung eines Internet-basierten aktiven und passiven Nachrichtengewinnungssystems[129] und dessen erfolgreiche Demonstration.
- Die Fortschritte im Programm und vorgeschlagene Änderungen und Ergänzungen zu einzelnen Teilbereichen des Projekts werden in so genannten „Deliverables" auf der INDECT-Homepage veröffentlicht. Jedoch nicht alle „Deliverables" sind der interessierten Öffentlichkeit zugänglich. Gegenwärtig sind 26 „Deliverables" aufgelistet, von denen die folgenden veröffentlicht wurden:
  - **D2.1** Vorbericht zur vorgeschlagenen logischen Struktur des (INDECT-)Systems (Preliminary report on proposed logical structure of the System)
  - **D4.1** XML-Daten-Korpus: Bericht zur Methodologie zur Gewinnung, Bereinigung und gemeinsamen Präsentation großer Textdateien von verschiedenen Quellen, Web-Berichten, Web-Gemeinschaften

---

129 Informatiker der Hebrew University Jerusalem haben einen Algorithmus entwickelt, mit dem in Online-Foren sarkastische Äußerungen entdeckt und isoliert werden können. Im Feldversuch wurden mehr als 66.000 englischsprachige Amazon-Kundenrezensionen untersucht und auf einer Skala mit maximal 120 Punkten bewertet; vgl. hierzu: www.cs.huji.ac.il sowie www.pressetext.de/news/1005200004/algorithmus-erkennt-online vom 21. 5. 2010). Dieses Verfahren eröffnet auch den Betreibern des EU-INDECT-Programms neue Möglichkeiten der Internet-Überwachung und der Isolierung inkriminierender Inhalte. Eine eingehende Darstellung der Ergebnisse findet sich in: dmitry@alice.nc.huji.ac.il unter dem Titel „ICWSM-A Great Catchy Name: Semi-Supervised Recognition of Sarcastic Sentences" in Online Product Review. Eine Ausweitung dieses Systems ist durch die geplante Einführung der elektronischen Fußfessel für Straftäter in Deutschland denkbar. Hier eröffnen sich zusätzlich die Möglichkeiten zu weiteren Kontrollen einschließlich der Verhaltenssteuerung. Interessante Einblicke vermittelt die Dokumentation von Arte unter dem Titel: Gefängnisstrafe zu Hause, Arte, 6. 7. 2010, 21.15 Uhr. Hier werden die Einflüsse der US-Strafvollzugs- und Überwachungsindustrie der USA und Großbritanniens auf die EU und ihre Institutionen besonders deutlich.

und Chatrooms im Web (XML Data Corpus: Report on methodology for collection, cleaning and unified representation of large textual data from various sources, web reports, webblogs, chat)

- **D6.1** Intelligente Krisen-Management-Systeme – Konzepte und Anwendungsszenarien (Intelligent Crisis Management Systems – Concepts and Usage Scenarios)
- **D6.2** Intelligentes Eingangsportal für Krisen-Management – Funktionale Spezifikationen und konzeptionelle Architektur (Intelligent Portal for Crisis Management – Functional Specification and Conceptual Architecture)
- **D7.1** Umfassendes selbst organisierendes Computer-Netzwerk-Architektur-Modell (Overall self-organizing computer network architecture model)
- **D8.1** Spezifikationen der Anforderungen für die Sicherheit und Vertraulichkeit des Systems (Specification of Requirements for Security and Confidentiality of the System)
- **D9.4** Bewertung der Komponenten (Evaluation of Components)
- **D9.5** Sachstandsbericht über die aktuellen Erkenntnisse zur Untersuchung von Beziehungsgeflechtsrelationen (Report on current state-of-the-art-methods for relationship mining)

Es ist anzunehmen, dass die bisher nicht veröffentlichten „Deliverables"[130] Informationen zum System enthalten, die nicht für die Öffentlichkeit bestimmt sind.

130 (ORF) „Neues vom EU-Überwachungsprojekt INDECT: Anhand einer Roadmap wird sichtbar, mit welcher Kombination aus Überwachungstechnologien die Bürger der Union künftig in den Städten kontrolliert werden sollen. Ob die Maßnahmen auch wirklich mit den EU-Grundrechten übereinstimmen, prüfen Polizeizentralen in Polen und Nordirland. Unter den Techniken, die wir benutzt und/oder entwickelt haben, sind Fingerprinttests, Analysen von Gesicht und Ohrmuschelform, Handumfang, Iris und Retina. Dazu kommen Analysen von Sprachgebrauch und Handschrift, von Parametern der Fortbewegung und des Verhaltens. Mit all diesen Techniken können wir eine ziemlich hohe Genauigkeit der Identifikation erreichen", heißt es in der „generellen Roadmap für künftige Forschung" im Rahmen des INDECT-Projekts. INDECT steht für Intelligent Information System Supporting Observation, Searching and Detection for Security of Citizens in Urban Environment und soll Sicherheitskräfte bei der Überwachung, dem Erkennen von Gefahren und der Suche nach Verdächtigen unterstützen (http://futurezone.orf.at/stories/1648585/). Vgl. hierzu auch ACIPSS-Newsletter Nr.: 22/2010; 28. Mai 2010; from: www.acipss.org; contact: newsletter@acipss.org. Einen umfassenden Überblick über die Entwicklung des INDECT-Programms und anderer Programme der EU erlaubt Statewatch News Online vom 27. Mai 2010 (09/10); insbesondere zu der durch die EU vorgeschlagenen European Investigation Order, deren Einführung die nationale Souveränität der Strafverfolgungsbehörden faktisch aufheben würde, da „jede Straftat, die nach nationaler Gesetzgebung unterschiedlich mit Strafe bedroht ist, in jedem Mitgliedsstaat der EU verfolgt werden könnte": Statewatch News Online Nr. 14 – Statewatch Analysis: The proposed European Investigation Order. An Assault on human rights and national Sovereignity (www.statewatch.org/analyses/no-96-european-investigation-order.pdf). Auch kann erwartet werden, dass das von der EU unter der Bezeichnung ASSET-ROAD geförderte Programm (Überprüfung von Lastkraftwagen mithilfe von Fernmessungen

Erst die Lektüre der bisher öffentlich zugänglichen „Deliverables“ erschließen dem Leser die noch nicht endgültig absehbaren Dimensionen des EU-Projekts. Damit stehen den Sicherheitsbehörden Europas nach Einführung dieses Systems ungeahnte Möglichkeiten für die Multi-Source-/Multi-Sensor-Überwachung und Kontrolle weiter Teile der Bevölkerung zur Verfügung. Werden die mit diesem System gewonnenen Informationen mit denen der geplanten umfassenden europäischen Datenbank verknüpft, stehen den Sicherheitsbehörden jederzeit umfassende aktuelle und möglicherweise nicht immer korrekte Datenbestände an jedem Ort zur Verfügung. Nicht zuletzt die bereits in den Einsätzen gegen Aufständische im Irak und Afghanistan gemachten militärischen Erfahrungen könnten den Sicherheitsbehörden in Europa im Anlassfall neue umfassende Handlungsmöglichkeiten eröffnen. Damit besteht künftig auch die Möglichkeit, bei Bedarf militärische Aufklärungs- und Kampfsysteme mit den Systemen der zivilen Ordnungsbehörden für den Einsatz über urbanen Gebieten zu verknüpfen. Vor diesem Hintergrund überrascht es nicht, dass INDECT künftig auch den Einsatz von Drohnen vorsieht. Im Rahmen der „vernetzten Sicherheit“ unter den Auspizien des 7th Framework Programs wird unter Federführung der Polizeibehörden Nordirlands nämlich der Einsatz unbemannter Polizeidrohnen[131] zur Überwachung der Städte Europas geplant. Unbemannte

im laufenden Verkehr, bei Feststellung von Verstößen mit anschließender automatischer Erstellung eines Bußgeldbescheides), das gegenwärtig auf der Autobahn A8 München–Salzburg im Bereich Bad Aibling getestet wird, in Überwachungsprogramme der EU integriert und auch bei Personenkraftfahrzeugen angewandt werden könnte. Möglicherweise auch im Zusammenhang mit der geplanten Einführung der PKW-Maut und der Erfassung der Fahrzeugbewegungen mithilfe von On-Bord-Units (OBU) in Deutschland, die es erlauben würden, entsprechende Bewegungsprofile zu erstellen.

131 http://www.indect-project.eu/; vgl. auch: Moechel, E.: INDECT, Polizeidrohnen über Europas Städten, futurezone 11. 2. 2010. Parallel hierzu haben australische Wissenschaftler ein „selbst lernendes Video-Überwachungssystem“ entwickelt und bereits mit Erfolg in Australien erprobt. Das System war nach kurzer Zeit in der Lage, ungewöhnliche Aktivitäten in einer Menge von Menschen zu detektieren, in dem es nach einer Lernphase von der Norm abweichende Ereignisse in einer Menschenmenge erkannte. Nach Auffassung des Institute of Multi-sensor-processing and Content Analysis der Curtin University of Technology (http://impa.cs.curtin.edu.au) eignet sich dieses System auch zur Verbrechensbekämpfung (Pressetext: www.pressetext.de/news/100420001/selbstlernende-viodeoanl …). Offenbar haben britische Polizeibehörden bereits die erste Drohne zur Verfolgung eines Straftäters eingesetzt und dabei selbst strafbar gemacht. Der die Drohne führende Beamte verfügte nicht über die in Großbritannien hierfür erforderliche Lizenz (ACIPSS-Newsletter 08/2010, Nr.: 626/2010). Die britischen Polizeibehörden erproben derzeit das bereits in den USA mit Erfolg erprobte Verfahren CRUSH (Criminal Reduction Utilising Statistical History) unter Einbeziehung von Überwachungskameras und Blog-Inhalten im Internet wie Facebook-Postings oder ähnlichen Informationen. Sollte dieses Verfahren in das von der EU initiierte INDECT-Programm integriert werden, kann die Überwachung von möglichen „Kriminalitätsschwerpunkten“ intensiviert werden. Vgl. hierzu auch: http://www.memphispolice.org/blue %20 crush.htm, http://www.mipt.org/rush-and-crush--a-new-strategy, http://www.justice.gov/usao/eousa/foia_reading_room/usab5802.pdf, http://www.presseurop.eu/de/content/news-brief/304741-eea-ermitte....

Drohnen werden seit längerem bei der Aufstandsbekämpfung angewandt, und zwar sowohl im Irak als auch in Afghanistan oder im Grenzgebiet zwischen Afghanistan und Pakistan. Die Einführung derartiger Drohnen eröffnet umfassende Möglichkeiten für die Steuerung der Einsätze der Sicherheitsbehörden. Auch die Nachrichtendienste der Vereinigten Staaten werden weiter sowohl bei der weltweiten Nachrichtengewinnung als auch bei der Aufstandsbekämpfung eine führende Rolle beim Einsatz von Drohnen[132] innehaben.

Zurück zu INDECT: Allein 17 Stellen, darunter die polnische Universität für Wissenschaft und Technologie als Projektkoordinator, der Polizeidienst von Nordirland als Projektleiter als auch die Universitäten von Danzig (Gdansk), Posen (Poznan), Madrid, TU Sofia, Wuppertal, York, Ostrau (Ostrava), Kaschau (Kosice) und FH Technikum Wien sind an diesem Projekt beteiligt. Diese Organisation stellt auch den Vorsitzenden des Ethic Boards, der über die Beachtung des Datenschutzes wachen soll. Einen nicht unwesentlichen Einfluss auf die Entwicklungsarbeiten haben das Zentrale Polizeipräsidium Polens und die Polizeibehörden Bulgariens. Daneben sind Unternehmen aus Frankreich, Deutschland und Österreich am Projekt beteiligt. Die noch nicht endgültig übersehbaren Dimensionen des von der EU geförderten Projekts und die daraus zu erwartenden umfassenden Aufklärungsmöglichkeiten großer Teile der Bevölkerung, insbesondere beim automatisierten Relationship Mining[133], der Riot Control[134] und der Erkennung und Erfassung „abnormen Verhaltens", lassen

(In der Zeit von 6.–7. 5. 2010 fand in Krakau die diesjährige INDECT-Konferenz statt. Die Agenda war allerdings im Internet nicht verfügbar.)

132 Wie bekannt, ergeben sich bei dem Einsatz von Kampfdrohnen im Rahmen der Aufstandsbekämpfung (Counterinsurgency) durch die US-Streitkräfte eine Reihe bisher nicht gelöster rechtlicher Probleme, wie dies aus einer Veröffentlichung des International Relations and Security Network (ISN) der ETH Zürich ersichtlich wird; vgl. Hauri, A.: Obamas Drone Handicap, www.isn-ethz.ch/Current-Affairs/Security-Watch/Detail; v. 17. 5. 2010): „Intelligent information system supporting observation, searching and detection for security of citizens in urban environment." Britische Wissenschaftler haben mit dem Programm CRUSH (Criminal Reduction Utilising Statistical History) anhand vergangener Verbrechensmuster ein computergestütztes Verfahren entwickelt, das in der Lage ist, künftige Verbrechen vorherzusagen. Im US-Bundesstaat Tennessee (Memphis) wurde dieses Verfahren in einer Langzeitstudie erfolgreich eingesetzt. Die britischen Polizeibehörden setzen dieses Programm jetzt versuchsweise ein. In das System werden zusätzlich Informationen von Überwachungskameras und öffentlich zugängliche Internet-Datenquellen, so z. B. Facebook-Postings o. ä. Informationen, integriert. Die verwendete Predictive Analytics Software stammt von IBM; vgl.: http//www.Pressetext.de/news/100726019/ibm-geht-mit software-au... v. 27. 7. 2010.

133 Dt.: Beziehungssuche. Es geht hier vor allem darum, das Beziehungsgeflecht der Unternehmensmitarbeiter softwarebasiert nach nützlichen Kontakten zu durchwühlen, um daraus Vorteile zu ziehen. Die Relationship-Mining-Programme durchsuchen in E-Mails, Adressbücher, Terminkalendern o. Ä. und erstellen dann Diagramme, die zeigen, wer wen wie gut kennt.

134 Dt.: Überwachung und Kontrolle von Menschenmengen.

die Vermutung zu, dass sich die Sicherheitsbehörden[135] auf künftige „Unruhen" in urbanen Gebieten und deren Bekämpfung vorbereiten.

Aufgrund der forcierten Beschleunigung des INDECT-Programms und anderer bereits in der Entwicklung und Erprobung befindlicher Programme der EU, vornehmlich unter dem Einfluss der europäischen und US-amerikanischen Sicherheitsindustrie und politischer Kreise, scheint die Entwicklung der bisherigen liberalen europäischen Informations- und Kommunikationsgesellschaft hin zur „Überwachungsgesellschaft" vorgezeichnet. Die geplante Ausweitung einschlägiger Maßnahmen bis hin zur Einführung der „elektronischen Fußfessel" – vorgeblich unter dem Aspekt der humanen Freiheitsentziehung – unterstreichen diese Entwicklung beispielhaft.

135 Aufschlussreich in diesem Zusammenhang ist eine Bewertung des regierungsnahen Open Source Centers Washington unter dem Titel „German left-wing crime increase adds to to public security concerns (Unclassified)" vom 27. 4. 2010. Die CIA hatte schon vorher in Diskussionen auf die Möglichkeit des Ausbruchs sozialer Unruhen in deutschen Ballungsgebieten hingewiesen.

Die geplante Einführung der elektronischen Fußfessel in Deutschland wirft Fragen nach den tatsächlichen Hintergründen der Einführung dieses Instruments des Strafvollzugs auf. Interessengruppen in den USA und Europa (privater Strafvollzug, private Überwachungsgesellschaften und andere Sicherheitsunternehmen sowie Behörden in Deutschland und anderen Staaten der EU) planen die Ausweitung ihrer Geschäftstätigkeit in Europa, da die örtlichen Strafvollzugsbehörden aus technischen und organisatorischen Gründen nicht in der Lage sein werden, bei flächendeckender Einführung der elektronischen Fußfessel die zusätzlichen Funktionen zu übernehmen; so z. B. die Überwachung eines gerichtlich angeordneten Verbots von Alkohol- oder Drogenkonsum während der Überwachung durch die elektronische Fußfessel. Auch ist bei einer künftigen GPS-basierten Überwachung des Strafvollzugs eine „Mind and Behaviour Control" mit Hilfe der Fußfessel möglich. Damit ergeben sich hier Möglichkeiten für Unternehmen, die Überwachungsmaßnahmen im Rahmen von Outsourcing gegen Kostenerstattung durch den Betroffenen zu übernehmen. Werden derartige Überwachungssysteme in behördliche Überwachungssysteme eingebunden, verdichtet dies künftig die behördliche Überwachung.

Deutschland im Informationskrieg

Aufgrund ihrer internationalen Verpflichtungen im Rahmen der Vereinten Nationen sowie im Bündnis der NATO und anderen Gremien ist die Verantwortung Deutschlands an der Beteiligung an friedenserhaltenden oder friedensstiftenden Missionen internationaler Organisationen, die auch militärische Einsätze außerhalb Deutschlands einschließen können, gewachsen. Nach Einschätzung der Regierung ist hingegen der Einsatz der deutschen Streitkräfte zur ausschließlichen Landesverteidigung eher unwahrscheinlich. Daher müssen sich die Politik und die Streitkräfte auf vermehrte Auslandseinsätze der deutschen Streitkräfte einstellen. Hierzu benötigen die politische und militärische Führung bereits sehr früh umfassende Erkenntnisse, um sich entwickelnde krisenhafte Ereignisse oder militärische und wirtschaftliche Auseinandersetzungen frühzeitig erkennen zu können.

Dazu benötigt die Bundesrepublik Deutschland Dienste, die in der Lage sein müssen, die benötigten Informationen zeitgerecht zu beschaffen oder zu gewinnen. Die Erfahrungen der Streitkräfte der Vereinigten Staaten in den Konflikten der vergangenen Jahre, insbesondere während des ersten Golfkrieges und bei den Einsätzen im Balkan, führten zur Forderung der Verbesserung der Führungsfähigkeit und Nutzung von Ressourcen der Streitkräfte, die in die Strategie der netzwerkzentrierten Kriegführung (Network Centric Warfare) mündete. In den deutschen Streitkräften wird dafür der Begriff Vernetzte Operationsführung (NetOpFü) gebraucht. Die NetOpFü[136] basiert auf der Vernetzung von Aufklärungs-, Führungs- und Wirkmitteln und verwandelt einen gewonnenen Informationsvorteil in einen Gefechtsvorteil. Durch die Vernetzung von Sensoren, Führung, Führungsmitteln, Mittel- und Waffeneinsatz aller Art, einschließlich der Mittel des elektronischen Kampfes, entsteht ein gemeinsames Lagebild, das annähernd Echtzeit erreicht. Teil der Vernetzten Operationsführung sind sowohl Nachrichtengewinnung und Aufklärung (NG&A) als auch Informationsoperationen. Wesentliche Grundlage für die Beschaffung und Gewinnung von Informationen über fremde Staaten und Gruppen bzw. Gruppierungen, die eine Gefahr für die Bundesrepublik Deutschland, ihre Verbündeten und Partner darstellen, bilden unter anderem die „Verteidigungspolitischen Richtlinien für den Geschäftsbereich des Bundesministers für Verteidigung“[137], die das veränderte sicherheitspolitische Umfeld der Bundesrepublik Deutschland beschrei-

136 Schäfer, S.: Von der Vernetzung zur Vernetzten Operationsführung, Europäische Sicherheit S. 42–48, Ausgabe 12/2004.

137 Struck, P.: Verteidigungspolitischen Richtlinien für den Geschäftsbereich des Bundesministers für Verteidigung, Berlin, 21. 5. 2003.

ben. Damit gewinnt unter anderem der Aspekt der Nachrichtengewinnung und Aufklärung (NG&A)[138] eine besondere Bedeutung und wird die Aktivitäten der deutschen Nachrichtendienste in Zukunft nachhaltig beeinflussen.

Die Festlegung von Interessengebieten deutscher Nachrichtengewinnung und Aufklärung und deren ständige Anpassung sind daher ein folgerichtiger Schritt. Gegenwärtig befinden sich die deutschen Nachrichtendienste in einer Umbruch- und Reorganisationssituation, die durch die Stärkung der Fähigkeiten des BND zur Nachrichtengewinnung und Aufklärung, insbesondere mit technischen Mitteln, gekennzeichnet ist. Hierzu werden seine Fähigkeiten durch Zuführung zusätzlichen Personals aus dem Bereich des Militärischen Nachrichtenwesens[139] für die zentrale Auswertung in Berlin nachhaltig verstärkt. Unter anderem wird in den Verteidigungspolitischen Richtlinien (VPR) des BMVg die Bedeutung des Schutzes der eigenen Informations- und Kommunikationssysteme gegen Angriffe in Form von Informationsoperationen fremder Staaten und/oder Gruppen hervorgehoben.[140] Neben anderen Ressorts sind die Streitkräfte für die Vorbereitung und Durchführung von Informationsoperationen zum Schutz deutscher Interessen im Verbund mit Partnern und Alliierten verantwortlich.

Die Rolle des BND

Der BND ist der einzige Auslandsnachrichtendienst Deutschlands und damit für die zivile und militärische Auslandsaufklärung[141] zuständig. Die Aufklärungsschwerpunkte werden dem BND von der Bundesregierung vorgegeben: „Die Interessenlagen anderer Staaten sind eine wichtige Einflussgröße für das außen- und sicherheitspolitische Handeln der Bundesregierung.“[142] „Der Bundesnachrichtendienst sammelt zur Gewinnung von Erkenntnissen über das Ausland, die von außen- und sicherheitspolitischer Bedeutung sind, die erforderlichen Informationen und wertet sie aus.“[143]

Zur Beschaffung von Informationen verfügt der BND über die Abteilungen 1 (Operative Aufklärung), Abteilung 2 (Technische Beschaffung) und Abteilung 3 (Auswertung). Daneben verfügt der BND als Kernelement der Informations- und Lagebearbeitung über das Führungs- und Informationszentrum[144] (FIZ) des Dienstes, das sich in Berlin befindet. Dort werden die Aufklärungsanforderungen der Bundesregierung in Aufträge an die entsprechenden Fachabtei-

138 VPR, Abschnitt II., Nr. 15.

139 Schneiderhahn, W.: Transformation der Bundeswehr, 25. 10. 2005, Berlin.

140 VPR, Abschnitt III, Nr. 26.

141 Vgl. hierzu: BMVg-Weißbuch 2006 zur Sicherheitspolitik Deutschlands und zur Zukunft der Bundeswehr, S. 29, Bonn 2006.

142 Der BND: BND-Öffentlichkeitsarbeit; S. 14, Februar 2005, Berlin.

143 Gesetz über den BND (BND-Gesetz), § 1 Abs. 2, Satz 1.

144 Das FIZ bearbeitet täglich mehr als 5000 Einzelinformationen, die zu einem großen Teil aus SIGINT-Quellen stammen. Vgl.: Stellungnahme des Leiters FIZ in: Über Kalte Krieger …, RBB, 24. 2. 2007.

lungen des Dienstes umgesetzt, gesteuert und die Ergebnisse (Analysen, Lagefeststellungen, Meldungen, Berichte) an die Empfänger weitergeleitet. Für die Erfassung von elektromagnetischen Ausstrahlungen aller Art verfügt der BND in seiner Abteilung 2 über ein Organisationselement, das in Fachkreisen unter der Bezeichnung Bundesstelle für Fernmeldestatistik bekannt ist. Diese Bundesstelle verfügt nach derzeit verfügbaren Informationen aus offenen Quellen über folgende Einrichtungen zur Erfassung elektromagnetischer Ausstrahlungen in Deutschland. Soweit bekannt, betreibt der Bundesnachrichtendienst mit seiner Bundesstelle für Fernmeldestatistik gegenwärtig Signalerfassung im strategischen Rahmen. Dazu können gehören:

- die Überwachung der Deutschland berührenden Satellitenkommunikationskanäle, soweit die Erfassungsstellen des BND im Footprint[145] der zu erfassenden geostationären Satelliten gelegen sind, dabei Analyse der Kommunikationsinhalte nach Sprach- und Datenkommunikation.[146]
- die Überwachung orbitaler Kommunikationssatelliten (möglicherweise).
- Überwachung der terrestrischen, kabelgebundenen analogen und lichtwellenleitergebundenen, ggf. auch grenzüberschreitenden Kommunikationskanäle aller Art.[147]
- die Überwachung der Mobilfunknetze in ankommender und abgehender Richtung, insbesondere Auslandsgespräche in oder aus festgelegten Interessengebieten.[148] Dies kann auch für die drahtgebundenen Kommunikationswege gelten.
- die Kommunikationskanäle in weltweiten HF-Funknetzen (1,5–40,0 MHz); Analyse der Inhalte nach Sprache, Daten und sonstigen Anwendungen.
- soweit erfassbar, wichtige fremde militärische Kommunikationsverbindungen (luftgestützte Führungsmittel und deren HF-SHF-Verbindungen) von Interesse.

145 Footprint meint die Abbildung des Empfangsbereichs eines Satellitensignals auf einer Karte bzw. die Ausleuchtzone eines Satelliten.

146 Hierbei erfolgt die Suche computergestützt nach „Keywords“ innerhalb der überwachten Kommunikationslinie (Fax, Fernschreibverbindung), die sich in Hamburg oder Chile befinden kann; vgl. Stellungnahme Brigadegeneral a. D. W. S., ehemals Leiter Abt. 2 BND in: Kalte Krieger, RBB, 24. 2. 2007. Bereits in den 1960er Jahren wandte sich der BND der Weltraumbeobachtung zu und nutzte dabei die Möglichkeiten des Ionosphäreninstituts Breisach, das dem BND nach Aufgabe durch die französische Seite angegliedert worden war und das über ein von der US-Seite bereit gestelltes Spiegelteleskop verfügte. Vgl.: Eenboom, E.: Empfänglich für Geheimes – Die (westdeutschen) Nachrichtendienste im Äther.

147 Vgl. hierzu Heuser, A.: Technische Aufklärung: Perspektiven und Herausforderungen, Vortrag vor dem Gesprächskreis Nachrichtendienste in Deutschland, Berlin, 5. 7. 2010. Dr. H. leitet die Abteilung Technische Aufklärung des BND; vgl.: B. Wegmann, GKND v. 14. 7. 2010.

148 Vgl. MdB Wiefelspütz in NTV: „Das Duell“ am 28. 8. 2006, 22.10 Uhr.

- die Überwachung sonstiger, terrestrischer Kommunikationsnetze von Bedeutung für die Nachrichtengewinnung, soweit die physikalischen Gesetzmäßigkeiten der Wellenausbreitung dies erlauben.[149]

Ob die Abteilung 2[150] des BND auch die Fähigkeiten besitzt, die „operative Zielkontrolle" von Telefonanschlüssen europaweit[151] zu betreiben, kann derzeit nicht abschließend abgeschätzt werden. Ein besonderes Gebiet stellen die Möglichkeiten eines Nachrichtendienstes zur Analyse und Lösung kryptierter Inhalte von Fernmeldeverkehren aller Art dar, über die hier wegen der unsicheren Quellenlage aber nicht weiter berichtet werden soll. Der BND ist als nationale Sicherheitsbehörde für die Fernmelde- und Elektronische Aufklärung auch verantwortlich für die Zusammenarbeit mit alliierten und befreundeten Diensten auf diesem Gebiet. Im Jahre 2000 passierten täglich mehr als 10 Mio. internationale Kommunikationsverbindungen, davon etwa 800.000 über Satellitenkanäle, die Bundesrepublik Deutschland. Davon überwachte der BND mehr als 75.000 Verbindungen, die mit entsprechenden Verfahren (Teilnehmeridentifikation und Schlüsselwortsuche) durch den BND analysiert wurden. Dabei wurden lediglich 10 % der eingehenden Kommunikationsverbindungen untersucht. Die technischen Möglichkeiten erlaubten dem BND bereits damals eine nahezu vollständige Überwachung und Analyse der Kommunikation[152], die offenbar lediglich wegen fehlender Analysekapazitäten nicht ausgeschöpft werden konnten[153]: Die Suchwortdatenbank des BND enthielt zu dieser Zeit etwa 2500 klassifizierte Schlüsselwörter aus dem Bereich der nuklearen Proliferation, 1000 Schlüsselwörter aus dem Bereich des Waffenhandels, 500 terrorismusrelevante Ausdrücke sowie 400 Ausdrücke aus dem Bereich des illegalen Drogenhandels. Diese Suchwortbank analysierte zu dieser Zeit vorwiegend Telex- und Fax-Kommunikationsinhalte. Es kann jedoch nicht ausgeschlossen werden, dass nun auch die Informationsinhalte von E-Mails und anderer Datenkommunikation in die Überprüfung mit einbezogen werden könnten, da auf diesem Gebiet auch technische und organisatorische Durchbrüche erzielt wurden.

Ziel dieser Überwachungsaktivitäten durch den BND ist die Auffindung zusätzlicher Hinweise auf überprüfungswürdige Kommunikationsinhalte, die zusätzliche Hinweise auf Aktivitäten und Quellen geben könnten, die zu weiteren

149 Der damals amtierende Präsident des BND, Dr. A. Hanning, unterstrich die gewachsene Bedeutung von SIGINT in einem Interview im „Y-Magazin" der Bundeswehr, Ausgabe 07/2005.

150 Jetzt Abteilung Technische Aufklärung TA (BND-Informationsbroschüre 2009).

151 Bei Anwendung des ETSI-Standards ES 201.671 und seiner Aktualisierungen ist die Einwahl mithilfe des EWDS LI oder ähnlicher Systeme/Tools durch Nachrichtendienste in jedes europäische Netz von jedem beliebigen Ort innerhalb Europas über entsprechende Schnittstellen möglich.

152 Die SIGINT-Fähigkeiten des BND wurden in den 1990er Jahren nach Weisung des damaligen Staatsministers und Koordinators im BK-Amt im Verein mit dem damals amtierenden Präsidenten des BND erweitert. Quelle: Über Kalte Krieger, RBB, 24. 2. 2007.

153 EP- A5-0264/2001 PAR 1 (2001/1998) INI RR 445698EN.doc PE 305.391, S. 35–36, Echelon-Bericht des Europäischen Parlaments. Rapporteur: G. Schmid.

nachrichtendienstlichen und, falls erforderlich, Ermittlung der Strafverfolgungsbehörden führen. Ob und inwieweit der BND mithilfe der Signalerfassung in der Vergangenheit auch an Aktivitäten zur Überwachung illegaler Finanztransaktionen[154] beteiligt gewesen sein könnte, ist noch nicht abschließend zu klären. Durch die Einbindung des Kommandos Strategische Aufklärung in Rheinbach/Gelsdorf bei Bonn in die Signalerfassung der Bundesrepublik Deutschland wird der BND künftig auch Zugriff auf taktische und operative Informationen, die das KSA sowohl durch Einrichtungen in Deutschland als auch durch mobile militärische Signalerfassung in den Einsatzländern (Balkan, Afghanistan u. a.) gewinnen kann, erhalten. Eine neue Qualität der Signalerfassung wird sicherlich nach Einführung des SIGINT-Euro Hawk (Euro Hawk-UAS) erreicht werden, gleichwohl bereits jetzt Tendenzen erkennbar werden, die bodengebundene Signalerfassung zugunsten von Euro Hawk[155] zu reduzieren. Die Bundesstelle für Fernmeldestatistik dürfte gegenwärtig vor allem über Erfassungssysteme verfügen, die es ihr erlauben, elektromagnetische Signale satellitengebundener Kommunikation von deutschem Boden aus zu erfassen. Daneben ist die Erfassung von HF und sonstigen erfassbaren Signalen aus den speziellen Interessengebieten des Dienstes ein besonderer Aspekt für die Nachrichtengewinnung. Aus der geografischen Dislozierung der Erfassungsstellen lassen sich auch Schlüsse auf deren Auftrag ableiten. Ob das durch ein bekanntes Unternehmen[156] in den 1990er Jahren errichtete Überwachungsnetzwerk (FuBMN) des damaligen Bundesamtes für Post und Telekommunikation (BAPT) in die Signalerfassung durch den BND eingebunden ist, ist nicht klar. Das System verfügte damals über 54 Erfassungsstellen, die durch sechs regionale Kontrollzentren gesteuert wurden. Darüber hinaus bestanden damals bereits die Möglichkeiten, Signalerfassung im Bereich 100 Hz bis 2 GHz (FSAD) und 100 Hz bis 5 GHz (FSAB) zu betreiben. Überdies wird die Kontrolle der lichtwellenleitergebundenen Kommunikationskanäle durch den BND, soweit Zugriff besteht, sicherlich in den nächsten Jahren noch intensiviert werden müssen, um das gesamte Kommunikationsspektrum[157] erfolgversprechend abdecken zu können.

Die Bundeswehr im Informationskrieg

Die Neugliederung der signalerfassenden Aufklärung der Bundeswehr in ortsfeste Erfassungseinrichtungen und mobile Bataillone der Elektronischen Kampf-

---

154 Madsen, W.: Der Schutz Kritischer Infrastrukturen, Information Warfare und Bürgerrechte, Telepolis v. 7. 6. 2000.

155 Dies ähnelt fatal der Lage vor der geplanten Einführung des LAPAS-Systems in den 1990er Jahren. Auch damals wurde in den einschlägigen Kreisen argumentiert, dass LAPAS mit seinen Sensoren den gesamten Einsatzraum abdecken könne. Allerdings wurde LAPAS aus mancherlei Gründen nicht eingeführt und hätte aufgrund der empfangstechnischen Spezifikationen und der Begrenzung des Einsatzraumes im westlichen Luftraum eine Erfassungslücke verursacht.

156 News from Rohde & Schwarz, Nr. 134 (o. J.), 1991/III, S. 11–17.

157 Siehe hierzu auch Reischl, G.: Unter Kontrolle, S. 131 ff., Frankfurt/Main 2002.

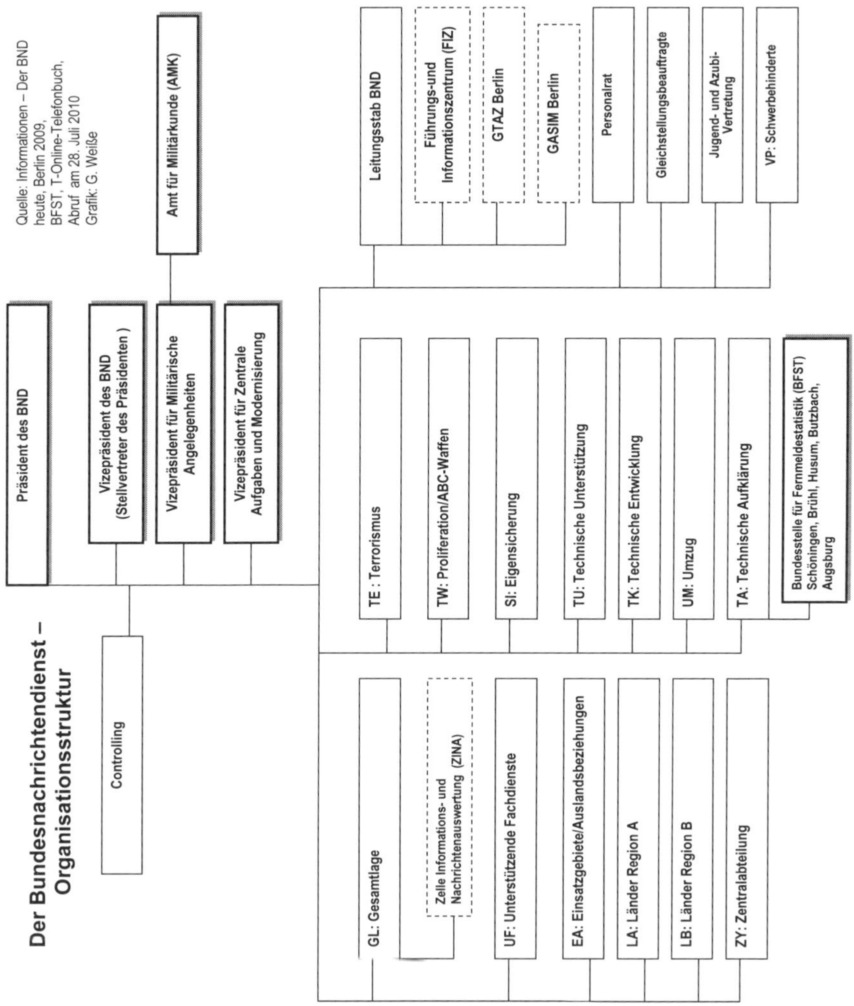

führung (EloKa) erfordern eine am Einsatzauftrag und den verschiedenen Einsatzszenarien angepasste Ausstattung mit Erfassungs-, Analyse-, Auswerte-, Datenverarbeitungs- und Kommunikationstechnik. Aus guten Gründen unterliegen Einzelheiten über Geräteausstattung, Systeme, Verfahren und Fähigkeiten der Signals Intelligence, und zwar nicht nur in Deutschland, sondern in nahezu allen anderen Staaten, einer strikten Geheimhaltung. Daher soll im Folgenden die Ausgangssituation in der Geräteausstattung der Fm/EloAufkl nach Herstellung der vollen Souveränität Deutschlands geschildert werden. Die Bundeswehr verfügte im Jahre 1990 über die im Werk von Grabau[158] aufgeführten Syste-

158 Grabau, R.: 1. Ergänzungsband zu Fernmeldeelektronische Aufklärung, Elektronische Gegenmaßnahmen und Elektronischer Kampf im Heer, 2. Die materielle Ausstattung der Fernmeldetruppe EloKa des Heeres in den Jahren 1976–1990, Fernmeldering Bonn 1997.

me, die für einen Aufklärungseinsatz, primär gegen einen im Osten anzunehmenden Gegner, optimiert waren. Der Aufklärungsansatz erfolgte im Frieden, in sich abzeichnenden Krisen vorwiegend aus an den Grenzen zur DDR und ČSSR dislozierten Einrichtungen der „Vorderen Erfassung" des Heeres und der Luftwaffe. Die Marine betrieb zu diesem Zeitpunkt die Erfassungseinrichtung Pelzerhaken an der Ostsee, hatte Messboote der Alster-Klasse (alt) im Einsatz und steuerte den Einsatz der Breguet Atlantic (SIGINT-Variante BR 1150 M). Aus politischen und anderen Gründen wurde das Projekt „Luftbewegliches, abstandsfähiges Primäraufklärungssystem LAPAS"[159] verworfen und nicht eingeführt, gleichwohl die administrativen Vorbereitungen für den Aufbau des Systems bereits sehr weit fortgeschritten waren. Mit der Einheit Deutschlands wurde allen Beteiligten in den Nachrichtendiensten der Bundesrepublik klar, dass die Notwendigkeit einer „grenznahen" signalerfassenden Aufklärung in Richtung Osten durch den BND und die EloKa-Kräfte der Bundeswehr nicht mehr bestand. War das System der Fernmelde- und Elektronischen Aufklärung der Bundesrepublik bisher defensiv in Richtung des mutmaßlichen Gegners ausgerichtet, was die Erfassung interessierender weltweiter Kommunikation durch den Bundesnachrichtendienst jedoch nicht gänzlich ausschloss, mussten nun neue Aufgaben für die Fernmelde- und Elektronische Aufklärung Deutschlands gefunden werden. Aufgrund der nun erkennbaren Insellage – ausschließlich von befreundeten Staaten umgeben –, wurden die grenznahen Erfassungsstellen zu einem Politikum. Nach und nach wurden die grenznahen ortsfesten Stellungen geschlossen und das Material, soweit noch brauchbar, eingelagert oder an befreundete Nationen abgegeben. Mit der Übernahme der im früheren Ministerium für Staatssicherheit (Hauptabteilung III – Spezialfunkdienste) und dem Zentralen Funkdienst der NVA-ZFD verwendeten Erfassungstechnik durch die Bundeswehr und deren Verwertung endete auch dieses Kapitel deutsch-deutscher Konfrontation in der Fernmelde- und Elektronischen Aufklärung. Allerdings wurden die früheren sowjetischen, nun russischen Truppen, die sich noch in Deutschland befanden, durch die Fernmelde- und Elektronische Aufklärung der Bundeswehr bis zum endgültigen Abzug auf elektronischem Wege beobachtet; dieser Auftrag endete mit deren endgültigem Abzug. Welche Bedeutung die elektronische Aufklärung auch auf nun russischer Seite zu diesem Zeitpunkt hatte, lässt sich daraus ableiten, dass als eine der letzten Positionen der russische Erfassungsstützpunkt auf dem Brocken[160] erst unmittelbar vor dem endgültigen Abzug aller noch verbliebenen russischen Truppen im März 1994 geräumt wurde.

In den nun folgenden Jahren wurden auf Basis der Rahmenrichtlinie für die FmEloAufkl Bundesrepublik Deutschland[161] Konzeptionen für den Aufbau einer teilstreitkraftübergreifenden Aufklärungsorganisation erarbeitet. Nach den

---

159 Grob/Egrett II in: Wanstall, B.: Eye in the Sky, Interavia 10/1990, Genf.

160 Streckel, S.: Brocken-Horch-Brigade wurde 75 Jahre und lauscht heute von Russland, VS, 20. 1. 2007.

161 Grabau, R.: Fernmeldeelektronische Aufklärung, Elektronische Gegenmaßnahmen und Elektronischer Kampf im Heer, Band 4, S. 160, Fernmeldering, Bonn 1997.

politischen Vorgaben und Planungen sollten die Streitkräfte Deutschlands nun aus Krisenreaktionskräften, Basisorganisation, Hauptverteidigungskräften bestehen. Zur Deckung des nationalen Informationsbedarfs wurde ein nationales System erforderlich, das befähigt sein musste, folgende Forderungen zu erfüllen[162]:

- Gewinnung von Grundlagen, zur Warnzeitbearbeitung und vorbereitenden Operationsplanung sowie zur Vorbereitung von Verifizierungsmaßnahmen, Indikationsgewinnung in einer Krise;
- Lageführung;
- Operationsplanung und Einsatzdurchführung im Kriege.

Im Rahmen dieser Aufgabe wurden den Fm/EloAufkl-Kräften des Heeres folgende Aufträge zugewiesen; weitere Reorganisationen sind zu erwarten:

- Fm/EloAufkl Brigade 94: Gesamtverantwortung für die Fm/EloAufkl im Heer
- FmRgt 940: Operative und strategische Führung der Fm/EloAufkl Heer
- FmRgt 120 (SIGINT/Electronic Warfare): Operative und taktische Führung im Bereich Nord und West, Aufklärungsraum Nordeuropa. Übrige westliche Welt, zugewiesener Anteil GUS
- FmRgt 220 (SIGINT/Electronic Warfare): Operative und taktische Führung im Bereich Süd, Aufklärungsraum Mittelmeerraum, Nordafrika, Vorderer und Mittlerer Orient, zugewiesener Anteil GUS
- FmRgt 320 (SIGINT/Electronic Warfare): Operative und taktische Führung im Bereich Ost, Aufklärungsraum in der Staatenwelt der GUS

In den 1990er Jahren verfügte die Fernmeldetruppe EloKa des Heeres über die Fähigkeit zur strategischen Fernmeldeaufklärung im Kurzwellen-(HF)Bereich aus ihren noch verbliebenen Erfassungs- und Peilstellen. Für den Einsatz aus mobilen Erfassungsstellen müssen zu diesem Zeitpunkt mindestens 102 mit entsprechenden Gerätesätzen ausgerüstete Transportpanzer[163] (EloKa-Version) zur Verfügung gestanden haben.

Die Luftwaffe konnte sich nach dem Abbruch des Projektes LAPAS im Jahre 1994 nur noch auf den Fernmeldebereich 70 mit seiner Zentralen Auswertung (ZAW) in Trier sowie die ortsfesten Fernmeldesektoren A Großenbrode und F in Bad Kötzting abstützen. Nach einer Weisung des damaligen Rüstungsstaatssekretärs Schönbohm entschied sich die Luftwaffe im Jahre 1993, den von der britischen Royal Air Force aufgegebenen Flugplatz Gatow bei Berlin mit dem dort befindlichen Hangar 4 als Erfassungsstelle zu übernehmen. Die Standorte zur HF-Erfassung, Osnabrück (FmRgt 71) und Feuchtwangen (FmRgt 72), wurden aufgegeben. Die Marine verfügte zu diesem Zeitpunkt noch über die fliegende Aufklärungsplattform Breguet 1150 Atlantic SIGINT, deren Einsätze durch den Marinefernmeldestab 70 in Flensburg gesteuert wurden und die eine

162 Grabau, R.: Fernmeldeelektronische Aufklärung, Elektronische Gegenmaßnahmen und Elektronischer Kampf im Heer, Band 4, S. 161.

163 Truppendienst, Beilage 1 zu Heft 3/1997, Wien 1997.

wichtige Rolle im kommenden Einsatz der Fm/EloAufkl im Balkanraum spielen sollte. Der Fernmeldeturm der Marine in Pelzerhaken und die Messboote der Oste-Klasse blieben in Betrieb. Mit deren Außerdienststellung ist allerdings bis 2018 zu rechnen. Über Nachfolgesysteme ist noch nicht entschieden.

Auslandseinsätze der Bundeswehr

In den sich nun abzeichnenden Konflikten, die auch eine Beteiligung der Bundeswehr unter dem Mandat der Vereinten Nationen erforderlich machten, wurde zum Beispiel in Somalia und im Balkaneinsatz erkennbar, dass für eine verlässliche und kontinuierliche Versorgung der nationalen Führung mit Informationen aus dem Einsatzraum eine den spezifischen Forderungen angepasste signalerfassende Aufklärungsorganisation erforderlich wurde. Dies galt insbesondere auch bei Berücksichtigung derjenigen Probleme, die sich in der Zusammenarbeit mit multinationalen Stäben im Einsatzgebiet ergaben[164]. In die noch aufzustellenden Krisenreaktionskräfte (KRK)[165] des Heeres sollte neben einem Bataillon Spezialkräfte mit 4 Kompanien[166] auch ein EloKa-Bataillon auf der Ebene Führung- und Führungsunterstützung sowie 2 EloKa-Bataillone auf Divisionsebene eingesetzt werden. Soweit bekannt, übernahm die Bundeswehr aus dem Bestand des ehemaligen Zentralen Funkdienstes (ZFD) der Nationalen Volksarmee die mobilen Erfassungssysteme[167]. Die ebenfalls übernommene SIGINT-Plattform Antonow AN 26 CURL des Luftaufklärungszentrums (LUAZ) Dresden mit ihrem speziellen Messkomplex 20 MHz–10 GHz ging in Friedrichshafen-Löwenthal aus unbekannten Gründen zu Bruch. Die beiden Systeme RA-28 in Dessau (ZFD) und Berlin-Biesenthal (MfS-HA III) zur Satellitenerfassung wurden von der Bundeswehr nicht übernommen[168]. Ob das System SRTD-D Kriljon wenigstens zeitweise durch die Bundeswehr zu Erprobungszwecken genutzt wurde, konnte bisher nicht in Erfahrung gebracht werden. Bei den in den Folgejahren durchgeführten Einsätzen im Rahmen der Implementation Force (IFOR), Stabilization Force (SFOR), Kosovo Force (KFOR) sowie der Operationen Althea und Fox im Rahmen der EU waren Kräfte der signalerfassenden Aufklärung der Bundeswehr stets in wechselndem Umfang beteiligt. Als problematisch erwiesen sich dabei die in diesen Räumen

---

164 Siehe hierzu auch: Stiftung Wissen und Politik, Einsatzaufgaben und strukturelle Konsequenzen für die Luftwaffe unter zukünftigen sicherheitspolitischen Rahmenbedingungen, Band 3, Ebenhausen 1993; Bader, C.: Möglichkeiten und Grenzen eines Einsatzes der FmEloAufkl im Rahmen von Krisenreaktionskräften außerhalb Deutschlands, Lehrgangsarbeit FüAkBw, Hamburg 1994; Grabau, R.: Fernmeldeelektronische Aufklärung in einem veränderten politischen Umfeld, Soldat und Technik, Bonn 1992.

165 Truppendienst, Beilage 1 zu Heft 3/1997.

166 Siehe hierzu Sünkler, S.: Die Spezialverbände der Bundeswehr, Stuttgart 2006.

167 Napraforgo (200 MHz–18 GHz), Napraforgo M (200 MHz–18 GHz), KRTP 81 Ramona Soft Ball (bis 18 GHz), KRTP 86 Tamara Trash Bin (bis 18 GHz).

168 Begründung hierfür war, dass die Fernmeldebehörde (Fernmeldetechnisches Zentralamt der Bundespost) die Anlage nicht zugelassen hat und daher auch keine Prüfnummer vergab.

eingesetzten unterschiedlichen Fernmeldesysteme der beteiligten Parteien, die durch die signalerfassende Aufklärung während und nach Ende der Kampfhandlungen zu bearbeiten waren. Genutzt wurden und werden immer noch adaptierte Fernmeldesysteme militärischen Ursprungs, zivile Fernmeldesysteme, zellulare Systeme/Netze sowie in Einzelfällen satellitengestützte Kommunikationsmittel, die im Rahmen des Auftrages durch die signalerfassende Aufklärung zu erfassen und auszuwerten sind. Aus naheliegenden Gründen bleiben Einzelheiten über angewandte Verfahren, eingesetzte Systeme und Ergebnisse der signalerfassenden Aufklärung der interessierten Öffentlichkeit, auch auf absehbare Zeit, weiterhin verschlossen.

Diente der Bundesmarine lange Zeit als eine Art fliegende Aufklärungsplattform: der mittlerweile ausgemusterte Seefernaufklärer Breguet Atlantic, der als Aufklärungs- und Patrouillenflugzeug sowie zur U-Boot-Jagd eingesetzt wurde.

Reorganisation der signalerfassenden Aufklärung

Die Jahre zwischen 1990 und 2005 waren gekennzeichnet von einer Reihe von Reorganisationsmaßnahmen im Bereich der signalerfassenden Aufklärung der Bundeswehr. Schwerpunkt der Maßnahmen war die Aufstellung der Krisenreaktionskräfte der Bundeswehr, die auch für zu erwartende Auslandseinsätze vorbereitet werden mussten. Dabei zeigte sich, dass in folgenden Bereichen Handlungsbedarf im Hinblick auf eine optimale Ausstattung der Truppe gegeben war:

- Herstellung einer weitreichenden Führungsfähigkeit durch Einführung des satellitengestützten Führungssystems SATCOMBw[169];
- schrittweise Verbesserung der operativen Aufklärungsfähigkeit durch Nutzungsdauerverlängerung und Kampfwertsteigerung des Systems;
- Breguet 1150 Atlantic SIGINT[170];

169 Die ersten Teile wurden Anfang 2010 an die Bundeswehr zur Nutzung übergeben.

170 Die Breguet Atlantic SIGINT wird ausgeschieden und durch das System UAS-Euro Hawk ersetzt.

- Finanzierung eines Nachfolgesystems (Gemeinsames Aufklärungssystem Streitkräfte [GAST]) für die operative Signalerfassung[171]);
- Einführung des raumgestützten Aufklärungssystems SAR-Lupe;
- Einführung des luftgestützten SIGINT-Erfassungssystems UAS-(UAV) Euro Hawk[172].

In der sich nun abzeichnenden deutschen Beteiligung an den „militärischen Maßnahmen zur Absicherung des Friedensvertrages für Bosnien und Herzegowina“[173] im Rahmen der UN-geführten Implementation Force (IFOR) zeigten sich nun erstmals für die deutsche signalerfassende Aufklärung Handlungsfelder, auf denen akuter Nachholbedarf bestand. Das Kernproblem während dieses Einsatzes für die in diesem Bereich eingesetzten EloKa-Kräfte der Bundeswehr (wie auch anderer Nationen) war das Fehlen einer Datenbasis, die Aufschluss über die elektronische Umwelt in diesem Bereich liefern sollte. Eine derartige Datenbasis kann nur langfristig und mit einem immensen Aufwand an signalerfassender Technik erstellt werden. Eine zusätzliche Belastung stellt die nationale Abschottung der signalerfassenden Elemente bei einem derartigen multinationalen Einsatz dar, da die Nationen, auch innerhalb von Bündnisverpflichtungen[174], selten geneigt sind, Erfassungsergebnisse auszutauschen. Die Bundeswehr setzte zur signalerfassenden Aufklärung während des gesamten Konfliktes auf den Einsatz des luftgestützten Erfassungssystems Breguet 1150 Atlantic SIGINT[175] sowie auf Teile des Fernmelderegiments 320, das seinen Einsatz aus einer nördlich der slowenisch-österreichischen Grenze gelegenen Erfassungsstelle zusammen mit französischen und österreichischen Partnern[176] abwickelte. Später sollten die Erfassungsergebnisse in einer gemeinsamen Aktion zwischen den deutschen, französischen und US-Partnern über USEUCOM in Stuttgart ausgetauscht werden. Ob und inwieweit in die signalerfassende Aufklärung auch Kräfte des BND (Bundesstelle für Fernmeldestatistik) vor Ort eingebunden waren, scheint aus Gründen des ungeklärten Status des dort einzusetzenden BND-Personals eher unwahrscheinlich zu sein. Offiziell nicht nachgewiesen ist auch der Einsatz der Bundesmarine-Messboote der Oste-Klasse in der Adria[177] zur Aufklärung, er erscheint jedoch wahrscheinlich. Einen guten Überblick über die auf deutscher Seite zu bewältigenden Probleme, insbesondere beim ersten Einsatz der Luftwaffe über Bosnien, bietet der Bericht des

---

171 Eine kompetente Quelle stellte im Herbst 2009 fest, dass GAST die in das System gesetzten Erwartungen nur zum Teil erfüllt hat.

172 UAV: Unmanned Aerial Vehicle, neuerdings bei der Bundeswehr als UAS-Unmanned Aerial System bezeichnet.

173 Truppeninformation, BMVg FüS I 3, Bonn, 12/1995.

174 Wiebes, C.: Intelligence and the War in Bosnia 1992–1995, LIT-Studies in Intelligence History, S. 63 ff., Berlin 2006.

175 Ebd., S. 237 ff.

176 Ebd., S. 238 ff.

177 Vermutlich zeitgleich mit dem ersten Einsatz der Bundesmarine im Jahre 1992.

Die Nachrichten- und Sicherheitsdienste Deutschlands sowie Institutionen mit Bezug zur technischen Kommunikationsüberwachung und Signals Intelligence

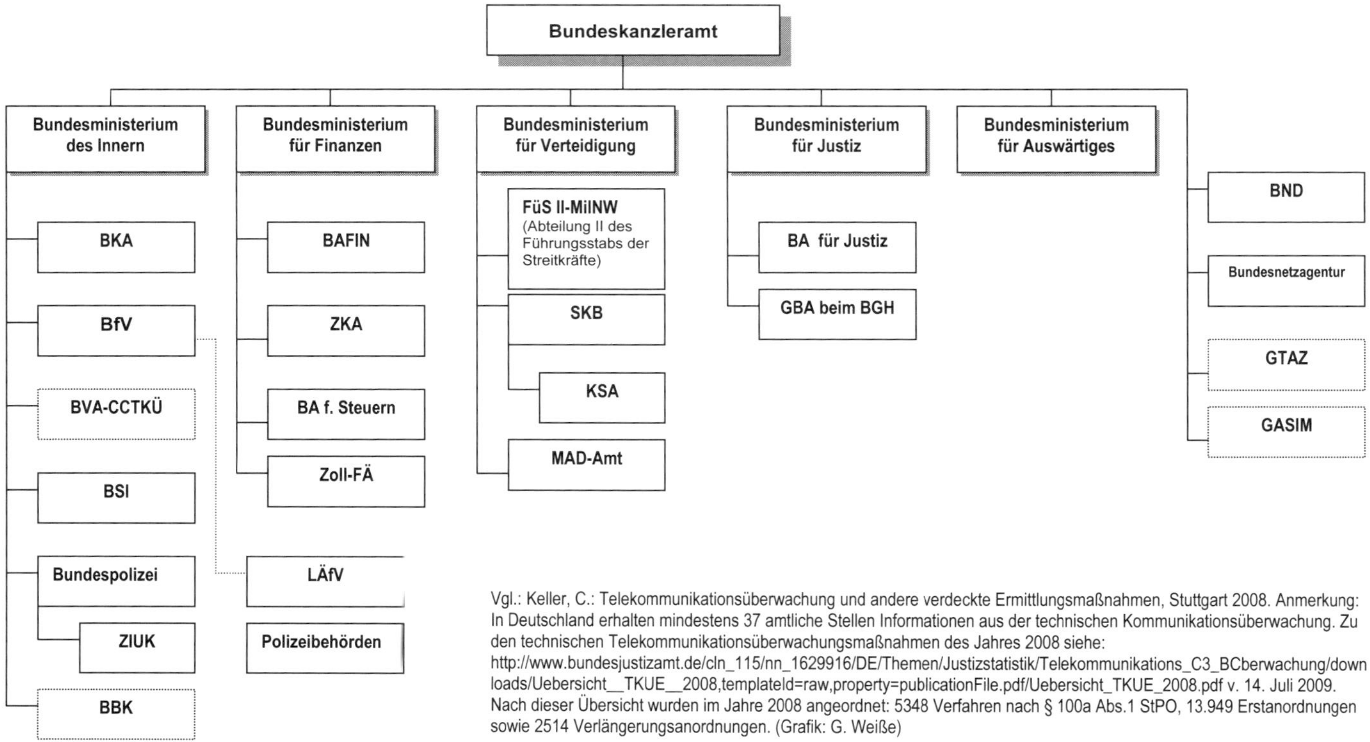

Vgl.: Keller, C.: Telekommunikationsüberwachung und andere verdeckte Ermittlungsmaßnahmen, Stuttgart 2008. Anmerkung: In Deutschland erhalten mindestens 37 amtliche Stellen Informationen aus der technischen Kommunikationsüberwachung. Zu den technischen Telekommunikationsüberwachungsmaßnahmen des Jahres 2008 siehe: http://www.bundesjustizamt.de/cln_115/nn_1629916/DE/Themen/Justizstatistik/Telekommunikations_C3_BCberwachung/downloads/Uebersicht__TKUE__2008,templateId=raw,property=publicationFile.pdf/Uebersicht_TKUE_2008.pdf v. 14. Juli 2009. Nach dieser Übersicht wurden im Jahre 2008 angeordnet: 5348 Verfahren nach § 100a Abs.1 StPO, 13.949 Erstanordnungen sowie 2514 Verlängerungsanordnungen. (Grafik: G. Weiße)

Nationalen Befehlshabers und Führer des Einsatzkontingents 1 der Luftwaffe, Brigadegeneral Walter Jertz[178].

Einsatz von Aufklärungskräften in Afghanistan

Eine besondere Herausforderung an die signalerfassende Aufklärung stellt der Einsatz der Fernmelde-/Elektronischen Aufklärung der Bundeswehr im Rahmen der Operationen der International Security Assistance Force (ISAF) in Afghanistan dar. Nicht vergessen soll dabei auch der Einsatz deutscher Marinekräfte am Horn von Afrika, zu deren Unterstützung das Flottendienstboot Alster[179] zur signalerfassenden Aufklärung eingesetzt wurde. Mit der Aufstellung der Provincial Reconstruction Teams (PRT) unter nationaler Verantwortung ist auch für die in Afghanistan eingesetzten Kräfte der signalerfassenden Aufklärung[180] eine neue Lage eingetreten, da sich der Schwerpunkt ihres Einsatzes aus dem Raum Kabul–Bagram in den Norden Afghanistans verlagern wird. Die besondere Bedeutung der signalerfassenden Aufklärung in Afghanistan wird durch den Einsatz des britischen Aufklärungsflugzeugs Nimrod als Erfassungsplattform unterstrichen.

Im Süden Afghanistans bei Kandahar befand sich seit 2007 bereits ein deutsches Fernmeldeteam[181] im Einsatz. Inwieweit Forderungen der NATO nach einem Einsatz deutscher Truppen im Süden Afghanistans den Einsatz weiterer Kräfte der EloKa erforderlich machen könnte, bleibt abzuwarten, erscheint aber bei der positiven Entscheidung des Deutschen Bundestages für den Einsatz der Tornado-Aufklärungsflugzeuge als sehr wahrscheinlich. Daneben ist die Fernmeldetruppe des deutschen Heeres auch in das Embedded Training Team Afghan National Army in Pol e Charki eingebunden.[182] Für den Einsatz militärischer Kräfte im Rahmen der Europäischen Union wurde im Jahre 2006 das Kommando Operative Führung Einsatzkräfte (KdoOpFüEingKr) unter multinationaler Beteiligung in Ulm aufgestellt. Inwieweit diesem Kommando auch nationale EloKa-Kräfte bei einem Einsatz unterstellt werden, kann noch nicht abgesehen werden. Dies kann auch für mögliche künftige Fähigkeiten des KdoOpFüEingKr im Rahmen von Informationsoperationen (InfOps) gelten. Eine neue Lage für die in Afghanistan[183] eingesetzten Kräfte der Bundeswehr dürfte durch den zu erwartenden Abzug der Koalitionsstreitkräfte entstehen.

---

178 W. Jertz: Im Dienste des Friedens – Tornados über Bosnien, Bonn 1997.

179 Die F-Flagge 2-2002, S. 76, Bonn 2002.

180 Offenbar ist die Bundeswehr in der Lage, den Mobilfunkverkehr in Afghanistan zu erfassen und die Inhalte auszuwerten (ZDF-Monitor, 22. 4. 2010, 20.15 Uhr).

181 Es soll sich hierbei um 200 Funkaufklärungsspezialisten handeln. Vgl.: ÖMZ, BMfLV, Nummer 2/2007, S. 212, Wien 2007. Daneben erfolgte im Jahr 2001 wohl auch der Einsatz von Spezialkräften der Bundeswehr in Stärke von etwa 100 Soldaten in Afghanistan; vgl. Handbuch der Bundeswehr 2007/2008, S. 428, Bonn 2007.

182 Vgl. hierzu Monitor v. 22. 4. 2010, 20.15 Uhr.

183 Die afghanische Regierung erhält von einer Reihe von Nationen Hilfe und Unterstützung beim Aufbau eigener Polizeibehörden. Gegenwärtig verfügt Afghanistan über eine Nationalarmee in Stärke von etwa 36.000 Mann, die Nationalpolizei verfügt über 50.000

Die Elektronische Kampfführung der (EloKa) der Bundeswehr

Teile der signalerfassenden Aufklärung der Bundeswehr waren in den Jahren seit 1992 an einer Reihe von multinationalen Übungen beteiligt, die speziel-le Verfahren erproben sollten, damit künftig der Informationsaustausch bei multinationalen Einsätzen optimiert werden kann. Besonders hervorzuheben ist dabei die Übung der Luftwaffe mit der Bezeichnung „ELITE 2010"[184], die alljährlich unter internationaler Beteiligung und deutscher Führung auf dem Truppenübungsplatz Heuberg durchgeführt wird. Ziel dieser Übung ist die Einsatzausbildung und Weiterbildung des fliegenden Personals der Luftwaffe und befreundeter Luftstreitkräfte, des Führungs- und Funktionspersonals der Flugabwehrkräfte und des Einsatzführungsdienstes im Rahmen von komplexen und realitätsnahen Szenarien unter Beteiligung von Kräften der dem Kommando Strategische Aufklärung unterstellten EloKa-Bataillone 912, 922 und 923 mit mehr als 100 EloKa-Soldaten. Dabei wurden neben den zu erprobenden Gerä-

---

Mann. Mit Unterstützung der Vereinigten Staaten und Deutschlands soll die Armee bis zum Abzug der NATO auf eine Stärke von 70.000 Mann, die Polizei auf eine Stärke von 82.000 Mann gebracht werden. Die Aufstellung zusätzlicher Polizeikräfte (uniformierte Grenzpolizei, zivile Grenzpolizei und Bereitschaftspolizei) unter dem Ersten Stellvertretenden Minister für Sicherheit wird weiter vorangetrieben. Im Jahre 2009 initiierte die Regierung unter Hamid Karsai die Aufstellung eines afghanischen militärischen Nachrichtendienstes mit der Bezeichnung RAMA (Research and Analysis Milli). Auch beteiligt sich die Bundeswehr an der Ausbildung afghanischer Kräfte in der Aufstandsbekämpfung und unterhält zu diesem Zweck unter Führung eines Obersten eine Ausbildungseinrichtung in Kabul.

Offenbar haben hierbei indische Nachrichtendienste nicht unwesentliche Unterstützung geleistet. Der Norden Afghanistans gewinnt für den alliierten Nachschub zunehmend an Bedeutung, da die Nachschubwege von Pakistan wegen der unsicheren Lage an den nördlichen Rand Afghanistans und der benachbarten Staaten verlegt werden. Beobachter in Afghanistan vermuten, dass die Taliban zunehmend auch von anderen Gruppierungen aus dem benachbarten Ausland, die über eine militärische Ausbildung verfügen, bei ihren Operationen gegen die ISAF und die Afghanische Nationalarmee (ANA) unterstützt werden. Ein erschreckendes Bild der gegenwärtigen Verhältnisse in Afghanistan zeichnet der Bericht des Office of the Special Inspector General For Afghanistan Reconstruction Actions Needed to Improve the Reliability of Afghan Security Force, Assessments June 29, 2010 SIGAR Audit-10-11 Security/ANSF Capabilty Ratings.

Nach umfangreichen Erhebungen durch Matt Waldmann vom Carr Center for Human Rights Policy der Harvard-Universität wurde festgestellt, dass der pakistanische Nachrichtendienst ISI (Inter Services Organisation) offenbar enge Kontakte zu Taliban-Gruppen in Afghanistan unterhält und diese auch logistisch unterstützt. Auch stellt er den Taliban Rückzugs- und Ruheräume auf pakistanischem Territorium zur Verfügung. Vgl. hierzu: Klein, J.: The Forest and the Trees, Time, Vol. 176, No. 6, S. 13, 2010; Discussion Paper 18, The Sun in the Sky: The Relationship between Pakistan's ISI and Afghan Insurgents (Summary in Dari appended); Waldman, Matt; Carr Center for Human Rights Policy; Kennedy School of Government, Harvard University, June 2010 Crisis States Discussion Papers; www.crisisstates.com/download/dp/DP %2018.pdfhttp://www.guardian.co.uk/world/2010/jul/25/iran-backing-taliban-alqaidaafghanistan.

184 Streitkräftebasis: Gewünschter Störfaktor. Die mobile Truppe Elektronische Kampfführung der Bundeswehr, 28. 12. 2005 (www.streitkraeftebasis.de).

tesätzen der EloKa auch Systeme wie das RBM, ein Breitband-EloAufkl-System der Bundeswehr, der Störpanzer Hummel sowie andere Systeme der an der Übung teilnehmenden befreundeten Staaten eingesetzt. Im Juni 2010 wurde eine weitere Übung „ELITE 2010" in Süddeutschland unter Beteiligung Österreichs, Belgiens, Frankreichs, Finnlands, Ungarns, der Niederlande, Norwegens, Spaniens, Polens, Schwedens, der Slowakei und der Türkei durchgeführt. In die Übungen werden Luftabwehrsysteme[185] der Teilnehmer eingebunden. An der Übung nahmen auch eine Reihe von Kampf- und Aufklärungsflugzeugen[186] teil. Die Einsätze der Luftabwehrsysteme wurden durch Hubschrauber[187] unterstützt. An der Übung beteiligt waren auch eine französische C-160 Transall SIGINT aus Metz sowie die NATO E-3A AWACS und eine französische E-3A AWACS und zivile Störsysteme aus Deutschland und Schweden[188].

Das Zentrum für Nachrichtenwesen der Bundeswehr (ZNBw)

Das der Stabsabteilung II[189] im Führungsstab der Streitkräfte (BMVg FüS II) unterstehende Militärische Nachrichtenwesen der Bundeswehr verfügte in dem aus dem 1980 errichteten Amt für Nachrichtenwesen der Bundeswehr (ANBw)[190] hervorgegangenen Zentrum für Nachrichtenwesen der Bundeswehr (ZNBw)[191] bis zu seiner Auflösung im Jahre 2007 über ein Instrument für die zentrale Führung und Steuerung der Nachrichtengewinnung in den Streitkräf-

---

185 Skyguard, Mistral, RAC 3D, Sampt, Crotale, Asrad, Giraffe, Sa-6, Stinger, Trml, Nasams, Grom, Roland, RBS 23, 70, 97, Rapier, Patriot.

186 Tornado ECR, Tornado Recce, Tornado IDS, F-4 E, EF-18, F-16, Da-20, C-160, C-130, C-295, C-130-E, C-295.

187 CH 53 GS, Pah Tiger, A 109, AS 532, NH 90, Sea King.

188 Es erscheint fraglich, ob diese Übung aus Haushaltsgründen auch künftig durchgeführt werden kann. Auch stellt sich die Frage, ob das Üben derartiger Szenarien bei der gegenwärtigen Bedrohungslage, auch in den Einsatzgebieten, noch zeitgemäß ist, da der präsumtive Gegner (Taliban u. a.), soweit bekannt, nicht über eine hochentwickelte EloKa-Infrastruktur verfügt.

189 Die Stabsabteilung II – Militärisches Nachrichtenwesen (BMVg FüS II) – verfügt zur Auftragserfüllung über eine Reihe von Referaten (FüS II 1 – FüS II 6), in denen konzeptionelle Angelegenheiten, Grundsatzangelegenheiten der Strategischen Aufklärung, nationale Risikobeurteilung, militärische Sicherheit, Militärattachéangelegenheiten und das Geo-Informationswesen bearbeitet werden. Ob die geplante Reorganisation der Spitzengliederung des BMVg künftig auch Einfluss auf das Militärische Nachrichtenwesen haben wird, kann heute (Juli 2010) noch nicht abgesehen werden, erscheint aber möglich. Zumindest erscheint eine Verlegung des bisher noch in Bonn befindlichen Führungsstabes II (MilNw) nach Berlin denkbar. Auch sind im Laufe des Jahres 2010 unerwartete personelle Veränderungen in der Leitung dieser Stabsabteilung eingetreten, deren Hintergründe noch nicht klar sind.

190 Es würde den Rahmen dieser Arbeit sprengen, sollte auf die Geschichte des ANBw eingegangen werden; siehe hierzu Weiße: Geheime Funkaufklärung in Deutschland, Stuttgart 2005. Die Umgliederung des ANBw in das ZNBw erfolgte im den Jahren 2001/2002.

191 Das ZNBw wurde nach Abgabe seiner Auswerte- und Analysefähigkeiten (ca. 250 Dienstposten an den BND) mit Wirkung vom aufgelöst. Das Restpersonal und die Liegenschaft in Grafschaft/Gelsdorf bei Bonn wurden durch das Kommando Strategische Auf-

ten[192]. Das ZNBw, dessen Dienstsitz nach der Aufstellung von Bad Neuenahr-Ahrweiler nach Gelsdorf/Grafschaft in der Nähe von Bonn verlegt wurde, verfügt dort über eine ausgedehnte Kasernenanlage und eine den Erfordernissen angepasste Untertageanlage. Das ZNBw unter Führung des Amtschefs ZNBw im Range eines Brigadegenerals war in folgende fünf Abteilungen gegliedert:

- Abteilung Zentrale Aufgaben
- Abteilung Grundlagen
- Abteilung Einsatz & Lage
- Systemzentrum
- Lehrgruppe MilNwBw (Bad Ems)

Das ZNBw arbeitete mehr oder minder eng mit den zuständigen Referaten der Stabsabteilung II[193] des BMVg in Bonn zusammen. Dem ZNBw oblag auch die Aufgabe, nach Weisung der Stabsabteilung II im Verteidigungsministerium die Interessen des Militärischen Nachrichtenwesens gegenüber den militärischen Partnerdiensten innerhalb der NATO zu vertreten. In der Abteilung Einsatz des ZNBw erfolgte im unterirdischen Lagezentrum des Bunkers die Führung der aktuellen Lage für den Bereich der Streitkräfte. Informationen wurden auf institutionalisierten Wegen im Rahmen des NATO-Intelligence-Meldewesens mit den eigenen G2/A2-Elementen, dem BND und Partnern in der NATO oder sonstige befreundeten militärischen Nachrichtendiensten ausgetauscht. Das ZNBw erfreute sich wegen seiner präzisen Berichterstattung[194] bei den Partnern eines guten Rufes.

In der Folge des Balkaneinsatzes der Bundeswehr und der dabei zutage getretenen Probleme bei der kontinuierlichen, zuverlässigen und umfassenden Informationsgewinnung durch das Militärische Nachrichtenwesen, insbesondere auch wegen fehlender HUMINT- Kapazitäten, nicht ausreichender technischer Ausstattung, vor allem im Bereich der Fm-/EloAufklärung und administrativer Hemmnisse auf deutscher Seite, erfolgte eine Neubewertung der Forderungen an die Fähigkeiten des Militärischen Nachrichtenwesens, die in einer Änderung des Anforderungsprofils mündete. Mit dem Verbund der Nachrichtengewinnung und Aufklärung (NG&A) sollte der systematische Rückgriff auf bereits

klärung (KSA) übernommen: Handbuch der Bundeswehr und der Verteidigungsindustrie 2007/2008, S. 337, 533, Bonn 2007.

192 Eberbach, H. E.: Neuorientierung des Militärischen Nachrichtenwesens der Bundeswehr, Europäische Sicherheit Online, Oktober 2002.

193 Führungsstab der Streitkräfte (FüS II Militärisches Nachrichtenwesen). Auch hier aber ergaben sich häufig Reibungsverluste bei der Auftragsdurchführung zwischen ZNBw und der Stabsabteilung II, deren Ursachen wohl in unterschiedlichen Auffassungen Handelnder lagen.

194 Aus welchen Gründen im Jahre 2007 wesentliche Teile der auf den Rechnern des ZNBw archivierten Meldungen aus den Einsatzgebieten, insbesondere aus Afghanistan, im System JASMIN (Joint Analysis System Military Intelligence) in Verlust gerieten, ist auch heute noch nicht endgültig geklärt. Offenbar konnten die Dateien auch nicht wiederhergestellt werden; vgl. hierzu Förster A.: Geheimberichte verschwunden, Berliner Zeitung v. 26. 6. 2007.

bestehende Datenbanken, der zielgerichtete und koordinierte Einsatz verfügbarer Aufklärungssysteme, die erforderliche Fusion von Sensordaten und die bedarfsgerechte Bereitstellung zeitkritischer Informationen sichergestellt werden. Die bereits verfügbaren Systeme JASMIN (Joint-Auswertesystem Militärisches Nachrichtenwesen) sowie das im Aufbau befindliche System GAST (Gemeinsames Aufklärungssystem Technik)[195], an dem auch der BND partizipiert, sollten bis 2003 den Erfordernissen angepasst werden. Daneben war das Militärische Nachrichtenwesen in eine Reihe weiterer bilateraler und multinationaler Auswerte- und Informationsverarbeitungssysteme[196] der Partner und Verbündeten eingebunden. Bereits Mitte 2004 wurde jedoch erkennbar, dass die internen Kapazitäten des BND nach der Verlegung des BND-Führungs- und Lagezentrums (FIZ) von Pullach nach Berlin für die Auswertung spezifischer militärischer Informationen offenbar nicht ausreichten und künftig eine engere Zusammenarbeit des Militärischen Nachrichtenwesens und der entsprechenden Fachabteilungen des BND erforderlich sein würde; auch, um Zeitverzögerungen und Doppelarbeit bei der Bearbeitung der Informationen zu vermeiden. Damit war bei der Informationsauswertung eine umfassende organisatorische Verschränkung der Fähigkeiten des MilNw und des BND in Berlin unumgänglich geworden[197]. Dies hatte zur Folge, dass sich die militärische Seite entschließen musste, der Auswertung des BND Personal im Umfang von mehr als 260 Dienstposten zur Deckung des notwendigen Personalbedarfs aus dem ZNBw zur Verfügung zu stellen. In der Folge fanden im Jahre 2005 entsprechende Verhandlungen auf Ressortebene zwischen dem Bundeskanzleramt, dem BND und dem BMVg statt, die in einer Reihe von Leistungsvereinbarungen[198] mündeten. Damit wurde klar, dass sich die künftige Auswertetätigkeit des Militärischen Nachrichtenwesens von Gelsdorf nach Berlin verlagern und das MilNwBw damit wesentliche Expertisen und Fähigkeiten in der Auswertung von Informationen über fremde, vorwiegend militärische Potenziale, unwiederbringlich verlieren würde. Damit war auch das Weiterbestehen des Zentrums für Nachrichtenwesen der Bundeswehr (ZNBw), wie sich in der Folge zeigen sollte, ernsthaft in Frage gestellt. Die Liegenschaft in Gelsdorf sollte künftig vom Kommando Strategische Aufklärung genutzt werden. Mit der Verlegung des militärischen Auswerteanteils des Systems der „abbildenden raumgestützten Aufklärung“ SAR-Lupe im Verbund mit dem französischen System HELIOS von Rheinbach nach Gelsdorf

---

195 Zudem verfügen/verfügten die Streitkräfte über weitere Systeme wie: JASMIN, DEZAN, DAMON, MOSEL, FüInfoSysLw, LOTUS und BICES, über die hier aber nicht weiter berichtet werden kann.

196 Es handelt sich hierbei um u. a. folgende Systeme und Projekte, deren Einsatz bzw. Erprobung durch die Fachpresse bekannt geworden ist: GAST, ZEUS, EPSI, Euro Hawk-SIGINT, EULE, LOCE, BICES, CHRONOS, MNJCDE, JCDAE, RAPSVeNaGuA, SLWÜA, SOSTAR, DSSS, MÜCKE, BREVEL, PSI 2000.

197 Bonner Generalanzeiger vom 8. 6. 2005, 14. 6. 2005 und 20. 6. 2005.

198 Schneiderhahn, W.: Transformation der Bundeswehr: Eine erste Bilanz auf dem Wege zur Verbesserung der Einsatzfähigkeit, 25. 10. 2005; Berlin, Personalamt der Bundeswehr-Abteilung V, Personalinformation 2006, Abschnitt I.2.1 Leistungsvereinbarungen v. Oktober 2006.

wird zwar eine Fähigkeitslücke[199] in der abbildenden Aufklärung geschlossen, die hier aus systematischen Gründen nicht weiterbehandelt werden soll, aber die Frage nach dem künftigen Erhalt der Restauswertefähigkeiten im Bereich des Militärischen Nachrichtenwesens bleibt zunächst unbeantwortet[200].

Die noch in Bad Ems befindliche Schule für Nachrichtenwesen (SNBw) soll nach Munster verlegt und in das dort aufgestellte Aufklärungszentrum der Heeresaufklärungstruppe eingegliedert werden. Offenbar werden die nicht zum BND tretenden Teile des ZNBw in andere Dienststellen des Militärischen Nachrichtenwesens eingegliedert.

Die bisher den Teilstreitkräften Heer, Marine und Luftwaffe unterstehenden Kräfte der Fernmelde- und Elektronischen Aufklärung und der Elektronischen Kampfführung wurden umgegliedert, nicht mehr benötigte Einheiten aufgelöst und die umgegliederten Einheiten dem am 18. Januar 2002 in der Tomburg-Kaserne in Rheinbach bei Bonn aufgestellten Kommando Strategische Aufklärung (KSA) unterstellt[201]. Ziel dieser Maßnahmen war die Bündelung aller Fähigkeiten der signalerfassenden Aufklärung aller Teilstreitkräfte unter einer militärischen Kommandobehörde und Sicherstellung der zentralen Auswertung aller Informationen unter Verantwortung des Zentrums für Nachrichtenwesen der Bundeswehr in Gelsdorf. Die gewachsene Bedeutung der militärischen Nachrichtengewinnung wurde auch durch einen Besuch des damaligen Bundeskanzlers Gerhard Schröder am 3. Juni 2004 beim Zentrum für Nachrichtenwesen der Bundeswehr in Gelsdorf unter Beteiligung von hochrangigen Führungspersönlichkeiten aus dem MilNwBw[202] deutlich und hat damit sicherlich zur künftigen Entwicklung wesentlich beigetragen. Zur Wahrnehmung seiner Aufgaben verfügt das Kommando Strategische Aufklärung derzeit im nachgeordneten Bereich über folgende Kräfte:

Das Kommando Strategische Aufklärung Rheinbach/Gelsdorf[203]

Nach der Jahrtausendwende und der sich nun abzeichnenden Neuorientierung und Transformation der Bundeswehr zu einer Einsatzarmee zeichneten sich wei-

199 Wie dieses System Teil des geplanten europäischen Systemverbunds der abbildenden Aufklärung Multinational Space Based Image System (MUSIS) werden wird, kann noch nicht abschließend bewertet werden.

200 Die Aufgabenfelder: Grundsatz und Weiterentwicklung MilNw, Ziel- und Wirkungsanalyse, Ausbildung des Personals MilNwBw wurden dem Kommando Strategische Aufklärung übertragen; F-Flagge 2-2006, Bonn 2006.

201 Damit fanden Bestrebungen, die bereits in den siebziger Jahren durch den BND diskutiert wurden, ihren Abschluss.

202 MilNBw: Militärisches Nachrichtenwesen der Bundeswehr.

203 S1 – Personalführung, S2 – Militärische Sicherheit, S3 – Einsatz, S4 – Versorgung, Truppenverwaltung, Controlling, Rechtsberater Stabsquartier und über die zusätzlichen Fachabteilungen: Einsatz Strategische Aufklärung/G3 Weiterentwicklung, Grundlagen, Entzifferung. Vgl.: Das Kommando Strategische Aufklärung, Beilage zur F-Flagge 03-2004: Fernmeldering des deutschen Heeres, Meckenheim, 2004; siehe auch: Handbuch der Bundeswehr 2007/2008, S. 117, 532; Szandar, A.: Bundeswehr belauscht die Welt, Spiegel-Online v. 1. 9.

tere Veränderungen in der Aufgabenzuweisung und Struktur des Militärischen Nachrichtenwesens der Bundeswehr ab, die eine Neuordnung der Aufgaben des Militärischen Nachrichtenwesens und damit auch die Zusammenfassung der Kräfte und Mittel für die signalerfassende Aufklärung der Bundeswehr erforderlich zu machen schienen. Die bereits in den 1970er Jahren des vergangenen Jahrhunderts geplante, aber aus mancherlei Gründen damals nicht verwirklichte, teilstreitkraftübergreifende Zusammenfassung aller Kräfte des elektronischen Kampfes unter zentraler Führung wurde daher in Angriff genommen.

Der Stab des Kommando Strategische Aufklärung (KdoStratAufkl) verfügt neben den klassischen Stabsabteilungen und -funktionen[204] auch über die Elemente Systemsteuerung[205] und Satellitengestützte Aufklärung (SGA)[206]. Der Kommandostab des KSA führt und steuert die gesamte weitreichende signalerfassende Aufklärung der Bundeswehr im Rahmen des Ständigen Aufklärungsauftrages (StAA) und damit auch die Aufklärung in den Einsatzländern, tauscht Informationen im Rahmen bestehender bilateraler Abmachungen mit Partnerdiensten aus und entwickelt Folgekonzeptionen für den umfassenden Einsatz von Sensoren im gesamten interessierenden Frequenzspektrum. Daneben betreibt das KSA das raumgestützte Aufklärungssystem SAR-Lupe[207] und ist in die Nachrichtengewinnung des französischen Systems HELIOS[208] mit eingebunden. Für die Nachrichtengewinnung im Einsatzland zur Unterstützung des nationalen Kontingents stellt das KSA modulare, auf den Einsatzzweck optimierte EloKa-Task Forces auf und steuert deren Einsatz. In Zusammenarbeit mit anderen nationalen Stellen[209] bearbeitet die entsprechende Fachabteilung des KSA auch Fragestellungen der Kryptologie. Für technische Untersuchungen und Bearbeitung relevanter Probleme verfügt das KSA über die Zentrale Untersuchungsstelle der Bundeswehr für Technische Aufklärung (ZU-StelleBwTAufkl)

2008. Am 9. 11. 2009 wurde die ehemalige Schule für Nachrichtenwesen der Bundeswehr in Bad Ems, in den 1920er Jahren für die französische Gendarmerie im besetzten Rheinland errichtet, zum Preis von 584.000 Euro im ersten Anlauf von einem unbekannten Bieter ersteigert. Die Anlage soll künftig die Medienhochschule E. M. S. beherbergen. Erste Sanierungsmaßnahmen haben bereits begonnen; vgl. Rhein-Wied-News v. 9. 11. 2009.

204 S-1 Personal, S-2 Militärische Sicherheit, S-3 Einsatz, S-4 Logistik, S-6 Fernmeldewesen.

205 Das KSA hat ab 2007 eine 80 Dienstposten umfassende zusätzliche Abteilung Op/CNO erhalten: Quelle F-Flagge 2-2006, Bonn 2006. Weitere Reorganisationsmaßnahmen innerhalb des KSA können aufgrund der erkennbar werdenden Umstrukturierung der deutschen signalerfassenden Aufklärung erwartet werden.

206 Ein Teil des Personals wurde bereits Ende 2006 in die Liegenschaft Gelsdorf verlegt und hat dort den Auswertebetrieb aufgenommen.

207 Eine gute Beschreibung des Systems findet sich in: Die Bundeswehr, Nr. 2/2007, S. 30.

208 Ob das KSA auch Zugriff auf die durch HORUS gelieferten Informationen erhält, ist ungewiss.

209 Bundesamt für die Sicherheit in der Informationstechnik (BSI), Abteilung 2 Kryptografie und Abhörsicherheit, Zentrum für Informationsverarbeitung und Informationstechnik (ZIVIT) sowie andere staatliche und zivile Stellen.

in Hof[210]. Allerdings verfügt das KSA seit der Abgabe von 270 Planstellen aus dem ehemaligen ZNBw an den BND nicht mehr über Fähigkeiten zur Auswertung der gewonnenen Informationen. Damit ist die politische und militärische Leitung des BMVg vollständig auf die Bewertungen des BND angewiesen.

Hier können künftig in besonderen Lagen Konflikte[211] bei der Bewertung politischer und militärischer Entwicklungen erwartet werden. Auch die Errichtung der Zelle Informations- und Nachrichtenauswertung (ZINA) beim BND wird daran nicht viel zu ändern vermögen. Das KSA hat seine Aufklärungsfähigkeiten auf drei Interessengebiete aufgeteilt:

- Interessengebiet 1: Aufklärung der maritimen Signalumwelt
- Interessengebiet 2: Aufklärung fremder Luftwaffen
- Interessengebiet 3: Aufklärung fremder Landstreitkräfte

Wegen der noch andauernden Reorganisationsmaßnahmen im Bundesnachrichtendienst und dem Militärischen Nachrichtenwesen, insbesondere im Bereich der Auswertung, können noch Veränderungen in der Struktur des KSA[212] und bei dessen Auftrag erwartet werden.

Das Kommando Strategische Aufklärung

verfügt auch über die zentrale Ausbildungsstelle für die elektronische Nachrichtengewinnung und Aufklärung, es ist dies die Schule für Strategische Aufklärung Flensburg. Dort werden die für den Einsatz notwendigen Fertigkeiten durch intensiven Unterricht, praktische Übungen und Simulationen an auch bereits eingeführten Systemen der signalerfassenden Aufklärung vermittelt. Die Lehrgangsteilnehmer rekrutieren sich vornehmlich aus dem Personal der Fm/EloAufkl der Streitkräfte sowie zivilen Mitarbeitern[213] sowie Angehörigen der Dienst befreundeter Nationen.

Daneben untersteht dem KSA auch der Fernmeldebereich 91 in Flensburg, der aus dem früheren Marinefernmeldestab 70 (MFmSt 70)[214] hervorgegangen

---

210 Diese Einrichtung war früher unter der Bezeichnung „Fernmelde-/Radarstelle ANBw Abt III" bekannt.

211 Vgl. hierzu: Foertsch/Smidt: Tagungsbericht der HSS/GKND-Tagung in Wildbad Kreuth, Dezember 2009.

212 F-Flagge Nummer 2-2006, S. 28, Bonn 2006.

213 Die Laufbahn- und Prüfungsordnung für die zivilen Mitarbeiter in der signalerfassenden Aufklärung sind in der VO über die Laufbahn, Ausbildung und Prüfung für den mittleren Dienst der Fernmelde- und Elektronischen Aufklärung des Bundes (LAP-mDFm/EloAufklBundV) vom 10. 2. 2002 enthalten und im Bundesgesetzblatt veröffentlicht. Siehe hierzu auch Kröll, H.: Aufklären, Auswerten, Peilen, Stören; Truppendienst, Nr. 6, Wien 2009.

214 Einen guten Überblick über die Entwicklung der Fm/EloAufkl der Marine ab 1956 bietet die Dokumentation „50 Jahre Technische Aufklärung Flensburg" des Fernmeldebereiches 91 aus dem Jahre 2006 (CD-ROM). Der FmBer 91 verfügt auch über eine Lehrsammlung von Exponaten, die in der signalerfassenden Aufklärung der Marine verwendet wurden und in Absprache auch zivilen Interessenten zugänglich gemacht werden kann. Auch die Ver-

ist und für den Betrieb und den Einsatz der Flottendienstboote der Oste-Klasse (Klasse 423) A 52 Oste, A 53 Oker, A 50 Alster[215] verantwortlich ist. Diese in den Jahren 1988/1989 in den Dienst der Bundesmarine gestellten Messboote sind mit elektromagnetischen hydroakustischen und elektrooptischen Sensoren ausgestattet. Sie wurden als Frühwarn-, Fernmelde- und Aufklärungsplattformen konzipiert und ergänzen im Einsatz die land- und luftgestützten Erfassungsmöglichkeiten des Kommandos Strategische Aufklärung[216] im Verbund mit eigenen und alliierten Marinekräften sowie landgestützten Einrichtungen. Zur Auftragserfüllung im Interessengebiet 1 sind dem Fernmeldebereich 91 unterstellt:

- Ortsfester FmAufklAbschnitt 911 in Stadum zur Erfassung weltweiter HF-Signale mithilfe der Anlage „Kastagnette" (Wullenweber-Antenne) in Bramstedtlund[217].
- Das mobile EloKaBtl 912 in Nienburg an der Weser, das über 8 EloKa-Kompanien mit entsprechender Erfassungs-, Auswerte- und Kommunikationstechnik für mobile Einsätze verfügt.

Der aus dem früheren Fernmeldestab 60 des Heeres hervorgegangene Fernmeldebereich 93 ist in der Heinrich-Hertz-Kaserne Daun stationiert. Er verfügt ebenfalls über die klassische Stabsgliederung S1–S6. Für die Auftragserfüllung unterstehen dem Fernmeldebereich 93 das Bataillon für Elektronische Kampfführung (EloKaBtl) 932 in Frankenberg/Eder, das Bataillon für Elektronische Kampfführung (EloKaBtl) 922 in Donauwörth sowie am Standort Daun der FmAufklAbschnitt (FmAufklAbschn) 931[218]. Wie auch der Fernmeldebereich 92 verfügt der Fernmeldebereich 93 über Organisationseinheiten für Einsatzsteuerung, Einsatz- und Meldezentrale, systemspezifische Auswertung, taktische und betriebliche Auswertung sowie technische Analyse. Die von den erfassenden Einheiten EloKaBtl 932 und FmAufklAbschn 931 bereitgestellten Informationen werden in der Auswertung bearbeitet und fließen in die Lageführung mit ein. Auch die Erkenntnisse des Fm-Bereiches 93 werden an andere Bedarfsträger weitergeleitet und bilden dort die Basis für die Lageführung auf entsprechenden Ebenen. Ende 2009 wurde der Standort Trier aufgegeben und

öffentlichungen von Oberst a. D. R. Grabau im „Fernmeldering" enthalten Hinweise auf den Aufbau der Fernmelde- und Elektronischen Aufklärung in der Marine.

215 Die gleichnamigen früheren Messboote wurden nach der Indienststellung der Neubauten aus dem Bestand der Bundesmarine gestrichen und entweder verkauft oder abgewrackt. Die Außerdienststellung dieser Messboote kann für 2018 erwartet werden.

216 Die Flotte 2004, Presse- und Informationszentrum Marine (PIZ), Bonn/Berlin 2004.

217 In dieser, auch mit vom BND (BFSt) genutzten Anlage wurden während des Falklandkrieges 1982 HF-Funkverbindungen der argentinischen Marine erfasst. Die Inhalte wurden an die britische Marine weitergegeben, die diese Informationen mit Erfolg nutzen konnte.

218 Eine Sperrzone, zu deren Zugang aus Sicherheitsgründen eine zusätzliche Verpflichtung nach den SichhBestFmAufklBw (Allgemeiner Umdruck 122) erforderlich ist.

das noch vorhandene Personal und Material nach Daun[219] zum Fernmeldebereich 92 verlegt und in den Bereich eingegliedert.

Zentrale Untersuchungsstelle für Technische Aufklärung

Die in der General-Hüttner-Kaserne am westlichen Stadtrand Hofs gelegene Zentrale Untersuchungsstelle für Technische Aufklärung[220] verfügt als einzige Stelle der Bundeswehr, die mit der technisch-wissenschaftlichen Analyse und Bearbeitung der Sondertechnik, soweit für die Elektronische Kampfführung (EloKa) relevant, betraut ist, über drei Gruppen zur Auftragserfüllung. Es sind dies: Gruppe 1: Zentrale Aufgaben; Gruppe 2: Analyse; Gruppe 3: Optronik und Sondergebiete.

Die ZUStBw bearbeitet allgemeine und spezifische Fragestellungen aus dem Bereich der Elektronischen Kampfführung der Bundeswehr, über die aus naheliegenden Gründen wenige Informationen an die Öffentlichkeit dringen. Von besonderer Bedeutung für die Begutachtung und Bewertung von Wehrmaterial, das für eine Verwendung in der signalerfassenden Aufklärung bestimmt ist, ist die Wehrtechnische Dienststelle für Informationstechnologie und Elektronik 81 (WTD 81) in Greding, nördlich von München. Nicht unerwähnt bleiben soll die Bedeutung des IT-Amtes der Bundeswehr für die signalerfassende Aufklärung, da das IT-Amt mit der Entwicklung von Auswerte-, Management- und Kommunikationssystemen der Aufklärung besonders eng verbunden ist. Eine besondere Rolle spielen militärische Erkundungs-Teams der ZUSt, die vor einem Einsatz der signalerfassenden Aufklärung im Einsatzland die dortige „elektronische Lage" im gesamten interessierenden Frequenzspektrum mithilfe des mit dem mobilen System EULE modifizierten TrspPzFuchs[221] erkunden, um

219 Der bisher in Trier beheimatete und Ende 2009 aufgelöste Fernmeldebereich 92 weist ebenfalls die klassische Stabsgliederung S1–S6 und einen Stabszug auf. Zur Auftragserfüllung unterstanden dem Fernmeldebereich 92 das EloKaBtl 922 in Donauwörth und der FmAufklAbschnitt in Berlin-Gatow, der mittlerweile auch aufgegeben wurde: Die früheren Fernmeldesektoren A, F und 61 der alten Luftwaffen Fm-/EloAufkl-Struktur wurden aufgelöst, das Personal in andere Dienststellen des KSA integriert. Zur Bearbeitung der durch das EloKaBtl 922 und FmAufklAbschnitt 921 gewonnenen Information verfügte der Fernmeldebereich 92 über eine Auswertung, die in die Teilelemente Informationssteuerung, Einsatz- und Meldezentrale, taktisch-betriebliche Auswertung, systemspezifische Auswertung und technische Analyse gegliedert war. Hier wurden alle eingehenden Informationen aufbereitet und für die kontinuierliche Lageführung im Aufklärungsraum/den Aufklärungsräumen genutzt. Die Ergebnisse der Auswertung flossen auch anderen Bedarfsträgern im Rahmen institutionalisierter Melde- und Berichtswege zu.

220 Diese Einrichtung war früher unter der Bezeichnung Fernmelde-/Radarstelle ANBw Abt III bekannt und eine ehemalige Einrichtung der US Army Security Agency (ASA), die Ende der 1960er Jahre gegen die Zahlung eines symbolischen US-Dollars durch die Bundeswehr übernommen wurde.

221 Das System EULE (Elektronisches Unterstützungsgerät Leicht EloKa) war unter strenger Geheimhaltung schon frühzeitig in das Einsatzgebiet auf dem Balkan verlegt worden. Es wurde dort als nationales Erfassungssystem, abgeschottet auch vor „Partnern", zur Signalerfassung eingesetzt (Mitteilung N. N., Juli 2010). Das von Rohde & Schwarz entwickelte

damit der Führung des KSA Entscheidungsgrundlagen für den Einsatz spezifischer Erfassungssysteme zu liefern.

Weitere Aufklärungskräfte[222] *der Bundeswehr*

- Kommando Spezialkräfte (KSK Calw) und das Aufklärungszentrum Heeresaufklärungstruppe Munster. Das Aufklärungszentrum hat den Auftrag, für die Nachrichtengewinnung und Aufklärung im deutschen Heer, Grundsätze, Konzeptionen und Vorschriften zu entwickeln. Daneben werden im Aufklärungszentrum Grundlagen für den elektronischen Kampf im Heer und das Feldnachrichtenwesen der Streitkräfte entwickelt[223].
- Das Feldnachrichtenzentrum der Bundeswehr Munster[224].
- Das Ausbildungszentrum Spezielle Operationen Pfullendorf[225]: Das Ausbildungszentrum Spezielle Operationen hat den Auftrag, Laufbahn und Verwendungslehrgänge für die Angehörigen der Fernspähtruppe durchzuführen. Die Grundausbildung für die Fernspäher[226] der Bundeswehr wird in der Spezialausbildungskompanie 209 durchgeführt.
- Das Zentrum Operative Information Mayen[227]: Das der Streitkräftebasis unterstehende Zentrum Operative Information in Mayen hat den Auftrag, auf Streitkräfte eines militärischen Gegners und anderer Konfliktparteien,

---

hochmobile System mit der Werksbezeichnung „R&S®TMSR Lightweight Interception and DF System" ist in der Lage, Signale im Frequenzbereich von 10 kHz bis 3 GHz zu erfassen, auszuwerten und grafisch darzustellen. Bei der Übung „ELITE 2010" im Juni dieses Jahres wurden ähnlich konfigurierte mobile Gerätesätze bei den Teilnehmern aus der Schweiz und Österreich festgestellt. Die Bundeswehr setzt dieses System offenbar auf dem Fahrzeug „Wolf" als auch im Fahrzeug „Dingo" ein. Es ist anzunehmen, dass dieses System auch in anderen Einsatzgebieten der Bundeswehr eingesetzt wird. Daneben verfügt die Bundeswehr auch über ein System mit der Bezeichnung EMU (Elektronisches Minengeschütztes Unterstützungselement, schwer) auf Basis des ATF2 Dingo 1. Ob das System Hornisse in Afghanistan eingesetzt wird, ist aus den zugänglichen Quellen nicht festzustellen.

222 Kräfte der GSG 9 der Bundespolizei, gleichwohl zu Aufklärungseinsätzen befähigt, werden wegen einer anderen Aufgabenstellung hier nicht berücksichtigt. Sollten die GSG 9 oder Teile dieser Polizeitruppe einer noch aufzustellenden Gendarmerie mit Kombattantenstatus unterstellt werden, könnte diese Truppe auch für paramilitärische Einsätze verwendet werden. Der „Deutsche Anteil CIMIC-(Civilian Military Cooperation) Center of Excellence (CoE)" wird hier nicht weiter betrachtet.

223 Vgl. hierzu unter anderem http://www.deutschesheer.de/portal/a/dso/dienststellen/ksk.

224 Früher trug die Feldnachrichtentruppe die Bezeichnung „Frontnachrichtentruppe" und führte den „Frontnachrichtendienst" durch.

225 Belgien, Dänemark, Griechenland, Italien, die Niederlande, Norwegen, die Türkei und die USA entsenden Teilnehmer zu Lehrgängen an das Ausbildungszentrum Spezielle Operationen in Pfullendorf.

226 Siehe hierzu auch Wyssuwa, M.: Nummer Zehn wird Fernspäher, Loyal Nummer 6/2010 S. 6–11, Mai 2010.

227 Radio Andernach. In Andernach wurde das PSV-Sendebataillon 950, die Vorgängerorganisation des Zentrums, aufgestellt.

aber auch auf die Bevölkerung fremder und/oder gegnerischer Staaten einzuwirken.

- Die Spezialisierten Einsatzkräfte der Marine (SEKM) Eckernförde erfüllen ebenfalls wichtige Aufgaben im Rahmen der Nachrichtengewinnung und Aufklärung, insbesondere bei der Vorbereitung und Durchführung von amphibischen Landungsunternehmen und Einsätzen an fremden Küsten. Ob und inwieweit die SEKM in Signals Intelligence und Informationsoperationen eingebunden sind, ist aus offen zugänglichen Quellen nicht bekannt. Als wahrscheinlich erscheinen jedoch besondere Unterstützungseinsätze[228] im Rahmen der netzwerkzentrierten Operationsführung (NetOpFü).

Künftige Strukturen des nationalen Militärischen Nachrichtenwesens

Das Militärische Nachrichtenwesen wird in den Einsatzgebieten zur nationalen Nachrichtengewinnung und Aufklärung nationale Auswertezellen (German National Intelligence Cells [GENIC]) errichten und betreiben. In der GENIC werden alle relevanten, für den Kontingentführer als nationale Entscheidungsebene wichtigen Informationen verfügbar gehalten. Die sowohl von alliierten Verbindungen, deutschen HUMINT-Kräften als auch von der signalerfassenden Aufklärung sowie sonstiger verfügbarer Quellen – darunter auch Open Sources Intelligence (OSINT) und nationale NG&A-Quellen, im Einsatzraum befindliche Spezialkräfte (PRT-Teams[229]), die Feldnachrichtentruppe, die Aufklärungstruppe des Heeres und vor Ort befindliche Spezialisten des MAD und des BND – gewonnenen und beschafften Informationen werden in der GENIC verarbeitet und liefern damit eine nationale Entscheidungsgrundlage. Inwieweit sich die zwischen BND und dem Militärischen Nachrichtenwesen im Rahmen von Einzelvereinbarungen getroffenen Unterstützungsvereinbarungen auf die Nachrichtengewinnung und -beschaffung im Einsatzland künftig auswirken werden, kann noch nicht abschließend beurteilt werden.

Die Vorbereitungen für den Einsatz der durch das KSA aufzustellenden Aufklärungskontingente richten sich nach der zu erwartenden Bedrohung und dem Aufklärungsbedarf. Mit Masse werden diese Kräfte durch die dem KSA unterstehenden EloKa-Bataillone gestellt. Die Führung der Aufklärungskräfte im

228 Die Bundesmarine verfügt mit ihren Unterseebooten der Klasse 212A (U31–U34) über ein seegestütztes Aufklärungsmittel, das auch bei Einsätzen zur Nachrichtengewinnung und Aufklärung vor fremden Küsten eingesetzt werden kann. Ob diese U-Boote über Sensoren zur Signals Intelligence verfügen, ist nicht bekannt, kann aber aufgrund der technischen Ausstattung und des künftigen Auftrages angenommen werden. Vgl.: Auf Tauchfahrt mit U33, Phönix-TV, 18. 6. 2010, 21.00 Uhr. Der Einsatz dieser U-Boote in Anti-Piraten-Missionen am Horn von Afrika, wie bereits jetzt durch ein niederländisches U-Boot durchgeführt, würde unter den dort herrschenden klimatischen Bedingungen zu schweren Belastungen der Mannschaft führen.

229 = Provincial Reconstruction Teams; in den Provinzen Afghanistans und des Iraks operierende militärische Einheiten, deren Auftrag es ist, den Wiederaufbau der Infrastruktur zu unterstützen und zu schützen.

Einsatzland erfolgt zentral durch die Abteilung Einsatz/G3 des KSA. In den kontingentstellenden Fernmeldebereichen als EloKa-Leitverbände (FmBer 91 und 93) werden Einsatz- und Meldezellen (EMZE)[230] eingerichtet, die für die Auswertung der gesamten gewonnenen Informationen verantwortlich sind und die Lage im Einsatzraum zu führen haben. Als zentrales Steuerelement fungiert dabei die beim Stab des KSA eingerichtete EMZE, die für die Bewertung und Weiterleitung des gesamten Informationsaufkommens, auch an andere Bedarfsträger, verantwortlich ist. Nach Einführung des Euro Hawk UAS-SIGINT[231], das die bisherige Funktion der Breguet 1150 Atlantic SIGINT in den nächsten Jahren übernehmen wird, kann eine Fähigkeitslücke in der signalerfassenden deutschen Aufklärung geschlossen werden. Damit verfügt Deutschland möglicherweise bereits ab 2011 über ein autonomes System[232] zur Gewinnung von Informationen im elektronischen Spektrum, das für die signalerfassende Aufklärung Deutschlands von Bedeutung ist. Das HALE-UAS (Euro Hawk)[233] soll über eine Einsatzreichweite von bis zu 25.000 km verfügen und in Höhen bis zu 20.000 m operieren können. Nach offiziellen Angaben beträgt die maximale Einsatzdauer des Systems bis zu 36 Stunden. Dieses System wird die gefahrlose Vorerkundung eines für die signalerfassende Aufklärung bedeutsamen Einsatzraumes ermöglichen und damit die Chancen für eine umfassende Erfassung aller relevanten Informationen aus dem bedeutsamen Frequenzspektrum erhöhen und dient damit auch der Vorbereitung und Durchführung von Informationsoperationen. Da der Einsatz von Bundeswehrverbänden in absehbarer Zeit[234] zur Unterstützung friedensschaffender, friedenserhaltender und friedensstiftender Missionen eher zunehmen wird, besteht umfassender Bedarf an Informationen über die möglichen Einsatzräume[235] bereits lange vor dem

230 F-Flagge, 2-2006, S. 28, Bonn 2006. Im April 2010 wurde bekannt, das US-Special Forces im Raum Kunduz operieren.

231 Der Northrop-Grumman/EADS-Euro Hawk wird über eine SIGINT-Nutzlast verfügen, die es erlaubt, ein definiertes Frequenzspektrum permanent zu überwachen und im automatischen oder manuellen Modus Senderanalyse, Einsatzüberwachung und Datenauswertung sowohl durch bordeigene Systeme als auch in einer Bodenstation in Echtzeit durchzuführen. Es handelt sich hierbei um ein modifiziertes System, das bereits während der Operation „Enduring Freedom" mehr als 1500 Einsatzstunden erfolgreich absolviert hat. Vgl.: Global Hawk Demonstration, USAF-Northrop Grumman, EADS-BMVg-Flyer 2006.

232 Das von EADS entwickelte Fm/EloAufkl-Sensorpaket wird über Fähigkeiten zur Erfassung von Signalanalyse, Signalerfassung und Auswertung im ELINT/COMINT-Segment zur verzugslosen Electronic Order of Battle-(EOB)Daten-Erstellung verfügen. Vgl.: F-Flagge 2-2004, Bonn 2004.

233 High Altitude Long Endurance – Unmanned Air Vehicle. Damit werden direkte Einsätze dieses Systems ab 2011 aus Deutschland vom Heimatplatz Jagel über Afghanistan möglich (Loyal 5/2010, S. 32–35, Bonn 2010).

234 Loyal-Nr. 2. 2. 2007, S. 14–15, 20–21, Bonn 2007.

235 Ob allerdings der durch den Deutschen Bundestag genehmigte Einsatz der Aufklärungs-Tornados in Afghanistan den gewünschten Erfolg bringen wird, bleibt sehr zweifelhaft. Auch die Nachrüstung der Tornado mit digitalen Fotosystemen verkürzte zwar die Auswertung, ist aber immer noch zeitaufwändig; vgl. hierzu auch: F-Flagge 2-2010, S. 37, Rheinbach, Juni 2010.

zu erwartenden Einsatz. Derartige Informationen können in der Regel nur mit technischen Mitteln gewonnen werden. Daher ist die Stärkung der Fähigkeiten in der signalerfassenden nationalen Aufklärung von besonderer politischer und militärischer Bedeutung[236].

Hierzu wurde durch den Führungsstab der Streitkräfte eine in den Streitkräften und mit anderen Ressorts abgestimmte „Teilkonzeption Informationsoperationen der Bundeswehr“ (TK InfoOpBw)[237] als Teil der Konzeption der Bundeswehr (KdB) erlassen, deren Zielsetzung wie folgt beschrieben werden kann:

- Zielgerichteter, räumlich und zeitlich zusammenhängender und aufeinander abgestimmter Einsatz von Maßnahmen zu Beeinträchtigung von fremden und zum Schutz eigener Informationen sowie eigener Informations- und Kommunikationssysteme einschließlich der dazugehörigen Prozesse.
- Beeinflussung des Verhaltens und der Entscheidungsfindung festgelegter Zielgruppen.
- Schwächung des potenziellen Gegners.
- Verringerung der Wirkung gegnerischer Informationsoperationen.
- Gewinnen und Halten der Informationsüberlegenheit.

InfoOps der Bundeswehr

Informationsoperationen können im gesamten militärischen Einsatzspektrum vom Frieden über Krise und Krieg, einschließlich der Maßnahmen der Konfliktverhütung und Krisenbewältigung, durchgeführt werden. Derzeit verfügt die Bundeswehr noch nicht über ausreichende Fähigkeiten zu Computernetzwerkoperationen (CNO) wie in der „Teilkonzeption Computernetzwerkoperationen“ (TK CNO)[238] des BMVg gefordert, jedoch werden von der militärischen Führung entsprechende Anstrengungen unternommen, um diese Defizite baldmöglichst auszugleichen. Betrachtet werden soll jedoch ausschließlich die Elektronische Kampfführung und deren Randgebiete, zu deren Aufgabe auch die Erfassung von Signalen aller Art (SIGINT) gehört, da durch diese die Grundlagen für erfolgreiche Informationsoperationen und damit auch für Computer Network Operations geschaffen werden. Nachrichtendienstliche Operationen, die sich auf menschliche Quellen (HUMINT) beziehen, werden nur dort berücksichtigt, wo sich Verbindungen zur signalerfassenden Aufklärung ergeben. Ein wesentliches Element der Informationsoperationen[239] ist das Wirken der militärischen Kräfte im Informationsraum, zu denen besonders die Elektronische Kampfführung (EloKa) mit ihren Erfassungskräften, die Opera-

---

236 Eine künftige intensivere Zusammenarbeit auf dem Gebiet des Nachrichtenwesens mit Partnerdiensten kann nach der Rede des BM zu Guttenberg am 26. 5. 2010 in Hamburg gerechnet werden (Presse und Informationsstab v. 26. 5. 2010). Ob dies auch für den Bereich SIGINT gelten kann, bleibt abzuwarten.

237 Ostermann, Topf, Slomka: Informationsoperationen, Strategie und Technik, August 2005, S. 39.

238 Ebd.

239 Ebd.

tive Information (OpInfo) und die zivil-militärische-Zusammenarbeit (ZMZ) gehören.

Für die Durchführung von InfoOps ist die Fähigkeit zur Nachrichtengewinnung und Aufklärung (NG&A) von überragender Bedeutung. Dabei gewinnt die Technische Aufklärung mit ihren besonderen Mitteln und Methoden nachhaltigen Einfluss beim eigenen Informationsaufkommen über militärische Potenziale, Absichten der politischen und militärischen Führung resp. politischen, wirtschaftlichen, ökonomischen und psychologischen Strukturen eines potenziellen Gegners. Von Bedeutung sind auch Informationen über die Entscheidungs- und Führungssysteme fremder Staaten und nicht zuletzt umfassende Informationen einschließlich technischer und betrieblicher Parameter der gesamten politischen und militärischen Führungs-, Informations- und Waffensysteme eines Gegners. Dabei sind nicht ausschließlich Informationen, die mit technischen Mitteln und Methoden gewonnen wurden, zu berücksichtigen, vielmehr sind alle zur Verfügung stehenden Quellen (All Sources Management) einschließlich offener Quellen – Open Sources – bei der Erstellung des Lagebildes zu berücksichtigen. Hierbei sind die Forderungen des ressortübergreifenden Aufklärungsbedarfes sowie Detaillierungstiefe frühzeitig zu definieren, um Gewinnungs- und Beschaffungsmaßnahmen zeitgerecht einleiten zu können. Für die nachrichtenbeschaffenden und -gewinnenden Stellen ist während des Einsatzes der Aufklärungsmittel eine ständige Rückkoppelung mit dem Auftraggeber anzustreben. Bei der Bewertung der mit unterschiedlichen Mitteln und Methoden gewonnenen Informationen ist ein an den Erfordernissen der Nachrichtengewinnung und Aufklärung ausgerichtetes „Wissens- und Informationsmanagement“[240] von entscheidender Bedeutung. Das „Informationsmanagement“ hat dafür Vorbereitungen zu treffen, dass die „richtige Information zum richtigen Zeitpunkt im richtigen Format am richtigen Ort der richtigen Person zur Verfügung steht“: Hierbei hat sich die Architektur des „Informationsmanagements“ ressortübergreifend an den Forderungen der Dienste unter Beachtung unterschiedlicher Einsatzszenarien, den Forderungen der Sicherheit und der technischen Möglichkeiten zu orientieren. Künftige Informationsoperationen einschließlich der Beteiligung an multinationalen Operationen dieser Art sind eine bundeswehrgemeinsame Aufgabe, die ressortübergreifend auf strategischer Ebene durch den Führungsstab der Streitkräfte (FüS III) im Bundesministerium für Verteidigung (BMVg) geplant und durchgeführt werden. Dabei wird der IT-Direktor des BMVg beteiligt. Die übrigen Organisationsbereiche im BMV leisten entsprechende Unterstützung. Auf operativer Ebene obliegen die Umsetzung der Planung und die Durchführung entsprechender

---

240 Friedrich, G.: Process oriented Information – and Knowledge Management at Allied Command Operations, NATO C3 Agency Operations Research Division, Vortrag ACEA Bonn-Werthoven am 30. 1. 2006; Kortzfleisch, H. v.: Möglichkeiten und Grenzen der Unterstützung von Wissensmanagement durch Informations- und Kommunikationstechnologien, Vortrag ACEA Bonn-Werthoven am 30. 1. 2006; Gendrich, H. F. K.: Konzeptionelle Ansätze für das Informationsmanagement der Bundeswehr, IT-Amt Bw, Vortrag ACEA Bonn-Werthoven am 30. 1. 2006.

Operationen durch das entsprechende Führungskommando in der Regel dem Einsatzführungskommando in Potsdam. Dies schließt jedoch eine Wahrnehmung dieser Aufgaben auf nationaler Ebene durch andere Führungskommandos[241] nicht grundsätzlich aus. Auf der Ebene der nationalen Einsatzkontingente im Einsatzland ist der jeweilige taktische Führer verantwortlich für die Durchführung von Informationsoperationen. Mit einer Zuweisung von Teilaufgaben im Bereich InfoOp/Computer Network (Op-CNO) an das Kommando Strategische Aufklärung konnte daher ab 2007 gerechnet werden.

Soweit bekannt, setzt die Bundeswehr bei Auslandseinsätzen neben der Aufklärungsversion der Tornado (Recce-Tornado)[242] auch unbemannte Fluggeräte (Drohnen) zur Zielortung, Überwachung und Aufklärung ein. Es sind, soweit bekannt, derzeit die Systeme Heron 1[243], KZO sowie LUNA[244] im Einsatz. Ein System der von Israel geleasten Heron 1 ging beim Rollen auf dem Flugplatz Mazar i Sharif/Afghanistan im März 2010 zu Bruch. Die übrigen Systeme werden oder wurden sowohl in Afghanistan[245] als auch auf dem Balkan eingesetzt. Das Aufklärungssystem Euro Hawk befindet sich in der Einführung und wird das Aufklärungssystem Breguet 1150 Atlantic SIGINT im Jahre 2011 ablösen. Daneben wird das Vorfeld der im Norden Afghanistans gelegenen Feldlager

241 F-Flagge 2-2006, S. 28, Bonn 2006.

242 Eine Beschreibung des Systems „Recce Lite Pod" findet sich bei Sattler, K.: Mit Adleraugen über dem Land am Hindukusch, F-Flagge 2-2010, S. 37, Rheinbach 2010.

243 Heron 1, Dienstgipfelhöhe 9150 m, Sensoren: Video- und Wärmebildkamera(s) mit Echtzeitaufnahme-Modus, KZO, Dienstgipfelhöhe 3300 m, Sensoren: Zeiss-Wärmebildkamera mit 8-fach Zoom, LUNA, Dienstgipfelhöhe 4000 m ü. N. N.; Sensoren: Farbvideo- und Infrarotkamera; vgl. auch Handbuch der Bundeswehr 2007/2009, S. 449–461. Systeme: CL 289, KZO, LUNA, ALADIN, MIKADO (?), BORA, BoSA, BÜR, MOSES, PSNR5, OSA, SAS. Eingesetzt werden vermutlich auch: HUMMEL 20-500 MHz, FUCHS-EloKa, FENNEK und DINGO in der Aufklärungsrolle. Ob das taktische ELINT-System RMB in Afghanistan eingesetzt wird, kann aus offenen Quellen nicht verifiziert werden. Das Aufklärungssystem TPz Fuchs EloKa (RMB) ist ein mobiles Erfassungs-, Peilungs-, Ortungs- und Auswertesystem für Signale im Frequenzbereich 0,1 bis 40 GHz. Zwei Workstation-Arbeitsplätze dienen der Erfassung und Messung einzelner Signalparameter sowie der Analyse und Auswertung hochkomplexer Signale moderner Emitter. Die Anbindung an Auswerte- und Kommandozentralen erfolgt über Sprechfunk, Datenfunk, Glasfaser oder Draht. TPz-Fuchs-EloKa-Systeme können auch im Verbund rechnerunterstützt Emitter (Bipolartransistoren) lokalisieren und klassifizieren; vgl. www.Elletronica.de.

244 Es stellt sich allerdings die Frage, ob die Kommunikationsverbindungen (Uplink/Downlink für missionsrelevante Daten) der Systeme im Einsatz gegen die Erfassung durch gegnerische Aufklärungspotenzen gegen Manipulation geschützt sind. Soweit bekannt, sind die von den US-Streitkräften und der CIA über Pakistan und Afghanistan eingesetzten Systeme MQ-1 Predator und MQ-9 Reaper gegen „Hacking" der Uplink/Downlink-Frequenzen nicht gesichert; vgl. Burghard, T.: Hackable Drones, Crumbling Empire, www.globalresearch.ca/index.php?context=va&aid=16724 v. 1. 1. 2010.

245 Einen guten Überblick über die von der Bundeswehr in Afghanistan eingesetzten Aufklärungsmittel erlaubt Seeliger, M.: Aufklärung am Hindukusch, Loyal 4/2010, S. 28–29, Bonn 2010; vgl. auch: Hemicker, L.: Aufbruch in ein neues Zeitalter; Loyal 5/2010 S., 32–35.

Kunduz, Faizabad und Mazar i Sharif[246] offenbar durch ein System der Firma Rheinmetall geschützt. Dieses System umfasst den Perimeterschutz, Abwehr von Raketen im Nächstbereich sowie mobile Absicherungstechnik und weitere Komponenten[247]. Betreibt die Bundeswehr die Absicherung und den Schutz ihrer Einrichtungen in Eigenregie, haben andere Nationen diese Aufgabe meist zivilen Vertragsunternehmen übertragen. Aus Veröffentlichungen[248] der Medien wurde bekannt, dass die Bundeswehr in Nordafghanistan auch Systeme zur Störung im Frequenzspektrum einsetzt. Daneben kann davon ausgegangen werden, dass sich das in Afghanistan in Betrieb befindliche Mobilfunknetz unter Beobachtung der nationalen EloKa-Kräften befindet. Naturgemäß sind hierzu keine Angaben aus offenen Quellen verfügbar. Neben der Technischen Aufklärung setzt die Bundeswehr auch Kräfte der Feldnachrichtentruppe und der Division Spezielle Operationen (DSO) sowie Teileinheiten des Kommandos Spezialkräfte (KSK) vornehmlich zur Nachrichtengewinnung und Aufklärung ein. Inwieweit auch Kräfte des BND in diese Operationen[249] eingebunden sind, kann derzeit wegen der Quellenlage nicht abgeschätzt werden.

---

246 Mit einem Aufwand von 100 Mio. US-Dollar will die US-Armee bis 2011 in Mazar i Sharif ein Joint Special Operations Forces Headquarter errichten. Die geplante Anlage umfasst ein taktisches Hauptquartier, Fernmeldeeinrichtungen, Unterkünfte, Ausbildungseinrichtungen sowie sonstige Versorgungseinrichtungen und eine Ausbildungseinrichtung für Hunde. Die Einrichtung soll SOF-Operationen der US-Streitkräfte in Pakistan, Tadschikistan, Turkmenistan, Usbekistan, Kasachstan und Kirgistan unterstützen. Daneben wurden mit Unterstützung durch US-Streitkräfte Grenzkontrollpunkte und Ausbildungseinrichtungen für Special Operation Forces in Turkmenistan, Usbekistan, Kirgistan, Tadschikistan und Kasachstan errichtet; vgl. Center for Security Studies (CSS), ETH Zürich v. 8. 7. 2010; http://www.isn.ethz.ch/isn/Current-Affairs/Security-Watch/Detail/?; Center for Security Studies (CSS), ETH Zürich v. 8. 7. 2010; http://www.isn.ethz.ch/isn/Current-Affairs/Security-Watch/Detail/?

247 Vgl. hierzu: http://www.y-punkt.de/portal/a/ypunkt/archiv/2007?yw_contentURL=/01DB131000000001/W273WBLN642INFODE/content.jsp. Es muss allerdings bezweifelt werden, ob der von der Bundeswehr nordwärts Kunduz auf Höhe 431 betriebene vorgeschobene Aufklärungsstützpunkt in dieses System integriert ist; vgl. hierzu: Die Afghanistan-Lüge, ZDF v. 8. 4. 2010.

248 Vgl. hierzu: ZDF – Die Afghanistan-Lüge v. 8. 4. 2010. Hier war offenbar ein modifiziertes System HELAS auf Transportpanzer Fuchs (TP1) zur Konvoisicherung im Einsatz, vermutlich zur Störung von Mobilfunk- und anderen Frequenzen, die zur Auslösung von Sprengfallen (Improvised Explosive Devices [IED]) durch die Taliban genutzt werden, zu erkennen. Siehe hierzu auch Schneider, W.: Tanks of the World, S. 231, Koblenz 1990. Zu den von den Taliban gegenwärtig gegen die Bundeswehr angewandten Taktiken siehe auch: Eine Woche bei den Taliban, ZDF-Info v. 16. 4. 2010. Hier werden explizit Mobiltelefone zum Zünden der versteckten Ladungen benutzt, die bei den NATO-Streitkräften als Improvised Explosive Devices (IED) bezeichnet werden.

249 Einsätze deutscher Nachrichtendienste in diesem Land haben bereits Tradition, wie aus einem Aufsatz von Erich Schmidt-Eenboom ersichtlich wird; vgl. hierzu: Schmidt-Eenboom, E.: German Intelligence from the 1950 to the present day, in: http://www.nisa-intelligence.nl/PDF-bestanden/NISAcongresSchmidtEenboom.pdf, v. 17. 5. 2009; siehe dazu auch Weiße, G.: Geheime Nachrichtendienste und Funkaufklärung im Zweiten Weltkrieg, Graz 2009. Die Zusammenarbeit der nationalen Kräfte der NG&A mit den Alliierten in Afghanistan mündet in der Lagebearbeitung gemischt-nationaler (US/DEU) Intelligence-

Das Bundesamt für Sicherheit in der Informationstechnik (BSI)

Die als Teil des BND für die Bearbeitung kryptologischer Fragen bereits seit den frühen sechziger Jahren tätige Zentralstelle für Chiffrierwesen (ZFChi) wurde mit dem BSI-Errichtungsgesetz vom 17. Dezember 1990 als Bundesamt für die Sicherheit in der Informationstechnik (BSI) auf einer neuen Rechtsgrundlage am 1. Januar 1991 gegründet und dem Bundesministerium des Innern unterstellt. Zu seinen Aufgaben gehört die Bearbeitung von Fragen im Zusammenhang

- mit der strategischen Anwendung der Datenverarbeitung/Sicherheit im Internet;
- der wissenschaftlichen Grundlagen der IT-Sicherheit;
- der Sicherheit in Netzen/Kryptologie;
- der allgemeinen IT-Sicherheit/Abhörsicherheit.

Von besonderem Interesse für die signalerfassende Aufklärung der Bundesrepublik Deutschland sind sowohl die in der Abteilung 2 bearbeiteten Grundlagen und Lösungen zu speziellen Problemen im Bereich der IT-Sicherheit als auch Fragen und Problemstellungen der Kryptologie und Abstrahlsicherheit. Daraus ergeben sich für die einzelnen Fachbereiche entsprechende Aufgabenfelder. Das BSI ist an einer Reihe von ressortübergreifenden Projekten zur IT-Sicherheit, Kryptologie und Abhör- bzw. Abstrahlsicherheit[250] beteiligt, so unter anderem an folgenden Vorhaben:

- IT-Grundschutz
- Geheimschutzhandbuch des BMWA
- Digitaler Dienstausweis
- Elektronische Signatur
- E-Government
- Sichere Netzwerkarchitektur (SINA)
- E-Mail-Sicherheit in Behördennetzen (SPHINX)
- Kryptosystem für Behörden und staatliche Anwendungen (ElcroDat 6-2)[251]
- Sicherheit im Bündelfunknetz BOS-TETRAPOL der Sicherheitsbehörden
- Kritische Infrastrukturen (KRITIS)
- Deutsches Notfallinformationssystem (DENIS)

Fusion-Centres und stützt sich dabei vorwiegend auf das von den US-Streitkräften implementierte BICES-Auswertungssystem. Im nationalen Bereich wird das System JASMIN/JASMIN II im Verbund der nationalen NG&A weitergeführt. Zum Einsatz gemischter TASK-Forces zur Bekämpfung der Taliban im Norden Afghanistans liegen derzeit (Juni 2010) keine verifizierbaren Erkenntnisse aus offenen Quellen vor.

250 Auch die Deutsche Telekom verfügt in Darmstadt und Ulm über entsprechende Organisationseinheiten für Abstrahlmessungen aller Art. Vgl.: Katalog Security, Essen 2007, S. 108.

251 Am 6. 3. 2006 übergab Rohde & Schwarz SIT das 2000. Kryptogerät ELCRODAT 6-2 an das BSI, R & S/BSI-Presseerklärung vom 6. 3. 2006. Wichtige Funktionsträger in der Bundesregierung erhielten Anfang 2010 Mobiltelefone mit Kryptoanteil.

- Informationsverbund Bonn-Berlin (IVVBB)
- Elektronischer Reisepass
- Behördendesktop (ERPOSS 4)
- Kryptomodul PLUTO
- Biometrie
- Public-Key-Infrastruktur

Damit verfügen die über 450 Mitarbeiter des BSI über eine umfassende Fachexpertise, um im Rahmen der Operativen Ausrichtung des Bundesamtes als nationale IT-Sicherheitsbehörde ressortübergreifend unterstützend bei der Abwehr von Informationsoperationen gegen die IT- und Kommunikationsstruktur der Bundesrepublik Deutschland mitwirken zu können. Eine Zusammenarbeit mit dem BND und anderen Diensten auf dem Gebiet der Kryptologie kann angenommen werden. Von besonderer Bedeutung für den Schutz der kommerziell genutzten, privaten und staatlichen IT- und Kommunikationsanlagen als Kritische Infrastruktur und der damit verfügbaren Daten und sonstigen Kommunikationsinhalte und ihrer Verbindungen vor fremden Zugriff sind die Abstrahl- und Abhörsicherheit der Systeme sowie die Verschlüsselung der damit übermittelten Daten und Kommunikationsinhalte aller Art.

Die Bundesnetzagentur

Die Bundesnetzagentur betreibt Messnetze unterschiedlicher Aufgabenstellung zur Überwachung des durch Funkdienste aller Art genutzten Frequenzspektrums zwischen 9 kHz und 300 GHz. Da in Deutschland mittlerweile mehr als 84,3 Mio. Mobilfunkanschlüsse[252] verfügbar sind, ist die Überwachung der Einhaltung der Strahlungsgrenzwerte bei Mobilfunk-Basisstationen ein wesentlicher Schwerpunkt der Tätigkeit der Bundesnetzagentur. In Deutschland sind gegenwärtig mehr als 51.108 ortsfeste Mobilfunkbasisstationen, nach neueren Zahlen bereits mehr als 65.000 genehmigungspflichtige ortsfeste Stationen unterschiedlicher Unternehmen in Betrieb. Als weiterer wichtiger Teil des Auftrages der Bundesnetzagentur ist die Bearbeitung und Aufklärung von Funkstörungen, Durchführung von Prüf- und Messaufträgen sowie die Prüfung der Einhaltung von Lizenzbestimmungen, beispielsweise beim Betrieb einer Amateurfunkanlage und sonstiger Funkanwendungen im zivilen, behördlichen und militärischen Bereich. Zuständig hierfür sind die Abteilungen IS Referat IS 11–17 und die Abteilung 2 mit den Referaten 221–226 der Bundesnetzagentur. Auch im Bereich der Dialer- und Spam-Abwehr ist diese Behörde unterstützend tätig. Zur Überwachung der Einhaltung der Grenzwerte im Mobilfunkbetrieb hat die Bundesnetzagentur ein automatisches, derzeit aus 7 Messstationen[253] bestehendes Netz zur Überwachung des durch Funkanlagen aller Art hervorgeru-

252 Jahresbericht der Bundesnetzagentur, Bonn 2006.

253 Berlin, Hamburg, Mainz und an anderen Orten; die Erweiterung um 5 Messstellen ist geplant.

fenen Elektro-Smogs errichtet. Die Messdaten können von jedem Interessierten im Internet abgerufen werden.

Es ist dem Vernehmen nach jedoch nicht mit einer flächendeckenden Kontrolle des gesamten Frequenzspektrums[254] zu rechnen. Die in den nächsten Jahren zu erwartende Ausweitung von Kommunikationsdiensten unterschiedlicher Anwendung und die Erschließung neuer oder zusätzlicher, bisher nicht genutzter Frequenzbereiche durch (z. B.) Breitband-Internet-Anbindung über Mobilfunk[255] wird zum Anwachsen der drahtlosen Kommunikation führen und kann auch die Behörden, die mit der Kommunikationsüberwachung betraut sind, vor erhebliche Probleme stellen. Dies gilt insbesondere für die Überwachung der Mobilfunknetze und deren Kommunikationsinhalte sowie funkbasierter Anwendungen wie zum Beispiel W-LAN.

Signalerfassende Aufklärung durch die Bundespolizei[256]

Aus politischen Gründen wurde in den 1950er Jahren die damals vom BND wahrgenommene Überwachung gegnerischer Agentenfunkverbindungen dem Bundesamt für Verfassungsschutz (BfV) in Köln übertragen. Da das BfV zu dieser Zeit jedoch über keine technischen Möglichkeiten zur Erfassung von elektromagnetischen Ausstrahlungen im Kurzwellen-HF-Bereich (1,5–30,0 MHz) verfügte, wurde der damalige Bundesgrenzschutz[257] beauftragt, im Rahmen der Amtshilfe für das BfV den Agentenfunkverkehr östlicher Nachrichtendienste, zu dieser Zeit vorzugsweise im ungerichteten Kurzwellen-(HF)-A-3-Rundspruchverkehr, zu erfassen. Die Nachrichteninhalte, meist mit individuellem Zahlenwurm verschlüsselte Nachrichten an östliche Agenten im Operations-

254 www.zdf.heute.de vom 20. 3. 2007.

255 Gemeint ist die Breitband-Internet-Anbindung über Mobilfunk auf jetzt freiwerdende, bisher durch Rundfunk und Fernsehen genutzte Frequenzen.

256 Ehemals Bundesgrenzschutz. Nach Medieninformationen kann damit gerechnet werden, dass Bundespolizei, Bundeskriminalamt und die Zollverwaltung künftig reorganisiert werden. Eine unabhängige Expertenkommissison unter der Leitung des ehemaligen Berliner Innensenators Werthebach soll die Effizienz der Behörden überprüfen. Noch nicht absehbar ist, ob die Bundespolizei künftig dem BKA unterstellt werden sollte. Die ergebnisoffene Überprüfung, an der auch der ehemalige Bundesinnenminister und jetzige Bundesfinanzminister Schäuble beteiligt ist, soll entsprechende Vorschläge bis Herbst 2010 vorlegen. Einige Vorschläge sollen nach Feststellung des jetzigen Bundesinnenministers de Maizière noch in dieser Legislaturperiode verwirklicht werden (Süddeutsche Zeitung vom 20. 4. 2010, Tagesspiegel v. 20. 4. 2010). Inwieweit hier auch Aspekte des Trennungsgebotes zwischen nachrichtendienstlicher und polizeilicher Arbeit aufgehoben würden, kann derzeit noch nicht abgesehen werden.

257 Der BGS verfügte damals über Fernmeldehundertschaften in Haar bei München, Oerlenbach, Fuldatal, Hannover, Bad Bramstedt, T-Süd Rosenheim, T-Nord Winsen, T-West St. Augustin, TH-Küste Lübeck-Blankensee und die GSFA in Swisttal-Heimerzheim; Schmidt, H. J., Bd. 1, Chronik des Bundesgrenzschutzes und der Innerdeutschen Grenze 1951–1971, Coburg, 2. Aufl. 1995.

gebiet, wurden dem Bundesamt für Verfassungsschutz[258] zur Auswertung übermittelt. Im Laufe der folgenden Jahre sollten die östlichen Nachrichtendienste ihr Übermittlungssystem auf Verbindungen im VHF-Bereich (100,0–400,00 MHz), satellitengestützte Kommunikationsverbindungen[259] sowie Infrarot-Sprechverbindungen in geeigneter, grenznaher Lage ausweiten. Kurz vor der Wiedervereinigung Deutschlands stellten die Nachrichtendienste der DDR ihren Agentenführungsfunkverkehr ein. Nach 1990 konnten jedoch weiterhin derartige Funksendungen, welche die typischen Merkmale aufwiesen, von westlichen Stellen erfasst werden. Im Zuge der auf die Wiedervereinigung Deutschlands folgenden Reorganisationsmaßnahmen im damaligen Bundesgrenzschutz (BGS) wurde am 1. November 1996 die Zentralstelle für Information und Kommunikation in Swisttal in der Nähe von Rheinbach eingerichtet. Zeitgleich dazu wurden die Aufklärungsdienststellen[260] eingerichtet und dem späteren Bundespolizeipräsidium West in St. Augustin unterstellt. Die Dienststelle verfügt seither über mehr als 600 Beschäftigte, die einen flexiblen Einsatz der hochtechnisierten Geräteausstattung erlauben. Zu den Aufgaben der Bundespolizei – Zentralstelle für Information und Kommunikation (BPOLZSIUK)[261] – gehören:

- Unterstützung des Bundesamtes für Verfassungsschutz auf dem Gebiet der Funktechnik;
- Unterstützung der ermittlungsführenden Dienststellen durch technische Aufklärungsmaßnahmen;
- Wahrnehmung von Unterstützungsaufgaben auf dem Gebiet der Informations- und Kommunikationstechnik für das Bundespolizeipräsidium West und das Bundesministerium des Innern;

---

258 Die Erfolge des BfV in der Entschlüsselung der durch die BGS-Fernmeldeabteilungen erfassten Agentenfunkverkehre östlicher Dienste sind der Öffentlichkeit weithin unbekannt. Als sicher kann gelten, dass die Nachrichten für den Mitarbeiter des MfS, G. Guillaume, bereits zu einem sehr frühen Zeitpunkt durch die Dienste mitgelesen werden konnten. Inwieweit hier eine Zusammenarbeit zwischen BfV und der ZFChi in Bonn-Bad Godesberg gegeben war, ist nicht bekannt. Siehe hierzu auch Nollau, G.: Das Amt, S. 224, München 1978; van Bergh, H.: Bonner Krankheiten, S. 308 (BT-Drucksache7/3246 S. 78, BT-Drucksache 7/3246 als Faksimile in van Bergh abgedruckt), Landshut 1975; ders.: Guillaume, der Spion, Landshut 1974; Grabau, R.: Beiträge zur Geschichte der Nachrichtentruppe im 2. Weltkrieg, S. 27, Much 2006; danach erfolgte eine Zusammenarbeit der BGS-Gruppe F in Heimerzheim, der BND-Abteilung 2 (Technische Aufklärung) und der Zentralauswertung der FmEloAufkl des Heeres (FmSt 94), insbesondere wegen der Funkverbindungen der sowjetischen Spezialkräfte (SPETSNAZ).

259 Eine umfassende Aufstellung der bisher bekannten Agentenfunkgeräte des MfS und der Militäraufklärung der DDR sowie der russischen und westlichen Dienste enthält Meulstee, L./Staritz, R. F.: Wireless for the Warrior, Vol. 4, Clandestine Radio, Ferndown/UK 2004.

260 Bundespolizei: Aufgaben und Organisation, S. 18, BPOLD, SB26 (FIMST) PDF v. 15. 12. 2005; siehe zur Struktur der Bundespolizei auch Scholzen, R.: Der BGS – Geschichte der Bundespolizei, Stuttgart 2006, Swisttal-Heimerzheim bei Bonn, Lübeck, Meppen und Rosenheim.

261 Bundespolizei: Aufgaben und Organisation, BPOLD, SB26 (FIMST) PDF v. 15. 12. 2005.

- Unterstützung anderer Bedarfsträger, zum Beispiel das Bundeskriminalamt, das Zollkriminalamt und die Polizeien der Länder.

Über die Geräteausstattung der BPOLZSIUK liegen in der Öffentlichkeit naturgemäß wenige Informationen vor. Es kann jedoch aufgrund der Dislozierung der Aufklärungsdienststellen davon ausgegangen werden, dass diese Stellen, neben anderen Aufgaben, auch die Funktion einer HF-Peilstelle zu erfüllen haben. Ob diese Stellen direkten Zugriff auf die Regionalen Kontrollzentren des durch das damalige Bundesamt für Post und Telekommunikation (BAPT)[262] betriebene und von einer namhaften Firma errichtete Überwachungsnetzes haben, kann nicht abschließend geklärt werden. Dieses Netz bestand nach seiner Inbetriebnahme nach 1991 aus 54 Erfassungsstellen mit der Möglichkeit der Überwachung des Frequenzspektrums von 10 kHz–1,8 GHz, die von 6 regionalen Kontrollzentren (Berlin, München, Konstanz, Hamburg, Mainz und Trier) gesteuert wurden.

Aktionsfelder des CC-TKÜ[263]

Ende 2009 waren die Aufbauarbeiten für das Kompetenzzentrum für Technische Telekommunikationsüberwachung CC-TKÜ in Köln soweit abgeschlossen, dass dieses neue Zentrum, das auf die Initiative des damaligen Bundesministers des Innern Dr. Schäuble errichtet werden sollte, den Teilbetrieb[264] hätte aufnehmen können. Damit hätten die deutschen Nachrichten- und Sicherheitsbehörden erstmalig nach 1945 wieder über eine Zentralstelle zur umfassenden Kommunikationsüberwachung verfügt. Bis zu seiner Auflösung verfügte das

---

262 News from Rohde & Schwarz 134, München, 1991/III.

263 Die Zentralstelle für Kommunikationstechnologien wurde mit einem Aufwand von 10 Mio. Euro errichtet; vgl. hierzu auch Deutscher Bundestag, 16. Wahlperiode, Drucksache 16/10050, Kleine Anfrage v. 25. 7. 2008, Deutscher Bundestag, 16. Wahlperiode, Drucksache 16/10137, Antwort der Bundesregierung v. 19. 8. 2008, Technische Richtlinie zur Umsetzung gesetzlicher Maßnahmen zur Überwachung der Telekommunikation (TR TKÜ), Ausgabe 5.1, Februar 2008, Bundesnetzagentur, Mainz. Kilching, M.: Die Neuregelung zur Auslandskopfüberwachung gemäß § 4 TKÜV, Max-Planck-Institut für ausländisches und internationales Strafrecht-Forschungsgruppe Kriminologie, Freiburg, Juli 2006; Forschungsamt des Reichsluftfahrtministeriums in Weiße, G.: Geheime Nachrichtendienste und Funkaufklärung im Zweiten Weltkrieg, Deutsche und alliierte Agentenfunkdienste in Europa, Graz 2009, sowie: Die Hauptabteilung III des Ministeriums für Staatssicherheit – Spezialfunkdienste des MfS, in Weiße, G.: Geheime Funkaufklärung in Deutschland 1945–1989, Stuttgart 2006; Irving, D.: Das Reich hört mit, Print edition © 1989 by David Irving, Electronic edition © 2004 by Parforce UK Ltd., London. Noch nicht entschieden ist, ob, wann und wo eine Verknüpfung der Überwachungsfähigkeiten der Bundespolizei und des Bundeskriminalamtes eingerichtet wird; vgl.: http://dip21.bundestag.de/dip21/btd/16/101/1610137.pdf, http://www.telecomde.com/wp-content/uploads/2009/04/15926.pdf; http://euro-police.noblogs.org/post/2009/05/29/bka-studie-zu-online

264 Im Februar 2010 entschied der Schäuble-Nachfolger Thomas de Maizière dieses Projekt nicht weiter zu verfolgen, sondern zunächst die Rechtsgrundlagen prüfen zu lassen. Vgl.: Der Spiegel-Online v. 6. 2. 2010. Zum CC-TKÜ siehe weiter S. 131 f.

Ministerium für Staatssicherheit der ehemaligen DDR in seiner Hauptabteilung III (Spezialfunkdienst des MfS) über einen umfassenden und effizienten Apparat der Telekommunikationsüberwachung und Fernmelde- und Elektronischen Aufklärung, dem es gelang, tief in westliche Kommunikationssysteme einzudringen.

Weitere nationale und multinationale Einrichtungen mit SIGINT- und InfoOps-Bezügen[265]

Eine Reihe namhafter deutscher Firmen und Institutionen beschäftigen sich mit der Konzipierung von Aufklärungs- und SIGINT-Management-Systemen aller Art, so zum Beispiel Plath, Thales, Rohde & Schwarz, Siemens, EADS, ESG, Industrieanlagen Betriebsgesellschaft (IABG), Forschungsgesellschaft für angewandte Naturwissenschaften (FGAN)[266], Fraunhofer-Gesellschaft, MEDAV, CPM[267] und andere. Hier muss auf die einschlägigen Suchmaschinen im Internet verwiesen werden. Abschließend sei jedoch besonders auf die Wehrtechnische Dienststelle (WTD 81) in Greding hingewiesen, die im Rahmen ihres Auftrages „Forschung & Technik" mit der Bearbeitung von Aufgaben aus dem Forschungs- und Technologieprogramm des BMVg betraut ist. Die WTD leistet mit ihrem Stab und den fünf Fachabteilungen (Geschäftsbereichen) auch fachtechnische Unterstützung und Zuarbeit zu Vorhaben des Bundesamtes für Wehrtechnik und Beschaffung (BWB) und des IT-Amtes der Bundeswehr.

Das Funküberwachungs- und Analysesystem des Bundesamtes für Post und Telekommunikation[268]

Nachstehend soll das durch Rohde & Schwarz Ende 1990 für das damalige deutsche Bundesamt für Post und Telekommunikation entwickelte und bis Sommer 1991 errichtete Überwachungs- und Analysesystem[269] zur Kontrolle und Überwachung des elektromagnetischen Spektrums zwischen 10 kHz–1,8 GHz etwas näher betrachtet werden. Es handelte sich hierbei um ein flächendeckendes

265 Inwieweit auch andere deutsche Unternehmen in die Entwicklung von spezifischen Instrumenten für Informationsoperationen eingebunden sind, kann nicht abschließend ermittelt werden. Jedoch verfügen auch deutsche Unternehmen über entsprechende Expertise. Vgl.: SAP-Überwachung mit Open Source; die Systeme Nagios und ITCOCKPIT eignen sich für die Überwachung von SAP-Systemen (www.pressetext.de/news/100422015/sap-überwachung, v. 27. 4. 2010).

266 Von besonderer Bedeutung sind hier das Forschungsinstitut für Hochfrequenzphysik und Radartechnik (FHR), das Forschungsinstitut für Kommunikation, Informationsverarbeitung und Ergonomie (FKIE) sowie das Forschungsinstitut für Optronik und Mustererkennung (FOM), die mit Projekten mit Bezug zur Nachrichtengewinnung und Aufklärung (NG&A) beschäftig sind.

267 Siehe hierzu auch: Führungsfähigkeit, CPM-Forum, St. Augustin 2006.

268 Jetzt Bundesnetzagentur.

269 Vgl.: News from Rohde & Schwarz, Nr. 134, S. 14–17, München (o. J.).

System zur Überwachung von Frequenzen, das vornehmlich zur Kontrolle der in internationalen Verträgen festgelegten Frequenznutzungen eingeführt wurde. Es diente den Sicherheitsbehörden aber auch zum Aufspüren ungenehmigter Sendungen aller Art und wurde auch zur Überwachung des Agentenfunkverkehrs östlicher Nachrichtendienste genutzt (so z. B. im Fall Guillaume, bei dem der Inhalt der mit einem Zahlenwurm verschlüsselten Funksendungen durch die damalige Zentrale für Chiffrierwesen [ZfChi] – heute BSI – entschlüsselt werden konnte; insbesondere durch den Hinweis auf die Geburt des Sohnes von G. durch die Führungsstelle des MfS [HVA]. Dies führte dann zur Identifizierung von G.). Ob dieses System in das neue System der Bundesnetzagentur zur Frequenzkontrolle und Überwachung der Einhaltung der genehmigten betrieblichen Parameter integriert wurde, ist nicht bekannt.

Das System bestand im Errichtungszustand 1991 aus 54 unbesetzten, fernbedienbaren Erfassungsstellen, die über Fernsprech-/Datenleitungen an die sechs regionalen Kontrollzentren in den westlichen Landesteilen der Bundesrepublik angebunden sind. Eine Erweiterung der Anbindung der neuen Länder war bereits bei der Indienststellung des Systems vorgesehen. Desgleichen wurden zu diesem Zeitpunkt bereits Schnittstellen zu ähnlichen Diensten innerhalb der Europäischen Union geplant, über deren jetzigen Ausbauzustand aus offenen Quellen keine Informationen vorliegen. Die sechs regionalen Kontrollzentren befinden sich vermutlich in Konstanz, München, Trier, Berlin, Hamburg und in Darmstadt; eine Erweiterung in den Ostteil unseres Landes war zum Zeitpunkt der Indienststellung 1991 bereits geplant. Offenbar nimmt Darmstadt[270] auch die Funktion einer zentralen Steuerungsstelle war. Ein Teil der Erfassungsstellen ist mit dem Empfänger Minilock 6910 der Firma Schlumberger, die bereits früher als Ausrüster der Fm/EloAufkl der Bundeswehr in Erscheinung getreten ist, ausgestattet. Im Übrigen verfügen alle Erfassungsstellen über das FSAD1-System und über Empfänger der EK 890-Reihe von R & S. Aufgrund der technischen Auslegung des Systems ist die Erfassung und gleichzeitige IT-gestützte Analyse der erfassten Signale in Echtzeit möglich, und zwar sowohl in der Zentrale als auch von jedem der sechs regionalen Kontrollzentren. Die Erfassungsstellen verfügten 1991 über ein Antennensystem, bestehend aus

- einer aktiven omni-direktionalen Antenne für den Bereich 10 kHz–80 MHz;
- einer passiven omni-direktionalen Antenne für den Bereich von 80 MHz–1600 MHz für vertikal polarisierte Signale;
- einer logarithmisch-periodischen Richtantenne für den Bereich von 80–1300 MHz für horizontal- und vertikal polarisierte Signale aller Art;
- einem hochempfindlichen Dipol-System für den Bereich von 400–470 MHz für den Empfang vertikal polarisierter Signale;
- einer Hornstrahler-Richtantenne mit hohem Verstärkungsfaktor und preselektivem Verstärker.

270 Ob und inwieweit hier Arbeitsbeziehungen zwischen der BFST-Niederlassung Darmstadt und der Zentrale des Systems bestehen, kann nicht bewertet werden, erscheint aber bezogen auf den Auftrag der BFST plausibel.

Vielkanalerfassungsanlage (VKEA) Fm/EloAufklLw, 108–300 MHz; im Einsatz in den grenznahen Erfassungstürmen der Luftwaffe bis Mitte der achtziger Jahre und darüber hinaus

Die Antennensysteme waren ferngesteuert drehbar und erlauben eine präzise Einstellung der Einzelantennen.

Das Erfassungs- und Analysesystem AMMOS[271] *von Rohde & Schwarz*

Das System erlaubt die simultane, modulare, computergestützte Vielkanal-Erfassung, Analyse und Decodierung[272] von Signalen im Frequenzspektrum von 300 Hz–3,6 GHz. Das System verfügt über in Blade-Technik ausgeführte VHF/UHF-Empfänger, die in einem Gehäuse (Mainframe) untergebracht sind. Gesteuert wird das System durch den Controller, der seinerseits die softwarebasierten Module für Empfängerkontrolle, Demodulation und Decodierung der digitalen und analogen Signale steuert. Die Sensor-Gruppe erlaubt die getrennte Parametrierung der Sensor-Kanäle und stellt damit eine hohe Suchgeschwindigkeit bei der Signalsuche in einem spezifizierten Frequenzbereich her. Sollte das System bei den deutschen Diensten eingeführt sein, stellt dies einen beachtlichen Sprung in der Qualität der Signalerfassung und Analyse dar, der es den Diensten erlaubt, in unterschiedlichen Signalwelten Signalerfassung mit Erfolg zu betreiben.

271 Vgl.: Werksangaben mit freundlicher Genehmigung durch Rohde & Schwarz. Auch hier schreitet die Entwicklung fort. Weitere Angaben zu Systemen von Rohde & Schwarz können der Homepage von R & S entnommen werden: http://www.rohde-schwarz.de

272 Hier allerdings nur bezogen auf unterschiedliche Modulations- bzw. Betriebsarten und die damit übermittelten Kommunikationsinhalte (Sprache, Bilder, Daten, Fax, Morse, Kurzzeitsignale u. Ä.), nicht jedoch kryptierte Inhalte. Daneben war R & S auch an der Entwicklung weiterer Aufklärungssysteme wie EULE u. a. beteiligt.

Die Electronic Warfare Range Polygone

Auf die Gliederung und Aufgaben der Electronic Warfare Range Polygone[273] in Bann bei Kaiserslautern soll hier nicht weiter eingegangen werden. Dort werden aktuelle Systeme und Verfahren zum Schutz von Flugzeugen unter Einsatzbedingungen und in einer realen Signalumwelt erprobt.

Das Warrior Preparation Center (WPC) der US-Streitkräfte in Kaiserslautern

Das WPC in Kaiserslautern hat den Auftrag, computergestützte Übungen[274] für Teilnehmer der US Air Force Europe (USAFE), der US Army Europe (USAREUR), dem US Army European Command (USEUCOM) und aus der NATO vorzubereiten und durchzuführen. Aufgrund der Aufgabenstellung und umfangreichen Ausstattung mit neuester Informations- und Kommunikationstechnik kann angenommen werden, das im WPC unter anderem Informationsoperationen geplant, geübt und, wenn erforderlich, im Verbund mit anderen Stellen auch gesteuert und durchgeführt werden könnten.

Die Unterstützung der signalerfassenden nationalen Aufklärung[275] durch die deutsche Industrie[276]

Die im Aufbau begriffenen neuen deutschen Streitkräfte[277] griffen bald auf neu entwickelte Systeme aus nationaler Produktion zurück, da die von den Verbündeten gelieferten Systeme, insbesondere im Bereich der HF-SHF-Erfassung und -Analyse, nicht unbedingt den Stand neuester Technik repräsentierten. In

---

273 Siehe hierzu: Multinational Aircrew Electronic Warfare Tactics Facility (MAEWT) in http://www.manfred-bischoff.de

274 Computer Assisted Exercises (CAX).

275 Offenbar verfügt auch Nokia-Siemens über eine entsprechende Expertise für die Überwachung von Mobilfunknetzen, denn soweit bekannt soll das Unternehmen die entsprechende Technik auch in Krisenregionen geliefert und dort auch Ausbildungshilfe geleistet haben; vgl. hierzu Computerwoche: Iran-Geschäfte, EU-Parlamentarier kritisieren Nokia-Siemens-Networks, 12. 2. 2010; siehe auch Grabau, R.: Historische Betrachtung – Die 2. Generation von VHF-Sprechfunkgeräten des Heeres in: F-Flagge 2-2010, S. 47, Rheinbach 2010, der die Verknüpfung der deutschen Industrie mit Neuentwicklungen in der Nachkriegszeit anschaulich beleuchtet.

276 In der Deutschen Gesellschaft für Ortung und Navigation (DGON) wurden wohl auf Anregung des Generals a. D. Gehlen unter der Führung von General a. D. W. Martini als Geschäftsführer die Kriegserfahrungen der deutschen Hochfrequenzforschung und Produktion gesammelt sowie militärische Führungsverfahren und Erfahrungen ausgewertet, um sie der Nachwelt zu erhalten und bei Bedarf wieder national nutzbar machen zu können. Bis Kriegsende hatte die deutsche Hochfrequenz-Industrie ein Niveau erreicht, das zumindest in Teilbereichen durch die Alliierten nicht erreicht worden ist. Viele der Forschungsergebnisse, nicht nur im Bereich der Hochfrequenzforschung und Produktion, fanden Eingang in Projekte der damaligen Siegermächte.

277 Vgl. hierzu: Elsners Taschenjahrbuch, Darmstadt 1957; Ostermann, F.: Communication Receivers, 3rd Edn., Reynoldsburg, OH, 1998; sowie Recherchen des Autors.

den Folgejahren nahmen bekannte Unternehmen – wie Siemens, Telefunken, Rohde & Schwarz, Standard-Elektrik-Lorenz (SEL), Plath und Pfitzer, um nur einige zu nennen – die Konstruktion und Produktion, auch militärisch nutzbarer Systeme, wieder auf und erreichten nach einigem Anlauf bald Standards, die sich mit denen der Alliierten durchaus messen konnten. Die erste Generation der Ausstattung mit Erfassungssystemen baute auf konventionellen Röhrenempfängern[278] und der durch die deutsche Industrie fortentwickelte Magnetron- und Klystron-Technik im SHF-Bereich[279] auf.

Mit Beginn der 1960er Jahre gelangten eine Reihe von Weiterentwicklungen[280] von Empfangssystemen unterschiedlicher Konfiguration von verschiedenen Unternehmen in die deutschen Streitkräfte und Dienste. Später sollte die Digitalisierung der Systeme folgen. Gute Beispiele für diesen qualitativen Sprung stellen die folgenden Gerätegenerationen[281] dar, die bis weit nach 1990 im Betrieb standen und teilweise noch im Betrieb sind. Ab Mitte der 1980er Jahre wurden neue Systeme, die über Schnittstellen zu DV-Systemen verfügen, eingeführt und stehen auch heute zum Teil noch in Verwendung[282].

Die deutsche Industrie ist auch weiterhin in die Entwicklung entsprechender Erfassungs- und Analyse-/Auswertesysteme für die signalerfassende Aufklärung Deutschlands eingebunden. Aus nachvollziehbaren Gründen sind jedoch Veröffentlichungen zu diesem Thema nur sehr eingeschränkt verfügbar. Dies kann auch für die sensitiven Anteile des IT-Projektes „Herkules" gelten, die möglicherweise in zivile Betreuung gehen werden. Aus der Vielzahl der nationalen Projekte wurden sollen hier nur einige Programme[283] aufgezählt werden. ISVA Grid 2[284], ISVA PLUS, ISUNA, MOBCAP 2000, JCDE, CAESAR, IIES, SAR, MIT, BICES, JASMIN, PAMIR, DSSS, PRASKA, HERA, RTA, PAWEX, MERKUR, JZD, TARANIS, ACOS u. a. Systeme.

Deutschland verfügt in seiner Industrie über leistungsfähige Partner für die Entwicklung und Fertigung militärischer und ziviler Kommunikations- und Er-

---

278 Auch der BND benötigte moderne Ausrüstung zum Aufbau eines Funkmess-Beobachtungsdienstes, wie aus einem Vorschlag aus dem Jahre 1954 ersichtlich ist. Dieser wurde später durch die Errichtung der „grenznahen Fm/EloAufkl" der Streitkräfte, die entsprechende Erfassungsstellen in den späten 1960er Jahren auf „Hohen Punkten" entlang der innerdeutschen Grenze und der Grenze zur damaligen ČSSR, auch zur Mitnutzung durch den BND, einrichtete, Realität.

279 Meulstee, L./Staritz, R. F.: Wireless for the Warrior, Vol. 4, Clandestine Radio, Ferndown/UK 2004; siehe hierzu die Systeme B2N, FS 5000, OG, SP 15, SP 20, UHU, 12 WG sowie Typ 41 des BND.

280 Ostermann, F.: Communication Receivers, 3rd Edn., Reynoldsburg, OH 1998.

281 Ostermann, F.: Communication Receivers, 3rd Edn., Reynoldsburg, OH, 1998.

282 Aus naheliegenden Gründen sind Veröffentlichungen zu den in Nutzung befindlichen Systemen äußerst selten, so dass hier auf eine umfassende Darstellung verzichtet werden muss. Dies gilt auch für die in den deutschen Diensten genutzten SIGINT-Analyse- und Auswertesysteme.

283 Informationen zu diesen Programmen werden aus naheliegenden Gründen nicht veröffentlicht.

284 Intelligenter Sensorverbund Nachrichtengewinnung und Aufklärung.

fassungssysteme für die technische Aufklärung und hat dies auch immer wieder eindrucksvoll unter Beweis gestellt. Als hemmend für die Entwicklung neuer Systeme haben sich auch in der Vergangenheit die Beschaffungsbürokratie und Ressortegoismen erwiesen, deren Einflüsse aus mancherlei Gründen (Goldrandlösungen[285]) häufig zu Verzögerungen und vermeidbaren Modifikationen der Systeme geführt haben. Künftig dürfte die deutsche Industrie nachhaltig durch Haushaltszwänge im Verteidigungsressort in der Entwicklung neuer Systeme für die Bundeswehr gehemmt werden.

Resümee: Stand der Kommunikationsüberwachung in Deutschland

Die 38 Sicherheits- und Nachrichtendienste in der Bundesrepublik Deutschland unterhalten nach einem Bericht des Innenausschuss des Deutschen Bundestages (11. 3. 2008) etwa 80 Anlagen und Einrichtungen zur Technischen Telekommunikationsüberwachung (TKÜ). Soweit bekannt, sind die Anlagen einiger Landesbehörden zur TKÜ nicht mit den übrigen, von anderen Behörden betriebenen Systemen kompatibel. Aus Sicht des Bundesministeriums des Innern (BMI) bestand daher spätestens seit 1994 für die in der TKÜ tätigen Behörden (BKA, BfV und die Bundespolizei) Harmonisierungsbedarf, der später auf die übrigen Landesbehörden ausgedehnt werden sollte. Daher sollten künftig Maßnahmen zur Technischen Telekommunikationsüberwachung unter Federführung des BMI beim Bundesverwaltungsamt (BVA) in Köln in einem Kompetenzzentrum – dem CC-TKÜ – zusammengefasst und später mit einem Servicezentrum für alle mit TKÜ-Maßnahmen befassten Bundes- und Landesbehörden in einem Servicezentrum TKÜ (SC-TKÜ) erweitert werden. Für Mitte des Jahres 2009 sollte sowohl das Kompetenzzentrum als auch das Servicezentrum mit zunächst 33 Mitarbeitern die Arbeit aufnehmen. Die Zuführung weiteren Personals aus den mit TKÜ-Maßnahmen befassten Landesbehörden ist im Gespräch.

Das bisher in den Bundes- und Landesbehörden (BKA, Bundespolizei, BfV, LÄfV, BSI u. a. Behörden) eingesetzte IT-Spezialpersonal sollte künftig aus der bisherigen Unterstellung herausgelöst und dem BVA direkt unterstellt werden. Ob es zu all dem kommt, wird sich nach der bereits erwähnten Überprüfung des rechtlichen Rahmens des CC-TKÜ weisen.

Weiter sollte das CC-TKÜ die im Rahmen der TKÜ gewonnenen Daten unter Beachtung des „Trennungsgebots" ausschließlich getrennt an die anfordernden Bedarfsträger übermitteln. Hier sind in jedem Falle Zweifel angebracht, da es sich bei diesem Personal um Wissensträger aus den Nachrichten- oder Sicherheitsdiensten handelt und die „Abschottung" nach allgemeiner Erfahrung, auch mit Blick auf Nachrichten- und Sicherheitsdienste, in aller Regel unterlaufen werden kann. Für das CC-TKÜ war der Austausch von technischem und organisatorischem Know-how vorgesehen, zu einer Verschmelzung nachrichten-

285 = technisch ideale Lösungen.

dienstlicher Erkenntnisse mit den Erkenntnissen der Sicherheitsbehörden sollte es hingegen bis jetzt nicht kommen. Der Datenschutzbeauftragte der Bundesregierung war nicht im Aufbaustab des CC-TKÜ vertreten. Soweit bekannt, beabsichtigte das BMI damals nicht, dem CC-TKÜ den Status einer Bundesbehörde zu verleihen. Auch schien eine Verknüpfung der nationalen TKÜ-Fähigkeiten mit denen der Partnerdienste zum damaligen Zeitpunkt noch nicht geplant. Allerdings erschienen aus damaliger Sicht des BMI Konvergenzüberlegungen zur Angleichung von Formaten mit befreundeten Diensten sinnvoll. Jedoch war wohl im Jahre 2009 noch nicht beabsichtigt, die Technische Aufklärung (Fernmelde- und Elektronische Aufklärung) des Bundesnachrichtendienstes (BND) in die Technische Kommunikationsüberwachung durch das CC-TKÜ in Köln einzubinden. Im Zuge der geplanten Reform der Bundeswehr kann wohl auch mit einer Neuordnung der Nachrichtengewinnung und Aufklärung (NG&A) sowohl in den Streitkräften als auch beim BND gerechnet werden. Wie die genaue Abgrenzung der Aufgaben gestaltet sein wird, ist noch nicht absehbar. Dies gilt auch für die künftige Rolle des CC-TKÜ in Köln.

Für die Durchführung der Technischen Kommunikations-Überwachungsmaßnahmen[286] werden in aller Regel Datenverarbeitungsanlagen der beteiligten Behörden eingesetzt. Die Überwachungsverfahren und die dabei anzuwendenden Methoden und zu verwendenden technischen Parameter sind in der „Technischen Richtlinie zur Umsetzung gesetzlicher Maßnahmen zur Überwachung der Telekommunikation" (TR TKÜ), Ausgabe 5.1, Februar 2008, der Bundesnetzagentur festgelegt. Die technische Richtlinie legt auf über 144 Seiten umfassend die technischen Forderungen an das Erfassungs-, Überleitungs- und Speicherungssystem der in Deutschland eingesetzten Überwachungssysteme fest. Gemeinsame technische Parameter nach dem ETSI-Standard (Schnittstellen u. Ä.) sollen die Zusammenarbeit der europäischen Kommunikationsüberwachungsbehörden im Rahmen der Lawful Interception erleichtern. Hierzu gehören unter anderem folgende technische Forderungen zur Telekommunikationsüberwachung in Deutschland:

- grundsätzliche Anforderungen bei leitungsvermittelnden Netzen (PSTN/GSM)
- allgemeine Anforderungen an Mobilfunknetze (GPRS/UMTS)
- Anforderungen für Sprache, Fax und Daten (Voicemail/Unified Messaging Systeme)

---

286 Auch das Bundesamt für Verfassungsschutz (BfV) hatte sich im Rahmen der Optimierungsansätze der Operation Alberich mit der künftigen strategischen Überwachung nationaler und internationaler Internet-Koten und der Filterung des E-Mail-Verkehrs (Internet Nodes und Content Filtering) beschäftigt; vgl. Der Spiegel, 16/2008). Allerdings hat der amtierende Bundesinnenminister de Maizière im Januar 2010 alle weiterführenden Maßnahmen dieser Behörde vorläufig einstellen lassen. Im Rahmen einer Untersuchung sollen neue Rechtsgrundlagen für die Telekommunikationsüberwachung unter Beachtung des Trennungsgebotes zwischen Nachrichtendiensten und Strafverfolgungsbehörden erarbeitet werden. Einen umfassenden Überblick über die rechtliche Situation der Telekommunikationsüberwachung in Deutschland mit Stand 2008 gewährt Keller, Ch.: Telekommunikationsüberwachung und andere verdeckte Ermittlungsmaßnahmen, Stuttgart 2008.

- Anforderungen an E-Mail-Dienste
- Anforderungen an Dienste für den Internet-Zugang (IP)
- Anforderungen für Multimedia und Voice over IP-(VoIP)Dienste
- Festlegungen für die Übermittlungsmethode(n) FTAM/FTP
- Festlegungen für Internet Protocol IP – Virtual Private Network (IP-VPN)
- Festlegungen für den Einsatz von Kryptonsystemen im Rahmen von IP-VPN
- Übermittlung von Hl1-Ereigissen und zusätzlicher Ereignisse; u. a. Natparas, HIN Operations Notfications und andere Module
- Hindernisse bei der Übermittlung der Überwachungskopie zu den Anschlüssen der berechtigten Stelle
- Übergabepunkte für leitungsvermittelnde Netze (national)
- Festlegungen für Fest- und Mobilfunknetze (PSN, ISDN, GSM, GPRS nach den ETSI-Standards
- Festlegungen für UMTS-Netze nach der 3GPP-Spezifikation
- Festlegungen für Übergabepunkte für Speichereinrichtungen für Sprache-, Fax-, Daten-, Voicemail- und Unified Messaging Systeme
- Festlegungen für Speichereinrichtungen des Dienstes E-Mail
- Festlegungen für den Internetzugangsweg nach ETSI-Spezifikationen
- Festlegungen für Voice over IP und sonstigen Multimediadiensten

Zur Problematik der Technischen Kommunikationsüberwachung stellt der Bericht des Bundeskriminalamtes „Auswirkungen gesetzlicher Neuregelungen auf die Ermittlungspraxis der Strafverfolgungsbehörden“ (AGNES) unter anderem fest, dass „die stetig zunehmende Kryptierung“ entsprechende Verfahren der Ermittlungsbehörden erforderlich machen würde. Interessant in diesem Zusammenhang ist der stetige Anstieg von TKÜ-Maßnahmen in Deutschland seit 1997. Betrug die Anzahl der TKÜ (Festnetz und Mobilfunk) im Jahre 1997 noch unter 10.000 Verbindungen, stieg die Anzahl der überwachten Festnetzverbindungen auf über 60.000 im Jahre 2003. Im selben Jahr wurden über 20.000 Mobilfunkanschlüsse überwacht. Nach entsprechenden Informationen aus den Medien stieg die Anzahl der TKÜ-Operationen seit 2004 überproportional an.

Offenbar gelingt es den Ermittlungsbehörden auch heute noch nicht endgültig, in die kryptierten Sprachverbindungen im Internet[287], die mit dem System Skype oder anderen Systemen realisiert oder in kryptierte Sprachverbindungen, die in IP-Virtual Private Networks (IP-VPN) betrieben werden, einzudringen und deren Inhalte auf Systeme der TKÜ auszuleiten. Hierauf wies eine Gesetzesinitiative der damaligen deutschen Bundesregierung unter Federführung des Justizministeriums hin, demzufolge Maßnahmen der TKÜ künftig auch zur Strafverfolgung erlaubt werden sollen. Im Rahmen des TKÜ-Quellzugriffs soll bereits vor dem Verdacht einer Straftat auf die Quelldaten in einem System zugegriffen werden, bevor die Kommunikationsinhalte durch den mutmaßlichen Täter verschlüsselt werden können. Seit Januar 2009 soll das Bundeskriminalamt diese Technik bereits im Vorfeld schwerster Gefahren angewendet haben. Ob und in welchem Umfang der Gesetzgeber künftig kryptierte Kommunikationsinhalte bei Privaten und Unternehmen zulassen wird, kann aufgrund der sich abzeichnenden Entwicklung noch nicht abgesehen werden. Es steht allerdings zu befürchten, dass der Einsatz derartiger Systeme durch Privatpersonen und Unternehmen aller Art künftig davon abhängen wird, inwieweit staatliche Stellen Zugriff auf die Quelldateien derartiger Kryptosysteme erhalten werden.

Es würde den Rahmen dieser Ausarbeitung sprengen, sollten alle Einrichtungen und Unternehmen in Deutschland, die sich mit Fragestellungen der Signalerfassung und den Vorbereitungen und der Durchführung von Informationsoperationen beschäftigen, aufgezählt werden.

287 Vgl. auch: Baker McKenzie: Decrypting Chinas Encryption Regulations, Palo-Alto, 2009 http://infosecurity.ch/20100616/china-encryption-regulations/; Vijayan, J.: Rules requires companies to share encryption codes with chinese authorities, Computer World, UK, 30. 4. 2010; Crypto Law Survey Version 25.2, Oktober 2008 © Bert-Jaap Koops http://rechten.uvt.nl/koops/cryptolaw/; LfV-Baden-Württemberg, Verfassungsschutz Aktuell 1/2007, S. 7, Stuttgart, Januar 2007; Systema Operativno Rozysknykh Meropriyatii, SORM 2. SORM (RFE/RL Radio Free Europe/Radio Liberty), Prag, Februar 2007; Regierungsanordnung Nr. 2339 der Russischen Föderation, Prikas No 5/8 v. 16. 1. 2008 des Ministeriums für Informationstechnologie und Fernmeldewesen der Russischen Föderation/Föderaler Dienst für Spionageabwehr der Russischen Föderation: Diese Regierungsanordnung präzisiert nochmals den Umfang der Kommunikationsüberwachungsmaßnahmen, Zuständigkeiten und Verpflichtungen der Diensteanbieter. Donovan, P.: Study: Internet Facilitates China's Surveillance of Citizens, digitalcommunities, 29. 4. 2010; Markoff, J.: Voice Encryption may fear US-Scrutinity, New York Times, 22. 5. 2006.

SIGINT und InfoOps weltweit

Großbritannien

Mit Blick auf die signalerfassende Aufklärung und die Informationsoperationen in Großbritannien sind das Government Communications Headquarter (GCHQ) und der Militärische Nachrichtendienst Defence Intelligence Staff (DIS) von Bedeutung, deren Aufgaben und Zuständigkeiten nachfolgend erläutert werden sollen:

Das Government Communications Headquarter[288]

Das in den 1940er Jahren aus der aus der Government Code & Cypher School (GC & CS) Bletchley Park hervorgegangene GCHQ in Cheltenham/Benhall[289] nimmt Aufgaben der Fernmelde- und Elektronischen Aufklärung auf strategischer Ebene für die britische Regierung war. Daneben verfügt das GCHQ auch über umfassende Fähigkeiten zur Bearbeitung kryptografischer Fragen und der Kryptoanalyse. Es ist außerdem mit Aufgaben der nationalen Informationssicherstellung (Information Assurance) für Kritische Infrastrukturen betraut und unterstützt auch die nationalen Strafverfolgungsbehörden sowie die Nachrichtendienste MI5 und MI6[290]. GCHQ verfügt zur Aufgabenerfüllung über das Datenverarbeitungssystem CRAY, das auch von der amerikanischen NSA genutzt wird. Daneben betätigt sich das GCHQ auch aktiv an der Entwicklung von Projekten in den Bereichen, Computerarchitektur, Telekommunikation, Netzwerkarchitekturen, Softwareentwicklung sowie Data Mining und Electronic Engineering.

---

288 Großbritannien gehört nach wie dem UKUSA-Agreement an und tauscht die Ergebnisse seiner SIGINT-Aktivitäten mit anderen Partnern dieses Abkommens, aber vorzugsweise mit der National Security Agency (NSA) der USA, aus. Die weitere Beteiligung an SIGINT-Aktivitäten im Rahmen des Projektes Echelon, wenn auch unter erweiterter Aufgabenstellung und anderer Bezeichnung, kann angenommen werden. Weitere Einzelheiten siehe auch Schmidt-Eenboom, E.: Nachrichtendienste in Nordamerika, Europa und Japan, Forschungsinstitut für Friedenspolitik e. V., Weilheim 1995 (CD-ROM).

289 Das 2004 in Benhall neu errichtete futuristische Gebäude trägt in lokalen Kreisen den Namen „Doughnut“ (dt.: Krapfen oder Pfannkuchen).

290 Nach dem Annual Report des britischen „Intelligence and Security Committees 2008–2009“ vom März 2010 wird das Budget des GCHQ nicht mehr veröffentlicht. Im Rahmen des Programms „Contest – UK Counter Terrorism Strategy“ ist das GCHQ jedoch auch in die Bekämpfung des Terrorismus eingebunden.

Außerdem nimmt das GCHQ die Aufgaben einer nationalen IT-Zertifizierungsbehörde, ähnlich dem deutschen BSI, wahr. Die Erfassungsstellen des GCHQ entsprechen hinsichtlich ihrer Dislozierung der Aufgabenstellung des GCHQ zur globalen Erfassung von elektromagnetischen Signalen aller Art. Die durch das GCHQ gewonnenen Informationen werden, soweit bekannt, mit Partnerdiensten im Rahmen des UKUSA-Agreements und mit anderen „Third Parties"[291] möglicherweise auch auf bilateraler Basis ausgetauscht.

SIGINT der britischen Streitkräfte

Die mit Aufgaben der Nachrichtengewinnung und Aufklärung betrauten Elemente der britischen Streitkräfte werden durch den Defence Intelligence Staff (DIS) im britischen Verteidigungsministerium Ministry of Defence United Kingdom (MODUK) geführt. Zu den Aufgaben der Streitkräfte gehört die Gewinnung von Informationen im taktischen und operativen Bereich. Daher sollen im Folgenden nur die Elemente der taktischen und operativen Signal Intelligence der britischen Streitkräfte behandelt werden:

Die SIGINT-Elemente der britischen Landstreitkräfte

Die taktische und operative Signalerfassung im britischen Heer nimmt das 14th Signal Regiment (Electronic Warfare)[292] wahr. Das Regiment verfügt über einen Regimentsstab sowie 3 Schwadronen (Kompanien) für den elektronischen Kampf und eine Hauptquartier-Schwadron, deren Aufgaben wie folgt festgelegt sind:

- **14th Signal Regiment Headquarters Squadron**
  Die Headquarters Squadron stellt administrative und logistische Unterstützung der übrigen Einsatz-Schwadronen bereit.
- **226th Signal Squadron (Electronic Warfare)**
  Auftrag dieser Schwadron ist die Unterstützung des multinationalen Allied Command Europe Rapid Reaction Corps (ARRC) in Mönchengladbach und der dieser unterstellten Joint Rapid Deployment Force (JRDF), dafür ist der 640 Signal Troop eingeteilt, dem neben EloKa-Spezialisten auch Angehörige des Militärischen Nachrichtendienstes (Intelligence Corps) angehören.
- **237th Signal Squadron (Electronic Warfare)**
  Diese Schwadron ist der 3. UK-Division zugeordnet und unterstützt auch andere Operationen der britischen und alliierten Streitkräfte weltweit durch Einsatz des Light Electronic Warfare Teams (LEWT). Dabei kann die Schwadron auch zur Unterstützung der 16 Air Assault Brigade (UK)

---

291 Zu den „Third Parties" sollen dem Vernehmen nach auch die Bundesrepublik Deutschland und Österreich gehören.

292 Standort des 14th Signal Regiment ist Brawdy, Cawdor Barracks, Pembrokeshire, UK auf einem ehemaligen Flugplatz der RAF.

Die Organisation der britischen Nachrichten- und Sicherheitsdienste

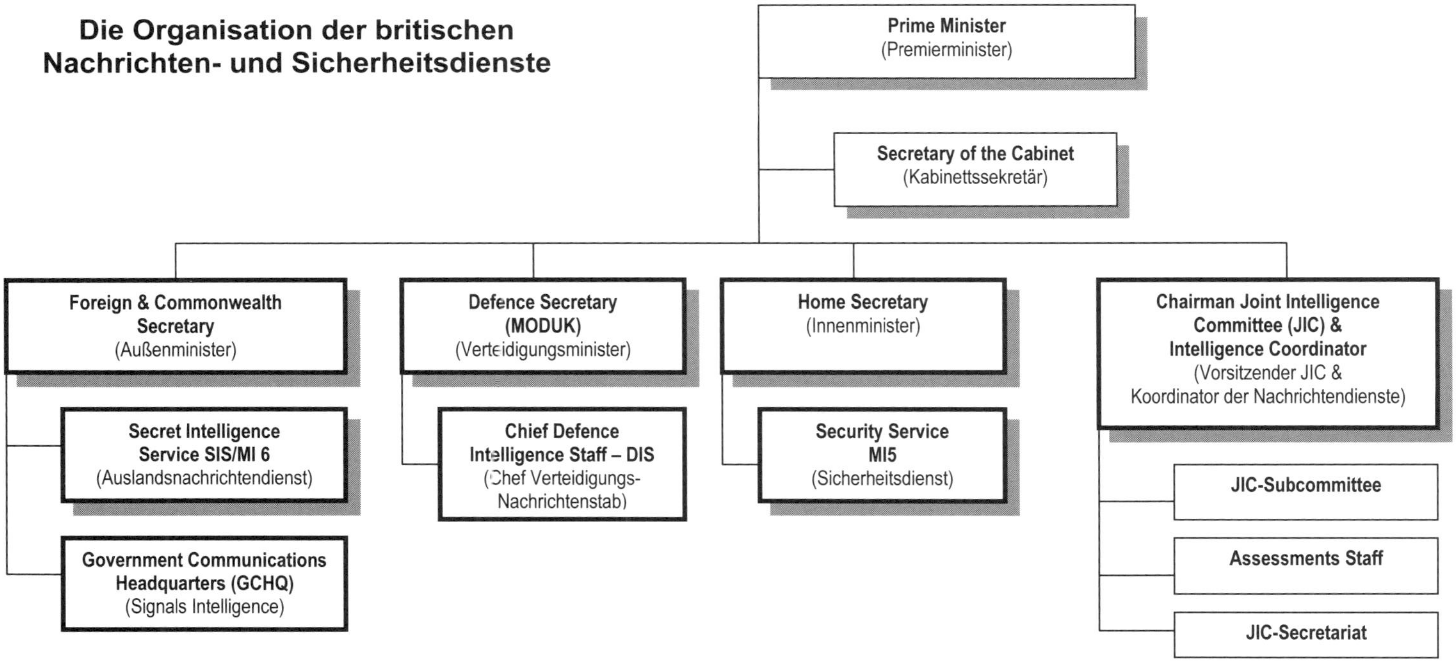

Quelle: http://www.archive.official-documents.co.uk/document/caboff/nim/0114301808.pdf, v. 01. 08. 2010, Grafik: G. Weiße

im Luftlande- oder Sprungeinsatz herangezogen werden. Die Schwadron wurde bereits in Bosnien mit Erfolg eingesetzt.

- **245th Signal Squadron (Electronic Warfare)**
  Diese Schwadron unterstützt die 1 UK Armoured Division und ist ähnlich wie die 237 SigsSqn gegliedert und ausgerüstet. Auch sie kann zu weltweiten Unterstützungsmissionen herangezogen werden.

Zur Jahrtausendwende dürfte das 14th Signal Regiment über neue Systeme zur Führung des elektronischen Kampfes verfügt haben. Für das Jahr 2006 war die Zuführung des neuen Systems Soothsayer[293] geplant. Das kürzlich entwickelte Konzept des britischen Heeres zur Durchführung von Informationsoperationen legt die Rahmenbedingungen in der Richtlinie „Gemeinsame Unterstützung zwischen GCHQ und landgestütztem elektronischen Kampf" wie folgt fest: „Koordinierte Aktivitäten mit dem Ziel unternommen, die gegnerischen Führungspersönlichkeiten bei der Verfolgung von politischen und militärischen Zielen im Rahmen von Informationsprozessen zu beeinflussen, während eigene Informationen und Informationssysteme geschützt werden." Damit gewinnen die EloKa-Kräfte des britischen Heeres besondere Bedeutung für die Signalerfassung im taktischen und operativen Rahmen[294], und zwar sowohl bei konventionellen Einsätzen als auch als wichtiges Unterstützungselement bei der immer bedeutender werdenden Planung und Durchführung von Informationsoperationen. Soweit bekannt, planen die britischen Landstreitkräfte eine Verstärkung ihrer Fähigkeiten zur Durchführung von Informationsoperationen. Das britische Heer verfügt zusätzlich über eine große Anzahl von Fernmeldeverbänden, die aber nicht unmittelbar im Rahmen des elektronischen Kampfes eingesetzt werden und hier daher auch nicht weiter betrachtet werden sollen.

Die signalerfassende Nachrichtengewinnung der britischen Luftstreitkräfte (Royal Air Force)

Die Royal Air Force (RAF) verfügt gegenwärtig zur Nachrichtengewinnung und Aufklärung im elektromagnetischen Spektrum über die No 51 Squadron (ELINT) und die No 5 Squadron AC, beide in Waddington[295], die mit dem Muster Nimrod R1[296] beziehungsweise Astor-Sentinel R1 ausgestattet sind und folgende Aufträge zu erfüllen haben:

---

293 Nähere Einzelheiten über die Parameter des Systems sind aus offenen Quellen nicht verfügbar. Ob dieses System als Folgesystem des seit 1992 in Betrieb befindlichen Vixen-Auswertesystems anzusehen ist, konnte aus offenen Quellen nicht in Erfahrung gebracht werden. Vgl.: Heymann, Ch.: The British Army Pocket Guide, R & F-Military Publishing, 1995.

294 Die strategische signalerfassende Aufklärung wird nach wie vor durch das GCHQ durchgeführt.

295 Nach der „Royal Air Force Strategy" vom 17.7. 2006 wird die RAF Waddington bis 2015 zum ISTAR-(Intelligence, Surveillance, Targeting, Aquisition, Reconnaissance)Hub ausgebaut.

296 Offenbar wird die Nimrod R1 sukzessive aus dem Einsatz genommen und durch die Astor Sentinel ersetzt. Auch planen die britischen Streitkräfte den Einsatz von Drohnen.

- **No 51 Squadron (ELINT)**
Die Nimrod R1 wird als fliegende Signalerfassungsplattform eingesetzt und verfügt über eine fliegerische Besatzung von 4 (2 Piloten, Flugingenieur und Waffensystemoffizier) sowie über SIGINT-Personal in Stärke von 24 Spezialisten unter Führung eines Missions-Kontroll-Offiziers. Die Dienstgipfelhöhe der Nimrod beträgt mehr als 20.000 Meter. Das Flugzeug ist luftbetankungsfähig und verfügt über ein GPS-gestütztes sowie autonomes Inertial Navigation System (INS). Über die Erfassungssysteme liegen naturgemäß keine offenen Informationen vor. Ende 2006 ging eine Nimrod R1 aus unbekannten Gründen über Afghanistan verloren.
- **No 5 Squadron (Army Cooperation Squadron)**
Die Astor-Sentinel 1 wird zur Gefechtsfeldaufklärung mit SAR und Moving Target Indication (MTI) zur Überwachung der Bewegungen auf dem Gefechtsfeld mit einer Reichweite von mehreren hundert Kilometern eingesetzt. Die Royal Air Force beabsichtigte bis Ende 2006, 5 Sentinel zu beschaffen und diese zusammen mit der Nimrod R1 und der britischen Boeing E-3D SENTRY AWACS[297] im Verbund zur Frühwarnung, Signalerfassung und Gefechtsfeldüberwachung einzusetzen. Das Flugzeug mit 5 Besatzungsmitgliedern kann in Höhen bis zu 20.000 Metern über einen Zeitraum von mehr als 9 Stunden operieren. Die gewonnenen Informationen werden auf elektronischem Wege ohne Zeitverzug in verschiedenen Formaten, und zwar sowohl an zwei zum System gehörende Gefechtsständen im Einsatzraum, als auch an sechs mobilen Gefechtsständen zur Unterstützung der Bodentruppen auf Divisions- und Brigadeebene und über eine Satelliten-Verbindung direkt nach Waddington[298] in Großbritannien übermittelt.
Ob und inwieweit die RAF noch bodengebundene Erfassungsstellen zur Signalerfassung unterhält, kann derzeit nicht abschließend geklärt werden. Gegenwärtig sind Teile der RAF unter anderem im Irak, in Afghanistan, Bosnien, Kosovo, Tampa, Bahrein, Diego Garcia, Cypern und im Südatlantik (Ascension und Falkland) eingesetzt. Ob diese Einsätze ursächlich mit der Signalerfassung im Zusammenhang stehen, kann nicht abschließend bewertet werden.
- **Die Signals Intelligence der britischen Marine (Royal Navy)**
Für den elektronischen Kampf verfügt die Royal Navy über landgestützte Erfassungseinrichtungen, über die allerdings wenig in Erfahrung gebracht werden konnte, sowie die an Bord der Kriegsschiffe befindlichen Systeme für signalerfassende Aufklärung und elektronischen Kampf.

---

297 Es konnte nicht geklärt werden, ob die britischen E-3D SENTRY auch über SIGINT-Fähigkeiten verfügen. Es erscheint jedoch wahrscheinlich, das die E-3D mit elektronischen Selbstschutzeinrichtungen (Self Protection Sets) ausgestattet ist.

298 In Waddington befindet sich auch die Basis der britischen Airborne Early Warning Component der NATO-AEW Force.

Zentrales Steuerelement: Defence Intelligence Staff des Ministry of Defence

Der Defence Intelligence Staff[299] DIS im Old War Office Building in London-Whitehall verfügt über eine Reihe von Abteilungen, die mit der Bearbeitung und Auswertung von Informationen aller Art beauftragt sind. Dazu verfügt der DIS in den Streitkräften über 1700 Nachrichten-Spezialisten, im Bereich Old War Office Building (OWOB), dem Hauptquartier des DIS, über 700, im Defence Intelligence and Security Centre (DISC) über 500 und im Bereich des Defence Geospatial Intelligence (DGI) über 1600 Mitarbeiter. Der DIS arbeitet mit den Nachrichten- und Sicherheitsdiensten Großbritanniens, der NATO, befreundeten Nachrichtendiensten und anderen Organisationen zusammen. Von besonderer Bedeutung ist das Intelligence Situation Centre des DIS-Director of Operations, das im 24-Stunden-Dienst die Lage führt und bei Bedarf Nachrichtengewinnungsaufträge an die Teileinheiten des Militärischen Nachrichtendienstes erteilt. Eine nicht minder wichtige Rolle in der Bearbeitung und Auswertung der durch den DIS gewonnenen Informationen spielt die Intelligence Collection Group (ICG)[300], die unter Führung des DIS am 1. Juni 2006 aufgestellt wurde. Die ICG verfügt über mehr als 3312 Mitarbeiter, davon mehr als 2076 Militärpersonen. Die ICG wird von einem Brigadegeneral des britischen Heeres geführt. Das Hauptquartier der ICG befindet sich in Feltham, Middlesex. Der ICG unterstehen folgende Organisationseinheiten:

- **Headquarters Intelligence Collection Group (ICG) Feltham**
  Management der strategischen Aspekte der Nachrichtengewinnung, Umsetzung in Policy, Planung und Ausführung.
- **Defence Geographic Centre (DGC) Feltham**
  Bereitstellung geografischer Informationen für die Verteidigungsplanung Großbritanniens, deren Umsetzung und zur Ausbildung.
- **Joint Air Reconnaissance Centre (JARIC) RAF Brampton**
  Bereitstellung von Image Intelligence (IMINT[301]), Measurements and Signature Intelligence (MASINT[302]) und Geospatial Intelligence-(GEOINT[303])Informationen.

---

299 DIS-Brochure, S. 9, London 2005.

300 DIS-Brochure, S. 9, London 2005.

301 = bildgebende Aufklärung bezeichnet alle Aufklärungsverfahren und -techniken, die Bilder eines Zielgebietes liefern. Dies können sowohl Standbilder als auch Echtzeit-Übertragungen sein.

302 = Mess- und Signaturaufklärung; hierunter wird vor allem die Aufklärung von mobilen und stationären Zielen verstanden. Von SIGINT und IMINT unterscheidet sich MASINT durch ein breiteres Spektrum an Informationen. Signatur meint hier die besonderen Eigenschaften der Zielobjekte.

303 = raumbezogene Aufklärung = Zusammenführung von Geoinformationen bis zu Boden- und Klimaanalysen, die durch Auswertung kommerzieller, staatlicher und militärischer Quellen bis hin zu Luft- und Satellitenbildern entstehen.

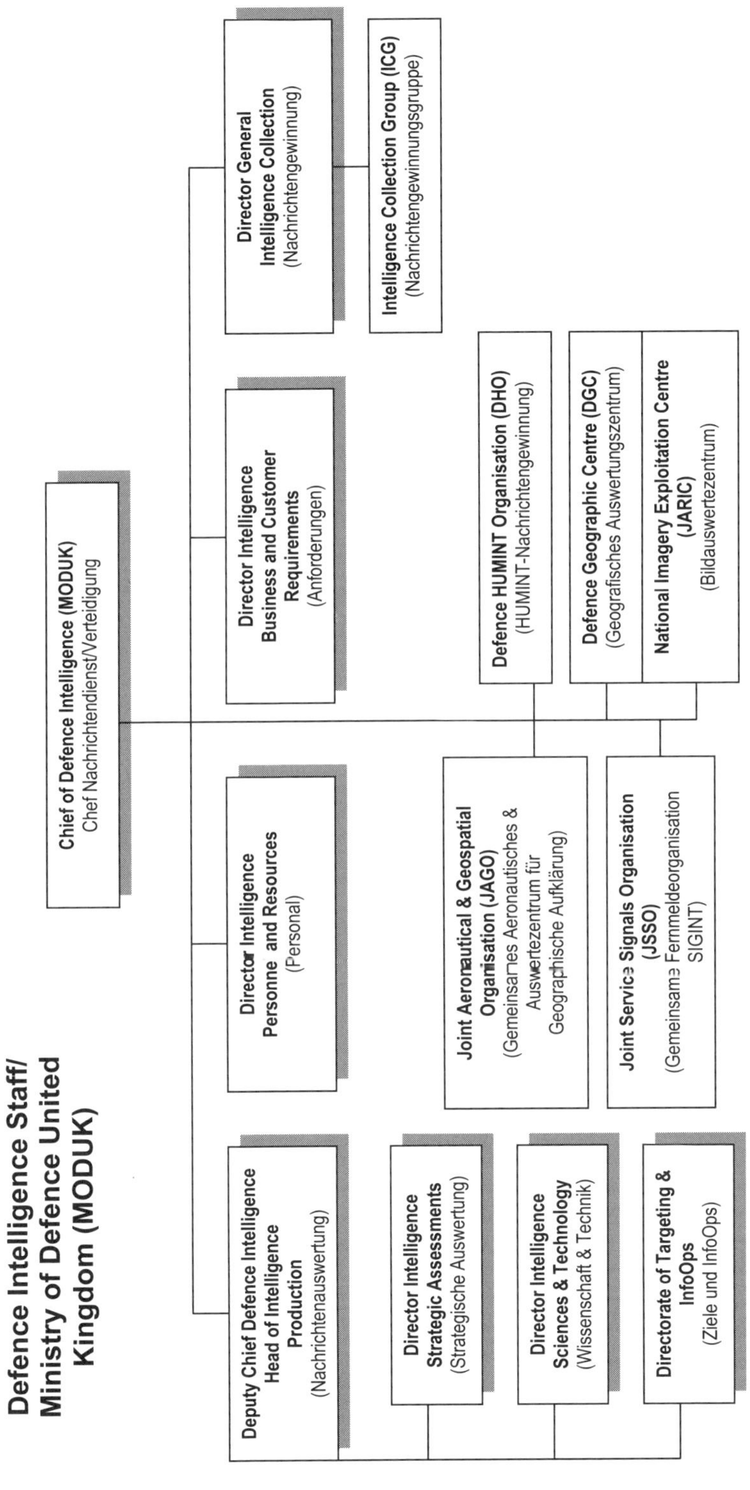

Vgl.: http://www.mod.uk/DefenceInternet/AboutDefence/WhatWeDo/SecurityandIntelligence/DIS/DefenceIntelligence.htm v. 1. 8. 2010 (Grafik: G. Weiße)

- **Joint Aeronautical and Geospatial Organisation (JAGO) Hermitage** Bereitstellung von GEOINT- und Aeronautical-Informationen. (Aeronautical-Informationen meinen alle für die Durchführung des weltweiten Flugbetriebs erforderlichen Informationen, die ständig verfügbar und auf dem neuesten Stand gehalten werden müssen. Den Umfang der Informationen legt die ICAO fest.)
- **Joint Service Signals Intelligence Organisation (JSSO)/RAF Digby** Die auf dem RAF-Fliegerhorst Digby, Lincolnshire, nördlich von Peterborough stationierte und die drei Teilstreitkräfte umfassende Organisation stellt speziell eine Unterstützung für militärische Operationen[304] bereit. Die JSSO[305] verfügt über 1600 Mitarbeiter und wird durch einen Group Captain (Oberst) der Royal Air Force, der der RAF-Support Branch untersteht, geführt.

Das Permanent Joint Headquarters (PJH) Northwood

Das dem Verteidigungsministerium (MODUK) unterstehende Permanent Joint Headquarters (PJH) in Northwood führt alle militärischen Operationen der britischen Streitkräfte und verfügt dazu über die Stabselemente:

- J 1 Personnel
- J2 Operational Intelligence
- J3 Current Operations
- J4 Logistic/Medical
- J5 Crisis and deliberate planning
- J6 Communication and Information Systems
- J7 Joint Training, J8 Finance and Human Resources
- J9 Policy, Legal, Presentation
- JFHQ – High Readiness Deployable Commander
- JFLogCHQ Standing Deployable Logistic Component Commander

Die Royal Air Force verfügt mit ihrem Hauptquartier in High Wycombe ebenfalls über eine Führungseinrichtung, die aber hier nicht weiter betrachtet werden soll. Im Rahmen des internationalen Kampfes gegen den Terror befinden sich eine Vielzahl von Einheiten der britischen Streitkräfte in Afghanistan[306] im Einsatz. Diese werden durch die signalerfassende Aufklärung und andere Mittel der Nachrichtengewinnung unterstützt.

---

304 Eine enge Zusammenarbeit mit dem im Oktober 2006 aufgestellten Intelligence Fusion Centre (IFC) in RAF Molesworth kann angenommen werden.

305 Aus naheliegenden Gründen sind Angaben über die Gliederung dieser Einrichtung nicht verfügbar.

306 Aus der Ausstattung mit speziellen Erfassungsgeräten lassen sich jedoch gewisse Schlüsse auf die Erfassungsmöglichkeiten des 14 Signal Regiment ableiten. Die elektronische Umwelt, besonders in Afghanistan, erfordert jedoch aufgrund der asymmetrischen Bedrohung der dort eingesetzten Kräfte unkonventionelle Verfahren und Methoden der Signalerfassung.

Aktuelle Entwicklungen[307]

Am 5. Juni 2009 veröffentlichte die britische Regierung den Digital Britain Final Report, der auf 245 Seiten den gegenwärtigen Stand der britischen Absichten und Maßnahmen im Bereich der digitalen Informationsverarbeitung des Landes darstellt. Seit dem Jahre 2007 wurden als Folge der Terroranschläge sowohl in den USA als auch in Großbritannien und Nordirland folgende Behörden zusätzlich errichtet und Projekte implementiert, die alle einen Bezug zur Signals Intelligence und der Kommunikationsüberwachung haben:

- Die Joint Intelligence Organisation (JIO) als interministerieller Lenkungsausschuss, der die Prioritäten in der Nachrichtengewinnung und Aufklärung durch die britischen Dienste festlegt. Unterstützend hierzu wurde die Stellung eines Professionell Head of Intelligence Analysis (PHIA) eingerichtet.
- Das Challenge Team, das Analysen und Bewertungen der einzelnen Nachrichtendienste nach vorgegebenen Kriterien zu bewerten hat und dem PHIA nachgeordnet ist.
- Das gemeinsame US/UK-Joint Narcotics Analysis Centre (JNAC), das für die Drogenbekämpfung verantwortlich ist.
- Das ressortübergreifende IT-Programm SCOPE für die sichere IT-Anbindung der Regierungsbehörden.
- Die Collaboration in the Intelligence Community (CLiC) für die verbesserte Informationsversorgung zwischen dem Auslandsnachrichtendienst SIS und der Behörde für Fm/EloAufkl und Kommunikationsüberwachung GCHQ.
- Das gemeinsame Programm STRAP3A wird künftig den sicheren Informationsaustausch zwischen den Nachrichtendiensten und den Sicherheitsbehörden auf Top-Secret-Level gewährleisten.

Daneben sind für die parlamentarische Kontrolle der Nachrichten- und Sicherheitsdienste der Intelligence Services Commissioner sowie der für die Kontrolle der Kommunikationsüberwachungsbehörde GCHQ zuständige Interception of Communications Commissioner eingerichtet. Dieser spielt auch eine einflussreiche Rolle bei der Entwicklung des Intercept as Evidence (IaE)-Projekts der britischen Regierung. Es kann angenommen werden, dass der britische Vorstoß zur Verwertung von Abhörprotokollen in Straf- und anderen Verfahren auch in den Gremien der EU diskutiert werden wird. Daneben wird ein Interception Modernisation Programme zur Verbesserung der Fähigkeiten bei der Erfassung und Überwachung der Kommunikationseinrichtungen durch das GCHQ fortgeführt. Dieses Programm verursacht Kosten in Höhe von mehr als 300 Mio. britischen Pfund im Jahr. Der Gesamtbedarf des Programms für die nächsten zehn Jahre wird mit 2 Milliarden Pfund angegeben. Das Internet Operations Centre (INOC) des GCHQ soll die Ausfallsicherheit sämtlicher bei der GCHQ

---

307 Intelligence and Security Committee, Annual Report 2008–2009, TSO London, März 2010.

eingesetzten IT-Systeme gewährleisten. Das Network Defense Intelligence and Security Team (NDIST) des GCHQ ist für die Sicherheit von Regierungs- und sonstigen „kritischen" IT-Netzen[308] verantwortlich. Der Gesamthaushaltsansatz Single Intelligence Account (SIA) für die britischen Nachrichtendienste für die Jahre 2010/2011 beträgt 2 Milliarden britische Pfund. Die Einzelhaushalte der Dienste werden nicht mehr veröffentlicht. Das Office for Security and Counterterrorism (OSCT) ist die britische Behörde, die den Kampf gegen internationalen Terrorismus führt. Die Research, Information and Communications Unit (RICU), eine Einrichtung zur psychologischen Beeinflussung möglicher Terroristen, verfügt über ein jährliches Budget von 3,5 Mio. britischen Pfund. Auch wird erkennbar, dass die britischen Dienste wieder vermehrt auf menschliche Quellen (HUMINT) setzen. Dies wird besonders bei der Nachrichtengewinnung und Aufklärung (NG&A) in Afghanistan deutlich.

Die britischen Dienste werden ihre Aktivitäten in den kommenden Jahren auf folgende Bereiche konzentrieren:

- Terrorismusbekämpfung
- Unterstützung britischer Militäroperationen
- Bekämpfung von Bedrohungen, die von fremden Staaten ausgehen
- Aufrechterhaltung militärischer Fähigkeiten
- Eindämmung der transnationalen organisierten Kriminalität
- Eindämmung globaler Instabilität und Konflikte
- Sicherstellung der Energieversorgung
- Unterstützung der Gestaltungskraft der Wirtschaft
- Entwicklung effektiver und durchsetzungsfähiger internationaler Institutionen
- Vermeidung von gefährlichen Klimaänderungen[309]
- Eindämmung der internationalen Armut und Ungleichheit[310]

Allerdings ist festzustellen, dass einzelne Nachrichtendienste Großbritanniens von dieser Zielsetzung aufgrund eigener Prioritäten auch künftig abweichen werden.

Nach Auffassung des Intelligence and Security Committees wird Großbritannien nach wie vor durch Terrorismus sowohl im Heimatland, Nordirland, als auch in Übersee bedroht. Die Bedrohung Großbritanniens durch Spionage

---

308 Die Grundsätze zum Schutz derartiger Netze sind in der Cybersecurity Strategy of the United Kingdom vom Juni 2009 festgelegt, die auch die Zusammenarbeit mit anderen Regierungsbehörden auf diesem Gebiet regelt.

309 Dahinter steht die Absicht der britischen Regierung, frühzeitig auf durch Menschen oder Naturgewalten und Technik verursachte Klimaänderungen und deren Folgen vorbereitet zu sein. Dies könnte beispielsweise für Staudammprojekte mit politischen Implikationen gelten, so z. B. beim türkischen Euphratprojekt, durch das die Wasserversorgung des Irak beeinträchtigt werden könnte. Ähnliches gilt für den Jordan, der verstärkt für die Wasserversorgung Israels genutzt wird.

310 Es handelt sich hier wohl um eine bloße Absichtserklärung der britischen Regierung, hervorgerufen durch entsprechende Initiativen der Vereinten Nationen und anderer Gremien.

bleibt auf hohem Niveau[311]. Hauptziel der Spionage ist die Gewinnung von Informationen zu militärischen, technischen, wirtschaftlichen und politischen Programmen. Auch hält die Bedrohung durch die mögliche Weitergabe von Massenvernichtungswaffen unvermindert an. Die Bedrohung Großbritanniens durch Informationsoperationen (Cyber-Attacken), insbesondere aus China und Russland, hält unvermindert an, wie dies das Centre for the Protection of National Infrastructure (CPNI) in einer Stellungnahmen an das Intelligence and Security Committee eindrucksvoll für IT-Systeme in Großbritannien belegen konnte. Mit der Ausweitung wirtschaftlicher Probleme in Europa kann damit gerechnet werden, dass sich Nachrichtendienste, und zwar auch die befreundeter Staaten, künftig verstärkt der Gewinnung und Beschaffung von Wirtschaftsinformationen widmen werden, wie dies zum Beispiel bereits in einem Aufsatz des US-Politologen Joseph Fitsanakis angeregt wurde.[312]

Frankreich

Von besonderer Bedeutung ist das staatliche französische Kommunikationsüberwachungssystem Groupement Interministériel de Contrôle (GIC)[313] mit seiner Zentrale in Paris und regionalen Stützpunkten in L'Essone, Yvelines und in der Nähe Nähe von Lyon sowie den überseeischen Gebieten (DOM/TOM). Das Groupement wird durch die Commission Nationale de Contrôle de Sécurité (CNCIS) geführt und überwacht die gesamte elektronische Kommunikation in Frankreich. Die politische Kontrolle und Fachaufsicht wird seit 1960 durch das Commité Interministériel du Renseignement ausgeübt. Von 1977 bis 1997 wurden mindestens 4147[314] Überwachungsoperationen durchgeführt. Im Jahre 2002 wurden 4654 derartige Operationen genehmigt. Das Anwachsen der Kommunikation mithilfe von Mobil- und Schnurlostelefonen (37,8 Mio. Mobiltelefongespräche sowie 33,9 Mio. Gespräche mithilfe von Schnurlostelefonen im Jahre 2002 innerhalb Frankreichs) machte eine Reorganisation und Schwerpunktbildung der Erfassungsmöglichkeiten erforderlich. Dazu wurden im Jahre 2002 vier zusätzliche Erfassungsregionen gebildet: Ile de France, Nord-Est, Méditerranée und Atlantique, die über dezentralisierte, abgesetzte Erfassungsstellen, insbesondere für den Mobilfunk in ländlichen Regionen, verfügen[315]. Das GIC ist nicht nur für die Überwachung der telefonischen Kommunikation zuständig, sondern kann auch sämtliche Datenkommunikation in Frankreich und

311 Eine Bewertung der Bedrohung Großbritanniens aus Sicht der britischen Regierung und die zu treffenden Maßnahmen enthält Adaptability and Partnership: Issues for the Strategic Defence Review (Green Paper), London, Februar 2010.

312 Vgl. hierzu Fitsanakis, J.: European Spy Agencies must augment Economic Role, www.rieas.org, Mai 2010.

313 Cécile, J. J. : Le Renseignement français a l'Aube du XXI Siècle, Lavauzelle, Paris 1998.

314 Ebd., S. 114.

315 La documentation Française: Commission nationale de contrôle des interceptions de sécurité, 11ème rapport d'activité 2002.

auf Antrag, auch ITS-Systeme, die sich außerhalb französischer Verfügungsgewalt in anderen Ländern befinden, überwachen. Daneben verfügt das GIC auch aufgrund gesetzlicher Regelungen in Frankreich über den Zugang zu privat und wirtschaftlich genutzten Kryptosystemen. Ähnlich wie in Deutschland müssen alle Internet Services Provider (ISP) Nutzer- und Verbindungsdaten für die staatliche Überwachung bereithalten. Mit dem Perben-II-Gesetz aus dem Jahre 2003 wurden die richterlich veranlassten elektronischen Überwachungsmaßnahmen ausgeweitet[316].

SIGINT der französischen Streitkräfte

Die französischen Streitkräfte[317] verfügten zu Ende der 1990er Jahre, nachdem diese ihre Stützpunkte in Deutschland aufgegeben hatten, über folgende Kräfte der Elektronischen Kampfführung:

- **Brigade de Renseignement (BRENS)**[318]
  Die am 1. September 1993 unter der Bezeichnung Brigade de Renseignement et de Guerre Électronique (BRGE) aufgestellte Einheit dient der Nachrichtengewinnung und Aufklärung auf dem Gefechtsfeld und unterstützt damit verschiedene militärische Führungsebenen im Operationsgebiet. Dazu verfügt die Brigade über einen Stab, eine Reihe von integrierten Multisensoren, die durch entsprechende Operationszentralen – Centre de Mise en Œuvre Renseignements (CMO RENS[319]) geführt werden, die mit den Gefechtsständen der zu unterstützenden Großverbände koloziert[320] sind. Die Brigade ist gegenwärtig in Metz, Quartier Raffenel-Delarue, stationiert. Über den personellen Umfang der Brigade liegen keine offiziellen Zahlen vor.
- **44e Régiment de Transmissions (44e RT)**
  Das Regiment wird im Rahmen der operativen signalerfassenden Aufklärung eingesetzt und ist derzeit in Mutzig, Quartier Mussy, stationiert. Es verfügt über 6 EloKa-Kompanien, eine Führungs- und Nachschubkompanie sowie über eine Verwaltungs- und Unterstützungskompanie.
- **54e Régiment de Transmissions (54e RT)**
  Dieses Regiment wird im Rahmen der taktischen Signalerfassung auf dem Gefechtsfeld eingesetzt. Seine Garnison befindet sich in Haguenau, Quar-

---

316 Privacy International – PHR 2004 – Republic of France, London 2004.

317 Einen guten Einblick in die von den französischen Streitkräften angewandten Maßnahmen im Elektronischen Krieg bis zum Jahre 2000 erlaubt: La Guerre Électronique en France au XXe Siècle, Comite pour l'histoire de l'ármement Association Guerrelec Centre d'études d'histoire de la Defénse, Actes du colloque organisé le 20 avril 2000, à l'École Militaire, Paris 2000, sowie die Homepage der französischen Vereinigung der Elektronischen Kriegführung Guerrelec: www.guerrelec.asso.fr

318 Armée de Terre-Ministère de la Défense, 7. 2. 2007.

319 = Centre de mise en œuvre du renseignement (CMO RENS) = Aufklärungsgefechtsstand/-auswertung.

320 Militärischer Neologismus aus dem englischen Begriff „Co-located" = am selben Standort in derselben Einrichtung stationiert.

der Republik Frankreich

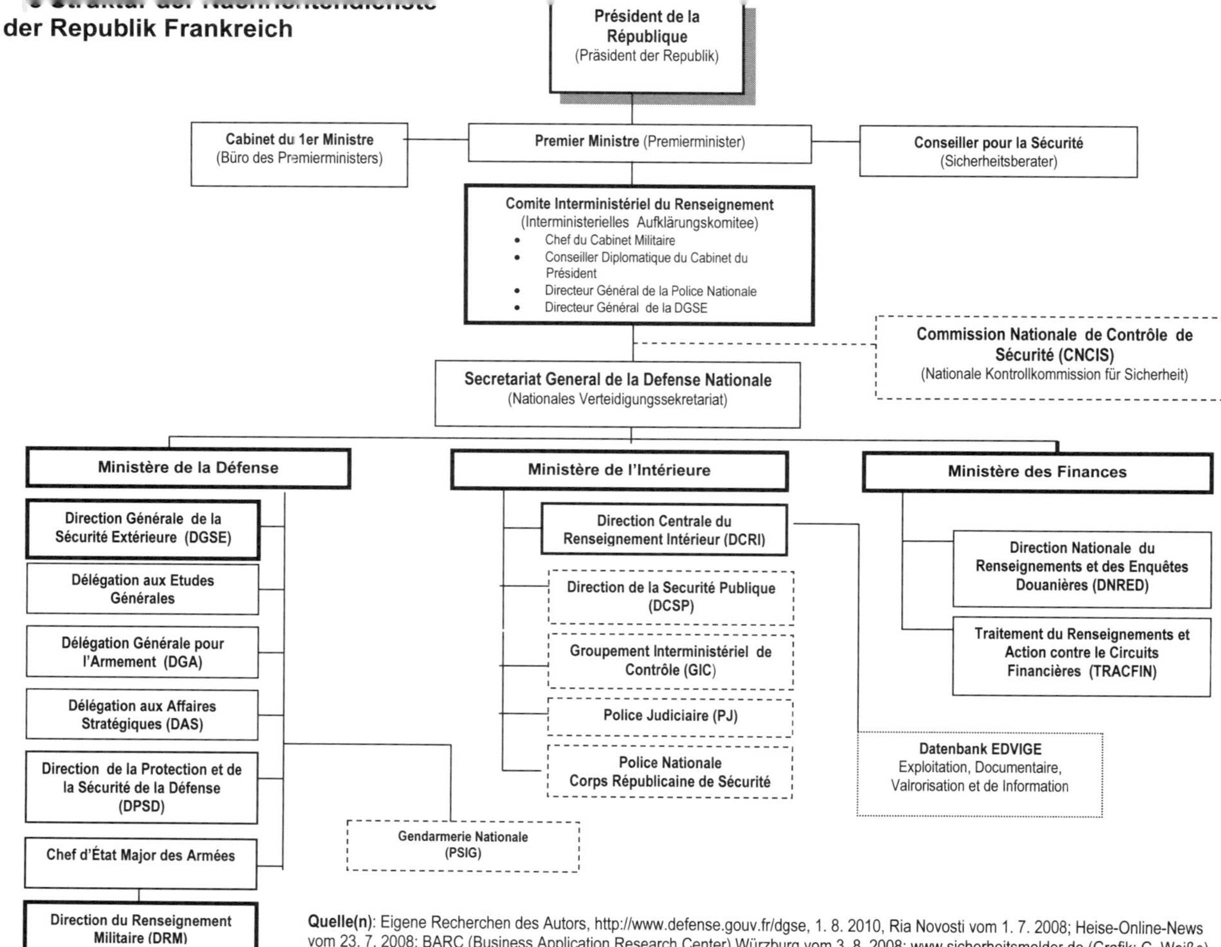

Quelle(n): Eigene Recherchen des Autors, http://www.defense.gouv.fr/dgse, 1. 8. 2010, Ria Novosti vom 1. 7. 2008; Heise-Online-News vom 23. 7. 2008; BARC (Business Application Research Center) Würzburg vom 3. 8. 2008; www.sicherheitsmelder.de (Grafik: G. Weiße)

tier Estienne. Das Regiment verfügt über folgende Gliederung: zwei taktische Aufklärungskompanien, zwei EloKa-Kompanien, eine Kompanie für die Durchführung von Elektronischen Gegenmaßnahmen (EloGM), eine Ausbildungskompanie, eine Führungs- und Nachschubkompanie sowie eine gekaderte Reservekompanie. Dem Verband sind noch unterstellt:

- **61ᵉ Régiment d Artillerie (61ᵉ RA)**
  Dieses Regiment nimmt Aufgaben der aufklärenden Artillerie wahr und ist in Chaumon stationiert. Es verfügt zur Auftragsdurchführung über Drohnen.
- **Groupement Aéromobile de Renseignement (GAR)**
  Die Zuordnung und Stationierung dieses mit PUMA ausgestatteten Verbandes ist ungewiss.
- **Groupement de Recueil de l'Information (GRI)**
  Diese in Metz stationierte Einheit ist für die Gewinnung von Informationen durch Befragung von menschlichen Quellen (HUMINT) zuständig.
- **2ᵉ Régiment de Hussards (2ᵉ RH)**
  Hierbei handelt es sich um einen Panzeraufklärungsverband, dessen Garnison sich in Sourdun befindet.

Eine Zusammenarbeit mit den im Folgenden aufgeführten Stellen[321] kann aufgrund der Aufgabenstellung angenommen werden:

- **Centre d'Information sur les Rayonnements Electromagnétiques (CIREM)**
  Diese Zentralstelle ist der Direction Renseignment Militaire nachgeordnet und nimmt Aufgaben der Auswertung war.
- **École Interarmées du Renseignement et des Études Linguistiques (EIREL)**
  Die Schule des französischen Militärischen Nachrichtenwesens befindet sich in Strasbourg. Über Gliederung und Aufgaben liegen keine offenen Informationen vor.
- **Das Centre de Formation et d'Interprétation de l'Imagerie (CF3I)** ist für die Bildauswertung und das GEO-Informationswesen der französischen Streitkräfte verantwortlich und soll hier nicht weiter betrachtet werden.
- **13ᵉ Regiment Dragons Parachutistes (13ᵉ RDP)**[322]
  Ein Verband, der mit der Aufklärung im Rahmen von Fernspäh-Einsätzen durchführt und dessen Garnison sich in Dieuze befindet. Da dieser Verband der früheren BRGE angehört hat, ist anzunehmen, dass sich im Einsatzfall aufgrund der Aufgabenstellung Kontakte zwischen der BRENS und dem 13ᵉ Regiment Dragons Parachutistes ergeben. Die französische Luftwaffe (Armee de l'Air) verfügt, soweit

321 Unter Führung der französischen militärischen Nachrichtendienstes DRM.

322 Teile dieses Verbandes waren bis zum Abzug in den 1990er Jahren in Langenargen/Bodensee und Friedrichshafen stationiert.

derzeit bekannt, nur noch über einen Verband für die signalerfassende Aufklärung.

- **Escadron Électronique 51 Aubrac (51 EE Aubrac)**
Am 14. März 2006 wurde die in Metz stationierte 54ᵉ Escadre de Renseignement Air, eine mit der signalerfassenden Aufklärung beauftragte Einheit, außer Dienst gestellt. Ihre Aufgaben wurden von der Escadron Électronique 51 Aubrac, die in Evreux stationiert ist, schon seit längerem wahrgenommen[323]. Damit sind auch die in der C-160 Transall Gabriel[324] und bisher von der 54ᵉ ERA verwendeten Systeme vermutlich außer Dienst gestellt worden. Gegenwärtig verfügt die EE 51 Aubrac offenbar über zwei Douglas DC 8, die mit dem System SARIGUE 53 (Systéme Aéroporté de Recueil Informations de Guerre Électronique) ausgestattet sind. Der Verband untersteht für seinen Auftrag dem CFAP. Soweit bekannt, wurden auch Mirage F1-CR zu ELINT-Missionen über dem Balkan eingesetzt. Die französische Marine verfügte mit ihrem Messboot „Berry“[325] über eine seegehende Sensorplattform, die sowohl in beiden Golfkriegen als auch im Balkankonflikt zur signalerfassenden Aufklärung eingesetzt wurde. Im Jahre 2002 entschloss sich die französische Marine zur Beschaffung eines neuen Messbootes, das offenbar in der Lage sein sollte, über einen längeren Zeitraum und auch in weiter entfernten Einsatzgebieten weitgehend autark, signalerfassende Aufklärung durchzuführen. Am 15. Dezember 2005 wurde die „Dupuy de Lôme“[326] der französischen Marine übergeben. Im Rahmen des Programms Moyen Interarmées Navalisé de Renseignement d’origine Electro-Magnétique (MINREM) verfügt das Schiff, das der Direction Renseignement Militaire (DRM) untersteht, über: [327]

---

323 Wiebes, C.: Intelligence and the War in Bosnia, S. 238–239, Berlin 2006.

324 Offenbar verfügt die EE 51 Aubrac nach wie vor über ein vermutlich modifiziertes System GABRIEL oder Nachfolgesystem, da eine franzosische C 160 Transall, stationiert auf der Base aérienne 128 Metz, an der diesjährigen Bundeswehr-EloKa-Übung „Elite“ auf dem Truppenübungsplatz Heuberg bei Stetten a. k. M. im Juni 2010 teilgenommen hat.

325 BERRY ex MEDOC, Roland-Werft Bremen, 1958, 2900 BRT; vgl. Weyers: Warships of the World, 1982/1983, The Nautical + Aviation Publishing Company of America, Annapolis 1983.

326 Wasserverdrängung über 3000 BRT, Bauwerft: Compagnie Nationale de Navigation, Nantes.

327 Thales, Business Case, Land & Joint Systems, 7. 2. 2007. Dupuy de Lôme – Moyen Interarmées Navalisé de Renseignement d’origine Electro-Magnétique (MINREM). Ob auf dem Schiff auch die Systeme COMELINT, ANALINT und RUBILINT eingesetzt werden, konnte noch nicht zweifelsfrei in Erfahrung gebracht werden. Bei COMELINT handelt es sich um ein rechnergestütztes System zur taktischen Erfassung elektromagnetischer Signale aller Art im Frequenzbereich 20 MHz–20 GHz; ANALINT erlaubt die Auswertung der erfassten Radar-Signale getrennt nach Parametern und sonstigen betrieblichen Merkmalen; RUBILINT ist ein rechnergestützte Passiv-Sensorsystem im Frequenzbereich 0,5–18 GHz, das Signale mit Hilfe einer Parabolantenne erfasst und das erfasste Signalspektrum rechnergestützt analysiert.

- ein System zur Erfassung, Analyse und Bearbeitung strategischer elektromagnetischer Ausstrahlungen aller Art im HF-SHF-Spektrum im Frieden, bei Krisen und im Krieg.
- COMINT- und ELINT-Sensoren für die Erfassung und Verarbeitung von Signalen in Echtzeit im HF-SHF-Bereich.
- umfangreiche IT-Systeme für die Bearbeitung aller anfallenden Signale einschließlich Breitband-Kommunikationsverbindungen.
- Satellitenerfassungssystem(e).
- offene Systemarchitektur für künftige Erweiterungen.
- Interoperabilität mit Systemen, die bereits von den französischen Nachrichtendiensten genutzt werden.
- umfangreiche Kommunikationsausstattung zur Meldeerstattung.

Aufgrund der technischen Ausstattung soll das Schiff mit 30 Mann Besatzung 350 Tage einsatzbereit sein. Es ist anzunehmen, dass darüber hinaus eine Wechselbesatzung bereitgehalten wird.

Terrestrische strategische Signalerfassung

Frankreich verfügt über eine Reihe von überseeischen Departements und Territorien (Département d'outre Mer – Territoire d'outre Mer – DOM/TOM), die aus geografischen Gründen für die Erfassung von Satellitensignalen geeignet erscheinen. Überdies hat Frankreich in den 1990er Jahren zu den bereits bestehenden Stationen Domme in der Nähe von Bordeaux, Alluets-le-Roi in der Nähe von Paris, auf dem Plateau d'Albion und in der Nähe von Saint-Laurent-de-la-Salanque zusätzliche Erfassungsstellen für satellitengestützte Kommunikation errichtet, die für die Erfassung vielfältiger Kommunikationsverbindungen geeignet erscheinen. Daneben befinden sich in Aussaguel, Korou und auf den Kerguelen Bodenführungsstationen für das System HELIOS[328], die möglicherweise auch anderen Zwecken dienen könnten. Inwieweit die in Korou[329], Reunion, Bouar, Tontouta und auf Mayotte[330] befindlichen Stationen noch aktiv sind, ist aus offenen Quellen nicht verifizierbar. Ob Frankreich damit auch über weltraumgestützte ELINT-Fähigkeiten verfügt, ist aus offenen Quellen nicht ersichtlich, erscheint aber wahrscheinlich. Dies kann auch für geeignete Einrichtungen in den französischen Auslandsvertretungen gelten, aus denen lokale Kommunikationsverbindungen von Interesse überwacht werden könnten.

Nach den Reorganisationsmaßnahmen in den französischen Inlandsnachrichtendiensten des Jahres 2008 ist auch mit der Ausweitung der Kommunikationsüberwachung im Inland zu rechnen. Allerdings sind hierzu noch keine zuverlässigen Informationen verfügbar.

---

328 Offenbar verfügt HELIOS über SIGINT-Fähigkeiten; siehe hierzu: Wiebes, C.: Intelligence and the War in Bosnia, S. 239, Berlin 2006.

329 Möglicherweise in bilateraler Nutzung mit Deutschland.

330 EP-PE 305.391 – RR/445698/EN doc, S. 78/194, sowie Wiebes, C.: Intelligence and the War in Bosnia, S. 238–239, Berlin 2006.

Benelux-Staaten

Belgien

Soweit bekannt, verfügte der belgische Generalstab Mitte der 1990er Jahre im Militärischen Nachrichtendienst Service Général du Renseignement et de la Sécurité (SGRS) über die Fachabteilungen

- Service Chiffre (SDRC),
- Transmissions (COMINT/ELINT – SDRT),
- Service Administration & Liaison (SDRG),
- Service Informatique (SDRY),
- Centre de Documentation (CDH),

die mit Aufgaben der signalerfassenden Aufklärung beauftragt waren. Die Kommunikationsüberwachung im zivilen Bereich wird, soweit bekannt, durch die Sureté de l'État wahrgenommen.

Niederlande

Im Jahre 1996 wurden die dahin getrennt operierenden SIGINT-Kräfte der Niederlande

- Eerste Luchtmacht Verbindungsgroep (Erste Luftwaffenverbindungsgruppe der SIGINT-Organisation der niederländischen Luftwaffe),
- Verbindingsbataljon (Verbindungsbataillon) (Taktische Fm/EloAufkl des niederländischen Heeres) sowie das
- Technische Informatieverwerkingscentrum (Technisches Auswertezentrum der niederländischen Marine)

zur Afdelung Verbindingsinlichtigen (Abteilung Verbindungseinrichtungen des MVD) des Militaire Inlichtingen- en Veiligheitsdienst (MVD; Militärischer Nachrichten- und Sicherheitsdienst) zusammengeführt[331].

Damit sind die Kräfte für signalerfassende Aufklärung, Elektronischer Kampf und Führung von Informationsoperationen der Niederlande in einer Abteilung des Militärischen Nachrichtendienstes unter der Bezeichnung Nationale Signals Intelligence Organisatie (NSO) vereinigt. Die NSO wird gemeinsam vom Militärischen Nachrichtendienst (MVD) und dem zivilen Allgemeinen Nachrichten- und Abwehrdienst AIVD (Algemene Inlichtingen- en Veiligheidsdienst) betrieben. Das Schwergewicht des NSO liegt derzeit bei der Kommunikationsüberwachung satellitengestützter Verbindungen. Zu diesem Zweck wird die bereits bestehende Station in Zukam bei Groningen erweitert; die Errichtung einer zweiten Erfassungsstation in Burum/Friesland ist geplant. Im Rahmen eines Programms war die Reorganisation und Erweiterung der gesamten nachrichtendienstlichen Organisation im militärischen Bereich ab 2007 geplant. Die Organisationsgrundlagen für dieses Vorhaben wurden bereits zum 1. November 2006 in Kraft gesetzt und werden zusätzliche 70 Planstellen umfassen. Es kann

331 Offenbar sind die SIGINT-Fähigkeiten der niederländischen Streitkräfte nun in der Nationale Signals Intelligence Organisatie (NSO) gebündelt.

erwartet werden, dass die niederländischen Streitkräfte auch in Zukunft über Kräfte der signalerfassenden Aufklärung auf taktischer und operativer Ebene verfügen werden. Aufgrund der derzeit laufenden Reorganisationsmaßnahmen sind Angaben über die gegenwärtige Gliederung und Stärke der EloKa-Kräfte der niederländischen Streitkräfte aus offenen Quellen nicht verfügbar.

Skandinavien

Dänemark

Nach Ende des Kalten Krieges wurde offenbar auch die SIGINT-Organisation des dänischen militärischen Nachrichtendienstes Forsvarets Efterretningstjeneste (FE) aufgrund einer Lagebeurteilung des dänischen Generalstabschefs (Chief of Defense [CHOD]) aus dem Jahre 1991[332] reorganisiert. Zu dieser Zeit soll der Dienst noch über die folgenden Erfassungsstationen verfügt haben: Almindingen, Afflandshage, Dueodde, Gedser, Hjörring sowie Logumkloster.

Nach offen zugänglichen Unterlagen verfügt der dänische militärische Nachrichtendienst gegenwärtig über drei SIGINT-Erfassungsstellen[333]:

- Station Avermutlich für die Erfassung weltweiter HF-Funkverkehre sowie satellitengestützter Kommunikation mit einem Radom.
- Station B für die Erfassung von elektromagnetischen Signalen im VHF-UHF-Bereich, vermutlich im Bereich der Ostseezugänge.
- Station C für die Überwachung satellitengestützter Kommunikationsverbindungen mit drei Radomen.

Von offizieller dänischer Seite wird die Zusammenarbeit bei der signalerfassenden Aufklärung (Efterretningshentning) mit anderen Staaten ausdrücklich bestätigt. Dies kann auch aus dem Inhalt einer umfassenden „Risikobewertung“[334] des dänischen militärischen Nachrichtendienstes aus dem Jahre 2006 abgeleitet werden.

Schweden

Nach offiziellen Unterlagen der EU[335] werden durch die Försvarets Radioanstalt (FRA) und die Unabhängige Spezialeinheit SIGINT-Aufgaben wahrgenommen[336]. Die schwedische Luftwaffe verfügte in den 1990er Jahren über zwei Caravelle (ECM/ELINT), zwei Sabreliner (ECM) sowie über 14 Lansen 32 E

---

332 Forvarschefen. Det Efterretningsmaessige Planlaegsningsgrundlag, Q021, HEMELIGT, Afklassificeret, 7. 2. 2006, Kopenhagen 2006.

333 Die Dislozierung der drei Stationen konnte aus offenen Quellen nicht in Erfahrung gebracht werden.

334 Efterretningsmaessig risikovurdering 2006, FE-Nr.: 350.460-02100 v. 4. 12. 2006 (U).

335 PE 305.391 Annex IV.

336 Svensk Soldat, S. 39, Stockholm 1994.

(ECM[337]). Nach neueren Informationen hat die schwedische Luftwaffe die Caravelle außer Dienst gestellt und durch SAAB S 102 Korpen ersetzt. Daneben werden durch die schwedische Luftwaffe auch SAAB 340, die mit dem Radargerät FSR 890 ausgerüstet sind, zur Luftraumüberwachung und Jägerleitung eingesetzt. Die JAS 39 C/D Grippen wurde ab 2007 mit dem neu zugeführten Electronic Warfare System EWS 39/S nachgerüstet. Als sicher kann gelten, dass die schwedische SIGINT-Organisation in dem Personal der Frivilliga Radioorganisationen (FRO) über ein Potenzial an zusätzlichen Unterstützungskräften in Stärke von 6768 Mitgliedern für die signalerfassende Aufklärung und die Elektronische Kampfführung in Spannungs-, Krisen- und Kriegszeiten verfügen dürfte. Daneben verfügen die schwedischen Streitkräfte über das FMUndSäkC-Nachrichten- und Sicherheitscentrum in Uppsala, das für die Aus- und Weiterbildung des militärischen schwedischen Nachrichten- und Sicherheitspersonals verantwortlich ist und außerdem grundsätzliche Forschungs- und Entwicklungsarbeiten auf diesem Gebiet leistet.

Das Upland Regiment (S1) in Enköping, das gegenwärtig über mehr als 400 aktive Offiziere und 130 Angestellte verfügt, ist verantwortlich für die Erarbeitung von Grundlagen unter anderem in den Bereichen

- operationelles Kommandosystem der schwedischen Streitkräfte,
- Weiterentwicklung der EloKa-Fähigkeiten des schwedischen Heeres,
- Führung der EloKa-Kräfte des schwedischen Heeres, Aufstellung eines EloKa-Bataillons des schwedischen Heeres ab 2007.

Im Herbst 2006 wurde für 17 Teilnehmer ein „Höherer Kurs für Elektronische Kriegführung“ abgehalten. Das Upland Regiment betreibt auch die Command and Control School der schwedischen Streitkräfte. Die schwedische Luftwaffe setzt ihren „Signalspaningsflyförband“, der mit SAAB S 102 Koppen und Saab S 100 D ausgestattet ist, zur Aufklärung, in der ELINT-Rolle und zur Luftraumüberwachung (Airborne Early Warning) ein. Die schwedische Marine nutzte in den 1990er Jahren für die signalerfassende Aufklärung in der Ostsee ein AGI[338] der ORION-Klasse[339]. Die schwedische Marine verfügt in den U-Booten der Gotland-Klasse möglicherweise zusätzlich über seegestützte SIGINT-Fähigkeiten für die Erfassung in küstennahen Gewässern. Ob die HMS Upland ebenfalls in dieser Rolle eingesetzt werden kann, ist aus den zur Verfügung stehenden Informationen noch nicht klar ersichtlich. Geführt werden die Kräfte durch den Oberkommandierenden und Generaldirektor der schwedischen Streitkräfte, der über eine „Hauptquartierorganisation“[340] verfügt. Die Operationsführung der schwedischen Streitkräfte erfolgt, soweit bekannt, durch das OPE Joint Forces Command in Stockholm. Welche besondere Rolle das Kontoret för Särskild

---

337 The Military Balance 1989, International Institute for Strategic Studies (IISS), S. 90–91, London 1989.

338 Auxillary General Intelligence.

339 1340 BRT, Besatzung: 35, Bauwerft: Karlskronanavaret, Baujahr: 1983.

340 Swedish Armed Forces – The Facts 2006–2007, Stockholm 2006.

Inhämtning (KSI)[341] in der Nachrichtengewinnung und Aufklärung Schwedens spielt, kann aus offenen Quellen abschließend noch nicht bewertet werden.

Norwegen

Die signalerfassende Aufklärung (E-tjenesten) Norwegens betreibt gegenwärtig eine Reihe von Erfassungsstellen, die wie folgt disloziert sind:

- Vardoe (Nordnorwegen)
- Vadsoe (Nordnorwegen)
- Kirkenes (Nordnorwegen)
- Andoya (Mittelnorwegen)
- Fauske (Mittelnorwegen)

Ob die SIGINT-Erfassungsstellen in Borhaug, Randaberg, Skage und Viksjofellet noch in Betrieb sind, konnte nicht geklärt werden. Dies gilt auch für die am Südkap (Søerkapp) Spitzbergens[342] befindliche Erfassungsstelle mit mehreren größeren Parabolantennen, die in süd-südwestwärtige Richtung zeigen. Daneben verfügen die norwegischen Luftstreitkräfte über zwei Hauptoperationsbasen in Bodoe und Oerland[343] sowie über fünf weitere operationelle Basen in Gardemoen, Andoya, Sola, Bardufoss und Rygge. Zur luftgestützten Signalerfassung können 3 Dassault Mystére Falcon C[344] eingesetzt werden. Das relativ kleine norwegische Heer verfügt über ein ISTAR-Bataillon (Intelligence Surveillance, Targetting, Aquisition and Reconaissance), das auch EloKa-Einsätze unterstützen kann. Die norwegische Marine, zu deren Aufgaben die Seeüberwachung und Nachrichtengewinnung gehören, ist für diese Aufgaben mit sechs Lockheed P3 Orion ausgestattet. Ob diese Flugzeuge auch über begrenzte SIGINT-Fähigkeiten verfügen, konnte aus offenen Quellen nicht nachgewiesen werden. Soweit bekannt, nutzt die norwegische Marine derzeit das seegehende Messboot Mariata. Neben den SIGINT- und EloKa-Kräften, die dem militärischen Nachrichtendienst melden, betreibt das norwegische Forsvarets Forskningsinstitut (FFI) das Radarsystem Globus II (AN/FPS 129 – Have Stare), mit dessen Hilfe Forschungs- und Überwachungsaufgaben im Weltraum im Interessenbereich der norwegischen Regierung durchgeführt werden. Geführt werden die SIGINT- und EloKa-Kräfte durch den Generaldirektor des

---

341 Offenbar handelt es sich hierbei um eine spezielle Kommandoeinheit der schwedischen Streitkräfte; vgl. auch: http://www.militaryphotos.net/forums/showthread.php?124558-Srskilda-skyddsgruppen-%28SSG%29-Official-Release

342 Vgl.: Beitrag in „Die Rückkehr des Lichts", NDR, 2005.

343 In Oerland befindet sich auch die Forward Operating Base (FOB) der NATO-Frühwarnflotte (NAEW-Force). Norwegen verfügt auch über Mystère Falcon 20 in der Transportstaffel 717, die für SIGINT-Aufgaben eingesetzt werden können; vgl. auch Truppendienst Spezial, Nr. 8, Wien 2008; Taschenbuch der Luftflotten 1994/1995, S. 92, Koblenz 1994.

344 Dieses Flugzeugmuster wurde auch im Rahmen der EloKa-Übung der deutschen Luftwaffe „ELITE 2010" im Juni 2010 über dem Truppenübungsplatz Heuberg bei Stetten a. k. M. eingesetzt. Vgl.: PIZLw Köln-Wahn, Deployment ELITE v. 27. 4. 2010.

norwegischen militärischen Nachrichtendienstes Etteretningstjenesten, dessen Zentrale sich in Oslo befindet.

Finnland

Wenig ist bekannt über die Fähigkeiten finnischen Streitkräfte zur Signals Intelligence. Die finnische Armee verfügt über zwei Organisationen zur Fernmelde-/und Elektronischen Aufklärung und deren Auswertung. Die Fm-/EloAUfkl wird durch Viestikoelaitos (VKoeL) wahrgenommen: Daneben verfügen die finnischen Streitkräfte über eine zentrale Auswerteeinrichtung mit der Bezeichnung Puolustusvoimien Tiedustlelukeskus (PVTK).

Schweiz[345]

Mit der Verabschiedung und Inkraftsetzung der Verordnung über die Elektronische Kriegführung (VEKF) durch den schweizerischen Bundesrat am 1. November 2003 wurde die legale Basis zur Beschaffung von Informationen im Rahmen der Strategischen Fernmeldeaufklärung als „unverzichtbares Instrument jeder modernen Armee“ (VBS am 15. Oktober 2003) geschaffen. Im Rahmen der strategischen Fernmeldeaufklärung durch die Schweiz werden ausschließlich terrestrische und Satelliten-Kommunikationsbeziehungen im Ausland überwacht. Entsprechende Überwachungsaufträge wurden durch den Strategischen Nachrichtendienst (SND), dem Dienst für Analyse und Prävention (DAP)[346] und den Luftwaffen-Nachrichtendienst (LWND) gestellt. Inwieweit kürzlich verabschiedete Reformen des schweizerischen Nachrichtendienstes Einfluss auf Informationsoperationen und die Signals Intelligence der Schweiz haben werden, kann noch nicht abschließend bewertet werden.

InfoOps der Schweiz

Nach einer Mitteilung der Allgemeinen Schweizer Militärzeitung (ASMZ-Ausgabe 10) vom Oktober 2005 wurde durch die Sektion für Informationsoperationen im Führungsstab der Armee nach mehrjährigen Untersuchungen (2000–2004) die Konzeptionsstudie Informationsoperationen abgeschlossen. Die neue Konzeptionsstudie umfasst alle Risiken, Gefahren und Chancen für die Nutzung von Informationen und Informationssystemen im Frieden-, Krisen- und Kriegszeiten. Für die technischen und inhaltlichen Informationsoperationen

345 Schweizer Armee 2006, S. 122, 170, 469, Frauenfeld 2005; Schweizer Armee 2007, S. 34, 154, 200, 243, 315, 525, Frauenfeld 2006. Der Schweizerische Bundesrat, gestützt auf die Artikel 5 Absatz 2, Art. 11 Absatz 1, Art. 17 Absatz 1, Art. 26 Absatz 3 und 30 des Bundesgesetzes vom 21. 3. 1971 über Maßnahmen zur Wahrung der inneren Sicherheit (BWIS) sowie auf die Artikel 3 Absatz 4, Art. 4 Absatz 2, Art. 5 Absätze 2 und 4 sowie Artikel 7 des Bundesgesetzes vom 3. 10. 2008 über die Zuständigkeiten im Bereich des zivilen Nachrichtendienstes (ZNDG): Schweizer Armee 2009, Frauenfeld 2009, S. 123, 146, 204.

346 ÖMZ, BMfLV, Nummer 2/2007, S. 225, Wien 2007.

verfügt die Schweizer Armee über eine Analyse, die den Titel Operationelle Informationsführung (OpInfoFhr) trägt. Nach Auffassung der schweizerischen Militärkreise werden Informationsoperationen als eigenständige Operationen betrachtet, die auch im Alltag geführt werden müssen und manchmal bereits „Jahre vor Krisen zum Tragen kommen". Die schweizerische Konzeption für Informationsoperationen ist „defensiv aktiv". Die daraus abzuleitenden Maßnahmen sollen bis zum Jahre 2012 umgesetzt werden. Besonderes Gewicht wird bereits jetzt auf die „Informationsführung und den Umgang mit Informationen" im sensiblen Bereich gelegt. Die Autoren dieser Konzeption stellen abschließend fest: „Die Natur des modernen Informationskrieges kann sich rasch und nachhaltig verändern. Die permanente Beobachtung der Informationsoperationen ist unumgänglich; laufende Anpassungen sind nötig."[347] Daher müssen staatliche Stellen und Unternehmen immer damit rechnen, dass ihre IT- und Kommunikationssysteme Ziel von Business-Intelligence-Operationen, Aufklärungsoperationen im Rahmen der Wirtschaftsspionage, Aktivitäten der organisierten Kriminalität und Informationsoperationen fremder Dienste, halbstaatlicher und sonstiger Organisationen und Einrichtungen sowie kriminellen Innentätern werden können. Dies gilt insbesondere für Unternehmen mit globalen Interessen oder in Bereichen, die für Business Intelligence oder Wirtschaftsspionage als besonders anfällig gelten können.

Die schweizerischen SIGINT-Verbände

Die Schweizer Armee verfügt über Verbände der Armee, die taktisch-operative Fernmelde- und Elektronische Aufklärung im Rahmen ihres Verteidigungsauftrages durchzuführen haben. Es sind dies die der Führungsunterstützungsbrigade 41[348] unterstellten Elektronischen Kampfführungsbataillone (EKF-Btl.) 51, 52 und 53 sowie die teilaktiven EKF-Btl. 45 und 56. Der Führungsunterstützungsbrigade 41 ist auch die EKF-Schule 64 in Jassbach/Thun unterstellt, in der entsprechendes Spezialpersonal herangebildet wird. Das EKF-Btl. 46 ist im Dauereinsatz für die Gewinnung von Informationen aus der strategischen Fernmeldeaufklärung verantwortlich. Es verfügt hierzu über verschiedene Systeme. Gegenwärtig trägt das System ONYX die Hauptlast der Signalerfassung. Dieses System kann aber voraussichtlich nur noch bis 2010 in Betrieb gehalten werden. Am 7. Oktober 2005 wurde durch Presseveröffentlichungen bekannt[349], dass für den Ausbau und die Ergänzung des Systems ein „integriertes Funkaufklärungs- und Sendesystem mit der Bezeichnung IFASS" (IAI Elta Systems Ltd.)[350] aus

347 Allgemeine Schweizer Militär Zeitung (ASMZ), Online, Ausgabe 10, Oktober 2005.

348 Zur FUB siehe: http://www.vtg.admin.ch/internet/vtg/de/home/verbaende/fub/fubr41.html

349 Tagesanzeiger.ch v. 3. 10. 2005.

350 Teilsegmente für die Störung elektromagnetischer Wellen werden durch Thales geliefert (www.thales.com 2008). Zu IFASS vgl. Leuthold, C.: Operationen im Elektromagnetischen Raum. Von der Elektronischen Kriegführung zum Zentrum elektronische Operationen, Military Power Review der Schweizer Armee Nr. 3/2008, Bern.

Israel beschafft wurde. Die Kosten sollen sich auf mehr als 395 Mio. Schweizer Franken belaufen. Das System umfasst ein stationäres System sowie fünf mobile Systeme mit Sensoren und Auswertesoftware. Die in Helmenschwand, Gemeinde Buchholterberg/Kanton Bern, befindliche Erfassungsstelle für Satellitenkommunikation soll bis 2006 mit zwei zusätzlichen passiven Antennen ausgestattet werden. IFASS ist modular aufgebaut und wird so weit wie möglich mit Standardkomponenten realisiert. Offenbar verfügt das EKF-Btl. 46 über gute Erfassungsmöglichkeiten, da es dem Bataillon offenbar gelungen war, ein „streng vertrauliches" Fax der ägyptischen Regierung abzufangen, das die Befragungsmethoden der CIA bei irakischen und afghanischen Staatsangehörigen auf der rumänischen Luftwaffenbasis „Mihail Kogalniceanu" behandelt[351]. Die schweizerische Funkaufklärung wird durch das Zentrum Elektronische Operationen (ZEO)[352] geführt.

Österreich[353]

Dem Bundesminister für Landesverteidigung unterstellten Generalstab des österreichischen Bundesheeres ist die Abteilung Nachrichtendienstliche Aufklärung mit Fragen der Nachrichtengewinnung befasst. Das der Sektion II – Kontrollsektion – des BMfLV unterstehende Führungsgrundgebiet FGG 2 bearbeitet Fragen des Nachrichtenwesens und der militärischen Sicherheit. Für die Nachrichtengewinnung ist zuständig das:

Heeresnachrichtenamt (HNA) Wien-Hütteldorf

In den Folgejahren nach 1956 konnte das Bundesheer eine Erfassungsorganisation aufbauen. Damit verfügt die Republik Österreich mit der Fernmeldeabteilung des HNA und dem Fernmeldeaufklärungsregiment[354] über eine funktionsfähige Organisation zur signalerfassenden Aufklärung. Offenbar pflegte das Heeresnachrichtenamt (HNA) seit seiner Aufstellung eine Reihe von Beziehungen zu befreundeten Diensten, die hier wegen naturgemäß fehlender Quellenangaben[355] nicht dargestellt werden können. Die Zusammenarbeit zwischen HNA

351 PJK/HotNews v. 7. 2. 2007.

352 Schweizer Armee 2009, S. 144, Frauenfeld 2009. Das der Führungsunterstützungsbasis (FUB) unterstehende ZEO in Bern ist offenbar auch für die technische Vorauswertung der Erfassungsergebnisse verantwortlich. Die Führungsunterstützungsbrigade 41 führt die aktiven Brigaden der Elektronischen Kampfführung (EKF-Brigaden) 46, 51, 52 und 53. Die EKF-Brigaden 54 und 55 sind offenbar neuerdings (2009) nur teilaktiv/gekadert und werden bei Bedarf aktiviert.

353 Blasi, W./Schmidl, E. A./Schneider, F. (Hrsg.): B-Gendarmerie, Waffenlager und Nachrichtendienste S. 136–137, Wien 2005.

354 Truppendienst, Die neue Heeresstruktur, Beilage zu Heft 3, S. 3, BMfLV, Wien 1998.

355 Offenbar bestanden schon seit 1957 zwischen BND und dem HNA enge Arbeitskontakte im Rahmen der Technischen Aufklärung; siehe hierzu auch Elsässer, J.: Der dritte Mann, Konkret, Nummer 9/2000.

und dem BND und anderer westlicher Dienste bei der Technischen Aufklärung wurde auch während der Balkan-Einsätze der NATO in den Jahren 1992–1995 fortgesetzt[356]. Möglicherweise ist Erfassungsorganisation Österreichs im Rahmen bilateraler Abkommen auch als „Third Party“ in SIGINT-Programme anderer Nationen[357] eingebunden. Hierüber sind jedoch aus offenen Quellen keine verlässlichen Informationen verfügbar.

Heeresabwehramt (HAA) Wien-Hütteldorf

Da das HAA vorwiegend mit Aufgaben im Rahmen der Spionageabwehr, Gegenspionage und Militärischen Sicherheit befasst ist, soll es hier nicht weiter betrachtet werden. Gleichwohl soll nicht ausgeschlossen werden, dass im Anlassfall zwischen beiden Ämtern sachdienliche Informationen ausgetauscht werden.

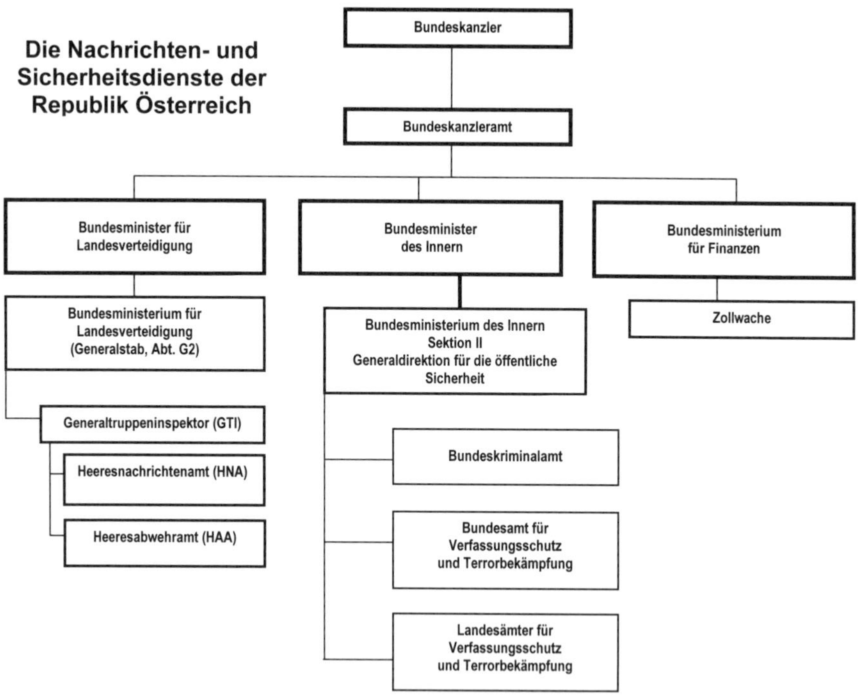

Quelle(n): http://www.bmlv.gv.at/organisation/beitraege/n_dienste/index.shtml v. 1. 8. 2010, http://www.bmi.gv.at/cms/BMI/_news/BMI.aspx v. 1. 8. 2010, Grafik: G. Weiße

356 Wiebes, C.: Intelligence and the War in Bosnia 1992–1995, Studies in Intelligence History, S. 237–38, Berlin 2006.

357 Das österreichische Bundesheer nimmt schon seit einigen Jahren, zuletzt im Juni 2010, an der Übung „ELITE“ (Elektronischer Kampf) in Deutschland teil. Es darf daher vermutet werden, dass auch hier entsprechende institutionalisierte Kontakte zu den SIGINT-Organisationen anderer Staaten bestehen.

Italien

Anfang der 1990er Jahre verfügten die italienischen Landstreitkräfte für den operativen EloKa-Einsatz über ein Intelligence & Electronic Warfare-Bataillon „Falzarego", das vermutlich nach dem Vorbild des US-amerikanischen CEWI-Bataillon gegliedert und dem Commando C4-IEW in Anzio unterstellt war, das seinerseits durch das Commando Forze Operative Terrestri (COMFOTER) in Verona geführt wurde.

Daneben verfügten die italienischen Landstreitkräfte über folgende C4-Projektionskräfte: Fernmelderegiment 1, 2, 7, 11 sowie 3, 32 und 46, die hier jedoch nicht weiter betrachtet werden sollen. Die italienischen Luftstreitkräfte waren zu dieser Zeit für SIGINT-Aufgaben mit 2 ALENIA B 222 VS ausgestattet und verfügten außerdem über 6 PIAGGIO PD 808 ECM für SIGINT-Einsätze. Daneben könnten die Luftstreitkräfte auch über bodengebundene Erfassungsstellen in den Grenzregionen zu Südosteuropa verfügt haben.

Die italienische Marine war damals für die Seeüberwachung mit 18 Breguet 1150 Atlantic ausgerüstet, die allerdings für die Versorgung der Luftwaffe unterstellt waren. Ob die sich auch im Bestand der Marine befindlichen Augusta Bell AB 212 ECM auch für SIGINT-Einsätze herangezogen werden konnten, ist aufgrund fehlender Angaben über die elektronische Ausstattung nicht verifizierbar. Die 6. Abteilung des Nachrichten- und Sicherheitsdienstes der Streitkräfte SISMI (Servizio per le Informazioni e la Sicurezza Militare[358]) scheint während des Balkankonflikts an der signalerfassenden Aufklärung mit dem 8° Battaglione Ricerca Elettronica „Tonale" und mit einer Satellitenerfassungsstelle in der Nähe Roms aktiv an der Nachrichtengewinnung mit technischen Mitteln beteiligt gewesen zu sein. Offenbar sind aber in Italien auch andere Stellen an der Kommunikationsüberwachung beteiligt, wie aus den im September 2006 bekannt gewordenen Abhörfällen[359] bekannt wurde. Im italienischen Verteidigungsministerium ist in der Abteilung II Reparto Informazioni e Sicurezza – der Nachrichtendienstabteilung des italienischen Generalstabs (Stato Maggiore della Difesa) – ein „Centro Interforze di Formazione Intelligence/Guerra Elettronica" (CIFIGE) eingerichtet, zu dessen Auftrag unter anderem die Entwicklung grundsätzlicher Doktrinen im militärischen Nachrichtendienst, Bearbeitung von Fragestellungen in den Bereichen IMINT, SIGINT, HUMINT, OSINT, ACINT sowie MASINT und Probleme der Elektronischen Kriegführung gehören. Im nachgeordneten Bereich ist das Commando Transmisioni e Informazioni dell Esercito in Anzio, das offenbar die Nachfolge des Commando C4 (IEW) angetreten hat, für die signalerfassende Aufklärung im operativen Bereich verantwortlich. Nähere Einzelheiten sind aus offenen Quellen jedoch nicht verfügbar. Dies gilt auch für die SIGINT-Organisation der Luftwaffe und Marine. Ob die Erfassungsstellen in San Vito und Sorico noch in Betrieb sind, konnte nicht in Erfahrung gebracht werden. Ob die zu erwartenden Reorgani-

358 Wiebes, C.: Intelligence and the War in Bosnia 1992–1995, Studies in Intelligence History, S. 239–40, Berlin 2006.

359 Schwarzwälder Bote: Abhörskandal erschüttert Italien, Nr. 221, v. 23. 9. 2006.

sationsmaßnahmen in den italienischen Diensten auch Auswirkungen auf die Gliederung und Struktur der italienischen SIGINT-Kräfte haben werden, bleibt abzuwarten.

Spanien

Die spanischen Landstreitkräfte verfügten im Jahre 2003 über eine Aufklärungsbrigade[360] mit einem Fernmelde- und EloKa-Bataillon für den operativen Einsatz im Rahmen des Kommandos Bewegliche Kräfte (Fuerza de Maniobra). Ob die in den Brigade-Verband der Spanischen Legion eingegliederte Nachrichten- und Aufklärungseinheit zur Wahrnehmung taktischer und operativer SIGINT-Aufgaben befähigt ist, kann nicht abschließend bewertet werden. Die spanische Luftwaffe verfügt gegenwärtig über 2 CASA C 212 Aviocar sowie 2 Dassault Mystère Falcon 20 für ELINT-Einsätze. Ob die zusätzlich im Bestand der Luftwaffe befindlichen 7 Lockheed P3 Orion-Seeaufklärer begrenzt auch zu SIGINT-Einsätzen herangezogen werden können, ist nicht klar. Als sicher kann gelten, dass die Sikorski SH 30 der Marine über EloKa-Fähigkeiten verfügen. Daneben befindet sich im Bestand der spanischen Marine ein Messboot der DARSS-Klasse, das vermutlich aus den Beständen der ehemaligen Volksmarine der DDR stammt. Nach den Reorganisationsmaßnahmen im spanischen Nachrichtendienst-System und der Übertragung aller nachrichtendienstlichen Aufgaben auf das Centro Nacional de Intelligencia (CNI) scheinen die nationalen SIGINT-Fähigkeiten dort gebündelt zu sein. Das CNI dürfte über folgende Erfassungsstützpunkte verfügen, die möglicherweise auf bilateraler Basis auch von befreundeten Diensten mit genutzt werden: Rota, Playa de Pals, Manzanares und auf den Kanarischen Inseln Pico de las Nieves.

Portugal

Die portugiesischen Landstreitkräfte verfügten Ende der 1990er Jahre über ein Fernmelderegiment, von dem angenommen werden kann, das es über begrenzte EloKa- und SIGINT-Fähigkeiten verfügt haben dürfte. Die portugiesische Luftwaffe ist derzeit nur eingeschränkt zur luftgestützten signalerfassenden Aufklärung befähigt, da sie nur über eine geringe Anzahl von CASA C-212 A/-100/300 Aviocar ECM-Flugzeugen verfügt, die in der 401 Staffel zusammengefasst sind. Die portugiesische Marine verfügte im Jahre 2002 über 6 Lockheed P3P Orion für Seeüberwachungsaufgaben. Ob die P3 auch über begrenzte SIGINT-Fähigkeiten verfügen, ist nicht bekannt. Über Messboote verfügt die Marine Portugals derzeit nicht. Soweit bekannt, betreibt Portugal auf den Azoren eine Erfassungsstelle.

360 Offenbar sind nun die Fähigkeiten zur Elektronischen Kampfführung (Electronic Warfare) der spanischen Streitkräfte in Brigada de Investigación Technológica (BIT) und dem Commisaria General de la Información (CGI) gebündelt.

Türkei

Aufgrund der sehr rigiden Geheimhaltungsbestimmungen der türkischen Streitkräfte liegen zum SIGINT-Komplex nur sehr wenige Informationen aus offenen Quellen vor. Soweit bekannt, ist das Direktorat für Elektronische und Technische Aufklärung im türkischen Militärischen Nachrichtendienst – Milli Istihbarat Teskilati (MIT) – für die Elektronische Aufklärung verantwortlich. Die türkischen Landstreitkräfte verfügen über entsprechende Fernmeldeverbände auf Armee- und Korpsebene. Die türkischen Luftstreitkräfte verfügen für Transportaufgaben über 46 Airtech CSA/ITPN CN 235, die zum Teil in der SIGINT-/Electronic Warfare-Rolle eingesetzt werden können.

Die türkische Marine verfügt seit 1989 über ein Messboot der Vegesack-Klasse[361] aus Beständen der Bundesmarine. Das die CN 235 der 301. Fliegerstaffel der türkischen Marine auch für maritime SIGINT-Aufgaben eingesetzt werden könnten, erscheint wahrscheinlich. Ob die in Sinope in der nördlichen Türkei an der Schwarzmeerküste befindliche SIGINT-Erfassungsstelle vom Militärnachrichtendienst der Türkei wie auch die Erfassungsstellen in Adana, Agri, Anatalya, Edirne, Istanbul, Izmir, Kars, Karamursel, Trabzon, Samsun, Ankara, Anadolu Kavak und die Radaranlage in Diybakir noch für SIGINT-Aktivitäten genutzt werden, ist aus offenen Quellen nicht ersichtlich. Jedoch kann eine Zusammenarbeit mit Partnerdiensten innerhalb der NATO auf bilateraler Ebene angenommen werden, da besonders im Hinblick auf den Wert der mit technischen Hilfsmitteln in dieser Region gewonnenen Informationen auch in Zukunft nicht verzichtet werden kann. Mit der Beschaffung des Israeli Aircraft Industries-Heron Male[362]-UAV-Systems durch die türkischen Streitkräfte kann eine Verstärkung der Aufklärungsfähigkeiten, insbesondere bei SIGINT- und COMINT-Fähigkeiten im taktisch-operativen Bereich, erwartet werden.

Israel

Soweit bekannt war der Militärische Nachrichtendienst der israelischen Armee in Zusammenarbeit mit dem Nachrichtendienst des Innenministeriums Shin-Beth für Aufgaben der internen Kommunikationsüberwachung[363] zuständig. Ob die dem israelischen militärischen Nachrichtendienst Aman unterstellte Einheit 8200[364] in Herzliyya für ausschließlich taktisch-operative SIGINT-

361 A 590 YUNUS ex A 50 ALSTER ex MELLUM. Ob das Boot mit seiner speziellen Ausstattung übernommen wurde, konnte nicht in Erfahrung gebracht werden.

362 MALE: Medium Altitude Long Endurance. Wegen politischer Probleme zwischen der Türkei und Israel wurden die israelischen Ausbilder für das System abgezogen (Juni 2010). Die Türkei setzt nun wieder konventionelle Systeme zur NG&A ein.

363 Time Magazine, 25. 8. 1997: Danach waren über 150 israelische Abhörspezialisten mit der Kommunikationsüberwachung im Bereich des Territoriums des Westjordanlandes beschäftigt, die Zentrale befand sich in der Nähe Jerusalems.

364 Ob die Einheit 8200 nach den Empfehlungen des Parlaments-Reports 2004 aus der militärischen Unterstellung herausgelöst und als zivile Einrichtung mit erweitertem Auftrag weiter geführt werden sollte, ist aus offenen Quellen nicht feststellbar.

Aufgaben eingesetzt wird, kann noch nicht abschließend geklärt werden. Die in Nordisrael an der Grenze zum Libanon[365], unmittelbar an der Küste gelegene Erfassungsstelle ist aufgrund ihrer Antennenausstattung der Einheit 8200 zuzurechnen. Die auf der Golanhöhe gelegenen SIGINT-Erfassungsstellen werden offenbar ebenfalls von der Einheit 8200 betrieben. Das kann auch für die Erfassungsstelle in Mitzpah Ramon gelten. Das Nachrichtendirektorat der israelischen Luftwaffe verfügt über eine Reihe von Plattformen, sowohl für die luftgestützte Frühwarnung AEW (Airborne Early Warning), den elektronischen Kampf und die Elektronische Aufklärung (ELINT) sowie für die Seeüberwachung. Hierfür sind die israelischen Luftstreitkräfte mit folgenden Flugzeugmustern ausgestattet:

- 1 Beechcraft RC-12 D Guardrail
- 2 Boeing 707 Airborne Early Warning – AEW
- 2 Boeing EC 707-ECM
- 3 Boeing RC 707 – ELINT
- 3 Grumman G 1159 D Gulfstream – ELINT
- 3 Israel Aircraft Industries 1124 N Seascan – Maritime Patrol Aircraft (MPA)
- 3 Lockheed EC-130 Hercules – ELINT
- 4 Beech King Air B 200 CT/T – ECM
- 8 Israel Aircraft Industries (IAI) 202 ECM ARAVA-ECM

Daneben verfügen die israelischen Streitkräfte über eine Reihe von Drohnen[366], die für Erfassungseinsätze verwendet werden können. Aufgrund der angespannten Lage, in der sich das Land befindet, dringen nur wenige Informationen über die SIGINT-Aktivitäten Israels an die Öffentlichkeit. Als sicher kann gelten, dass die Einheit 8200 eine herausragende Rolle bei der signalerfassenden Aufklärung[367] Israels, insbesondere bei der Aufklärung von Hizbollah- und Hamas-

365 Mit der Präsenz des deutschen Messbootes vor der libanesischen Küste und dessen Signal-Erfassungsfähigkeiten fürchteten die israelischen Aufklärungskräfte in diesem Raum wohl die Offenlegung eigener sensitiver Kommunikationsverbindungen.

Es erscheint wenig wahrscheinlich, dass der im Juli 2010 als Spion im Libanon festgenommene deutsche Molkereiexperte tatsächlich für einen Nachrichtendienst tätig gewesen sein könnte. Die Umstände der Festnahme als auch der Besitz und die Nutzung einer Funkausrüstung durch den Festgenommenen scheinen in diesem Zusammenhang wenig professionell und deuten eher auf eine Denunziation durch libanesische Kreise hin. Mittlerweile befindet sich der Festgenommene wieder auf freiem Fuß. Deutsche Behörden standen mit ihm in Kontakt; vgl. Spiegel-Online: www.spiegel.de/politik/ausland/0,1518,druck-708822.00.html

366 IAI Samson, IAI Delilah, Firebee 147, Teledyne 324, Chukar III, IAI Scout, Searcher, TRW/IAI Hunter, IAI Happy Silver Arrow, Silver Arrow Hermes 450 S, IAI Medium Altitude Long Endurance – MALE Heron UAV. Daneben hat Israel Mitte Juni 2010 einen weiteren Überwachungssatelliten mit der Bezeichnung OFEK-9 in eine Umlaufbahn gebracht. Damit verfügt Israel über mindestens 4 Satelliten mit hochauflösenden Kamerasystemen; vgl. BBC-News v. 23. 6. 2010.

367 Israel verfügt über mindestens 4 Kommunikationssatelliten, die möglicherweise auch im Rahmen von SIGINT-Aktivitäten eingesetzt werden können und damit den gesamten mittelöstlichen Raum abdecken können; vgl. BBC-News v. 23. 6. 2010.

Aktivitäten, spielt. So war es dieser Einheit gelungen, im Sommer 2006 in die gesicherten Kommunikationsverbindungen[368] der Hamas und der Hizbollah einzudringen. Bei der Einheit 8200 handelte es sich um eine hochspezialisierte militärische Einrichtung, die nicht nur für die Sammlung taktisch-operativ wichtiger Informationen zuständig ist, sondern auch Aufgaben im Rahmen der strategischen Frühwarnung der politischen und militärischen Führung Israels zu erfüllen hat und mit Sicherheit auch Informationen mit anderen Partnern in der signalerfassenden Aufklärung austauscht. Damit verfügt Israel auch über Kapazitäten zur Planung und Durchführung von Informationsoperationen. Auch kann hier eine enge Zusammenarbeit mit entsprechenden Partnerdiensten angenommen werden.

Iran[369]

Die Verwundbarkeit der westlichen Informations- und Kommunikationssysteme durch Informationsangriffe insbesondere staatlicher Stellen aus dem Iran, Syrien und anderer durch den Iran beeinflusster nichtstaatlicher Akteure aus dem Nahen Osten stellt eine besondere Gefährdung der gesamten europäischen und US-amerikanischen Informations-Infrastruktur dar, deren Folgen im Einzelnen noch gar nicht abgeschätzt werden können. Daneben verfügen die iranischen Streitkräfte[370] über eine Reihe luftgestützter Plattformen[371], die im Rahmen der signalerfassenden Aufklärung eingesetzt werden können, unter anderem beispielsweise Boeing RC 707 und Lockheed RC-130 Hercules. Ob die als Frühwarnsystem einsetzbare Iljuschin IL 76 Candid-Adnan einsatzbereit ist, mag bezweifelt werden. Dies gilt auch für die noch im Bestand vorhandenen 3 Lockheed P3P Orion der iranischen Seestreitkräfte. Nach ernstzunehmenden Pressemeldungen haben der Iran und Syrien seit Mitte des Jahres 2006 ihre landgestützten SIGINT-Aktivitäten auf eine gemeinsame Basis gestellt. So sollen dem Vernehmen nach zu den bereits bestehenden Stationen[372] bei Al-Jazira und auf den noch zu Syrien gehörenden Golanhöhen zwei zusätzliche Anlagen in Bab Al-Hawa in Nordsyrien in der Nähe der Grenze zur Türkei und bei Albu Kamal, südlich von Al-Jazira, errichtet werden, deren Betriebsbeginn[373] für Januar 2007 vorgesehen war. Soweit ersichtlich, sind diese Einrichtungen einer gemeinsamen syrisch-iranischen Erfassungsorganisation unterstellt, die durch den Militärischen Nachrichtendienst Syriens geführt wird. Damit verfügen so-

368 Kanaán – The E-Bulletin v. 15. 8. 2006.

369 Die Fähigkeiten des Iran auf dem Gebiet der Nukleartechnologie werden hier nicht betrachtet.

370 Sowohl die iranischen Luftstreitkräfte als auch die iranischen Pasdaran (Revolutionsgarden) verfügen über Luftfahrzeuge für den SIGINT-Einsatz. Die Zuordnung der Luftfahrzeuge ist aufgrund vager Informationen nicht immer möglich.

371 Vermutlich wird die signalerfassende Aufklärung durch den militärischen Nachrichtendienst J-2 gesteuert.

372 Janes Information Group v. 4. 10. 2006.

373 Rick Francona, Middle East Perspectives v. 5. 10. 2006.

wohl Syrien als auch der Iran über ausgezeichnete Erfassungsmöglichkeiten, die, soweit es die Bedingungen zulassen, weit in das Territorium Israels, der Türkei und besonders auch des Irak hineinreichen. Werden diese Erfassungsmöglichkeiten durch luftgestützte Signalerfassung ergänzt, dürften dabei wichtige Kommunikationseinrichtungen Israels, der USA und ihrer Verbündeten in diesem Raum unter Kontrolle stehen. Ob der Iran derzeit auch über die Fähigkeiten zur Erfassung von Satellitensignalen verfügt, kann aus den zur Verfügung stehenden Informationen nicht zwingend abgeleitet werden, erscheint aber sehr wahrscheinlich.

Grundlagen der iranischen IuK-Technologie[374]

Die Informationstechnologie des Iran konnte in den letzten Jahren, auch dank westlicher Hilfe, wesentlich verbessert werden. Der Iran verfügt über eine stetig wachsende Informationstechnologie-Infrastruktur[375], die, gemessen an globalen Maßstäben, trotz politischer und wirtschaftlicher Hindernisse bereits einen beachtlichen Stand, insbesondere im Bereich der Softwareentwicklung, erreicht hat. Daneben verfügt Iran über ein ISDN-System[376], das ständig erweitert und ausgebaut wird. Außerdem verläuft ein Teil der Breitband-Lichtwellenleiter-Trasse, die in Schanghai/China beginnt, über iranisches Territorium. Endpunkte der TAE-Trasse befinden sich in Frankfurt/Main, Wien und Budapest. Von diesen Knoten ist ein Einstieg des Iran in das westeuropäische System möglich.

Iranische Hacker

Der Iran verfügt über eine beachtliche Anzahl von sogenannten Hackern (z. B. Babol-Hacking Team), die offenbar über ausreichende Kenntnisse der üblichen Anwendungen (Windows, Unix, Cisco oder Linux) verfügen und in der Lage sind, aus möglicherweise politischen und vorwiegend religiösen Gründen die Schwachstellen westlicher Informations- und Kommunikationssysteme zu explorieren und auf westliche Systeme angriffsweise zuzugreifen.

---

374 Patterson, J./Smith, M.: Developing a Reliable Methodology for Assessing the Computer Network Operations Threat of Iran, Naval Postgraduate School, Monterey, CA, September 2005 (Unclassified). Soweit bekannt, hat Nokia-Siemens ein Kommunikationsüberwachungssystem an die iranische Regierung geliefert und dort auch installiert.

375 Technische Universität Sharif, Universität Teheran, Technische Universität Amirkabir, Technische Universität Isfahan und die Universität Isfahan sowie Guilan-Wissenschafts- und Technologiepark, dem eine Reihe von Forschungseinrichtungen und Entwickler-Unternehmen angeschlossen sind. Auf der gleichen Ebene agiert das Technologie-Kooperations-Büro (Technology Cooperation Office) und der Pardis-Technologie-Park. Auch bestehen offenbar entsprechende Kontakte auf diesem Gebiet zu Nordkorea.

376 Das von Siemens-Nokia installierte Mobilfunksystem des Iran enthält auch eine Komponente zur Netzwerküberwachung, die von Siemens-Nokia auf iranischen Wunsch eigens implementiert und auch bei den jüngsten Unruhen im Iran durch die dortigen Sicherheitskräfte genutzt wurde.

Syrien

Soweit bekannt, verfügt die syrische Luftwaffe über eine Reihe von Transportflugzeugen, die relativ schnell zur SIGINT-Plattformen umgerüstet werden könnten, darunter 6 Antonow An-26 Curl, 4 Iljuschin Il 76 Candid sowie 2 Mystère Falcon 20. In Anbetracht der mit dem Iran gemeinsam betriebenen landgestützten SIGINT-Erfassungsorganisation erscheint dies aber wenig wahrscheinlich, da im Bedarfsfalle auf die bereits vorhandenen iranischen SIGINT-Maschinen zurückgegriffen werden könnte.

Ägypten

Die Luftstreitkräfte Ägyptens verfügen derzeit für den elektronischen Kampf und die signalerfassende Aufklärung über 6 Beech 1900 C sowie 2 C-130 H Hercules. Dies lässt darauf schließen, das Ägypten bereits über ein leistungsfähiges terrestrisches Erfassungssystem verfügen dürfte. Dass die innerägyptische Kommunikationsüberwachung durch den dafür zuständigen Dienst Mabahith Amn al-Dawla al-Ulya erfolgt, ist anzunehmen. Vermutlich erhält Ägypten im Rahmen bilateraler Abmachungen mit anderen Partnern Informationen, die mit technischen Hilfsmitteln gewonnen wurden.

Die übrigen Staaten des Nahen und Mittleren Ostens

Für die übrigen Staaten des Nahen und Mittleren Ostens kann angenommen werde, das die dort zuständigen Nachrichten- und Sicherheitsdienste, insbesondere unter dem Einfluss westlicher Partnerdienste, über das entsprechende Instrumentarium zur umfassenden internen Kommunikationskontrolle verfügen. Daneben werden sich Staaten mit entsprechender Interessenlage auf die Abwehr gegen sie gerichteter Informationsoperationen, auch mithilfe von Partnern, vorbereiten.

Vereinigte Staaten von Nordamerika

Der sich in auch den Nachrichtendiensten der Vereinigten Staaten erkennbar vollziehende Generationenwechsel[377] sowohl im operativen Bereich als auch be-

377 Ackermann, R. K.: Cultural Changes Drive Intelligence Analysis, AFCEA SIGNAL, Fairfax, VA, May 2007; Wertheimer, M.: We are embracing multiculturalism in a connected integrated community, AFCEA SIGNAL, Fairfax, VA, May 2007; Clarridge, D.: Statement concerning CIA-HUMINT, Morning News, DeMillo/AP/16. Mai 2007; vgl. auch: FBI Strategic Technology Task Force, San Francisco Bay Area Academic Alliance Conference SLAC National Accelerator Laboratory, 29. 4. 2010. In der Tagung wurden folgende Themen behandelt: National Security an Higher Education, FBI-Counterintelligence Mission, Office of Export Enforcement Overview. Zu den Gastrednern gehört u. a. Boris Yuzin, ehemaliger Angehöriger des sowjetischen KGB, US-Department of Justice – FBI –, 450 Golden Gate Avenue, 13th Floor, San Francisco, California, 19. 3. 2010.

sonders in den Auswertungen der Dienste – die USA verfügen über mindestens sechzehn Nachrichten- und Sicherheitsdienste – wird künftig die Qualität der nachrichtendienstlichen Informationen auf Jahre hinaus beeinflussen und damit ein bestimmender Faktor in der künftigen Außen- und Sicherheitspolitik der USA werden.

Die Nachrichtendienste der USA, allen voran die Central Intelligence Agency (CIA), das Federal Bureau of Investigations (FBI), die Defense Intelligence Agency (DIA) und nicht zuletzt die National Security Agency (NSA), aber auch das Department of Homeland Security (DHS) verfügen aufgrund ihrer Entstehungsgeschichte über unterschiedliche nachrichtendienstliche Binnenkulturen, insbesondere bei der Bewertung und Auswertung sowohl der mithilfe nachrichtendienstlicher Mittel und Methoden als auch mit technischen Einsatzmitteln beschafften Informationen aller Art. Die Arbeit der Dienste war über lange Zeit durch eine Konkurrenzsituation zwischen den Diensten geprägt, nicht zuletzt auch durch die unterschiedliche Zuweisung von Haushaltsmitteln und die Priorisierung der Aufträge und des daraus resultierenden politischen Einflusses der verschiedenen Dienste. In der Folge der Anschläge des 11. September 2001 wurde erkennbar, dass die Zusammenarbeit der Dienste verbessert und eine Abgrenzung der Aufgaben vorgenommen werden musste. Mit dem neuen Ansatz der Informationsteilhabe (Information Sharing) in den Diensten wurde eine intensivere Zusammenarbeit der Dienste durch die politische Seite gefordert, die nun umgesetzt werden soll.

Gegenwärtig verfügen mehr als die Hälfte der in den Auswertungen der Dienste beschäftigten Mitarbeiter über weniger als fünf Jahre Erfahrung in der Analyse nachrichtendienstlicher Informationen, hingegen befinden sich mehr als 25 Prozent der mit ausreichender Erfahrung verfügbaren Auswerter weniger als 5 Jahre von der Pensionierungsgrenze entfernt. Damit stehen zur Aus- und Weiterbildung der neu eingestellten Auswerter, die in der Regel nur über akademische Erfahrungen verfügen, etwa 25 Prozent des mittleren nachrichtendienstlichen Managements für die Aus- und Fortbildung neu eingestellten Personals zur Verfügung. Nach den Erfahrungen der Dienste benötigt ein Auswerter im Nachrichtendienst eine Vorlaufzeit von mindestens fünf Jahren, bis er eigenverantwortlich eingesetzt werden kann. In den 1990er Jahren verloren die Nachrichtendienste durch Budgetkürzungen und interne Reorganisationsmaßnahmen der einzelnen Dienste mehr als 23.000 qualifizierte Mitarbeiter, deren Erfahrungsschatz unwiederbringlich verloren ging.

Bis auf die Angehörigen des militärischen Nachrichtendienstes, deren Karriere sich an den militärischen Laufbahnmöglichkeiten berechenbar ausrichtet, verfügen die zivilen Mitarbeiter der Nachrichtendienste über wenig Möglichkeiten, ihre Laufbahn und das Fortkommen zu gestalten. Dies führt nach Angaben von Fachleuten aus den Diensten zu mangelnder Berufszufriedenheit.

Als besonders hemmend machen sich fehlende Fremdsprachenkenntnisse der künftigen Auswerter bemerkbar. Hier wird durch entsprechend rigide Ausbildungsgänge versucht, dem Anwärter in einer möglichst kurzen Zeit umfangreiche Fremdsprachenkenntnisse in außergewöhnlichen Sprachen, zum Beispiel Farsi, Arabisch, Spanisch, Russisch und Deutsch, zu vermitteln. Üblicherweise werden für derartige Studien zwischen 3 und 5 Jahren Vollzeitunterricht veranschlagt. In einem sechsmonatigen Schnellkurs sollen nun Auswerteanwärter außerdem neben der Sprache auch in nachrichtendienstlichen Grundfertigkeiten in einer „beschleunigten Analyseausbildung" auf ihren Einsatz vorbereitet werden.

Um die Anwendung einheitlicher Bewertungsmaßstäbe und Verfahren in den Nachrichtendiensten zu fördern, wurde das System „Intellipedia" durch das Office of the Director of National Intelligence (ODNI) implementiert, das entsprechende Sicherheitsüberprüfung voraussetzend, für alle Angehörigen der Nachrichtendienste offen ist und mehr als 15.000 Beiträge zu nachrichtendienstlich relevanten Themen enthält. Mehr als 3000 Autoren aus den Nachrichtendiensten stellen mehr als 50 neue Artikel täglich in dieses System ein. Daneben werden im Programm RASER (Rapid Analytic Support and Expeditionary Response)[378] neun Auswerteanwärter in Fertigkeiten, die für die Informationsbewertung im Einsatz erforderlich sind, ausgebildet. Dazu gehören Computerwissenschaft, forensische Psychologie, Selbstverteidigung, Wirtschaftswissenschaften, defensives Fahrtraining, kulturelles Umfeld und internationale Geschäftsdiplomatie. Künftig wird auch ein spezielles Netzwerk mit der Bezeichnung A-Space unter Verantwortung des ODNI errichtet, das im Endzustand vollen Zugriff durch jeden autorisierten Nutzer des derzeitigen Joint Worldwide Intelligence Communications Systems (JWICS) erlauben wird. Daneben werden durch die einzelnen Dienste umfangreiche Aus- und Fortbildungsprogramme initiiert, allerdings meist mit individuellem Bezug zum ausbildenden Dienst. Das Department of Homeland Security unternimmt große Anstrengungen, um eine Doktrin für den Nachrichtendienst des Heimatschutzes (Doctrine for Homeland Security Intelligence[379]) zu entwickeln. Allein die künftige Aus- und Fortbildung des Nachrichtendienstpersonals aller US-Dienste ist noch keine Garantie für den künftigen Erfolg. Die in letzter Zeit durch das Verteidigungsministerium erlassenen umfangreichen Vorschriften zu nachrichtendienstlichen Problemstellungen aller Art sollen wohl eine Basis für alle Nachrichtendienste darstellen.

Die Vereinigten Staaten haben in den letzten Jahren eine Reihe von Maßnahmen[380] eingeleitet, um die wichtigsten Systeme der US-Regierung weltweit

---

378 Inwieweit dieses System mit dem System JASON und den Folgesystem AQUAINT (All Source Intelligence Mass Data Collection Management) und „Spin-off-Zentrifuge" der NSA, die das bisherige System TIA-Total Intelligence Awareness abgelöst haben sollen, ist noch nicht endgültig klar (MITRE Corporation – Data Analysis Challenges v. 9. 11. 2009, siehe auch http://www.centrifugesystem.com).

379 Anfang des Jahres 2010 stand diese Doktrin noch aus.

380 Die grundsätzlichen Bestimmungen hierfür waren in der National Strategy for Homeland Security (2003), in The National Strategy for Secure Cyberspace (2003), The National Strategy for the Physical Protection of Critical Infrastructure and Key Assets (2003), in Computer Attack and Cyberterrorism: Vulnerabilities and Policy Issues for Congress (2005) und in einer Reihe weiterer Bestimmungen enthalten. Diese Planungen umfassten auch Richtlinien und Maßnahmen für Vergeltungsangriffe auf Netze und Einzelsysteme von Staaten, Staatengruppen oder andere Gruppierungen durch die Vereinigten Staaten im Rah-

gegen netzwerkbasierte und andere Angriffe aller Art zu schützen. Im Einzelnen sind hier zu nennen:

Das Information Sharing Environment der Nachrichtendienste der USA

Die Gewinnung und Weitergabe von Informationen aller Art, die für die Sicherheit der Vereinigten Staaten von Bedeutung sind, gewannen durch den Information Sharing Environment Implementation Plan vom November 2006 auch zunehmend Gewicht für die europäischen Partner der USA, da künftig vermehrt mit umfassenden Einschränkungen beim Zugang zu Informationen aller Art in den USA gerechnet werden muss, die ihrer Natur nach nicht geheimhaltungsbedürftig, aber sensitiv sind. Dies könnte auch den Informationsaustausch zwischen der Wirtschaft in den USA und der EU auf lange Sicht nachhaltig beeinträchtigen. Das Information Sharing Environment 2006[381] wurde durch die United States Intelligence Community Information Sharing Strategy 2008 abgelöst.

Mit der Information Sharing Strategy der Intelligence Community aus dem Jahre 2008[382] wurden die strategischen Ziele der United States Intelligence Community Information Sharing Strategy 2006 (ISE) nochmals präzisiert und bestehen nun aus:

- Ziel 1: Einrichtung einer einheitlichen Informationsteilhabe.
- Ziel 2: Errichtung einer gemeinsamen Vertrauensbasis in den Nachrichtendiensten.

---

men des Informationskrieges, die in der Presidential Directive 16 (2002) festgelegt sind. Die „directives" und andere Vorschriften werden häufig aktualisiert. Siehe hierzu die Literaturaufstellung im Anhang dieses Buches. Im Juni 2010 wurde durch die NSA das Programm „Perfect Citizen" implementiert. Ziel dieses umfassenden Programms ist die Überwachung der computergestützten Steuerungssysteme der „Nationalen Kritischen Infrastruktur" der USA – beispielsweise die Stromversorgung, Atomkraftwerke und ähnliche sensitive Einrichtungen wie die gesamte Flugsicherung der USA –, die mithilfe von Sensoren, die durch die NSA überwacht werden, Eindringversuche oder Manipulationen im System sofort erkennen können. Hauptauftragnehmer dieses in der Initialisierungsphase auf über 100 Mio. US-Dollar geschätzten Programms, dessen Einzelheiten bisher aber nicht veröffentlich wurden, ist die Firma Raytheon. Im Endausbaustadium soll dieses Programm die Behörden und Unternehmen bei der Abwehr von Cyber-Attacken unterstützen. Im Rahmen der Comprehensive National Cybersecurity Initiative ist mit der Zuweisung weiterer Haushaltsmittel zu rechnen; vgl. siobhan.gorman@wsj.com vom 8. 7. 2010.

381 Vgl.: Office of the Director of National Intelligence (ODNI), Information Sharing Environment, November 2006, Washington, D. C. Der Bericht zum Information Sharing Environment wurde fortgeschrieben und enthält Aussagen zur neuesten Entwicklung der Informationsteilhabe in den Nachrichtendiensten der Vereinigten Staaten; vgl. http://www.fas.org/irp/agency/ise/2010report.pdf. Nach dem Haushaltsansatz für das Finanzjahr 2010/2011 sind insgesamt Ausgaben in einer Höhe von 75 Milliarden US-Dollar für die Nachrichtendienste der Vereinigten Staaten veranschlagt; vgl. www.opencongress.org/bill/111-h2701/show

382 Director of National Intelligence (DNI), United States Intelligence Community Information Sharing Strategy 2008.

Die Nachrichten- und Sicherheitsdienste der Vereinigten Staaten (Intelligence Community) – Funktionale Zusammenarbeit

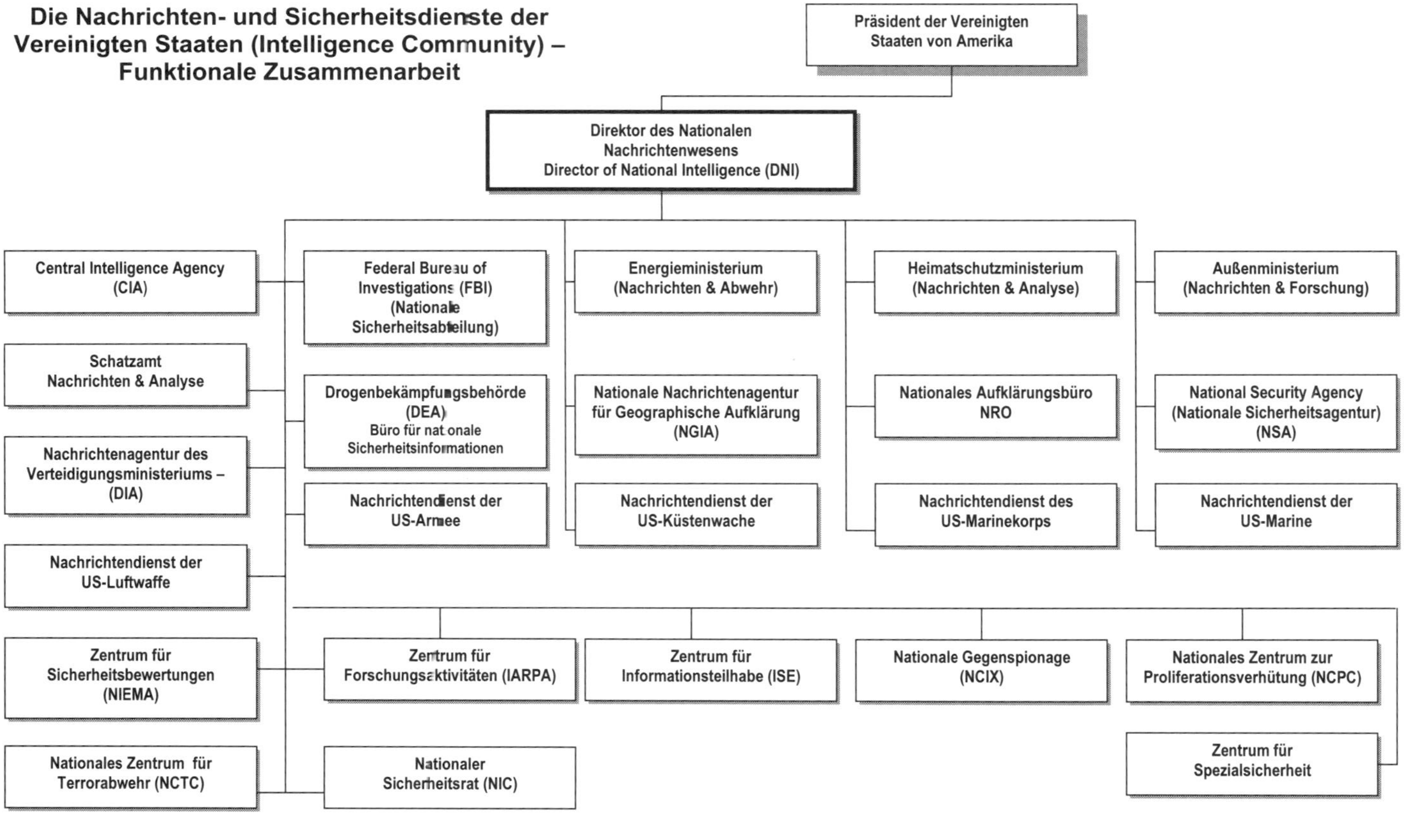

Vgl.: http://www.intelligence.gov/about-the-intelligence-community/structure/ v. 31. 7. 2010 (Grafik: G. Weiße)

- Ziel 3: Verbesserung der Zusammenarbeit in den Nachrichtendiensten. Hierzu gehören die Entwicklung von entsprechenden Werkzeugen und Anreizen für die gesamte Intelligence Community, ihrer Führungspersönlichkeiten und der Mitarbeiter mit dem Ziel, die Zusammenarbeit in den Nachrichtendiensten fördern, Wissen und Erfahrungen auf allen Ebenen auszutauschen.

Das Informationssicherheitsprogramm 2008

Mit der Intelligence Community Directive 503 (ICD 503) vom 15. September 2008 hat der Director of National Intelligence (DNI) der Vereinigten Staaten die Konsequenzen aus der ständig wachsenden Bedrohung staatlicher Informationsverarbeitungssysteme der Vereinigten Staaten und ihrer Partner durch Angriffe fremder staatlicher, halbstaatlicher und privater Stellen gezogen und die Bedingungen für den Einsatz derartiger Systeme verschärft. Mit dieser Direktive werden die grundsätzlichen Ziele der nationalen IT-Sicherheitspolitik in den Bereichen der Informationsverarbeitungssysteme, dem Sicherheitsrisiko-Management, der Zertifizierung und Akkreditierung von Informationsverarbeitungssystemen im staatlichen Bereich und, soweit betroffen, auch in der mit dem staatlichen Bereich verflochtenen Wirtschaft und Forschung festgelegt. Zu den Schwerpunkten gehören das Risikomanagement und die Akkreditierung von Informationsverarbeitungssystemen.

Mit der „Instruktion" 5200.01 vom 9. Oktober 2008 hat das Verteidigungsministerium der Vereinigten Staaten den Schutz „sensitiver" Informationen, die nicht klassifiziert sind, neuerlich verschärft. Diese Instruktion gilt für den gesamten Bereich des US-Verteidigungsministeriums und soll sicherstellen, dass „kontrollierte, aber unklassifizierte Informationen" (Controlled Unclassified Information) wie auch SBU-Informationen (Sensitive but Unclassified) entsprechend den Bestimmungen behandelt werden.

Die National Counterintelligence Strategy 2008

Auch die National Counter Intelligence Strategy aus dem Jahre 2008 beschreibt die Ziele der Abwehr und Gegenspionage durch die Dienste der Vereinigten Staaten. Auch hier sind entsprechende strategische Ziele beschrieben: Schutz der Nation gegen ausländische Spionage und elektronische Penetration, Schutz der Integrität des Systems der US-Nachrichten- und Sicherheitsdienste, Unterstützung der nationalen Politik und der daraus erwachsenden Entscheidungen, Schutz der Wirtschaft der Vereinigten Staaten, der Geschäftsgeheimnisse und des Know-how, Unterstützung der Streitkräfte der Vereinigten Staaten, Management und Unterstützung der Gegenspionagedienste, um eine effiziente Koordination des Einsatz zu erreichen, Verbesserung der Ausbildung in den Diensten der Spionageabwehr und Gegenspionage, Ausweitung der nationalen Wachsamkeit in Bezug auf nachrichtendienstliche Angriffe und Risiken, und zwar sowohl in der Wirtschaft als auch in der Verwaltung.

Die National Defense Strategy 2008

Die National Defense Strategy 2008 der Vereinigten Staaten beschreibt die Ziele der Landes- und Bündnisverteidigung der USA. Es sind dies:

- die Verteidigung der Heimat
- das Gewinnen eines langdauernden Krieges
- die Verstärkung der Sicherheit des Landes
- das Entspannung von Konfliktsituationen
- das Gewinnen von Konflikten

Um die Ziele der Landes- und Bündnisverteidigung zu erreichen, ist es erforderlich, Verbündete zu stärken und den möglichen Gegner davon abzuhalten, sich in den Besitz von Massenvernichtungswaffen zu bringen. Allianzen und Partnerschaften sind auszubauen und zu verstärken. Für den Erhalt der Fähigkeiten der Vereinigten Staaten zu strategischen Bewegungen und der Freiheit des Einsatzes militärischer Mittel sind die nationalen Quellen auszuschöpfen und die Streitkräfte auf streitkräftegemeinsame Einsätze und Operationen mit Alliierten und Verbündeten vorzubereiten.

Die Defense Intelligence Strategy 2009

Die Defense Intelligence Strategy 2009 der Vereinigten Staaten enthält strategische und operative Ansätze zur Nachrichtengewinnung, Aufklärung, Überwachung und Gegenspionageoperationen. Hierbei sind vier Grundlinien erkennbar:

- Ausweitung aller verfügbaren Möglichkeiten, um zeitnahe und situationsbezogene Entscheidungen fällen zu können. Dabei ist die Informationsversorgung aller Nachrichten- und Sicherheitsdienste der Vereinigten Staaten sicherzustellen.
- Verstärkung aller Dienste und Fähigkeiten, um den gestiegenen Anforderungen gewachsen zu sein.
- Erforschung von Konzeptionen, Technologien und Strategien, um auf Forderungen der Nutzer der nachrichtendienstlichen Informationen vorbereitet zu sein.
- Erhalten der Fähigkeiten, auf Angriffe gegnerischer Kräfte angemessen reagieren zu können. Dabei Verstärkung der technischen Fähigkeiten zur Nachrichtengewinnung und Nutzung der Informationen auf dem Gefechtsfeld.

Bei der Lektüre dieser Strategie ist festzustellen, dass sich das Verständnis der Nachrichtendienste in den USA zu wandeln beginnt. Bisherige ressortimmanente Reibungen scheinen zugunsten des „gemeinsamen“ nachrichtendienstlichen Ansatzes weniger stark in Erscheinung zu treten.

Die National Intelligence Strategy 2009[383]

Die Neufassung der aus dem Jahr 2006 stammenden National Intelligence Strategy vom Herbst 2009 lässt einen umfassenden Neuansatz in der globalen Nachrichtengewinnung und -beschaffung durch die Nachrichtendienste der Vereinigten Staaten erkennen. Die Partnerbeziehungen zu den Diensten der in der Europäischen Union zusammengeschlossenen Staaten werden insbesondere durch den von der US-Regierung geforderten umfassenden Datenabfluss aus Europa auf Dauer nachhaltig geprägt. Auch kann künftig mit einem verstärkten Einsatz von US-Spezialeinsatzkräften in wirtschaftlich bedeutsamen Regionen an der Peripherie Europas gerechnet werden.

Die Ziele (Mission Objectives) der neuen National Intelligence Strategy 2009 lassen sich wie folgt charakterisieren:

Ziele auf nachrichtendienstlichem Gebiet

- Weltweite Eindämmung des kämpferischen Extremismus.
- Bekämpfung der weltweiten Proliferation von Massenvernichtungswaffen.
- Gewinnung und Beschaffen von Informationen zur strategischen Warnung. Hierbei auch Einbeziehung von Informationen über wirtschaftliche Entwicklungen in den Zielländern.
- Bewertung von Gefahren durch Seuchen und Pandemien.
- Integration der Gegenspionageaktivitäten in die Nachrichtenbeschaffung.
- Verstärkung der Maßnahmen zur IT-Sicherheit (Cybersecurity).
- Unterstützung laufender nachrichtendienstlicher Operationen. Hierbei: Überwachung zeitkritischer Ziele, direkter Einsatz von operationellen Mitarbeitern im Zielgebiet, Verstärkung der Fähigkeiten im Informationsaustausch mit fremden Regierungen, nationalen US-Diensten, lokalen Behörden und Partnern im privaten Sektor.

Ziele in den organisatorischen Abläufen in den US-Nachrichtendiensten:

- Verstärkung und Verbesserung des Auftragsmanagements in den Diensten.
- Aufbau und Vertiefung der Partnerbeziehungen zu anderen, auch ausländischen Diensten. Hierbei: Vertiefung der Kenntnisse der Partnerdienste über die Funktion der US-Nachrichtendienste.

---

383 National Intelligence Strategy 2009, Director of National Intelligence (DNI), Washington 2009; Tynan, D.: The pentagon is developing plans to deploy special forces to states outside Afghanistan, Eurasia Net/International Security Network-ISN-Zürich, 18. 9. 2009; Lawlor, M.: Diversity Colors Asia-Pacific Landscape, AFCEA SIGNAL, Oktober 2009, Field Manual 3-24.2 (FM90-8, FM 7-98), Tactics in Counterinsurgency, Headquarters Department of the Army, Washington, D. C., Approved for public release, April 2009. Army Knowledge Online (www.us.army.mil) and General Dennis J. Reimer Training and Doctrine Digital Library at: www.train.army.mil; www.americanspecialops.com

- Vertiefung der Kenntnisse auf Seiten der US-Dienste über die Vorteile von Partnerbeziehungen. Aufbau neuer Partnerbeziehungen. Erweiterung bereits bestehender Beziehungen zu befreundeten Nachrichtendiensten mit dem Ziel, Zugang zu neuen Quellen zu gewinnen und die Verteilung nachrichtendienstlicher Informationen auszuweiten und zu beschleunigen. Vereinfachung nachrichtendienstlicher Prozesse mit dem Ziel, diese Prozesse zu beschleunigen.
- Verbesserung der Informationsintegration und -teilhabe mit dem Ziel radikaler Verbesserung bei der Anwendung von Informationstechnologien.
- Ausweitung der Informationsintegration und -teilhabe.
- Umfassender Schutz von Quellen und Verfahren.
- Verstärkung der Forschungs- und Entwicklungstätigkeiten in den Diensten mit dem Ziel der Gewinnung von Informationsüberlegenheit über potenzielle Gegner.
- Verbesserung der internen Personalentwicklungsprogramme mit dem Ziel einer ausgewogenen und fachlich qualifizierten Personalstruktur.
- Verbesserung der Beschaffungsmodalitäten.

Das Capstone Concept for Joint Operations 2009

Das im Jahre 2009 durch das US-Verteidigungsministerium überarbeitete Capstone Concept for Joint Operations 2009 erörtert die weltweiten Einsatzmöglichkeiten der US-Streitkräfte und ihrer Verbündeten für den Zeitraum ab 2016 bis 2028. Das Konzept beschreibt die Einsatzmöglichkeiten in einem komplexen, ungewissen zivilen und militärischen Umfeld, dessen Rahmenbedingungen ständigen Änderungen unterworfen sein werden. Im Einzelnen enthält das Konzept Aussagen zu den politischen Rahmenbedingungen streitkräftegemeinsamer (Joint)-Operations, dem weltweiten Einsatzumfeld sowie den Herausforderungen für die „nationale Sicherheit" der Vereinigten Staaten. Es beschreibt die Integration und Adaption des Kampfeinsatzes, die für den Einsatz geltenden Sicherheitsbedingungen, die Einsatzoptionen sowie den Personaleinsatz und die Wiederherstellung wichtiger Strukturen nach einem Einsatz. Des Weiteren werden beschrieben:

- Grundsätzliche Rahmenbedingungen für Kampfeinsätze und streitkräftegemeinsame Einsatzgrundsätze.
- Die sich aus der Anwendung dieser Konzeption ergebenden Implikationen und Risiken.

Die im Capstone Concept For Special Operations 2009[384] publizierten Grundsätze gelten auch für den weltweiten Einsatz von Spezialkräften des United States Special Operations Command (USSOCOM).

Immer offenkundiger wird bei den Nachrichtendiensten der Vereinigten Staaten die Einbeziehung von „Open Sources Intelligence Informations" in die

384 USSOCOM, Capstone Concept For Special Operations 2009 (Unclassified), Washington, D. C., 26. 1. 2009, Capstone Concept for Joint Operations Version 3.0.

Nachrichtengewinnung, die zukünftig auch die signalerfassende Aufklärung beeinflussen wird, wie aus dem neu erlassenen Feldhandbuch der US-Streitkräfte[385] ersichtlich wird.

Das Joint Operational Environment 2010 der US-Streitkräfte

Zusammen mit dem im Jahre 2009 überarbeiteten Capstone Concept bildet diese Studie die Blaupause der verantwortlichen Militärs der Vereinigten Staaten für die militärische Bewältigung[386] künftiger Konflikte. Allerdings weisen die Autoren bereits im Vorwort darauf hin, dass es sich bei dieser Studie um spekulative Annahmen handelt und nicht davon ausgegangen werden sollte, dass diese Studie Ausfluss der gegenwärtigen US-amerikanischen Regierungspolitik sei. Das Dokument beschreibt die Natur kriegerischer Auseinandersetzungen, zu erwartende Entwicklungen, die Herausforderungen, insbesondere durch Unterbrechungen wichtiger Versorgungslinien, sowie die Gesamtstrategie eines Konflikts. Auch werden die Einflüsse von Demographie, Globalisierung, Wirtschaft, Energie, Nahrungsmittel, Wasser, Klimawandel und Naturkatastrophen, Pandemien, des Cyber-Raums sowie die bestimmenden Faktoren des Weltraums und seiner Nutzung behandelt.

Zu den behandelten Themen gehören auch Kooperation und Wettbewerb zwischen konventionellen Staaten und potenzielle zukünftige Herausforderungen im Hinblick auf China, Russland, dem pazifischen Raum, Europa, Zentral- und Südamerika und Afrika. Des Weiteren werden behandelt: der Mittlere Osten und Zentralasien, zerfallende Staaten und radikale Ideologien, die Verbreitung von Massenvernichtungswaffen, Probleme der Technologie, Bevölkerungs- und Siedlungsbewegungen und die Beeinflussung der Bevölkerung durch Propaganda und psychologische Operationen. Ein Abschnitt beschreibt die Vorstellungen der Planer für einen Krieg im 21. Jahrhundert und die Vorbereitungen hierzu. Im zweiten Abschnitt wird die Durchführung militärischer Operationen im 21. Jahrhundert beschrieben. Angesprochen werden auch die künftigen Anforderungen an das Militär mit Blick auf die Ausbildung und ihre kritische Bedeutung. Daran schließen sich Forderungen an, die sich aus der Ökonomisierung der Verteidigung und damit auch aus der Beschaffungspolitik ergeben. Nicht zuletzt werden auch die künftige Personalgewinnung und die Simulation künftiger militärischer Abläufe behandelt.

Das Presidential Surveillance Program 2009[387]

Als Folge der Ereignisse um den 11. September 2001 intensivierten die Nachrichtendienste der Vereinigten Staaten ihre Bemühungen zur weltweiten Ge-

385 Field Manual (FM2-22.9): Open Sources Intelligence.

386 Hierbei wird der Einsatz von Nuklearwaffen nicht betrachtet.

387 Office of the Inspector General, Unclassified Report on the Presidents Surveillance Program, 10. Juli 2009.

winnung von Informationen über die Hintergründe[388] der Anschläge gegen das World Trade Center in New York und das Verteidigungsministerium. Sehr bald wurde deutlich, dass die Nachrichtendienste auf eine Überwachung der globalen Kommunikationskanäle nicht verzichten konnten. Allerdings erlaubte die damals in den Vereinigten Staaten geltende Gesetzeslage die Überwachung der Kommunikation nur in sehr engen Grenzen. Basierend auf den damaligen Möglichkeiten zur Kommunikationsüberwachung[389] durch die National Security Agency (NSA), wurde die NSA unter ihrem damaligen Direktor Hayden durch den damals amtierenden Präsidenten George W. Bush beauftragt, die weltweite Kommunikationsüberwachung auszuweiten. In einer Reihe von auch bisher nicht offengelegten Operationen beschaffte die NSA umfassende Informationen zu terroristischen Aktivitäten in aller Welt. Der durch die jeweiligen Inspector Generals im Verteidigungsministerium, dem Justizministerium, der CIA sowie der NSA unter der Gesamtverantwortung des DNI-Direktors am 10. Juli 2009 veröffentlichte Bericht über das „Presidential Surveillance Program" („Überwachungsprogramm des Präsidenten") beschreibt die Umstände und Rahmenbedingungen, unter denen die Nachrichtengewinnung durch die Überwachung weltweiter Kommunikationskanäle durch eine Reihe von Nachrichtendiensten der Vereinigten Staaten intensiviert wurde. Der Bericht über das „Presidential Surveillance Program" enthält auch Hinweise zu dem auch heute noch erkennbaren Problem des „Information Overload"[390] („Informationsüberflutung") in den Nachrichtendiensten der Vereinigten Staaten[391].

---

388 Siehe hierzu auch den Bericht des US-Kongresses „The 9/11 Commission Report" vom 27. 7. 2004. Aufschlussreich bezüglich der Verantwortung der Central Intelligence Agency im Zusammenhang mit dem 9/11 ist auch der „OIG Report on Accountability with Respect to the 9/11 Attacks" vom Juni 2005; TOP SECRET/HCS/SCI/ORGON/NOFORN/MR. Die Einstufung dieses Berichts wurde im August 2007 aufgehoben (Approved for Release Aug 2007).

389 Hintergrundinformationen vermittelt auch das Interview mit James Bamford in der Wochenzeitung „Die Zeit" (ACIPSS-Newsletter 11/2010, Nr. 0700/2010). Auch Microsoft arbeitet offenbar eng mit den Behörden zusammen, wie aus dem „Global Criminal Compliance Handbook" ersichtlich wird (ACIPSS Newsletter 11/2010, Nr. 0699/2010).

390 Vgl. hierzu auch: NSA Scientific Advisory Board. Panel on Digital Network Intelligence (Née „C2C 2"). Report to the Director LtGen Jim Clapper USAF (RET), SECRET/COMINT//X1 v. 28. 6. 1999 (Released by NSA on 17-May-2001 pursuant to the FOIA Case #41176), Unclassified, sowie: Kilian, M.: Weshalb Obamas Agenten in einem Meer von Daten absaufen, Basler Zeitung v. 7. 1. 2010.

391 Vgl. hierzu auch: Director of National Intelligence: Reforming Intelligence – The Passage of the Intelligence Reform and Terrorism Prevention Act, National Intelligence University, v. 24. 2. 2009.

US Global Intelligence Network Enterprise (Vision 2015)[392]

Einen umfassenden Ausblick auf die zu erwartenden Entwicklungen bei der All Sources Intelligence sowohl in den Nachrichtendiensten der Vereinigten Staaten als auch ihrer Partner erlaubt die „US Global Intelligence Network Enterprise (Vision 2015)". Das Dokument enthält grundlegende Aussagen des Director of National Intelligence zur künftigen Ausgestaltung der Nachrichtengewinnung, Auswertung und künftigen Partnerbeziehungen der US-Nachrichtendienste. Im Einzelnen sind dies:

- Gewinnung von Vorteilen bei der Entscheidungsfindung
- nutzerorientierte Nachrichtengewinnung und -beschaffung von Informationen
- weltweite Wachsamkeit und strategischer Weitblick
- auftragsbezogene nachrichtendienstliche Operationen
- integriertes Auftragsmanagement
- adaptive Nachrichtenbeschaffung
- das netzwerkzentrierte Informations-Unternehmen
- Integration des netzwerkzentrierten Informations-Unternehmens

Die Cyberspace Policy Review 2009

Die im Juni 2009 veröffentliche die Cyberspace Policy Review beschreibt in einem „Near Term Action Plan" die mittelfristigen Ziele der Initiative zur Sicherung der US-amerikanischen Überlegenheit im Cyber-Raum. Es sind dies:

- Entwicklung einer grundsätzlichen „Cybersecurity"-Strategie unter Einbeziehung des National Security Council (NSC).
- Überarbeitung von Grundsatzdokumenten zur „Cybersecurity" der Vereinigten Staaten.
- Entwicklung von Bewertungsmodellen zur Einschätzung der „Cybersecurity".
- Bestellung eines Beauftragten für die bürgerlichen Freiheiten (Civil Liberties).
- Erarbeitung ressortübergreifender Mechanismen zur Implementierung von Sicherheitsmaßnahmen im Bereich der Informations- und Kommunikationsumgebung. Durchführung einer nationalen „Awareness"-Kampagne zur „Cybersecurity" bzw., auf deutsch, zum Sicherheitsbewußtsein.
- Entwickelung nationaler Rahmenbedingungen für internationale Verhandlungen auf dem Gebiet der „Cybersecurity".
- Entwickeln eines nationalen Notfallplans für Cyber-Angriffe in Zusammenarbeit mit der Industrie.
- Entwicklung von Rahmenbedingungen für nationale Forschung und Entwicklung zur „Cybersecurity". Implementierung eines „Cybersecurity"-basierten Identitäts-Managements.

392 Vision 2015 – A Globaly Networked and Integrated Intelligence Enterprise, Director of National Intelligence DNI, 2009.

Aus der Zusammenfassung dieser Planungen wird ersichtlich, dass die Vereinigten Staaten künftig bei ihren Partnern und Verbündeten ähnliche Maßnahmen erwarten.

Die nationale Cyber-Sicherheitsinitiative der Vereinigten Staaten 2009[393]

Am 3. März 2010 hat der Nationale Sicherheitsrat (National Security Council) der Vereinigten Staaten einer Teilveröffentlichung der bisher unter Verschluss gehaltenen „Comprehensive National Cybersecurity Initiative“ zugestimmt. Dieses Werk wird künftig auch maßgeblich die Zusammenarbeit auf dem Gebiet der IT-Sicherheit zwischen den USA und der Europäischen Union bestimmen. Analog hierzu hat die US Army am 22. Februar 2010 ihren auf den Zeitraum von 2016–2028 angelegten „Cyberspace Operations Concept Capability Plan“ veröffentlicht. Die Hauptziele der neuen Sicherheitsinitiative sind:

- Errichtung einer Verteidigungsfront gegen die heutigen unmittelbaren Bedrohungen, dabei Verstärkung der situationsbedingten Abwehrmaßnahmen gegen Netzwerkbedrohungen, Bedrohungen und Vorkommnisse in Systemen der Bundesverwaltung, bundesstaatlichen Einrichtungen und Partnern in der Wirtschaft.
- Verbesserung der Reaktionsfähigkeit, Reduzierung der gegenwärtigen Verwundbarkeit der Systeme. Verhinderung von Eindringversuchen aller Art in die Systeme.
- Umfassende Verteidigung gegen das volle Spektrum der Bedrohung, dabei Verstärkung der Fähigkeiten der Vereinigten Staaten auf dem Gebiet der Spionageabwehr und Gegenspionage und hierbei auch umfassende Absicherung der Nachschubkette für Schlüsseltechnologien in der Informationstechnik.
- Stärkung der künftigen Ist-Sicherheitsumwelt, dabei Verbesserung der Ausbildung in den Grundlagen der IT-Technologie.
- Umfassende Neubewertung und Bestimmung der Ziele in Forschung und Entwicklung auf dem IT-Gebiet. Entwicklung von Strategien zur Verhinderung feindlicher oder sonstiger ungesetzlicher Aktivitäten im Cyber-Raum.

---

393 The White House: The Comprehensive National Cybersecurity Initiative, Washington, 3. 3. 2010, US lifts lid on top secret plan for internet security, BBC 03, March 2010, The United States Army: Cyberspace Operations Concept Capability Plan 2016–2028, Washington, 22 February 2010; Neues ATCA-Dokument durchgesickert, Futurezone ORF, Wien, 2. 3. 2010; http://www.whitehouse.gov/administration/president-obama. Die USA werden in den nächsten fünf Jahren mehr als 55 Milliarden US-Dollar Haushaltsmittel für die Sicherheit im Cyber-Raum aufwenden (Cybersecurity Contracting and R & D Opportunities, 18. 4. 2010). Offenbar haben ehemalige Angehörige der US-Nachrichtendienste an einer „Cyberwar“-Übung teilgenommen, wie dies durch eine Veröffentlichung von Google bekannt wurde; vgl. ACIPSS-Newsletter 8/2010, Nr. 0516/2010.

Zur Erreichung dieser Ziele ist eine umfassende Informationsteilhabe als Schlüsselkomponente einer effektiven Cyber-Sicherheit unabdingbar.

Einzelaspekte der neuen Strategie:

- Management der Bundes-IT-Systeme als ein einheitliches System mit sicherer Internetanbindung.
- Errichtung eines umfassenden Eindring-Detektionssystems im gesamten IT-Netzwerk der Regierungsbehörden der Vereinigten Staaten.
- Weiterverfolgung der Errichtung von Eindring-Detektionssystemen in allen übrigen Netzwerken auf Bundes- und Staats- sowie lokaler Ebene.
- Koordinierung und Neubestimmung aller Forschungs- und Entwicklungsvorhaben in Bezug auf Regierungsnetzwerke.
- Zusammenschaltung aller im Betrieb befindlichen und von staatlichen Stellen betriebenen IT-Operationszentren.
- Entwicklung und Einführung eines regierungsweiten Cyber-Gegenspionage-Plans. Ausweitung der Ausbildung in den Grundlagen der Informationstechnik.
- Definition und Entwicklung vorausschauender Technologien, Strategien und Programme im Bereich der Informationstechnik und -verarbeitung.
- Definition und Entwicklung von Abwehrstrategien und Programmen zur Abwehr von Angriffen aller Art.
- Entwicklung eines globalen Ansatzes für das Risikomanagement in Versorgungsketten aller Art. Definition der Rolle der Bundesverwaltung bei der Ausweitung der IT-Sicherheit in Bezug auf Kritische Infrastrukturen aller Art.

Im Rahmen des von der General Service Administration (GSA) gemanagten Systems NETWORKSX wird die Einstein 2-Technologie signaturbasiert in die Lage versetzt, Internet-Verkehr auf nicht genehmigten Zugriff und verbotene Inhalte untersuchen. Auch ist Einstein 2 in der Lage, die US-CERT-Instanzen in Echtzeit über Eindringversuche zu informieren. Einstein 3 ist, basierend auf kommerzieller Technologie, in Echtzeit in der Lage, Full Packet Inspections[394] und bedrohungsbasierte Lagebewertungen durchzuführen. Das System wird auch alle angeschlossenen Nutzer in Echtzeit über zu erwartende Bedrohungen unter Einbindung der NSA informieren. Entsprechende Bedrohungssignaturen werden durch die NSA im Rahmen ihres weltweiten Aufklärungsauftrages bereitgestellt. Das nationale Cybersecurity Center des Department of Homeland Security wird zusammen mit den sechs übrigen Cybersecurity Centers die Gesamtverantwortung für die Durchsetzung der Cybersecurity-Maßnahmen der USA tragen. Wesentlicher Bestandteil der Comprehensive National Cybersecurity Initiative ist der regierungsweite „Cyber Counterintelligence Plan“, der

394 Bei Full-Packet-Inspektionen werden die übermittelten Datenpakete in Echtzeit auf für das IT-System gefährliche Inhalte (Trojaner, Würmer, Rootkit-Viren und andere Schadsoftware) untersucht.

mit der „Counterintelligence Strategy oft the United States“ abgestimmt ist. Besonderes Gewicht wird auch auf die Absicherung der staatlichen, klassifizierten Netzwerke gelegt. Einzelheiten hierzu enthält die neue Strategie jedoch nicht.

Der als Cyberspace Operations Concept Capability Plan 2016–2028[395] unter der Verantwortung des Director US Army Capabilities Integration Center herausgegebene Plan stellt den Planungshorizont der US Army für den Zeitraum von 2016 bis 2028 für Informationsoperationen dar. Das Dokument umfasst 77 Seiten und beschreibt das künftige Operational Environment der US-Streitkräfte und seiner Partner im Cyber-Raum. Die sich hieraus ergebenden Folgerungen hinsichtlich künftiger Bedrohungen, anzuwendender Taktiken und Strategien sowie Kräfte und Mittel werden umfassend beschrieben. Demnach werden künftig vier Elemente die Kriegführung der USA im Cyber-Raum bestimmen. Es sind dies:

- Cyberwarfare – CyberWar
- Cyber Network Operations – CybernetOps
- Cyber Support – CyberSpt
- Cyber Situational Awareness – CyberSA

Die zentrale Zielsetzung dieses Plans besteht aus folgenden Elementen:

- Gewinnung von operationellen Vorteilen.
- Schutz dieser Vorteile und Beeinträchtigung der Fähigkeiten eines möglichen Gegners. Dabei bewegen sich die Streitkräfte der USA in der Dimension der Durchsetzung des Willens gegen nicht bestimmbare Gegner, kriegführende Gruppierungen, kriminelle Gruppen und mögliche andere Gegner.

Die zweite Dimension beschreibt das strategische Engagement mit dem Ziel, Bedrohungen an der Heimatfront zu vermeiden, Verbündete im Einsatzraum zu gewinnen sowie deren Unterstützung zu erhalten. Die dritte und offenbar wichtigste Dimension ist die Überlegenheit im Cyber-Raum mit den abzusehenden Entwicklungen im Bereich der drahtgebundenen und drahtlosen Kommunikation und der Optronik, welche die Funktionsfähigkeit der Computer- und Telekommunikationsnetzwerke im Cyber Electromagnetic Contest „nachhaltig beeinflussen“. Damit sind die Cyber Space Operations Teil der künftigen Full Spectrum Operations (FSO) der Streitkräfte der Vereinigten Staaten.

Es kann davon ausgegangen werden, dass beide vorliegenden Pläne in sich und gegenseitig abgestimmt sind. Nachdem nur ein Teil der Initiative, insbesondere soweit Technik und Verfahren betroffen sind, veröffentlicht wurde,

395 Cyberspace Operations Concept Capability Plan 2016–2028, US Army TRADOC Pamphlet 525-7-8, Washington 22. 2. 2010 (Unclassified). Dieses und andere Dokumente können heruntergeladen werden von: http://www.tradoc.army/tpubs/regndx.htm. Nach Presseberichten werden die Vorbereitungen für Informationsoperationen der US-Streitkräfte gegenwärtig durch eine Arbeitsgruppe überprüft. Es ist geplant, den Haushaltsansatz für Informationsoperationen im Financial Year, der gegenwärtig 500 Mio.US-Dollar beträgt, anzuheben. Vgl.: Defence IQ, London v. 4. 7. 2010.

kann davon ausgegangen werden, dass die Vereinigten Staaten zum Schutz ihrer IT-Systeme weitere Technologien und Systeme einsetzen, deren Parameter und Fähigkeiten auch in absehbarer Zeit nicht veröffentlicht werden. Die künftige US-weite Anwendung der Verfahren der neuen Initiative wird die IT-Welt der Vereinigten Staaten, und zwar sowohl im staatlichen Bereich als auch in der Wirtschaft, nachhaltig beeinflussen. Insbesondere die Anwendung neuartiger Detektionstechnologien, deren Wirksamkeit und Umfang wohl auch in Zukunft nicht offengelegt werden, wird nachhaltigen Einfluss auf die Internet-Kommunikation mit Partnern in aller Welt haben. Die Vereinigten Staaten werden wohl künftig darauf bestehen, dass Internetverbindungen aus dem Ausland den gleichen Kriterien wie in den Vereinigten Staaten unterliegen müssen. Hier sind einschneidende Veränderungen für die europäischen Partner bei der Kommunikationsüberwachung durch die USA zu erwarten.

Die National Security Strategy 2010[396]

Die Strategie beschreibt die Ziele der Strategie der Nationalen Sicherheit in den Vereinigten Staaten. Durch eine Vielzahl von Reorganisationsmaßnahmen in den Nachrichten- und Sicherheitsdiensten der Vereinigten Staaten seit Erscheinen dieser Strategie dürften sich die Ziele wegen der sich ständig wandelnden Bedrohung als auch Mittel und Methoden gewandelt haben.

Die Planungsdokumente der US-Intelligence Community

Die Vereinigten Staaten verfügen im Rahmen ihrer Intelligence Community über eine Reihe von Organisationen, die mit Aufgaben der Nachrichtengewinnung durch technische Mittel befasst sind und deren Auftrag und Gliederung im Folgenden dargestellt werden soll, soweit diese im Rahmen von SIGINT und Informationsoperationen von Bedeutung sind. In den Jahren seit 2005 wurden die Nachrichten- und Sicherheitsdienste des Landes grundlegend refor-

396 Vgl. hierzu auch Dale, C.: National Security Strategy: Legislative Mandates, Execution to Date, an Considerations for Congress, Congressional Research Service, RL 34505, Washington, D. C., 15. 12. 2008. Die Publikation entält eine Vielzahl von Hinweisen, die sich aus der Anwendung der unterschiedlichen Bestimmungen zur Sicherheitsgesetzgebung in den USA bis 2008 ergeben haben. Die Diskussion um die Sicherheitsgesetze in den USA dauert unvermindert an. Mit der Veröffentlichung der National Security Strategy 2010 vom 27. 5. 2010 wird die National Security Strategy 2008 hinfällig. Die Auswertung der Security Strategy 2010 zeigt eine Fülle von neuen Aspekten in der US-amerikanischen Sicherheitspolitik, die sicherlich künftig Einfluss auch auf das Verhältis zu Alliierten und Partnern der Vereinigten Staaten haben werden. Zu den Schwerpunkten der Strategie gehören die Formulierung nationaler Ziele und Aktionen zum Erhalt der Sicherheit der Vereinigten Staaten. Zu diesen gehören u. a. auch die Vertiefung der Zusammenarbeit der nationalen Nachrichten- und Sicherheitsdienste der USA, die Formulierung von nationalen und internationalen Zielen, die verstärkte Zusammenarbeit mit Partner und Alliierten und die Ausweitung der Führungsrolle der Vereinigten Staaten im Kampf gegen Terrorismus, Kriminalität und die Verbreitung von Massenvernichtungswaffen.

miert und neue umfassende Grundlagen[397] geschaffen, die im Weiteren erläutert werden sollen. Folgende Joint Publications[398] des US- Verteidigungsministeriums sind für Nachrichtengewinnung und Aufklärung (NG&A) sowie für Informationsoperationen von Bedeutung; allerdings kann in diesem Zusammenhang nur auf die wichtigsten Dokumente eingegangen werden:

JP3-13 Information Operations 2006: Die Information Warfare-Doktrin der Vereinigten Staaten von Amerika

Grundlage für die Vorbereitung und Durchführung künftiger Informationsoperationen der Vereinigten Staaten mit ihren Partnern bildet die Joint Publication 3-13 Informations Operations[399], in der die grundsätzlichen Bestimmungen für die Planung und Durchführung gemeinsamer Informationsoperationen festgelegt sind. Das Papier umfasst 117 Seiten und enthält umfassende Regelungen, die künftig auch Bedeutung für Alliierte und Partner der Vereinigten Staaten bei der Planung und Durchführung multilateraler Informationsoperationen haben werden. Im Einzelnen werden dargestellt:

Kapitel 1: Einführung
- Die Informations-Umwelt
- Militärische Operationen und das Informations-Umfeld
- Prinzipien der Informationsoperationen
- Strategische Kommunikationsverbindungen
- Die Bedeutung von Informationsoperationen in militärischen Operationen

Kapitel 2: Kernfähigkeiten: Unterstützung und damit verbundene Fähigkeiten in Informationsoperationen
- Kernfähigkeiten für Informationsoperationen
- Fähigkeiten für Unterstützung in Informationsoperationen
- Zusätzlich erforderliche Fähigkeiten

Kapitel 3: Nachrichtendienstliche Unterstützung
- Nachrichtendienstliche Unterstützung in Informationsoperationen

397 Eine Aufstellung der wichtigsten US-amerikanischen Grundlagendokumente ist im Anhang (S. 277 ff.) enthalten.

398 Die Joint Publications werden unter Verantwortung der Department of Defense Joint Chiefs of Staff (Vereinigte Staabschefs) der US-Streitkräfte herausgegeben und stellen damit die offizielle Doktrin der Vereinigten Staaten, ergänzt durch entsprechende Direktiven und Feldhandbücher (Field Manuals) der einzelnen Teilstreitkräfte und in den Nachrichtendiensten, dar.

399 Department of Defense JP 3-13 Information Operations (Unclassified) vom 13. 2. 2006.

Kapitel 4: Verantwortlichkeiten und Kommandostruktur-Beziehungen
- Zuständigkeiten und Verantwortung
- Rolle und Verantwortlichkeiten bei gemeinsamen Informationsoperationen
- Die Organisation gemeinsamer Informationsoperationen

Kapitel 5: Planung und Koordination
- Planung von Informationsoperationen
- Vorüberlegungen zur Planung
- Die Absicht des Kommandierenden
- Die Abhängigkeiten von Auftragsdurchführung und Effektivität der Maßnahmen

Kapitel 6: Multinationale Überlegungen in Informationsoperationen
- Andere Nationen und Informationsoperationen
- Überlegungen zu multinationalen Informationsoperationen
- Planung, Integration, Operationsführung und Kontrolle multinationaler Informationsoperationen

Kapitel 7: Informationsoperationen bei gemeinsamer Ausbildung, Training, Übungen und bei Experimenten
- Ausbildung für Informationsoperationen
- Training für Informationsoperationen
- Planung von gemeinsamen Informationsoperationen bei Übungen
- Die Vorbereitung, Durchführung und Nachbereitung von Übungen
- Informationsoperationen in gemeinsamen Experimenten

Der Anhang dieser Publikation enthält Hinweise und Richtlinien sowie zusätzliche Anweisungen[400]:
- Richtlinien für die gegenseitige Unterstützung in den Kernfähigkeiten für Informationsoperationen
- Kommunikationssysteme für Informationsoperationen
- Bezugserlasse, administrative Hinweise

Diese umfassende Anweisung wird ergänzt durch eine Vielzahl klassifizierter nationaler Vorschriften und Anweisungen der Streitkräfte der Vereinigten Staaten, die einen nicht unerheblichen Einfluss auf die Planung und Durchführung nationaler, in US-Verantwortung geführter Informationsoperationen haben. Die Kernaussage beschreibt:
- Informationsoperationen als integrierter Einsatz der Elektronischen Kampfführung
- Computer Network Operations

400 Wegen ihrer vertraulichen Inhalte nicht veröffentlicht.

- Psychologische Operationen
- Militärische Täuschung/Irreführung (Military Deception)
- Operationelle Sicherheit (Operations Security) in Übereinstimmung mit spezifischen und verbundenen Fähigkeiten. Damit verbunden ist das Ziel, die gegnerische Führungs- und Entscheidungsfähigkeit zu beeinflussen, zu unterbrechen, irrezuleiten oder zu übernehmen.

Diese alles geschieht mit der Absicht, die menschlichen Führungspersönlichkeiten oder automatisierte gegnerische Führungsprozesse auszuschalten und damit die eigenen Führungs- und Entscheidungsprozesse zu stärken und so die eigene und alliierte Informationsüberlegenheit sicherzustellen. Hier wird deutlich, wie wichtig die Gewinnung von Informationen durch die langfristig angelegte signalerfassende Aufklärung als Grundlage für die Planung und Durchführung von Informationsoperationen durch die Stabschefs der US-Streitkräfte erachtet wird.

JP3-13-1 Electronic Warfare 2007: Die Electronic Warfare-Doktrin der Vereinigten Staaten[401]

Einen vorläufigen Schlusspunkt in der Entwicklung von Verfahren für die Elektronische Kriegführung der Vereinigten Staaten stellt die vom Verteidigungsministerium (Department of Defense) im Januar 2007 herausgegebene Vorschrift „Joint Publication 3-13.1 – Electronic Warfare" dar, die auf mehr als hundert Seiten das gesamte Spektrum des elektronischen Kampfes aus Sicht der Verantwortlichen im Pentagon darstellt und damit ein wegweisendes Dokument, auch für Partner der Vereinigten Staaten, ist. Diese Publikation wird die Zusammenarbeit der Vereinigten Staaten mit Partnerdiensten, Alliierten und sonstigen

401 Joint Publication 3 13.1 Electronic Warfare (Unclassified) DOD, Washington, D. C., 25. 1. 2007. Diese Publikation wird ergänzt durch: TRADOC Pamphlet [– Broschüre] 525-7-6 The United States Army Concept Capability Plan for Army Electronic Warfare Operations for the Future Modular Force 2015–2024 Version 1.0, 16. 8. 2007 (U). Auf über 100 Seiten handeln die Autoren dieses Papiers die künftigen Optionen der US Army im Bereich der Elektronischen Kriegführung (Electronic Warfare) ab. Dabei wird deutlich, dass künftige Konflikte zu Lande, zu Wasser, in der Luft und im Weltraum ausgetragen werden. Auch hier hat die US Army bereits zukunftsweisende Perspektiven für die militärische Nutzung des Weltraums entwickelt, die in TRADOC Pamphlet 525-7-4 The United States Army's Concept Capability Plan (CCP) Space Operations, Version 1.0, (U), 15. 11. 2006. Die künftige Gestaltung der Nachrichtengewinnung und Aufklärung (NG&A) durch die US Army ist dem TRADOC Pamphlet 525-7-9 The United States Army's Concept Capability Plan (CCP) Intelligence, Surveillance and Reconnaissance (ISR) 2015–2024, Version 1.0, 12 8. 2008 (U), entnommen. Die übrigen Teilstreitkräfte der Vereinigten Staaten haben, basierend auf den Joint Publications, entsprechende, teilstreitkrafteigene Konzeptionen für Intelligence, Surveillance und Reconnaissance, Informationsoperationen bzw. Operationen im Weltraum andere Aspekte der künftigen Kriegführung entwickelt, auf die hier einzugehen nicht möglich ist. Die hier zitierten Dokumente der US Army können von der Website des TRADOC unter http:// www.-tradoc.army.mil/tpubs/regndx.htm abgerufen werden.

befreundeten Nationen und Koalitionen in der Zukunft nachhaltig prägen und damit auch die nationale Signalerfassung beeinflussen. In den fünf Kapiteln werden im Einzelnen dargestellt:

Kapitel 1: Übersicht
- Militärische Operationen und das elektromagnetische Umfeld
- Die Rolle des elektronischen Kampfes bei militärischen Operationen
- Die Auswirkungen des elektronischen Kampfes
- Die Beziehungen des elektronischen Kampfes zum globalen Informationsnetz (Global Information Grid)
- Die Beziehungen des elektronischen Kampfes zu Informationsoperationen
- Gerichtete Hochenergiewaffen als Teil des elektronischen Kampfes
- Grundsätzliche Aktivitäten des elektronischen Kampfes
- Nachrichtengewinnung und Unterstützung durch Maßnahmen des elektronischen Kampfes
- Militärische Perspektiven des elektronischen Kampfes

Kapitel 2: Organisation für die gemeinsame Elektronische Kampfführung
- Gemeinsame Verantwortlichkeiten in der Elektronischen Kampfführung
- Gemeinsame Organisation der Elektronischen Kampfführung
- Die gemeinsame Frequenz-Management-Organisation
- Organisation der nachrichtendienstlichen Unterstützung im elektronischen Kampf und die militärische Organisationen des elektronischen Kampfes

Kapitel 3: Planungsüberlegungen für gemeinsame Maßnahmen des elektronischen Kampfes
- Planungsüberlegungen zum elektronischen Kampf
- der Planungsprozess bei gemeinsamen EloKa-Operationen
- Richtlinien für die Planung
- Hilfsmittel für die Planung

Kapitel 4: Koordination von gemeinsamen Operationen der Elektronischen Kampfführung
- Gemeinsame Koordination und Kontrolle
- Koordinationsprozeduren bei Einzelkomponenten
- Koordination der Elektronischen Kampfführung und der Nachrichtengewinnung

Kapitel 5: Aspekte des multinationalen elektronischen Kampfes
- Führung und Kontrolle bei multinationalen Operationen des elektronischen Kampfes
- Die multinationale Koordinationszelle bei Operationen mit Alliierten

- Multinationaler Elektronischer Kampf nach dem Standardisierungsprogramm der Australischen Armee und den Mitgliedsländern des Rates für Luft- und Raumfahrt sowie die Interoperabilität
- Aufgaben der multinationalen Koordinationszelle bei Operationen mit anderen Alliierten oder Koalitionspartnern
- Gemeinsame Unterstützung bei Operationen des elektronischen Kampfes
- Freigabe von Informationen des elektronischen Kampfes an alliierte und multinationale Streitkräfte

Der **Anhang** dieser Publikation enthält unter anderem Angaben zu:
- Richtlinien für den elektronischen Kampf
- Verfahren für das Frequenzmanagement in EloKa-Operationen
- Unterstützung durch ein Joint Spectrum Center bei Operationen des elektronischen Kampfes
- Re-Programmierung im elektronischen Kampf
- Modellanwendung im elektronischen Kampf
- Perspektiven des elektronischen Kampfes aus militärischer Sicht
- Bezugsvorschriften
- Administrative Hinweise und Instruktionen

Von besonderer Bedeutung sind die in Kapitel 5 enthaltenen Bestimmungen über die Zusammenarbeit mit Alliierten und sonstigen Partnern, insbesondere der Austausch von sensitiven, mit nationalen Mitteln gewonnenen Informationen, die üblicherweise ausschließlich auf Basis bilateraler Übereinkünfte ausgetauscht werden. Aber auch hier zeichnet sich ein partieller Paradigmenwechsel in der US-amerikanischen SIGINT-Community ab, der hoffentlich zu mehr Austausch von Informationen, insbesondere bei gemeinsamen Operationen, führen wird. Nicht minder wichtig sind die „Grundsätze der Gemeinsamen Planung", wie sie im Dokument des US-Verteidigungsministeriums „Joint Publication 5-0 – Joint Operation Planning" vom 26. Dezember 2006 enthalten sind. Auch hier wird explizit auf die Notwendigkeit der Zusammenarbeit bei multinationalen Operationen unter Führung der US-Streitkräfte und Beteiligung alliierter oder sonstiger Koalitionspartner eingegangen. Ergänzt wird diese Direktive durch das Field Manual 5-0.1 der US Army[402], in dem Einzelheiten zur Durchführung festgelegt werden. Die Kommunikationsbeziehung bei gemeinsamen Operationen mit Alliierten und Koalitionspartnern sind in der „JP 6-0 Joint Communications Systems" vom 20. März 2006 festgelegt.

Die Heimatverteidigung der USA: Defense of the Homeland

Der Kampf gegen den weltweiten Terrorismus, die Weiterverbreitung von Massenvernichtungswaffen und Elementarkatastrophen als auch der Schutz der

402 HQ Department of the Army, The Operations Process, FM 5-0.1 (Unclassified), Washington, D. C., 31. 3. 2006.

Heimat (Defense of the Homeland) haben in den Vereinigten Staaten seit September 2001 zu einer nicht erwarteten Ausweitung der Nachfrage nach Sicherheitsdienstleistungen[403] aller Art geführt. Die Errichtung des Heimatschutzministeriums (Secretary of the Homeland Defense), unter dessen Führung die gesamten Maßnahmen des Heimatschutzes in den Vereinigten Staaten gebündelt werden, war die Reaktion auf erkannte Defizite in den Vereinigten Staaten in diesem Bereich. In der Folge der Terrorangriffe vom 11. September 2001 und der darauf folgenden Untersuchungen einer Kommission und deren Empfehlungen wurden eine Vielzahl von ergänzenden gesetzgeberischen Maßnahmen getroffen, die sensitive Bereiche besser gegen terroristische Angriffe schützen sollen. Damit einher ging eine Verschärfung der Einreisebestimmungen für Ausländer in die USA sowie die Intensivierung der Kommunikationsüberwachung durch staatliche Stellen und eine Reihe weiterer, zum Teil einschneidender Maßnahmen. In Ergänzung zum Konzept der Heimatverteidigung wurden zusätzliche kostenaufwändige Initiativen auf gesamtstaatlicher, bundesstaatlicher und lokaler Ebene implementiert.

Zusätzliche Programme im Rahmen der Heimatverteidigung sind:
- State Homeland Security Grant Program (SHSGP)
- Urban Area Security Initiative (UASI)
- Law Enforcement Terrorism Prevention Program (LETTP)
- Citizen Corp Program (CCP)
- Emergency Management Performance Grants (EMPG)
- Metropolitan Medical Response Program (MMRS)

Auch hier hat die Zuweisung von Haushaltsmitteln in den letzten Jahren überproportional zugenommen.

Auswerte-, Management- und Informationssysteme der Heimatverteidigung

Die nachstehend beschriebenen Verfahren und Systeme[404] dienen in erster Linie der Heimatverteidigung. Über ihren Vernetzungsgrad liegen noch keine gesicherten Erkenntnisse vor, jedoch ist anzunehmen, dass künftig eine weitgehende Vernetzung angestrebt wird, die es einer Vielzahl von Behörden erlauben wird, auf die zur Verfügung gestellten Informationen zuzugreifen. Dies schließt naturgemäß den Zugriff durch die US-Nachrichtendienste mit ein, insbesondere im Hinblick auf die Counterintelligence Strategy der Vereinigten Staaten, die weitgehend auf diese Daten angewiesen sein wird. Der durch das Office of the National Counterintelligence Executive (ONCIX) herausgegebene „Annual Report to Congress on Foreign Economic Collection and Industrial Espionage – 2004" vom April 2005 beschreibt die Gefährdungslage der Vereinigten Staa-

---

403 Soweit bekannt, sind allein in den Nachrichten- und Sicherheitsdiensten der USA derzeit (Juni 2010) mehr als 200.000 Personen beschäftigt.

404 Seit 2002 gibt es ein Heimatschutzministerium, dem seit Januar 2009 die Demokratin Janet Napolitano vorsteht.

ten im Hinblick auf den Abfluss sensitiver Informationen und die Wirtschaftsaufklärung (auch durch befreundete Staaten). Hier sind weitere Verschärfungen zu erwarten, besonders was auf die Weitergabe sensitiver Informationen an Stellen außerhalb der USA im Rahmen der Counterintelligence Strategy anbetrifft. Dies wird auch die Überwachung der bestehenden Fernmeldeverkehre intensivieren, da durch die US-Dienste festgestellt wurde, dass die Zahl der versuchten Ausspähung mithilfe des Internets vom Jahre 2002 mit 500.000 Vorfällen auf 1,4 Mio. im Jahre 2003 und im ersten Halbjahr 2004 auf 56 Mio. angestiegen ist. Daraus kann unschwer der Aufwand der US-Dienste und die Intensität der Internetüberwachung abgeleitet werden. Die Erfassung des Fernmeldeverkehrs ist jedoch nicht ausschließlich auf das Internet beschränkt. Auch der übrige Fernmeldeverkehr, selbst innerhalb der Landesgrenzen, könnte bereits heute mit entsprechenden technischen Mitteln weitgehend erfasst und seine Nachrichteninhalte aufgeklärt werden. Seit 2001 wurde unter Federführung des DHS eine Reihe von Systemen, vordergründig primär zur Terrorismusbekämpfung, implementiert. Dieser evolutionäre Prozess ist noch längst nicht abgeschlossen, so dass auch künftig weitere Projekte des DHS zu diesem Zweck erwartet werden können. Nicht zuletzt die nicht nachlassenden Bemühungen der US-Regierung um Zugriff auf Daten der Europäischen Union lassen vermuten, dass die USA langfristig im Rahmen des „Information Sharing" der Nachrichten- und Sicherheitsdienste die Anlage einer umfassenden Datensammlung planen. Nachfolgend sollen einige Aspekte der Terrorismusbekämpfung durch das DHS beschrieben werden.

Das Multi-State Antiterrorism Information Exchange Pilot Project (MATRIX)

Im Jahre 2004 erhielt das Institute of Intergovernmental Research durch das DHS den Auftrag, ein System[405] zu entwickeln, das einen schnellen Zugriff, Teilhabe und Analyse von Datenbeständen, die sich in staatlichen und öffentlichen Datensammlungen befanden, ermöglichen sollte. Die Federführung in diesem Projekt erhielt das Florida Department of Law Enforcement. Durch das Office of Domestic Preparedness des DHS wurden Mittel in Höhe 8 Mio. US-Dollar und durch das Bureau of Justice Assistance des Department of Justice (Justizministerium) zusätzliche Mittel in Höhe von 4,0 Mio. US-Dollar als Anschubfinanzierung zur Verfügung gestellt. Das Unternehmen Seisint Inc. in Boca Rota[406] begann mit der Entwicklung des MATRIX-Systems.

405 Krouse, W.: The Multi-State Antiterrorism Information Exchange (MATRIX) Pilot Projekt, CRS Report for Congress, RL 32536, Washington, D. C., 18. 8. 2004.

406 In dieser Zeit amtierte der Bruder des damaligen Präsidenten George W. Bush, nämlich Jeb Bush, als Gouverneur von Florida.

Datenquellen des MATRIX-Systems[407]

Zu den von Seisint genutzten Daten gehörten verfügbare Datenbestände der Behörden mit Angaben wie zu Piloten-Lizenzen, Besitzverhältnisse von Luftfahrzeugen, Grundbesitz, Booten und Schiffen, die durch die US-Küstenwache registriert waren, staatliche Listen über Sexual-Straftäter, Handelsregisterauszüge, Aufstellung über Unternehmen, die der Handelskammer angeschlossen waren, Angaben über Insolvenzverfahren sowie Angaben über erteilte staatliche Lizenzen und Erlaubnisse. Daneben wurden in das System integriert: Strafverfahrensakten, Unterlagen der Strafvollzugsbehörden, Akten der Strafverfolgungsbehörden über Sexualstraftaten, Lichtbilder und Informationen zu Führerscheinen, Informationen zu Registrierung von Kraftfahrzeugen. Zu diesem Zeitpunkt (Anfang 2004) wurden jedoch nicht genutzt: Kundenlisten von Tele-Markt-Unternehmen, Anschriftenlisten von Versandunternehmen, Buchungsunterlagen der Reiseunternehmen, Abrechungsunterlagen wie im damaligen „Frequent Fly/Hotel-Stay-Program" sowie Abonnentenlisten für Druckerzeugnisse. Auch wurden zu diesem Zeitpunkt noch keine Informationen aus Kommunikationsbeziehungen oder Bankverbindungen genutzt.

Das System bewies in einer Testphase seine Wirksamkeit und sollte später die Basis für eine Reihe von Programmen des DHS werden. Mittlerweile wurde auch die rechtliche Basis für die „Identifizierung, Überprüfung und Verfolgung von Terroristen"[408] geschaffen. Es handelte sich hierbei um die Homeland Security Presidential Directive 6/HSPD-6. Als Folge dieser Direktive wurden die Maßnahmen zur Terrorismusbekämpfung durch das DHS intensiviert und eine Reihe von zusätzlichen Programmen implementiert. Das National Crime

---

407 Zu diesem Zeitpunkt waren bereits auf kommerzieller Basis entwickelte Data-Mining-Systeme, wie ChoicePoint, Equifax, Experian, Qsent, LexisNexis und Westlaw, verfügbar. Mit Unterstützung der Behörden konnte Seisint eine Liste mit 120.000 Namen von Personen, die durch die Sicherheitsbehörden der USA als Personen mit „High Terrorist Factor" (HTF) bezeichnet wurden. Zum weiteren Ausbau des Systems nutzte das MATRIX-System Datenbestände, die im Regional Information Sharing System (RISS) verfügbar waren.

Die US-Unternehmen Google und In-Q-Tel investieren bei dem US-Start-up-Unternehmen Recorded Future, das sich auf die Herstellung von computergestützten Auswertesystemen für Open Sources Intelligence spezialisiert hat. Hier können auch entsprechende Synergieeffekte bei den deutschen Nachrichtendiensten erwartet werden, die sich diesem Thema in letzter Zeit verstärkt zugewandt haben sollen. Der Wiener „Standard" kommentierte hierzu: Recorded Future („aufgezeichnete Zukunft") streife durch „zehntausende Webseiten, Blogs, Twitter-Konten, Unternehmensdaten, die Webseiten von Regierungen und Finanzmarktdaten. Diese werden anschließend sortiert und strukturiert, um hinter das Beziehungsgeflecht zwischen Leuten, Organisationen, Aktien und Zwischenfällen zu kommen." Vgl. http://derstandard.at/1277339567090/Google-und-CIA-investieren-in-Weborakel; vgl. weiter Borchers, D.: Google und CIA wollen Raketen vorhersagen, FAZ, 30. 7. 2010; siehe hierzu auch den informativen Hintergrundbericht in: www.strategypage.com/htmw/htintel/articles/20100802.aspx

408 Krouse, W.: Terrorist Identification, Screening, and Tracking Under Homeland Security Presidential Directive 6, CRS Report for Congress, RL 32366, Washington, D. C., 21. 4. 2004.

Information Center (NCIC) und das Regional Information Sharing System/ Law Enforcement Online nahm seinen Echtzeit-Betrieb auf. Daneben wurde die Entwicklung von biometrischen Systemen vorangetrieben.

Das Global Online Enrollment System (GOES) der US-Grenzbehörde

Zu Beginn des Jahres 2010 waren die Entwicklungen so weit abgeschlossen, dass mit dem vollen Wirkbetrieb des Global Entry Systems, das eine Reihe von Subsystemen[409] zur Kontrolle und Überwachungen der Reisenden und Transporte enthält, fortgefahren werden konnte. Daneben vereinbarten die Sicherheitsbehörden der USA und Deutschlands den Austausch[410] biometrischer Daten der Reisenden unter dem deutschen ABG-System und dem US-Global Entry System. Mit der Einführung von GOES wurden augenscheinlich alle Datenquellen der US-Sicherheitsbehörden, unter anderem die Daten aus dem bereits früher vereinbarten Passenger Name Record (PNR)[411] und andere Datensammlungen, unter einem zentralen Zugriff für die 16 US-Sicherheitsbehörden zusammengefasst und stehen damit künftig für weltweite Fahndungszwecke zur Verfügung.

Aufklärung total durch die US-Nachrichtendienste

Im Verlaufe der letzten Jahre hat sich die weltweite Übermittlung von Daten von Satellitenverbindungen auf transozeanische Glasfaserverbindungen verlagert. Damit verbunden waren eingeschränkte Möglichkeiten der Erfassung dieser Nachrichtenverbindungen und Inhalte durch die entsprechenden Dienste der USA. Dies hat die National Security Agency (NSA) der USA bereits im Jahre 1999 bewogen, eine Digital Network Intelligence-Konzeption für die Überwachung abgefangener Datenströme und deren Auswertung zu entwickeln. Diese Konzeption wird auch als „C2C" bezeichnet. Ziel ist dabei das Eindringen der NSA in die Kommunikationsbeziehungen der Global Network Infrastructure (GNI) – dem Netzwerk der Netzwerke –, das den weltweiten Kommunikationsfluss in Public Access Networks (Internet und Intranet, Server, Router, zellulare Netze aller Art sowie Telefon- und Fax-Verbindungen) dient. Betroffen hiervon sind auch satellitengestützte Kommunikationsverbindungen aller Art sowie deren Überleitung in andere Netze. Dabei werden folgende Funktionalitäten des Gesamtsystems unterschieden:

---

409 Gegenwärtig sind unter GOES folgende weitere Systeme zusammengefasst: NEXUS-Abfertigungssystem für Land-, Luft- und Seereisende nach oder von den USA, FAST-Abfertigungssystem für Landreisende zwischen den USA und Kanada und USA bzw. Mexiko. Diese Bestimmungen enthalten auch das Recht der Kontrolle von Datenverarbeitungsanlagen aller Art und Mobiltelefonen bei Einreise in die USA oder Ausreise in andere Länder.

410 Pressemitteilung des BMI, Service-BMI@bva.bund.de v. 15. 4. 2010, vgl. auch Flyer „Automatisierte Grenzkontrollen" der Bundespolizei.

411 Bei der Zusammenarbeit mit den US-Behörden wird die EU in den im September 2010 stattfindenden Verhandlungen mit den USA auf einen verbesserten Datenschutz hinarbeiten: EU will Vertrag mit Amerika über Datenschutz; vgl. FAZ-Online, v. 31. 5. 2010.

- Zugriff und Datensammlung
- Bearbeitung und Extraktion von Nachrichteninhalten aller Art, einschließlich Spracherkennung und maschinengestützter Übersetzung
- Analyse und dem Ausblenden irrelevanter Daten
- Auswerte- und Berichtswesen
- Verteilung und Präsentation der gewonnenen Informationen (Multimedia Intelligence Products)

Nähere Einzelheiten zum System sind nach wie vor klassifiziert.

Die Vereinigten Staaten verfügen über eine breitgefächerte Architektur und Standards zur Gewinnung und Bearbeitung von Intelligence-Informationen sowie eine Vielzahl bereits in Nutzung befindlicher nationaler Systeme[412]. Gleichwohl betreiben die einzelnen Teilstreitkräfte und Nachrichtendienste der USA zusätzlich noch weitere spezifische, auf die Operationen und Aufträge der jeweiligen Teilstreitkraft oder Dienste abgestimmte Systeme, die hier nicht näher betrachtet werden sollen. In der US Army gewinnt das „System Prophet" der Titan Systems Corporation, das gegenwärtig bei der Terrorismusbekämpfung weltweit eingesetzt ist und künftig die Systeme „Trailblazer", „Teammate", und „Trafficjam" ersetzen wird, zunehmend an Bedeutung. Das System wird im Verbund mit Unmanned Aerial Vehicles (UAV), die eine entsprechende Zuladung an SIGINT-Sensoren tragen, künftig zur Erfassung spezifischer Signale in einem definierten Frequenzband eingesetzt. Mit der Einführung des Global Hawk-UAS-Systems (Einsatzreichweite 13.500 nautische Meilen, Dienstgipfelhöhe: 65.000 ft) verfügen die US-Dienste über ein luftgestütztes Erfassungssystem, das ebenfalls definierte Frequenzbereiche abdeckt und im Verbund mit SIGINT-Satelliten in erdnaher, geostationärer Position ein regional bestimmtes Gebiet aufklären kann. Weitere luftgestützte Aufklärungs- und Erfassungssysteme sind bereits in der Einführung. Der Einsatz bodengebundener, unbemannter Sensoren mit Satellitenanbindung zur Erfassung elektronischer Ausstrahlungen in der Nähe von Zielobjekten, nicht nur mit militärischer Bedeutung, kann erwartet werden.

Die Einbindung glasfasergebundener Netzwerke in die Erfassung im Rahmen der DNI durch die Dienste der USA kann als sicher gelten. Dafür kann das bereits in der Öffentlichkeit bekannte System Enhanced Carnivore bzw. DCS 1000 und weitere Systeme des FBI zur Überwachung und Filterung des E-Mail-Verkehrs ein gutes Beispiel.

Für die Gewinnung weiterer, auch personenbezogener Informationen zur Terrorbekämpfung wurden in den USA die rechtlichen Rahmenbedingungen durch den Erlass entsprechender Gesetze und weiterer Rechtsvorschriften geschaffen. Hier sind zum Beispiel zu nennen:

- Foreign Intelligence Act (FISA) (U. S. C. §1801)

---

412 TAP; TPED, USIGS, USIS, USSS, FCA, FIA, IOSA, TENCAP, PLATFORM, C4ISR; DODDIIS, GCCS-I3 C4ISR, DODDIIS, GCCS-I 3 sowie die Systeme CUBIC, DCGS, DCIIS, ICARIS, IMP, JAMA, JASA, JIVA OILSTOCK, SENIOR SMART SOCRATES, CROSSHAIR sowie UNITARY DF.

- USA Patriot Act (2001)
- Intelligence Authorization Act (2005)
- Homeland Security Act (2002)
- Executive Order 12333
- The National Counter Intelligence Strategy of the United States (März 2005)
- Intelligence Reform and Terrorism Prevention Act (2004)

Hierdurch wird eine bisher nicht gekannte Ausweitung der Nachrichtengewinnung aus allen verfügbaren Quellen (All Sources Intelligence) geschaffen, deren Informationen in die unterschiedlichsten Auswertesysteme der Dienste der USA einfließen werden. Erkennbar ist ein Paradigmenwechsel bei den US-Nachrichtendiensten, nämlich weg vom Single Intelligence Source Management hin zum netzwerkzentrierten Multi-Source-/Media-Management, das auch Open Source Intelligence (OSINT) einschließt. Betroffen hiervon sind auch Systeme für die Bearbeitung kryptierter Informationskanäle aller Art. Wenig ist in der Öffentlichkeit über die Fähigkeiten der US-Dienste zur Lösung kryptologischer Probleme bekannt. Dass die Dienste der Vereinigten Staaten über mehr als 19 Kryptosysteme[413] verfügen, ist in Fachkreisen kein Geheimnis. Die USA verfügen auch über eine Anzahl von Kryptosystemen, die in bestehende Systeme eingegliedert („embedded") sind. Dass die Dienste der Vereinigten Staaten auch in Zukunft in der Lage sein werden, weniger stark kryptierte Fernmeldeverkehre aller Art mitzulesen, kann als sicher gelten. Naturgemäß sind über derartige Fähigkeiten keine offenen Informationen verfügbar. Die Vereinigten Staaten verfügen bereits jetzt über umfassende Fähigkeiten zur globalen Erfassung von Fernmeldeverkehren aller Art und sind auch in der Lage, kurzfristig regionale Schwerpunkte für die Erfassung und Auswertung von Fernmeldeverkehren zur Vorbereitung von Informationsoperationen im Anlassfalle zu bilden. Künftige Informationsoperationen der Vereinigten Staaten werden sich möglicherweise nicht nur auf Auseinandersetzungen, Krisen und militärische Operationen beschränken. Durch die Presidential Directive 16 aus dem Jahre 2002 sind die Grenzen von Informationsoperationen abgesteckt, dies bedeutet jedoch nicht, dass nicht auch aus anderen Anlässen Informationsoperationen durchgeführt werden könnten. Welche Folgen Informationsoperationen für ein Staatswesen und dessen Volkswirtschaft haben werden, kann nur sehr schwer abgeschätzt werden, da dies auch eine Frage des individuell verfügbaren technischen Standards und Redundanzen eines Staates ist. Auch Drittstaaten sind bereits heute zu begrenzten Informationsoperationen in der Lage. Ob die organisierte internationale oder nationale Kriminalität bereits jetzt zu Informationsoperationen in der Lage ist, kann noch nicht abschließend bewertet werden, ist aber nicht gänzlich auszuschließen.

---

413 CORNFIELD, PEIP, KUTA, NOBLEMANN, U-HAY HAYFIELD, U-TVB, PARKHILL, SAVILLE, SANCHEZ, SPEAK EASY, VINSO. KG, KGR, KGV, KIV, KW SecNet, ANDVT, KIV-14, STU III, U-AXM (RAILMANN) sowie Inline-Network-Kryptoverfahren (BLACKER, E-HX, FASTLANE und SONET).

Mit fortschreitender Digitalisierung der globalen Kommunikation[414] mussten die bisherigen Bestimmungen der gesetzlichen Kommunikationsüberwachung in den Vereinigten Staaten den gestiegenen technischen Anforderungen angepasst werden. Dies führte zu zusätzlichen Belastungen der Diensteanbieter, bei den Herstellern von Telekommunikationseinrichtungen sowie sonstigen Einrichtungen der Telekommunikation in den USA.

Mit zwei Anordnungen im Juni 2002 legte die Bundes-Kommunikations-Kommission (Federal Communications Commission) die technischen Spezifikationen fest, die künftig die Kommunikationsüberwachung durch Strafverfolgungsbehörden bei den Netzbetreibern und Dienstanbietern vereinheitlichen sollte. Damit wurde die Telekommunikationsindustrie der Vereinigten Staaten verpflichtet, entsprechende technische Standards in den Telekommunikationssystemen und -geräten zu implementieren. Dazu gehören unter anderem:

- Filterung aller Kommunikationsverbindungen in Bezug auf einen zu überwachenden Teilnehmer im Netz.
- Aufzeichnung aller Identifizierungsmerkmale in der zu überwachenden Kommunikationsverbindung.
- Aufzeichnung der Kommunikationsinhalte und Weitergabe an die Strafverfolgungsbehörden.

Durch Anwendung geeigneter technischer Maßnahmen war sicherzustellen, dass die zu überwachenden Teilnehmer von der Überwachung nichts bemerken. Die technischen Verfahren zur Kommunikationsüberwachung wurden in dem durch das FBI festgelegten Standard J-STD-025 für alle Netzbetreiber und Diensteanbieter verbindlich festgelegt.

In der Weiterentwicklung des Standard J-STD-025 führte zu zusätzlichen Forderungen des FBI an die Netzbetreiber (Punch-Liste des FBI[415]):

- Aufzeichnung der Kommunikationsinhalte von Konferenzschaltungen einschließlich der Teilnehmer-Identifikationsmerkmale.
- Aufzeichnung weiterer Dienstemerkmale bei Konferenzschaltungen wie: Gespräch gehalten, Einstieg in die Konferenzschaltung, Ausstieg aus der Konferenzschaltung.

---

414 Figliolla, P. M.: Digital Surveillance: The Communications Assistance for Law Enforcement Act, Congressional Research Service, Washington, D. C., 8. 6. 2007; vgl. auch Soghioan, C.: Slight Paranoia. Dem Bericht zufolge wurde allein bei einem Anbieter von Kommunikationsdienstleistungen mit einem Kundenstamm von 50 Mio. durch die Behörden mehr als 8 Mio.Überwachungsaufträge erteilt. Der Beitrag enthält außerdem eine Fülle von Informationen zur behördlichen Überwachungspraxis der Vereinigten Staaten (http://paranoia.dubfire.net/2009/12/8-million-reasons-for real-surveillance), 1. 12. 2009.

415 Die Bezeichnung „Punch“ ist auf die Zeit der Verwendung von Lochkarten in der Datenverarbeitung zurückzuführen. Die „Punches-perforierten Löcher“ auf den Lochkarten dienten der Sortierung nach vorher festgelgten Kriterien (Punches). Die aktuelle Punch-List des FBI beschreibt Merkmale und Inhalte der Kommunikationsverbindungen, die nach dem Standard J-STD-025 von den Strafverfolgungsbehörden (Law Enforcement Agency) der USA beim Diensteanbieter TSP (Telecommunication Service Provider) angefordert werden können.

- Aufzeichnung der Wahlmerkmale des zu überwachenden Teilnehmers einschließlich Flash und Hook.
- Aufzeichnung anderer Dienstemerkmale wie: Signalisierung, Übermittlung von Short Message Services (SMS)-Signalen, Inhalte der SMS.
- Aufzeichnung von Zeitinformationen über die Dauer der zu überwachenden Verbindung mit der Möglichkeit, Kommunikationsinhalte zeitlich zu korrelieren.
- Möglichkeit der Extraktion zusätzlicher gewählter Verbindungen nach Herstellung der ursprünglichen Verbindung (Anruf – Weiterschaltung).

Menwith Hill in Großbritannien (Nähe Harrogate) gilt als einer der größten und geheimsten Stützpunkte des globalen Abhörsystems Echelon.

Diese Forderungen betrafen nicht nur die leitungsgebundene Kommunikation, sondern schließen auch die Überwachung von Funkrufsystemen, stationäre und mobile Satellitenverbindungen, Mobilfunksystemen aller Art und spezifische Mobilfunk (Packet)-Radio-Verbindungen mit ein. Im Jahre 2005 wurden die Überwachungsstandards auch auf Breitband-Verbindungen aller Art einschließlich Voice over IP ausgedehnt, da diese Technik nach Auffassung FCC (Federal Communication Commission = Fernmeldebehörde der USA) mittlerweile andere Standards abgelöst hat.

Mit Wirkung vom 14. Mai 2007 wurden die erweiterten Standards nach J-STD-025 auch auf alle Breitband-Verbindungen des Internets und Internet-basierte („interconnected“) Voice over PD-Dienste ausgedehnt. Netzbetreibern wurde erlaubt, sich bei der Vorbereitung und Durchführung gerichtlich angeordneter Telekommunikationsüberwachungsmaßnahmen so genannter Trusted Third Parties (spezialisierter Fachunternehmen) zu bedienen.

Damit verfügen die Strafverfolgungsbehörden der Vereinigten Staaten über die technischen Fähigkeiten, umfassend nahezu alle Kommunikationskanäle in den Vereinigten Staaten bzw. die durch die USA durchgeleiteten Kommunikationsinhalte auf gerichtliche Anordnung hin überwachen zu können[416]. Damit wird die weltweite Kommunikationserfassung durch die NSA und ihre ausländischen Partnerdienste ergänzt, so dass zusätzliche Informationen über mögliche terroristische Aktivitäten geliefert werden können. Es ist nach den Erfahrungen der vergangenen Jahre, auch im Hinblick auf den Umfang der durch das System Echelon gewonnenen Informationen, davon auszugehen, dass die Kommunikation in den Vereinigten Staaten künftig verstärkt überwacht wird. Ob und inwieweit dabei anfallende Informationen auch zu anderen Zwecken genutzt werden könnten, steht dahin.

Kampf im Cyberspace

Die Vereinigten Staaten und Großbritannien reagieren auf die Gefährdung der Kritischen Kommunikationsstrukturen mit umfassenden Reorganisationsmaßnahmen[417] innerhalb ihrer Dienste. Die bereits bestehenden Fähigkeiten sollen ausgeweitet und künftig zentral durch eine Stelle geführt werden. Welche Einflüsse diese Maßnahmen auf kritische europäische Informationsstrukturen,

416 Mittlerweile hat auch das Department of Homeland Security (DHS) entsprechende Überwachungskapaztiäten aufgebaut. Soweit bekannt, werden die Programme Pantheon, Pathfinder und Organizational Shared Space zur Kommunikationsüberwachung eingesetzt (ACIPSS-Newsletter 18/2010, No. 1181/2010). Auch verfügt das DHS nun über Kapazitäten in der Satellitenüberwachung der Vereinigten Staaten; vgl. hierzu: Best jr., R. A. & Elsea, J.: Satellite Surveillance: Domestic Issues, Congressional Research Service (RL 34321) v. 1. 2. 2010.

417 Vgl. hierzu auch: Intelligence and Security Committee-Annual Report 2008–2009, TSO London 2010, sowie Kuehl, D.: Information Operations: The Hard Reality of Soft Power, National Defense University, Washington 2010.

insbesondere auch die Deutschlands haben wird, soll anhand offener Quellen untersucht und bewertet werden.

Am 24. Juni 2009 hat Robert M. Gates, der Verteidigungsminister der Vereinigten Staaten, ein Memorandum unterzeichnet, das die Errichtung eines neuen Cyberwar Subcommands[418] vorsieht. Dieses neue Kommando wird dem US-Strategic Command unterstellt und durch Generalleutnant Keith B. Alexander, dem gegenwärtigen Direktor der National Security Agency (NSA), geführt werden. Im Zusammenhang damit soll GenLt. Alexander zum Viersterne-General befördert werden und diese neue Funktion zusätzlich zur Leitung der NSA mit übernehmen. Gegenwärtig kontrolliert das US-Strategic Command (US-STRATCOM) militärische Informationsoperationen, die globale strategische Operationsplanung, Computer Network Operations (CNO), die strategischen Bewertungen durch das US-Space Command sowie die globale Nachrichtengewinnung und -überwachung. Hierzu verfügt das USSTRATCOM gegenwärtig über

- das Joint Functional Component Command Network Warfare (JFCC-NW)
- das Joint Functional Component Command Space & Global Strike (JFCC-SGS) mit der Joint Task Force – Global Network Operations (JTF-GNO), die für den Schutz des Department of Defense Global Information Grid (DODGIG) verantwortlich ist.
- das Joint Informations Operations Warfare Center (JIOWC), das der Unterstützung der US-Kommandobehörden dient. Es ist zuständig für:
  - Operations Security (OpSec)
  - Psychological Operations[419] (PsyOps)
  - Military Deception (MILDEC)
  - Electronic Warfare (EW)

Ziel diesen „internen Reorganisationsmaßnahmen“ des US-Verteidigungsministeriums ist die Konsolidierung und Anpassung der Fähigkeiten zum Informationskrieg und Bündelung aller Kräfte in einer einzigen militärischen Kommandobehörde. Es sei jedoch nicht beabsichtigt, so ein Sprecher des Verteidigungsministeriums am 24. Juni 2009, den Cyber-Raum zu militarisieren

418 Unclassified Report on the President's Surveillance Program, Report No.: 2009-0013-AS, dtd: 10 July 2009, Washington, D. C., Digital Britain Final Report, Department for Culture. Media and Sport and Department for Business, Innovation and Skills, London, June 2009, Szandar, A.: Krieg der Zukunft, Der Spiegel 7/2009, S. 34 v. 9. 2. 2009, Hamburg 2009; Wilson: Information Operations, Electronic Warfare and Cyberwar: Capabilities and Related Policy Issues, Washington, D. C., March 20, 2007; http://www.defenselink.mil/news/articles.aspx

419 Offenbar entwirft die die „Red Cell“ der CIA PR-Aktionen zur Beeinflussung der Öffentlichkeit in Deutschland und Frankreich um für die Ausweitung des Afghanistan-Einsatzes ein positives Medien-Echo erreichen; vgl. http://diepresse.com/home/aussenpolitik/559507/index.do?fr v. 20. 4. 2010. Am 20. 4. 2010 meldete ISN, dass die US-Streitkräfte in Afghanistan offenbar nicht in der Lage sind, die Verwendung der für die Polizeiausbildung bereitgestellten Mittel entsprechend zu kontrollieren (hppt://www.isn.ethz.ch/isn/Current Affairs/Security-Watch/Detail/?).

oder die Verantwortung für die Verteidigung anderer behördlicher oder ziviler Netzwerke zu übernehmen. Die Verantwortlichkeit hierfür verbliebe auch künftig beim Homeland Security Department. Es bleibt abzuwarten, wie sich der Einfluss der National Security Agency (NSA) künftig auf die Operationen des neu aufgestellten Cyberwar Subcommands auswirken werden. Die Kommunikationsüberwachung in den Vereinigten Staaten wurde als Folge der Anschläge des 11. September 2001 und des Kampfes gegen den internationalen Terrorismus so umfassend ausgeweitet, dass selbst der Inspector General im Juni 2009 feststellte, dass die umfassenden staatlichen Kommunikationsüberwachungsmaßnahmen einer besonderen Kontrolle unterliegen sollten.

Es bleibt abzuwarten, welchen Einfluss die Reorganisationsmaßnahmen zur Stärkung der Fähigkeiten der US-Dienste auf dem Gebiete der Informationsoperationen auf die Partner in Europa haben werden. Dies gilt auch für die Bestrebungen der gegenwärtigen britischen Regierung auf diesem Gebiet. Nationale deutsche Fähigkeiten für offensive Informationsoperationen werden sicherlich im Konzert mit den anderen, in der NATO zusammengeschlossenen Partnern fortentwickelt werden müssen. Auch hier ist zu erwarten, dass die Vereinigten Staaten in Zusammenarbeit mit Großbritannien eine Vorreiterrolle übernehmen werden.

Die National Cyber Range des US-Verteidigungsministeriums[420]

Mit der seit kurzem im Aufbau befindlichen National Cyber Range (NCR) wird die US-Regierung künftig über umfassende Erprobungsmöglichkeiten für Schutz- und Gegenmaßnahmen im zu erwartenden globalen Informationskrieg verfügen. Wie jüngste Ereignisse in den baltischen Staaten, in Armenien und zuletzt auch in den Vereinigten Staaten und in Europa gezeigt haben, steigt die Bedrohung Kritischer Informationsstrukturen durch Angriffe aller Art, die von kriminellen Gruppen und/oder mit Duldung staatlicher Stellen auch durch entsprechende Gruppierungen gegen westliche Informationsstrukturen geführt werden. Daher hat sich die Regierung der Vereinigten Staaten entschlossen, die Zuständigkeiten und Verantwortlichkeiten für den Schutz kritischer Informationsstrukturen neu zu regeln. Die hohe Bedeutung, die die Regierung Obama dem Schutz der US-Informationsstrukturen beimisst, zeigt sich unter anderem in dem Plan, einen Verantwortlichen für die Cyber-Sicherheit zu bestellen, der künftig direkt dem Präsidenten der Vereinigten Staaten unterstellt sein wird. Ein zweiter Schritt erfolgt mit der Errichtung einer NCR unter der Verantwortung der Defense Advanced Research Projects Agency (DARPA), die dem US-Verteidigungsministerium untersteht.

Basierend auf den Forderungen, die bereits im Jahre 2008 in der National Cyber Initiative (CNI) aufgestellt wurden, besteht der gegenwärtige Auftrag der

420 Joint Operational Environment, Department of Defense, Washington 2008; Kenyon, H. S.: Defense Researchers Developing National Cyber Test Range, AFCEA SIGNAL, Mai 2009; Baldor, L. C.: Attacks, Associated Press, Washington, D. C., 2. 6. 2009.

NCR, die sich noch im Aufbaustadium befindet, darin, künftig Grundlagen für folgende Bereiche bereitzustellen:

- Bewertung von Verfahren zur Sicherstellung der Informationsverfügbarkeit.
- Bewertung von Informationssystem-Überlebensstrategien[421].
- Replizierung großer, heterogener Informationsnetzwerke und Untersuchung der Anfälligkeit derartiger Netze.
- Durchführung von multiplen, unabhängigen Simulationen von Netzen und deren Verwundbarkeit.
- Aufbau von künstlichen Netzwerken unter Laborbedingungen und deren Test.
- Entwicklung von Test- und Auswerteverfahren für Netzwerke aller Art, die eine zeitverzugslose Bewertung der Anfälligkeiten derartiger Netze erlauben werden.
- Mithilfe von „Drag & Drop"-Anwendungen wird es dem Test-Direktor künftig möglich sein, Systemarchitekturen zu erstellen und mithilfe von grafischen User-Interfaces unmittelbar danach zu testen.

Daneben wird die NCR künftig über Fähigkeiten verfügen, Informationsverarbeitungsprozesse in Systemen zu verlangsamen oder nach Wunsch zu beschleunigen, um derartige Tests in einem überschaubaren Zeitrahmen durchzuführen und abzuschließen. Auch ist daran gedacht, entsprechende Verfahren zur Überwachung des Cyber-Raums im Rahmen der Verteidigung derartiger Netze gegen Angriffe (Cyber Situational Awareness) zu entwickeln. Auch wird die NCR künftig in der Lage sein, die steigende Komplexität der Netze zu evaluieren und dabei auch Aspekte biologischer Entwicklungen zu berücksichtigen, da es sich gezeigt hat, dass komplexe Informationsnetzwerke beginnen, sich wie biologische Netzwerke zu verhalten. Hierbei gewinnt die Fähigkeit des NCR, Anomalien in derartigen Netzen frühzeitig zu erkennen, besondere Bedeutung. Damit

---

421 Gemeint sind hier Vorkehrungen zum Schutz von IT-Systemen (Härtung gegen kinetische Angriffe, Schutzvorkehrungen gegen Informationsoperationen, Wiederanlaufplanungen für das System nach Absturz u. ä. Vorkehrungen). Es handelt sich hierbei um die Bewertung der zu erwartenden Bedrohungslage bei Angriffen auf die eigenen Systeme und die zu erwartende Beeinträchtigung der Funktionsfähigkeit eigener Systeme oder die Fähigkeiten eines Gegners, in eigene Systeme einzudringen bzw. um den Schutz vor derartigen Angriffen. Im Prinzip sind all dies Maßnahmen der Computer Network Exploitation unter umgekehrten Vorzeichen durch so genannte „Red Teams", die den Auftrag haben, Schwachstellen der Systeme zu identifizieren. Fremde Systeme werden nach den gleichen Grundsätzen im Rahmen der Computer Network Exploitation untersucht, um Schwachstellen aller Art zu identifizieren. Diese können dann später bei eigenen, gegen diese Systeme gerichteten Operationen genutzt werden.

Der NSTB-Assessments Summary Report vom Mai 2010 beschreibt umfassend die Verwundbarkeit des US-amerikanischen Stromversorgungssystems durch Angriffe aus dem Cyber-Raum und zeigt entsprechende Lösungen auf. Gegenwärtig befinden sich mehr als 40 Gesetzesvorlagen im Zusammenhang mit der Cyber-Sicherheit im parlamentarischen Bearbeitungsgang des Kongress der Vereinigten Staaten; vgl. http://www.fas.org/sgp/eprint/nstb.pdf

einhergehend gewinnt auch die Fähigkeit des NCR zur Bildung von aggressiven Angreifern (Red Teams) für die Bewertung der Systeme unter simulierten Ernstfallbedingungen eine besondere Bedeutung. In diesem Zusammenhang wird der Einsatz von „automatisierten Wesen“ in der Cyber Range die Aufgaben zu erfüllen haben, wie sie gemeinhin von Nutzern derartiger Systeme wahrgenommen werden. So ist zum Beispiel das Verfassen und Öffnen von E-Mails und die Nutzung von bestimmten Applikationen im System geplant.

Noch steht nicht endgültig fest, wo die NCR errichtet werden soll. Geplant ist jedoch, bestimmte nationale staatliche und private Systeme zu einem System zu verbinden, um Kosten zu sparen. Dabei ist das Ziel, der nationalen Forschung eine Plattform für die Entwicklung von Systemen zum Schutz der nationalen kritischen Informationssysteme zu bieten, die dann dort unter realen Betriebsbedingungen getestet werden können. Gegenwärtig befindet sich die NCR in der Phase 1 der Aufstellung. Die vorgesehenen Systeme wurden bis Sommer 2009 evaluiert. Im Herbst 2009 sollten bereits Prototypen der für die Errichtung vorgesehenen Systeme betriebsfähig sein. In Phase 2, mit Abnahme der Prototypen im Herbst 2009, begann die 15-monatige Testphase, die mit der endgültigen Auswahl des Systems und der Ausschreibung endet. Die Phase 3 beinhaltet die tatsächliche Errichtung der Systeme und anschließende Tests. Mit der Abnahme der Anlage im Zeitrahmen 2011–2012 wird die Anlage endgültig betriebsfähig sein. Gleichwohl ist nicht auszuschließen, dass die Phase 3 früher als geplant abgeschlossen werden könnte. Ob die Einrichtung danach weiter in Verantwortung der DARPA betrieben wird, ist noch nicht endgültig entschieden. Geht die National Cyber Range wie geplant 2011–2012 in Betrieb, könnte bald mit Ergebnissen gerechnet werden, die möglicherweise auch Einfluss auf nationale private und staatliche Informationsnetzwerke in Europa haben werden. Nicht zuletzt die Bemühungen der Vereinigten Staaten und insbesondere auch ihrer Partner in Großbritannien um eine Ausweitung der Überwachung und Kontrollen der Kommunikation, und zwar nicht nur im Internet, können die Kommunikationslandschaft in den nächsten Jahren dramatisch verändern. Auch wird die militärische Bedeutung von Kommunikationsnetzen aller Art, insbesondere in kritischen Situationen, zunehmen, so dass auch hier mit unerwarteten Entwicklungen gerechnet werden muss.

Die Digital Network Intelligence-Initiative der NSA[422]

Bald nach Ende des Kalten Krieges wurden den Verantwortlichen in der NSA die Umwälzungen, die sich im Bereich der Informations- und Kommunikationstechnik abzuzeichnen begannen, deutlich. Daraus resultierend musste sich auch die NSA den gewandelten Erfordernissen anpassen. Die Wissenschaftliche Beratungsgruppe der NSA (NSA Scientific Advisory Board) erarbeitete in den Jahren 1998/1999 unter Führung des pensionierten Generalleutnants der US-

422 Anmerkung des Autors: Dies lässt auf die künftige umfassende Ausweitung der Erfassung von Signalen aller Art durch leistungsstärkere Systeme schließen. Diese Intitiative ist durch die fortschreitende Entwicklung anderer Systeme bereits überholt.

Luftwaffe Jim Clapper unter der Bezeichnung „Panel on Digital Network Intelligence (DNI) – Report to Director“[423] einen damals als SECRET/COMINT/X1 klassifizierten Bericht für den Direktor der NSA, in dem die künftigen Möglichkeiten und Grenzen der Erfassung digitaler Signale dargelegt wurden. Die Agenda des 61 Folien umfassenden Briefings enthielt folgende Themen: Zweck der Ausarbeitung, Beschreibung der Strategie für „C2C“, Reaktion auf den Auftrag des US-Kongresses sowie Hintergrundinformationen. Der Auftrag des US-Kongresses konzentriert sich auf das konventionelle und „C2C“-Management der NSA, der Director NSA (DIRNSA) wurde aufgefordert, den NSA Scientific Advisory Board mit einer 2-Stufen-Studie (zum Thema) zu beauftragen.

Neues Informationsverarbeitungssystems der US-Nachrichtendienste

Die MITRE-Corporation[424] hat im Rahmen des Projekts JASON im Auftrag des US-Verteidigungsministeriums im Dezember 2008 interessante Überlegungen zu einem neuartigen System der Nachrichtenauswertung durch die US-Nachrichtendienste veröffentlicht. In dem Papier werden die künftigen Herausforderungen, die sich aus der Informationsauswertung für die US-Regierung ergeben, eingehend beschrieben und Lösungen dargestellt. Nicht zuletzt werden die Problematik der Verfügbarkeit und des Zugriffs auf umfassende Datenbestände dargestellt, sondern auch Lösungen für dieses spezielle Problem angeboten. Für die Behandlung von umfangreichen Datenbeständen in einem System wie dem der US-Nachrichtendienste, das auch die verstärkten Forderungen nach Informationsteilhabe erfüllen soll, werden unkonventionelle Lösungsansätze angeboten, die sich an der Informationsgewinnung und nicht zuletzt an der interdisziplinären Auswertung gewonnener Daten orientieren. Künftige Forderungen der Informationsverarbeitung im Bereich der Nachrichtendienste orientieren sich an dem Datenaufkommen bis zum Jahre 2015, dessen Umfang im Bereich eines Yottabyte[425] erwartet wird. Daher schlägt MITRE vor:

- Ständige Bewertung der Auswertungserfordernisse in Bezug auf Datenströme
- Entwicklung homogener Datenbanken mit offenem Zugang
- Entwicklung flexibler Analysetechnik ohne deren Anbindung an Quelldaten

423 Vgl. hierzu auch: NSA Scientific Advisory Board. Panel on Digital Network Intelligence (Née “C2C 2”). Report to the Director LtGen Jim Clapper USAF (RET), SECRET/COMINT//X1 v. 28. 6. 1999 (Released by NSA on 17-May-2001 pursuant to the FOIA Case #41176), Unclassified. Anmerkung: General Clapper wurde im Juni 2010 zum neuen Director of National Intelligence (DNI) ernannt. Allerdings steht die Bestätigung durch den US-Kongress noch aus; vgl. auch FN 390.

424 S & T for National Security (JASON-Study), MITRE-Corporation, May 2009 (For official use only). Freigegeben im Rahmen des Freedom of Information Act (FOIA) am 13. 5. 2010 unter Ref: 09-A-1349.

425 1 Yottabyte (YB) = 10^{24} Byte = 1.000.000.000.000.000.000.000.000 Byte.

- Fortentwicklung entsprechender Software zur Bearbeitung der Quelldaten bereits im Sensor
- Fortentwicklung entsprechender Netzwerke und deren Paradigmen zur Auswertung zeitkritischer Informationen und der retrospektiven Analyse
- Entwicklung interdisziplinärer Ansätze in der Datenanalyse (zum Beispiel Cloud Computing, „Machine Learning" und Optimierung bereits eingeführter Verfahren mit dem Ziel der künftigen automatisierten Datenanalyse)

Die Führung der US-Nachrichtendienste (Director of National Intelligence) beabsichtigen künftig, die Global Maritime and Air Intelligence Communities of Intelligence Enterprises mit in die weltweite Nachrichtengewinnung der US-Nachrichtendienste einzubinden. Hierzu ist eine Reihe von Maßnahmen geplant, die die Effektivität der Nachrichtengewinnung erhöhen sollen. Es sind dies unter anderem: Implementierung des Global Maritime Intelligence Integration (GMII-Plans) sowie des Air Domain Surveillance and Intelligence Integration (ADSII-Plans) zur „Abwehr und Verhütung von katastrophalen Attacken – maritim oder aus der Luft auf die Vereinigten Staaten (Homeland), auf Bürger oder die weltweiten Interessen der Vereinigten Staaten". Zu diesem Programm gehören Maßnahmen der Informationsteilhabe, Entwicklung ressortübergreifender Fähigkeiten zur Nachrichtenbeschaffung mit menschlichen Quellen (HUMINT) sowie die Zusammenführung aller Erkenntnisse zur Nutzung durch den Nationalen Sicherheitsrat (National Intelligence Council) und das Committee on Foreign Investment.

Die Rolle der National Security Agency (NSA)

Die NSA war und ist nach wie vor Träger der gesamten Fernmelde- und Elektronischen Aufklärung (SIGINT)[426] der Vereinigten Staaten. Welche Bedeutung die Aktivitäten der National Security Agency auch in der jüngsten Vergangenheit für die Partner und Verbündeten der Vereinigten Staaten hatte, lässt sich aus der Untersuchung der Europäischen Union zum weltweiten Erfassungssystem für elektromagnetische Ausstrahlungen der NSA ableiten, über das bereits 1999 eine Arbeitsgruppe des Europäischen Parlaments[427] einen Bericht vorgelegt hatte. Die NSA verfügte zu diesem Zeitpunkt über ein ausgedehntes Netz von Erfassungsstellen für die terrestrische Erfassung satellitengestützter Kom-

426 Siehe hierzu auch: National Security Council Intelligence Directive No 6 – Signals Intelligence –, 17. Februar 1972.

427 PE 168.184 /VOL 2/5 – Development Of Surveillance Technology And Risk Of Abuse Of Economic Information. The state of art in communications Intelligence (COMINT) of automated processing for intelligence purposes of intercepted broadband multi-language leased or common carrier systems, and its applicability to COMINT targeting and selection, including speech recognition, Luxembourg, October 1999.

munikation. Mit dem NSA-System ORATORY[428] wurde es möglich, unter anderem die mehr als 90.000 simultanen Sprach- und Datenübermittlungskanäle des Intelsat 7 anhand vorgegebener Suchkriterien hinsichtlich Name des Teilnehmers, Anschriften, Rufnummer, Standort des Anschlusses und der Kommunikationsinhalte zu klassifizieren und durch das in Fort George Meade bei Washington befindliche Auswerte-System „Platform" der NSA, dem zu dieser Zeit mehr als 52 weitere Subsysteme angeschlossen waren, bearbeiten zu lassen. Allerdings wurde trotz intensiver Forschungsarbeiten auf diesem Gebiet zu dieser Zeit noch kein Durchbruch bei der Anwendung von Spracherkennungsprogrammen zur Auswertung der erfassten Sprachkommunikation erzielt. Das System war indes bereits in der Lage, die Stimme eines Teilnehmers zweifelsfrei zu identifizieren und zuzuordnen. Zu diesem Zweck wurde für die NSA ein superschneller Rechner der Serie CRAY entwickelt. Nach Insiderinformationen[429] konnten durch diesen Rechner innerhalb von 12 Stunden Informationen, die vom Umfang her dem Inhalt der gesamten Kongressbibliothek entsprachen, bearbeitet werden. Die NSA verfügte 1997 über eine Vielzahl von Rechnersystemen, die geeignet waren, den Sichtungs- und Auswertungsprozess zu beschleunigen. Nach Erkenntnissen der Kommission des Europäischen Parlaments verfügte das System der NSA zu dieser Zeit über folgende Fähigkeiten:

- Erfassung von HF-Ausstrahlungen-Frequenzbereich 1,5–40,0 MHz[430].
- Erfassung von Ausstrahlungen in terrestrischen VHF-EHF-Richtfunknetzen[431] mithilfe von SIGINT-Satelliten (Ferret-Satelliten der Canyon- und Chalet-/Vortex-/Rutley-Klasse[432]).
- Erfassung von elektromagnetischen Ausstrahlungen anderer Systeme (Radar, Telemetrie, Fernwirkanlagen u. Ä.) mithilfe von orbitalen und geostationären SIGINT-Satelliten der Klasse Rhyolite/Aquacade/Magnum/Orion/Jumpseat/Trumpet im damals genutzten Frequenzspektrum.
- Erfassung von Abstrahlungen in Unterseekabeln[433].
- Erfassung von Abstrahlungen geostationärer Fernmeldesatelliten im VHF-EHF-Bereich.

428 Baud, J. : Enciclopédie du Renseignement et des Services Secret, S. 206, Lavauzelle, Paris 1998.

429 Ebd.

430 Ausstrahlungen im Längst-, Lang- und Mittelwellenbereich wurden hierbei nicht berücksichtigt, da für die kommerzielle Informationsübermittlung zu dieser Zeit nicht mehr genutzt.

431 Die Erfassung digitaler Signale von Mobilfunknetzen aller Art (D1/D2/Chekker u. a.) war zu dieser Zeit ebenfalls bereits möglich.

432 Das Satellitenkontrollsystem trug die Bezeichnung „Runway"; das Auswerte- und Betriebssystem wurde mit dem Decknamen „Runway" und die Auswertezentrale mit mehr als 5000 Quadratmetern Grundfläche in Menwith Hill (UK) erhielt die Bezeichnung „Steepblush".

433 Lauschoperationen auf kapazitativer Basis an Unterseekabeln durch die US Navy (Operation Ivy Bells) vor Kamtschatka, im Mittelmeer, Ostasien und Südamerika wurden bekannt.

- Überwachung der kabel- und satellitengebundenen Internetkommunikation durch Knotenpunkte in den Vereinigten Staaten und vermutlich auch in befreundeten Staaten.
- Konspirative Erfassung parasitärer Abstrahlungen im HF-SHF-Bereich von Informations- und Kommunikationssystemen (Lauschoperationen, Erfassung parasitärer Abstrahlungen) an und in Objekten von besonderem Interesse[434] für die NSA und CIA.

Nicht zuletzt als Folge der Digital Network Initiative der NSA begann im Jahre 2003 die Internetüberwachung durch die NSA an der Westküste der USA. In einer Einrichtung der American Telephone & Telegraph (AT & T) wurde unter der Bezeichnung „Study Group 3" der Internet-Backbone-Verkehr, der über Lichtwellenleiter geführt wurde, über das System NARUS STA 6400 geführt und konnte damit in Echtzeit analysiert werden.

Zu dieser Zeit waren durch die im UKUSA-Agreement[435] zusammengeschlossenen Partnerdienste der NSA weltweit mehr als 120 terrestrische Erfassungsstellen für Satellitenkommunikation in Betrieb. Die Ausrichtung der sich in dieser Zeit in Betrieb befindlichen Antennensysteme lässt die damaligen Interessenschwerpunkte der Erfassung durch die NSA und die UKUSA-Partnernationen erkennen:

- Westliche kommerzielle Satellitenkommunikation: 40 Systeme
- Kontrolle orbitaler und geostationärer SIGINT-Satellitensysteme: 30 Systeme
- Sowjetische/russische Kommunikationssatellitensysteme: 50 Systeme

Von 1993 an versuchten die Vereinigten Staaten, die Regierungen der Mitgliedsstaaten der EU von der Notwendigkeit verstärkter Telekommunikationsüberwachung zugunsten der Strafverfolgungsbehörden zu überzeugen. Zu diesem Zwecke wurde unter der Führung der NSA und des FBI eine multinationale Arbeitsgruppe unter der Bezeichnung International Law Enforcement Seminar (ILETS) gebildet. Diese Gruppe hatte den Auftrag, gesetzgeberische Initiativen auf dem Gebiet der „Lawful Interception" („Gesetzliche Abhörmaßnahmen") in den EU-Staaten vorbereitend zu unterstützen. Besonderes Schwergewicht wurde auf die Regelung des Zugangs zu im Internetverkehr verwendeten Kryptosystemen[436] durch staatliche Stellen, insbesondere die Verschlüsselung des Internetverkehrs durch private und kommerzielle Anbieter, gelegt. Die Anträge

434 Hierbei kam es zum Einsatz des miniaturisierten ORATORY-Systems auf Laptop-Basis für die Auswertung von Signalen an Ort und Stelle durch Personal der NSA/CIA „Special Collection Service". In ausgewählten Botschaften der USA wurden Special Collection Sites (SCS) eingerichtet.

435 U. a. Großbritannien, Neuseeland, Australien, Vereinigte Staaten, Kanada, Israel und andere Nationen.

436 In einer Reihe von Staaten, so zum Beispiel in Frankreich, ist die Verwendung von Kryptoverfahren bei der Kommunikation im kommerziellen und privaten Bereich an eine Reihe von staatlichen Vorbehalten geknüpft oder deren Verwendung gänzlich verboten.

NSA-Zentrale in Fort Meade, 40 km nördlich von Washington, D. C., deren Gelände auch als „Crypto City" bezeichnet wird: Die NSA ist der größte Nachrichtendienst der Vereinigten Staaten und für die weltweite Überwachung und Entschlüsselung elektronischer Kommunikation zuständig.

wurden weiterverfolgt und mündeten in einem Vorschlag an die polizeiliche Kooperationsgruppe der EU, der ENFOPOL, und fanden damit auch Eingang in die Überlegungen der EU zu diesem Thema. Bereits zu dieser Zeit zeichnete sich der künftige Übergang der kommerziellen Informationsübermittlung mithilfe von örtlichen, regionalen und transkontinentalen Lichtwellenleiter-Kabelsystemen (Glasfaserkabeln) ab. Soweit bisher bekannt wurde, ist es einer der Ziele dieser schon seit längerem laufenden Operation, nach Möglichkeit alle in den Vereinigten Staaten versandten E-Mails, Faxübermittlungen und Telefongespräche zu erfassen, die von einem inländischen Teilnehmer mit einem ausländischen Anschluss geführt werden, sofern einer der Partner unter dem Verdacht steht, mit terroristischen Aktivitäten verbunden zu sein. Das Fernziel scheint die Erfassung aller inländischen Telefongespräche nach Teilnehmernummer(n) und Dauer der Verbindung zu sein, um mögliche Auffälligkeiten feststellen zu können. Drei große US-Fernmeldegesellschaften haben dem Wunsch um Überlassung der Verbindungsdaten an die NSA entsprochen, ein kleineres Unternehmen hatte die Weitergabe wegen rechtlicher Bedenken abgelehnt. Diese Unternehmen repräsentieren allein in den USA über 200 Millionen Telefon-, Fax- und E-Mail-Nutzer. Nach bisher ungenannten Quellen soll die NSA durch die Sammlung der Verbindungsdaten in der Lage sein, die weltgrößte Datenbank[437] über Fernsprechteilnehmer und deren Daten zu errichten.

437 Offenbar erreichen die derzeitigen Rechnerkapazitäten der NSA bald ihre Belastungsgrenze, denn die Defense Advanced Research Projects Agency (DARPA) des US-Verteidigungsministeriums entwickelt in Zusammenarbeit mit der Industrie (CRAY & IBM)

Die Rolle der Central Intelligence Agency (CIA)

Soweit bekannt betreibt die CIA nur in begrenztem Umfang signalerfassende Aufklärung. Schwerpunkt der Nachrichtenbeschaffung der CIA auf diesem Gebiet waren in der Vergangenheit Lauschoperationen im Verbund mit der NSA[438] mit dem Ziel der Nachrichtenbeschaffung mit technischen Mitteln in Zielländern. Dafür wurden an den diplomatischen Einrichtungen der Vereinigten Staaten bei Bedarf Mitarbeiter der Technical Services Division (TSD)[439] der CIA abgestellt, die auch in Sonderfällen die Kommunikation zu vor Ort eingesetzten Agenten der CIA mithilfe spezifischer Ausrüstung zu gewährleisten hatten. Offensichtlich beabsichtigte der damalige Director der CIA Leon Panetta, die Fähigkeiten[440] der CIA den gewandelten Erfordernissen anzupassen. Hierzu hat er ein mehrstufiges Programm entwickeln lassen, das aus folgenden Bestandteilen besteht:

Logo der CIA, des Auslandsnachrichtendienstes der USA

- Investitionen in das Personal durch Personalgewinnung
- Aus- und Weiterbildung
- Verbesserung der Fremdsprachenkenntnisse der Mitarbeiter
- Verdoppelung des Personalbestandes bei den verdeckt eingesetzten Mitarbeitern Verdreifachung des in der Auswertung eingesetzten Personals, bei dem Fremdsprachenkenntnisse essentiell sind[441]

---

das High Productivity Computing System (HPCS), dessen Ziel die Implementierung eines Systems ist, das in der Lage sein wird, tausend Billionen Rechenschritte pro Sekunde (= 1 PetaFLOP) durchzuführen. Im Endausbauzustand ist die Implementierung eines Systems geplant, das vier PetaFLOPS verarbeiten kann. Partner im Projekt sind die NSA und das Office of Science des Energieministeriums sowie die National Nuclear Security Agency. Vgl.: AFCEA SIGNAL, Januar 2007, S. 6, Fairfax, VA, USA.

438 Offenbar plant auch die CIA die Verlegung verwundbarer IT-Einrichtungen von Washington nach Denver; vgl.: GovExec, 16. 10. 2006. Außerdem ist eine Erweiterung der Energieversorgung für die Anlagen der NSA bei Fairfax/Ft G-Meade geplant.

439 Marchetti, V. & Marks, J. D.: CIA, S. 236–237, Stuttgart 1974.

440 ACIPSS-Newsletter 18/2010, 1132/2010, 1133/2010.

441 Nach einem Bericht der Washington Post vom 19. 7. 2010 mehren sich in den Vereinigten Staaten die Zweifel an der Effektivität der US-Nachrichtendienste, insbesondere im Bereich der Terrorbekämpfung. Offenbar hat die politsche Führung in Washington den Überblick über die Dienste verloren. Allein 1271 staatliche Stellen und 1931 Privatfirmen sind an über 10.000 Orten der USA mit Fragen der Sicherheit beschäftigt. Über 854.000 Personen mit Zugangsberechtigung zu den besonders hoch eingestuften geheimen Informationen sind in die Sicherheitsarchitekur der Vereinigten Staaten eingebunden. Mehr als 51 Organisationen

Die Rolle der Defense Intelligence Agency (DIA)

Als Folge der bereits seit dem ersten Golfkrieg erkennbaren Umwälzungen im Bereich der Elektronischen Kampfführung und der im Balkankonflikt gemachten Erfahrungen auf diesem Gebiet stellte das Verteidigungsministerium[442] der Vereinigten Staaten erhöhten Handlungsbedarf in diesem Bereich fest. Eine ministerielle Arbeitsgruppe erstellte eine umfangreiche, anfänglich als SECRET/ NOFORN klassifizierte „Informations Operations Roadmap“[443], die künftig als Basis für die Entwicklung einer militärischen „Information Operation Strategy“ gelten sollte. Im Executive Summary dieser Roadmap wird die Bedeutung der Psychological Operations (PsyOps) zusammen mit der Stärkung der „Network and Electro Magnetic Attack Capabilities“ besonders hervorgehoben. Die Roadmap schließt mit folgender Empfehlung: Um diese Fähigkeiten zu erreichen, sollten Informationsoperationen die fünf Kernfähigkeiten enthalten und in militärischen Operationen umfassend angewendet werden. Um erfolgreich zu sein, muss das gesamte Spektrum der Informationsoperationen in den ständigen Planungsprozess und in den Vorbereitungen (der Streitkräfte) bereits vor Ausbruch von Krisen oder Konflikten berücksichtigt werden. Hierunter fallen die integrierte Anwendung der Kernfähigkeiten der Elektronischen Kampfführung, also Computer Network Operations, Psychological Operations, militärische Täuschung (Deception) und operationelle Sicherheit (OpSec), in Verbindung mit spezifischen Unterstützungsfähigkeiten. Ziel ist die Beeinflussung, Unterbrechung, Verfälschung und Übernahme der gegnerischen menschlichen und automatisierten Fähigkeiten zur (Führung und) Entscheidungsfindung. Mit diesen Maßnahmen sollen die eigenen Fähigkeiten nachhaltig geschützt werden.

Alles unter Kontrolle

Mit der sich neuerdings abzeichnenden umfassenden Kontrolle der innerstaatlichen und grenzüberschreitenden Kommunikationsverbindungen durch die Nachrichtendienste in den USA wird ein Grad der Überwachung erreicht, der

---

an 15 Orten der USA sind mit der Überwachung der Finanzströme potenzieller Terrornetzwerke beschäftigt. Soweit bekannt, werden im Zusammenhang mit der Terrorbekämpfung durch die Nachrichten- und Sicherheitsdienste der USA jährlich mehr als 50.000 Berichte verfasst, die meist ungelesen in den Archiven der Dienste abgelegt werden. Offenbar leiden die US-Dienste an einem nicht mehr beherrschbaren „Information Overload“, konstatiert zum Beispiel der „Tagesspiegel“ aus Berlin; vgl.: Außer Kontrolle? Die US-Geheimdienste werden massiv ausgebaut – selbst die Regierung hat nicht mehr den Überblick, Tagesspiegel v. 21. 7. 2010; vgl. auch Fisher, M.: The Washington Post Reveals Top Secret America, Washington Post v. 19. 7. 2010. Das Programm wird fortgeführt, ensprechende Hinweise lassen sich im Nachrichtendienstbudget für das Haushaltsjahr 2010/2011 finden.

442 Das Department of Defense betreibt auch eine umfangreiche DNA-Datenbank mit der Bezeichnung Cyber Genome Program, auf die hier nicht weiter eingegangen werden kann; vgl. hierzu: http://www.darpa.mil/sto

443 DOD-Information Operation Roadmap, Washington, D. C., 30. 10. 2003.

zu allergrößten Befürchtungen Anlass gibt, da keinesfalls sichergestellt ist, dass die erhobenen Daten ausschließlich zur Bekämpfung des internationalen Terrorismus verwendet werden. Vielmehr ist davon auszugehen, dass diese Daten mit anderen, auf nachrichtendienstlichen und sonstigen Wegen beschafften Daten zusammengeführt und ungeprüft gegen den Betroffenen verwendet werden können, was zu unabsehbaren Folgen bei der Einreise oder dem Aufenthalt in den USA führen kann. Eine unabhängige Überprüfung oder Kontrolle der möglicherweise zusammengeführten Daten und deren Berichtigung durch den Betroffenen ist offenbar aufgrund der derzeitigen Rechtslage in den USA nicht möglich. Dies gilt auch für Daten, die im Rahmen der Übereinkünfte der europäischen Staaten im Rahmen der EU-Telekommunikationsrichtlinie und im Rahmen der bilateralen Zusammenarbeit der nationalen Behörden an die USA künftig übergeben werden.

SWIFT und darüber hinaus

Das unter der schwedischen Ratspräsidentschaft geschlossene und derzeit noch zeitlich befristete SWIFT-Abkommen[444] gewährt den US-Nachrichten- und Sicherheitsdiensten umfassenden Zugriff auf die Daten der Society for Worldwide Interbank Financial Telecommunication (SWIFT), in dem Angaben über Absender und Empfänger, der Verwendungszweck der Überweisung und der Betrag enthalten sind. Dieses Verfahren soll auch auf das europäische Single Euro Payment Area-Verfahren (SEPA) ausgeweitet werden. Daneben übermitteln europäische Staaten im Rahmen bilateraler Abkommen im Rahmen des Passenger Name Record (PNR) auch persönliche Daten der Flugreisenden an die Dienste der USA. Dies gilt auch für Telekommunikationsdaten und Daten aus dem europäischen Visa-Informationssystem. Die CIA investiert gegenwärtig offensichtlich auch in Systeme, die in der Lage sind, die im Web 2.0 im Rahmen von Foren wie Twitter, YouTube, Flickr, My Space oder anderen Blogs und Communities ausgetauschten Informationen in Echtzeit nach Social-Media-Kriterien zu durchsuchen und nach Schlüsselwörtern zu kategorisieren. Daneben besteht für das durch durch die CIA-Tochterfirma In-Q-Tel implementierte System auch die Möglichkeit, die Kommunikation nach bestimmten Verhaltensmustern der Teilnehmer zu durchsuchen. Ein ähnliches System wird gegenwärtig unter EU-Patronat bereits in Schweden mit dem Ziel entwickelt, „unsoziales Verhalten" der Kommunikationspartner aus dem Kommunikationsverkehr zu extrahieren. Gleiches gilt für ein unter britischer Kontrolle entwickeltes System zur Kontrolle von Menschenansammlungen (Crowd Control). Inwieweit die Dienste

---

444 Das SWIFT-Programm wurde im Juni 2010 neu verhandelt. Die Verhandlungen wurden am 11. 6. 2010 abgeschlossen. Das Abkommen befindet sich nun im Zustimmungsverfahren (Agreement between the European Union and the United States of America on the processing and transfer of financial messaging data from the European Union to the United States for purposes of the terrorist finance tracking program, 11. 6. 2010); vgl. hierzu auch: US-Fahnder auf Datenfang, Computer-Bild, 15/2010, S. 24–25.Hamburg 2010; vgl. zu SWIFT in diesem Buch auch die S. 69–71.

der USA Zugriff auf die in der künftig geplanten EU-Datenbank enthaltenen Daten (DNA, Fingerabdrücke, biometrische Daten, Wohnanschriften, Kraftfahrzeuge oder Waffenbesitz) erhalten werden, ist noch nicht abschließend zu bewerten[445].

Die Nachrichtendienste und Sicherheitsbehörden der Vereinigten Staaten nutzen unter anderem Techniken des Data Mining[446] sowohl zur lückenlosen Überwachung von individuellen Reisebewegungen der Reisenden als auch zur Kontrolle von weltweiten Frachtbewegungen und Finanztransaktionen aller Art. Damit gewinnt der Zugang zu europäischen Finanztransaktionsdaten, wie im Rahmen von SWIFT durch die USA gefordert, oder zu sensitiven personenbezogenen Daten wie die Datensammlung Passenger Name Record (PNR) eine besondere Qualität und weiten damit die Ermittlungsmöglichkeiten der US-Strafverfolgungsbehörden und Nachrichtendienste umfassend aus. Eingriffs- oder Korrekturmöglichkeiten zur Berichtigung oder Löschung fehlerhafter Angaben bestehen, soweit bekannt, für den Betroffenen nicht. Neben einer Vielzahl von Datensammlungen, die durch die Nachrichten- und Sicherheitsdienste der Vereinigten Staaten eingerichtet und betrieben werden, sind folgende Systeme für die Reisenden aus Europa von Bedeutung:

Automatet Targetting System (ATS)

Das ATS besteht aus sechs unabhängigen Modulen, die eine lückenlose Kontrolle aller Reise- und Frachtbewegungen in und aus den USA erlauben sollen. Überwacht werden Passagiere und Besatzungsmitglieder von Fluggesellschaften, Charter- und Privatflugzeuge sowie Schifffahrtslinien sowie deren Passagiere und Besatzungsmitglieder. Ein- und Ausreisen über Landgrenzen werden in diesem System ebenfalls erfasst.

ATS-Inbound and ATS-Outbound Modules (Cargo Analytics)

Im Rahmen der Container Security Initiative (SCI) und Secure Freight Initiative (SFI) werden alle Transportbewegungen in Echtzeit im Electronic Export Information-(EEI)System erfasst und auf Bedrohungen untersucht, um Risiken und Anomalien zu entdecken. Basis sind Ladepapiere, Rechnungen und Manifeste aller Art, die im Rahmen des Automated Commercial Environment (ACE) und im Automated Export System (AES) erhoben werden.

---

445 Das neue SWIFT-Abkommen hat das Europaparlament passiert und gilt zunächst für fünf Jahre. Europol wird bei der Weitergabe der Daten an die US-Dienste unterstützend tätig.

446 http://www.indect-project.eu; http://www.eu2010.es/en/documentosynoticias/noticias/mar04_trinidadeeuu.html; Data-Mining-Report 2009, DHS-Privacy Office, Washington, D. C., 28. 12. 2009.

ATS-Passenger-Module (ATSP)

Zu den primären Quellen zu Informationen über Reisende gehört das von der Heimatschutzbehörde betriebene Electronic System for Travel Authorization (ESTA), in das auch Informationen aus dem Visa Waiver Program (VWP) einfließen. Die mit PII (Personally Identifiable Information) abgeforderten personenbezogenen Daten werden im System ESTA verarbeitet. Neben diesen Informationen werden zusätzlich folgende Daten genutzt:

- APIS (Advanced Passenger Information System)
- NIIS (Non Immigrant Information System)
- Informationen aus dem VWP-System
- Daten aus den SAVI (Suspect and Violator Indices) des DHS
- Daten aus der Visa-Datei des US-Außenministeriums
- Daten aus der Grenzüberwachung (TECS)
- Daten aus der Terrorist Watch List des FBI, die im Terrorist Screening Center des FBI vorgehalten werden.

Data Analysis and Research for Trade Transparency System (DARTS)

Das DARTS dient vorrangig der Überwachung von Kontenbewegungen aller Art im Handel und der Verhinderung von Schmuggel. In diesem System werden verfügbare Informationen auf Anomalien im Zahlungsverhalten oder im Handelsverkehr untersucht, um damit unerlaubte Aktivitäten wie Geldwäsche, Betrug, Abgabenhinterziehung u. Ä. Delikte zu entdecken. DARTS stützt sich auch auf Daten ab, die im US-FinCen (Financial Crimes Network des US-Schatzamtes) verfügbar gehalten werden. Zu den Instrumenten, die dem FinCen zur Aufdeckung ungesetzlicher Aktivitäten zur Verfügung stehen, gehören unter anderem die Currency Monetary Instrument Reports (Deklaration von mehr als 10.000 US-Dollar bei Ein- oder Ausreise, Currency Transaction Reports [Abhebung/Auszahlung von mehr als 10.000 US-Dollar bei Banken oder Spielcasinos in den USA]), Suspicious Activity Reports durch Banken sowie Reports of Cash Payments bei Barzahlungen bei einem Betrag über 10.000 US-Dollar. Die im DARTS-System befindlichen und US-Unternehmen betreffende Daten werden nicht an die Behörden von Partnerländern weitergegeben.

Freight Assessment System (FAS)

Im Freight Assessment System werden Daten aus den Systemen Performance and Results Information System (PARIS), Indirect Carrier Management System (ICAMS) und Known Shipper Management System (KSMS) verarbeitet. Die Daten basieren auf den Frachtpapieren, Rechnungen, Zollerklärungen und anderen offen verfügbaren Informationen. Daneben stellt das Unternehmen Dun & Bradstreet Hintergrundinformationen zu den zu überprüfenden Unternehmen zur Verfügung.

SIGINT und InfoOps durch US-Streitkräfte[447]

Die US Air Force[448] verfügt zur luftgestützten Signalerfassung und für den elektronischen Kampf mindestens über eine Reihe von Aufklärungssystemen[449], die weltweit eingesetzt werden können. Daneben betreibt die US Air Force weltweit 23 Air Operation Centers (AOC)[450], die derzeit mit einem Kostenaufwand von mehr als 2,3 Milliarden US-Dollar auf den Stand zur netzwerkzentrierten Kriegführung gebracht werden. Die AOCs verfügen über mehr als 48 Führungs- und Auswertesysteme sowie 50 Kommunikationsschnittstellen aller Art. Allerdings scheint die Ausstattung mit Kryptomitteln[451] nicht mehr dem Stand neuester Technik zu entsprechen, da die US Air Force fürchtet, dass ein Teil der Verfahren durch fremde Mächte gelöst worden sein können. Diese werden deshalb ausgetauscht.

Die Marine der Vereinigten Staaten verfügt für luftgestützte Electronic Warfare-/SIGINT-Erfassungsmissionen über entsprechende Flugzeuge[452]. Welche Rolle in der signalerfassenden Aufklärung die Unterseeboote der Virginia-, Los Angeles- und Sea Wolf-Klasse der US-Navy in Zukunft spielen werden, ist noch nicht klar ersichtlich. Diese Boote sind jedoch für weltweite Aufklärungs- und

---

447 Soweit bekannt, verstärken die Vereinigten Staaten ihre Fähigkeiten zu Informationsoperationen. Dies wird auch durch die Errichtung des Cyber Command deutlich, das im Herbst 2010 operationellen Status erreichen soll. Das neue Cyber Command soll dem Strategischen Kommando (STRATCOM) der US-Streitkräfte unterstellt, fachlich jedoch durch die NSA geführt werden; vgl. Burghardt, T.: The Launching of US-Cybercommand (CYBERCOM). Offensive Operations in Cyberspace, Global Research, Washington, D. C., 20. 4. 2010. Offenbar werden in diesem Zusammenhang auch die technischen Einrichtungen der benachbarten NSA-Zentrale erweitert, wie aus einem Beitrag von Joseph Fitsanakis deutlich wird: Cash Register Ringing for NSAs corporate suitors; vgl. IntelNews.org v. 18. 1. 2010.

448 Die US Luftwaffe durchläuft einen bereits seit längerer Zeit geplanten Reorganisationsprozess im Bereich Intelligence, Surveillance and Reconnaissance (ISR), der zu gravierenden Änderungen in der Organisationsstruktur der USAF-Intelligence Community führen wird. Die Fähigkeiten der Intelligence Organisation werden im neuen Air Force ISR Command gebündelt und sollen alle Aspekte der Nachrichtengewinnung und Aufklärung umfassen. Sie soll eng mit dem neu aufgestellten Cyberspace Command der 8. US Air Force zusammenarbeiten.

449 31 Lockheed U-2 S, 13 Boeing E-8 Joint Stars, 3 Boeing RC-135 S, 2 Boeing RC-135 U, 8 Boeing RC-135 V, 8 Boeing, RC-135 W, 8 Lockheed EC-130 Cl/Rr, 15 Lockheed EC-130 H, 10 Lockheed EC-130 J/H/N, 32 RQ-1 Predator-UAV, 5 RQ-4 Global Hawk-UAV, RQ-? Dark Star-UAV SensorCraft; vgl.: Truppendienst, Spezial, Nr. 10, S. 56–58, Wien 2009.

450 Eines dieser AOC befindet sich auf dem US-Flugplatz Ramstein. Die korrekte Bezeichnung für die AOCs lautet „AN/USQ-163 Falconer".

451 AFCEA SIGNAL, März 2007, S. 50–51, Fairfax, VA, USA.

452 91 EA-6 B Prowler, 2 P-3 B Orion, 224 P-3 C Orion, 108 S-3 B Viking, 11 EP-3 P Orion, 68 E-2 C

Hawkeye, E-6 A Mercury, 15 E-6 B Mercury; zusätzlich wird die US-Navy in den nächsten Jahren P8A sowie EA18G EW – Electronic Warfare-Flugzeuge – beschaffen; vgl. ACIPSS-Newsletter 7/2010 Nr. 0456/2010.; vgl.: Truppendienst-Spezial, Nr. 10, S. 34–36, Wien 2009.

küstennahe Spezialeinsatz-Missionen vorgesehen. Es ist daher davon auszugehen, dass sie, wenn auch nur über begrenzte und auf den Auftrag zugeschnittene SIGINT-Fähigkeiten verfügen, die mit anderen Systemen der US-Streitkräfte vernetzt sind und entsprechende Erfassungsansätze erlauben. Das US-Heer hat seine Fähigkeiten zur taktischen und operativen Aufklärung im seit 1977 aktiven Intelligence and Security Command (INSCOM), dessen Hauptquartier sich in Fort Belvoir (Georgia)/USA befindet, gebündelt. Das INSCOM führt daneben auch die SIGINT- Elemente, die organischer Bestandteil der Military Intelligence Groups (MI-Groups) und MI-Brigaden sind. Das INSCOM betreibt das National Ground Intelligence Center (NGIC), das sich am Standort Charlottesville/Virginia befindet. Dem INSCOM sind gegenwärtig folgende Military Intelligence-Verbände und -Einheiten[453] unterstellt:

- National Ground Intelligence Center Charlottesville, VA, USA
- Informations Operations Cmd (Land)
- 470th, 501th, 513th, 704th MI-Brigade
- 300th MI Brigade (USANG)
- 66th MI Group Darmstadt
- 116th, 500th, 902th MI Group
- Joint Surveillance Target Attack Radar System (J-STARS) Army Element
- INSCOM-Training and Doctrine Support Det.
- US Army Security Clearance Facility

Das US Army Criminal Investigation Command (CID), ebenfalls in Fort Belvoir, mit fünf Military Police Groups, erfüllt vorwiegend militärpolizeiliche Aufgaben, soll hier aber nicht weiter behandelt werden.

Nach wie vor verfügen jedoch die Großverbände der US Army über MI-Unterstützungseinheiten, deren Zuordnung wohl noch nicht endgültig feststeht. Auch ist die Rolle der Battlefield Surveillance Brigades (BSB) der US Army Reserve (Army National Guard) noch nicht endgültig zu klären. Es kann jedoch angenommen werden, dass diese Einheiten zur Aufklärung und Gefechtsfeldüberwachung eingesetzt werden, da diese auch über MI-Bataillone[454] verfügen. Die zentrale Ausbildungseinrichtung für das Military Intelligence Personal der US-Armee das Intelligence Center and School befindet sich in Fort Huachuca, Texas, und untersteht dem US Army Training and Doctrine Command (TRADOC) in Fort Monroe, Virginia/USA.

Gegenwärtig ist offenbar die 66th MI Group der US Army mit Standort Darmstadt für die strategische signalerfassende Aufklärung im Kommandobereich USEUCOM[455] verantwortlich. Hierzu unterstehen ihr folgende Ein-

---

453 Truppendienst-Spezial, Nr. 10, 2/2009, Wien, und eigene Recherchen des Autors.

454 Die US Army Nationale Guard (USANG) verfügt über 6 Battlefield Surveillance Brigades (58., 67., 71., 219., 297, 560).

455 Ob die 66 MI-Group auch das derzeit noch in Stuttgart-Vaihingen befindliche USAFRICOM unterstützt, kann nicht ausgeschlossen werden.

heiten[456]: Die dem V. US-Korps unterstellte 205th MI Brigade Wiesbaden ist ausschließlich für die taktische und operative Aufklärung[457] im Zuständigkeitsbereich des V. US-Korps/USEUCOM/USAFRICOM[458] verantwortlich und verfügt dazu noch über folgende unterstellte MI-Bataillone, die im Großraum Frankfurt-Wiesbaden disloziert sind: 1st MI Battalion, 165th MI Battalion, 302th MI Battalion.

Die strategische Frühwarnung und strategische Informationsoperationen[459]

Zur strategischen Frühwarnung, signalerfassenden Aufklärung und zur Führung von Informationsoperationen verfügen die Streitkräfte der USA über folgende Systeme:

- Dem United States Strategic Command (USSTRATCOM)[460] in Offutt/Nebraska sind unterstellt:
  - Joint Informations Operations Center, Joint Task Force Computer Network Operations
  - Naval Network and Space Operations Command (CYBERCOM)

---

456 Headquarters & Headquarters Company (HHC-Section) Darmstadt, 1st MI Battalion Section (Aerial Exploitation), Darmstadt (?), 2nd MI Battalion Section Darmstadt, 105th MI Bn Section Grießheim, 109th MI Bn Section, Menwith Hill, UK, Headquarters & Headquarters, Detachment 404th MI Company.

457 Ob das neu entwickelte Multilingual Automatic Speech to Speech Translator-(MASTOR)System bereits eingesetzt wird, konnte noch nicht in Erfahrung gebacht werden. Vgl.: Hickins, InternetNews, 13. 10. 2006.

458 Dem USAFRICOM in Stuttgart sind zusätzlich zugeordnet: US Special Operations Command Africa (SOCAFRICA) mit Joint Special Operations Task Force Trans-Sahara (JSOTF-TS) und Joint Special Operations Task Force Horn of Africa (SOCCE-HOA). Auch hat die NATO ihr Special Operations Coordination Center (SOCCE) zu USEUCOM nach Stuttgart, Kelley Barracks, verlegt; vgl. ÖMZ Nr. 4/2010, S. 566. Im August 2008 hat die NATO zur Unterstützung der Special Operations unter US-amerikanischer Führung das mit 149 Dienstposten ausgestattete NATO Special Operations Headquarters aufgestellt. Es ist derzeit in der Kasernenanlage von USEUCOM in Stuttgart untergebracht und wird durch einen US-General, der dem SACEUR direkt unterstellt ist, geführt. Im Juni 2010 erfolgte die Ausschreibung zur Errichtung des ständigen Hauptquartiers bei SHAPE in Mons/Belgien. Zum Auftrag des NSHQ gehören die Führung von Spezialkräften der NATO-Nationen und die Entwicklung von Führungsfähigkeiten und Kommunikationsmöglichkeiten für Special Operation Forces im Einsatz. Gegenwärtig betreibt das NSHQ eine international besetzte SOF (Fusion Cell = Führungs- und Auswertezelle) zur Unterstützung der ISAF-Special Operations vor Ort in Afghanistan; vgl. www.aco.nato.int/page208301014.aspx

459 Einen umfassenden Überblick über die Streitkräfte der Vereinigten Staaten erlaubt: Die Streitkräfte der USA und Kanadas, Truppendienst-Spezial, Nr. 10, Ausgabe 2, Wien 2009.

460 Der Auftrag des USSTRATCOM erfordert nun auch Fähigkeiten in den Bereichen: Nachrichtengewinnung, Überwachung, Aufklärung, netzwerkzentrierte Kriegführung, Informationsoperationen, integrierte Raketenabwehr und Abwehr von Massenvernichtungswaffen. Vgl.: Kruzel, John J.: DOD Press Service Washington, D. C., 9. 3. 2007.

- Die Defense Intelligence Agency[461] verfügt unter anderem über folgende Aufklärungssensoren:
  - 2 ORION/MAGNUM ELINT-Satellitensysteme,
  - 2 JUMPSEAT/TRUMPETER ELINT-Satellitensysteme
  - Satellitensysteme (VORTEX II, ORION II) mit unbekannter Zweckbestimmung

Die übrigen zur Verfügung stehenden Systeme der strategischen Frühwarnung wie DSP (Infrarotüberwachungssystem), Ballistic Missile Early Warning System (BMEWS), Spacetrack und Überwachungssysteme der Marine (NAVSPASUR, PARCS) sowie weitere Systeme wie GEODSS oder Over the Horizon Backscatter Radar (OTH-B) werden hier nicht weiter betrachtet, liefern aber zusätzliche Lageinformationen. Insgesamt verfügen die Streitkräfte der Vereinigten Staaten über taktische und strategische SIGINT-Erfassungssysteme mit unterschiedlichem Entwicklungsstand, die laufend den wachsenden Forderungen angepasst werden. Naturgemäß liegen über die neuesten Entwicklungen wenige Informationen vor[462].

Logo des USSTRATCOM: Das USSTRATCOM ist eins der zehn Unified Combatant Commands (Einsatzkommandos mit vereinigten Kompetenzen) des Pentagons und verantwortlich für die Führung, Ausbildung, Ausrüstung, Verwaltung und Planung sämtlicher Atomstreitkräfte aller Teilstreitkräfte der Vereinigten Staaten.

---

461 Die Auswertung der gewonnenen Rohdaten dürfte u. a. mit Beteiligung der 704th MI Brigade in Fort Meade, MD, erfolgen, die auch für Computer Network Ops und Information Assurance Operations zuständig ist.. Das 743 MI Bn befindet sich in Fort Carson und betreibt eine Anlage der NSA (Data Center) in Aurora. Vgl.: PJK/Afio Weekly v. 16. 10. 2006. Das Cheyenne Mountains Operations Center (CMOC) in Colorado Springs wurde im Jahre 2003 grundlegend renoviert und seine Einrichtungen den Forderungen für die Führung der Heimatverteidigung der USA angepasst. Möglicherweise werden dorthin auch Server der NSA ausgelagert. Welche Funktion das US Army Network Enterprises Technology Command im Verbund mit dem neu errichteten Cyber Command erfüllen wird, ist noch nicht klar.

Die NSA errichtet in Camp Williams das Utah Data Center (UDC), ein 65 Megawatt-Hochsicherheitsdatenzentrum mit einer Grundfläche von gut 304. 800 Quadratmetern. Dabei sind für missionskritische Einrichtungen allein rund 32.800 Quadratmetern eingeplant; der Rest der Fläche dient der technischen Unterstützung und Verwaltung. Für die Errichtung dieser Anlage sind Haushaltsmittel in Höhe von 1,6 Milliarden US-Dollar eingeplant. Vgl. hierzu: http://publicintelligence.net/utah-data-center/

462 Eine erschöpfende Darstellung der in Gebrauch befindlichen Systeme findet sich bei www.fas.org.

Aufklärungs- und Erfassungssysteme der US Army[463]

Die Ausstattung der US Army mit entsprechenden Erfassungs- und Auswertesystemen ist einem ständigen Wandel unterworfen, so dass hier nur Systeme aufgeführt sind, deren Zweckbestimmung als bekannt, vorausgesetzt werden darf.

Systeme der US Air Force[464]

Auch hier gilt, dass die US-Air Force ihr Arsenal ständig den gewandelten Anforderungen der Nachrichtengewinnung und Aufklärung anpassen muss. Ver-

---

463 Derzeit hat die US Army folgende Aufklärungs- und Erfassungssysteme im Einsatz:
- AHFEWS: Landgestütztes HF-Erfassungs- und Störsystem
- AN/AX-16: Wullenweber-HF-Peilsystem
- AN/FLR-9: Wullenweber-HF-Peilsystem
- CHASIS: SIGINT/HUMINT-Auswertesystem
- CHATS: SIGINT/HUMINT-Auswertesystem
- CLASSIC BULLSEYE/FLAG HOIST: Globales HF-Peilsystem
- CLASSIC OWL/SENSOR REACH: Erfassungs- und Auswertesystem (Frequenzbereich unbekannt)
- CLASSIC WIZZARD: Erfassungssystem (Spezifikationen unbekannt)
- GBCS: Mobiles, landestütztes SIGINT-System im HF bis SHF-Bereich
- IEWCS: Electronic Warfare Common Sensor System (Spezifikationen unbekannt)
- MEWS: Taktisches SIGINT-Auswertesystem (keine Spezifikatonen verfügbar)
- PROPHET: Taktisches SIGINT-System, keine näheren Angaben verfügbar
- QUICK FIX: Luftbewegliches Electronic Countermeasures-(ECM)System
- SANDCRAB: Taktisches Long Range COMINT- und HF/VHF-Störsystem
- TACFIX: Mobiles HF/UHF-Peilsystem
- TEAMMATE: Landgestütztes, mobiles Erfassungs- und Peilsystem im VHF/UHF-Bereich
- TIDYTIPPS III: Erfassungssystem, Spezifikationen nicht veröffentlicht
- TRACKWOLF: Mobiles HF-Peil- und Erfassungssystem
- TRAFFICJAM: Mobiles, taktisches Erfassungs- und Störsystem
- TRAILBLAZER: Taktisches Erfassungs- und Peilsystem im HF/VHF-Bereich
- TROJAN CLASSIC/TROJAN SPIRIT: Mobiles, verlastbares Erfassungssystem mit SAT-gestützter Anbindung an Auswertezentrale

Inwieweit die USAF künftig vermehrt auch UAV/UAS in der taktisch-operativen SIGINT/ECM-Rolle einsetzen wird, ist nur sehr schwer abzuschätzen, da die verfügbaren Informationen nur spekulativen Charakter haben. Als sicher kann gelten, dass Global Hawk künftig auch über Fähigkeiten in der strategischen Signals Intelligence haben wird, ob dies auch für DARK STAR gelten kann, erscheint wahrscheinlich.

464 Systeme, deren Einsatz zwischen den Jahren 2007 und 2009 als sicher angenommen werden kann:
- CHAALS: Luftgestütztes SIGINT-System in Verbindung mit GUARDRAIL
- COBRA DANE: Nationaler Sensor der Technischen Aufklärung
- COMBAT SENT: Lockheed C-130 SIGINT COLLECTION ASSET mit Erfassungsfähigkeit für Frequenzsprung-Emissionen
- EA6B PROWLER: Luftgestützte SIGINT-Plattform, auch durch US NAVY eingesetzt

mehrt gewinnen die Unmanned Aerial Systems (UAS) bei der Aufklärung an Bedeutung. Daneben ist die 24. Luftflotte (24th Air Force) künftig verantwortlich für Aufgaben der Cyber-Verteidigung. Hierzu unterstehen ihm die in der Fußnote[465] aufgeführten Einheiten. Daneben verfügt die US Air Force über eine Reihe spezialisierter Einheiten zur Fernmelde -/und Elektronischen Aufklärung (SIGINT) bzw. zur Elektronischen Kampfführung, die mit den Mustern[466] ausgestattet sind.

Systeme der US Navy

Die US Navy ist mit folgenden Systemen[467] ausgestattet, wobei noch keine weiteren Angaben über das Naval Network Warfare Command (NETWAR-

---

- EH 60 L QUICK FIX: Luftgestütztes Erfassungs- und Peilsystem
- EP 3 REEF POINT/IRON CLAD: Luftgestütztes Erfassungssystem
- EP 3E ARIES II: US Navy Lockheed P3 SIGINT-Plattform
- ES 3A SHADOW: Lockheed S 3
- RC 12 H GUARDRAIL: Luftgestütztes SIGINT-System
- RIVET AMBER: Boeing RC-135: SIGINT-Plattform
- RIVET BALL: Boeing RC-135-SIGINT-Plattform
- RIVET BRASS: BOEING RC-135 SIGINT/TELINT-Plattform (TELINT = Telemetry Intelligence)
- RIVET CARD: BOEING RC-135-SIGINT-Plattform
- RIVET FIRE Lockheed EC-130: COMPASS CALL SIGINT-Plattform
- RIVET JOINT: Boeing RC 135 SIGINT COLLECTION ASSET
- RIVET QUICK: Boeing RC-135 M SIGINT-Plattform
- RU 21 H GUARDRAIL: Luftgestütztes SIGINT-System
- RV 1 D QUICK LOOK: Luftgestütztes Erfassungs- und Peilsystem
- SENIOR CLASS: Lockheed U2–SIGINT-Sensor-Plattform
- SENIOR HUNTER: Lockheed C-130 SIGINT COLLECTION ASSET
- SENIOR RUBY: Lockheed U2-ELINT-Sensor-Plattform
- SENIOR SCOUT: Lockheed C-130 COMINT COLLECTION ASSET
- SENIOR SPEAR: U2-COMINT-Sensor-Plattform
- SENIOR WARRIOR: U2-COMINT(?)-Sensor-Plattform
- SENIOR YEAR: U2-RECCE-Sensor-Plattform
- VIKING: Trägergestützte und landgestützte SIGINT-Plattform, vermutlich im Einsatz auch bei der US Navy

465 67th Network Warfare Wing (Lackland AFB), 450th Electronic Warfare Wing (Lackland AFB), 688th Information Operations Wing (Lackland AFB), 689th Combat Communications Wing (Tinker AFB), Space Innovation and Development Center, Space and Missile Systems Center.

466 Im Einsatz befindliche Systeme mit Stand 2009: 32 U2-S, 18 E-8C JSTARS, 25 RC-135 S/U/V, 11 RC-26B, 14 EC-130H COMPASS CALL, 7 EC-130J COMPASS CALL, 6 MC-130W COMBAT SPEAR, 27 MC-130P COMBAT SHADOW, 14 MC-130E COMBAT TALON, 20 MC-130 H COMBAT TALON (Truppendienst-Spezial, Nr. 10, 2/2009, und eigene Recherchen).

467 Auch hier kann nicht ausgeschlossen werden, dass Systeme bereits wegen der fortschreitenden technischen Weiterentwicklung ausgesondert wurden: AN/SRS 1 Combat Direction Finding System AN/ULR 21, AN/WLR 2/3/4/5/6/10/11/13/14/18 Electronic

COM)[468] vorliegen, das in Zusammenarbeit mit der NSA künftig SIGINT-Aufgaben und Informationsoperationen wahrnehmen wird.

Intelligence- und SIGINT-Auswertesysteme[469]

Da wegen der evolutionären Entwicklung durch Transformation und Reorganisation in den Streitkräften und Nachrichtendiensten der Vereinigten Staaten ständig Veränderungen eintreten, wurde hier auf eine umfassende Darstellung der in Nutzung befindlichen SIGINT-Auswertesysteme, soweit aus offenen Quellen verfügbar, verzichtet. Als Anhalt mag die folgende Aufstellung dienen, die aus naheliegenden Gründen nicht vollständig und aktuell sein kann:

AN/GY-21 (V) Intelligence Data Handling System

Ein All Sources Analysis (ASA) Nachrichten-Auswertesystem mit strategischer Zielsetzung zur Unterstützung des USSTRATCOM.

Distributed Common Ground System (DCGS/DCGS-A)

Diese Systeme stellen die Integration aller verfügbaren Informationen aus luftgestützten und nationalen Sensoren sicher. Es ist besonders für die Versorgung von weltweit dislozierten Joint Task Forces (JTF) der US-Streitkräfte geeignet.

COLISEUM

ist eines der automatisierten Online-Systeme für Endverbraucher und Manager (End Users an Managers) der Defense Intelligence Agency (DIA), einer Auswerte- und Verteilungseinrichtung für Intelligence-Informationen aller Art. Es ist

---

Support Measures-(ESM)System(e), CLASSIC CENTERBOARD: Teil eines weltweiten HF-Peilsystems, CLASSIC FLAGHOIST/CLASSIC BULLSEYE: Globales HF-Peilsystem, CLASSIC OUTBOARD: Weltweites HF-Peilsystem, PSTS: Weltraumgestütztes Erfassungs- und Lokalisierungssystem.

468 AFCEA SIGNAL, Dezember 2006, Fairfax, VA.

469 Die US-Nachrichtendienste verfügen über eine Vielzahl klassifizierter Auswertesysteme, deren Parameter nicht veröffentlicht wurden. Das Schwergewicht hierbei liegt auf Intelligence Management, Data-Mining- und SNA-Programmen und -verfahren.

Die NSA baut offenbar eine gigantische Datenbank auf, in der alle Kommunikationsbeziehungen, möglicherweise sogar weltweit, soweit für die NSA von Interesse, gespeichert werden. Allein im Jahre 2005 hat das FBI über 19.000 „National Security Letters“, d.h. Anfragen an Behörden und Institutionen im Rahmen der Terrorfahndung über persönliche Daten von möglichen Verdachtspersonen gestellt. Einer Begründung bedarf es nach einer Gesetzesänderung des „Patriot Act“ nicht mehr. Vgl.: ARD v. 11. 5. 2006 & 9. 3. 2007. Neuerdings haben die US-Nachrichtendienste ein System unter der Bezeichnung „Intellipedia“ geschaffen, das den gemeinsamen Zugriff aller Dienste auf alle verfügbaren Daten sicherstellen soll.

mit entsprechenden Einrichtungen der CIA[470], NSA und der Streitkräfte (National Joint Military Intelligence Centers) sowie nationalen US-Unterstützungsgruppen in aller Welt vernetzt und stellt damit einen Teil des nationalen Joint Deployable Intelligence Support Systems (JDISS) dar.

Echelon[471]

ist die Bezeichnung für ein weltweites automatisiertes, computergestütztes Erfassungssystem für Kommunikationsverbindungen[472] aller Art der im UKUSA-Agreement zusammengeschlossenen Nachrichtendienste der USA, Großbritanniens, Kanadas, Australien und Neuseelands sowie weiterer Teilnehmer (Third Parties).

HEARTLEAF

Dies ist ein Integrations- und Auswertesystem der USAF, das vornehmlich SIGINT-Daten in einer zentralen Auswertung verarbeitet. Weitere Einzelheiten sind derzeit nicht verfügbar.

Integrated overhead SIGINT-Architecture (IOSA)

IOSA ist das Führungs- und Auswertesystem für weltraumgestützte SIGINT-Aktivitäten der US-Streitkräfte. Eine Fortentwicklung zu höheren Standards scheint möglich.

Joint Airborne SIGINT Architecture (JASA)

Dieses Programm ist vorgesehen, die mit kommerziellen digitalen Signalprozessoren verarbeiteten SIGINT-Informationen, basierend auf unterschiedlichen Modulationsschemata, Multiplex-Techniken und einer Vielzahl zu überwachender Frequenzen in das bereits existierende Auswertesystem zu integrieren, da gegenwärtig angewandte Erfassungstechniken für elektronische Signale aller Art sehr bald an ihre physikalischen Grenzen stoßen werden. Ein weiteres Ziel dieser Initiative ist die Zusammenführung aller in den signalerfassenden Teilen der US-Streitkräfte und Nachrichtendienste verfügbaren Informationen in ein einheitliches System. Damit würde auch die Bearbeitung zeitkritischer

470 Offenbar mehren sich die Stimmen in den USA, die eine Reform der CIA und deren Aufteilung fordern; vgl. ACIPSS-Newsletter 17/2010, Nr: 1074/2010.

471 Soweit bekannt, wird dieses Programm seit Bekanntmachung durch die EU unter einem anderen, bisher nicht veröffentlichten Namen weitergeführt.

472 Allein im Jahre 2003 wurden im Umfang von 200 Milliarden Gesprächsminuten Auslandsgespräche durch Teilnehmer in den USA geführt.
Vgl.: Stellungnahme General Michael V. Hayden, Principal Deputy Director of National Intelligence vor dem National Press Club, Washington, 23. 1. 2006.

SIGINT-Informationen den Forderungen nach Near Real Time-Verfügbarkeit entsprechen.

National Signal Database(s)

National Signal Databases sind die Grundlagen für erfolgversprechende signalerfassende Erfassung und Aufklärung. Auf diese stets aktuell zu haltende Datensammlung haben neben den signalerfassenden Diensten auch die übrigen Nachrichtendienste der USA Zugriff. Der Austausch derartiger Informationen mit Partnerdiensten erfolgt meist auf bilateraler und institutionalisierter Basis. Die National Signal Database unterliegt naturgemäß höchstem Geheimschutz.

PROPHET

Das System PROPHET ist das Signal Intelligence- und Electronic Warfare-Erfassungs- und Auswertesystem der gepanzerten Aufklärungsverbände der US Army. Es hat sich bereits in den beiden Golfkriegen bewährt und wird ständig den taktischen und operativen Forderungen angepasst und in andere Systeme integriert. Soweit bekannt, kommt es auch in modifizierter Form derzeit in Afghanistan zum Einsatz.

SOCRATES

Das System SOCRATES unterstützt Special Operation Forces (SOF) bei der Operationsplanung und Durchführung von Aufträgen. Es bietet umfassenden Zugriff auf nationale Intelligence-Informationen und -Datenbanken, und zwar sowohl im militärischen Bereich als auch bei den Nachrichtendiensten. Es erlaubt die weltweite sichere Übermittlung von Sprache, Daten, Fax, Video, E-Mail und anderen Anwendungen. SOCRATES ist integraler Bestandteil der klassifizierten NIPR/SIPR-Netzwerke der US-Dienste.

The Tactical Exploitation of National Capabilities (TENCAP)

TENCAP integriert derzeitige und künftige nationale Fähigkeiten in der Nachrichtengewinnung und Aufklärung im Rahmen der All Sources Intelligence-Fähigkeiten der USA.

Neben den bereits beispielhaft vorgestellten Systemen der Vereinigten Staaten verfügen die Nachrichtendienste noch über eine Vielzahl weiterer Auswerte- und Verteilungssysteme, die hier nur zusätzlich erwähnt werden sollen:

- Nationale Nachrichtenauswertungsprogramme der USA[473]
  An nationalen Programmen verfügen die USA, soweit aus offenen Quellen ersichtlich, über: GISTER, TAS, Echelon, GALE, GRANDSLAM.

---

473 Data Mining- und SNA-Programme der Dienste sind hier nicht berücksichtigt.

- Gemeinsame, Dienste- und fachübergreifende Programme (Unter anderem:) CENTRIFUGE, INPHASE, AQUAINT[474].

Die Rolle des SOCOM der US Army

Mit dem Erlass der National Security Strategy of the United States of America durch den Präsidenten der Vereinigten Staaten am 16. März 2006 weiten die USA die weltweite Terrorbekämpfung aus und setzen zu diesem Zweck vermehrt auch Spezialeinsatzkräfte der Armee in unkonventionellen Rollen ein[475]. Zu den Aufgaben der in Tampa, Florida (McDill Air Force Base), stationierten United States Special Operations Command (USSOCOM[476]) gehören „die Führung, Planung, Synchronisation und Durchführung globaler Operationen gegen terroristische Netzwerke". Das United States Special Operations Command (USSOCOM)[477] ist für die Ausbildung, Organisation, Ausrüstung und Verlegung kampffähiger Spezialeinsatzkräfte zu Kampfkommandos der US-Armee verantwortlich. Hierzu unterstehen ihm die Spezialeinsatzkräfte der

474 Offenbar wurde das Total Information Awareness(TIA)-Projekt als Folge der Einführung der Systeme CENTRIFUGE, INPHASE, AQUAINT bei der NSA stillschweigend beendet. Vgl.: Data Analysis Challenges, MITRE-CORP, 2009. Außerdem sind seit einiger Zeit die Systeme MODUS OPERANDI (Datenauswertesystem der US Army), VALIANT ANGEL (Datenauswertesystem der USAF), die künftig möglicherweise mit dem System Distributed Common Ground System (DCGS/ DCGS-A) verknüpft werden, im Einsatz. Das in Entwicklung befindliche Army Joint Unified Multi Capable Protection System (JUMP) wird möglicherweise in bereits eingesetzte Programme zur Datenauswertung integriert. Die US Navy und das US Marine Corps arbeiten an ähnlichen, auf die Bedürfnisse der Navy und des USMC zugeschnittenen Programmen. Zu diesen Programmen gehört das HUMINT-Auswerteprogramm WebTREATS des USMC; vgl. AFCEA SIGNAL, S. 45–49, Juni 2010. Eine umfassende Darstellung der Systeme findet sich bei http://www.fas.org.

475 Zur Erläuterung: Die NSS hat Gesetzesrang, da diese als vom Präsidenten herausgegebene Handlungsanweisung zu verstehen ist. Sie bildet die Grundlage für alle im nachgeordneten Bereich herausgegebenen Ergänzungen.

476 AFIS NEWS-Press Service – Gilmore, L.: Special Operations Forces "Play a Leading Role" in Fight; American Forces Press Service, Washington, D. C., 8. 3. 2006 (U). Shanker, T. & Shane, S.: Elite Troops Get Expanded Role in Intelligence, New York Times, 8. 3. 2006, through Canadian Centre of Intelligence and Security Studies – The Norman Patterson School of International Affairs – Professor M. Rudner, Ottawa, Ontario AFIS NEWS-Press Service; Quigley, S.: US Special Operations Command is transforming to meet changing needs as it leads the fight in the global war on terrorism, the commands leader said here today; American Forces Press Service, Washington, D. C., 14. 3. 2006 (U); vgl. auch Kilian, M.: Amerikas gnadenlose Schattenkrieger, Basler Zeitung vom 7. 1. 2010.

477 Dem USSOCCOM unterstehen gegenwärtig (2010): US Army Special Operations Command (Fort Bragg, NC): 7 Special Forces Groups, 1 Ranger Rgt, 2 SpecOpsAvnRgt, 1 SpOpsSupCmd, 1 PsyOps-Gp, 1CivilAffairsBde sowie das NavySpecWarfareCmd (NAB Coronado) mit 2 NavalSpecWarfGps (7 SEAL-Teams, 3 NavalSpec Warfare Units und das US Air Force Special OpsCmd (Hurlburt Fld, GA) mit 1 Führungsstab (Airforce 23), 4 SpecOps-Wings, 2 SepcOpsGrps und 1 Special Tactics Group (TD-Spezial, Nr. 10, Wien 2009). Die Aufgaben des SOCCOM sind u. a. in dem Capstone Concept for Joint Operations Version 3.015, Januar 2009, u. a. militärischen Richtlinien, Erlassen und Vorschriften enthalten.

US-Armee, das US Army Special Operations Command, Fort Bragg, North Carolina, das Naval Special Operations Command in Coronado/Kalifornien sowie das US Air Force Special Operations Command in Hurlburt Field/Florida. Geführt werden diese Kräfte unter Verantwortung des USSOCOM vom US Joint Special Operations Command in Fort Bragg/North Carolina. Die Spezialeinsatzkräfte spielen damit eine wesentliche Rolle bei den gegenwärtigen Einsätzen der US-Streitkräfte gegen den Terror. Im Rahmen der Transformation der US-Streitkräfte verstärkt das USSOCOM die Ausbildung neuer Kräfte für die weltweite Terrorbekämpfung. Gegenwärtig verfügt das USSOCOM über mehr als 7000 weltweit einsetzbare Spezialeinsatzkräfte. Die Ausbildung weiterer 1300 Spezialeinsatzkräfte für spezielle Einsätze wurde seit 2008 vorbereitet. Die Schaffung des Center for Special Operations bündelt damit alle Maßnahmen des Einsatzes von Spezialeinsatzkräften der USA, auch außerhalb bisher bekannter Interessensphären der USA.

Zu den künftigen Schwerpunkten der weltweiten Einsätze des USSOCOM gehören:

- Verstärkte Nachrichtengewinnung mit offenen Mitteln und Nachrichtenbeschaffung mit konspirativen (nachrichtendienstlichen) Mitteln und Methoden.
- Entwicklung von Methoden zum Aufbau von weltweiten Terror-Gegennetzwerken zur Überwachung, Isolierung, Unterbrechung und Zerstörung feindlicher Terror-Netzwerke. Aufbau von Verbindungselementen zu nationalen und internationalen Partnerdiensten.
- Sammlung und Analyse von nachrichtendienstlichen Informationen, Weitergabe dieser Informationen an Aktionseinheiten und befreundete Partnernationen.
- Verstärkung der SOCOM-Aktivitäten in den Bereichen Zivilunterstützung und Psychologische Operationen. Weiterführung und Verstärkung von Operationen in Schlüsselbereichen wie Irak, Afghanistan, dem Horn von Afrika und in anderen Ländern.
- Unterstützung des neugeschaffenen Marine Corps Special Operations Command.
- Aufstellung und Einsatz von SOCOM-Militärverbindungs-Teams (Military Liaison Elements) in Botschaften der Vereinigten Staaten zur Gewinnung und Beschaffung von Nachrichten und der Planung von Operationen in den Aufnahmeländern. Nach offiziellen Angaben aus Nachrichtendienstkreisen der USA wurden bereits über 20 dieser MLE-Teams zu US-Botschaften, vorwiegend in Ländern der Dritten Welt, entsandt. Sie arbeiten dort aufs Engste mit dem jeweiligen Botschafter und den dort befindlichen Country Teams der Central Intelligence Agency (CIA) zusammen. Mit der Entsendung weiterer Teams ist nach Mitteilungen aus Insiderkreisen der US-Nachrichtendienste zu rechnen.

Die militärischen Spezialeinsatzkräfte werden direkt durch das Verteidigungsministerium der Vereinigten Staaten geführt und unterstehen damit nicht der Kontrolle durch die CIA. Damit gewinnt das Verteidigungsressort der USA einen nicht unbeträchtlichen Einfluss auf die künftige Nachrichtengewinnung und -beschaffung von Informationen der Vereinigten Staaten[478]. Dies bringt das USSOCOM in die direkte Nachfolge zum früheren OSS (Office of Strategic Services[479]), das während des Zweiten Weltkrieges ähnliche Aufgaben zu erfüllen hatte. Die CIA führte nach 1945 eine Reihe von verdeckten nachrichtendienstlichen Operationen[480] durch, vorwiegend in Osteuropa, die jedoch hier nicht weiter behandelt werden sollen. Nicht ohne Grund hat daher das USSOCOM das frühere Wappen des OSS übernommen und führt es, wenn auch in leicht modifizierter Form, weiter.

Die Bekämpfung des internationalen Terrorismus durch die Vereinigten Staaten ist mit der Erweiterung der Aufgaben des USSOCOM in ein neues Stadium getreten und erhält dadurch eine neue Qualität. Wurde bisher die Bekämpfung des Terrorismus unter Federführung der CIA mit vorwiegend traditionellen nachrichtendienstlichen Mitteln und Methoden geführt, kann nun eine verstärkte Militarisierung des Kampfes gegen Terror durch die USA erwartet werden. Daraus kann auch die Entwicklung eines SOCOM-Plans (Counterterrorism Strategy Plan), der dem Vernehmen nach über 600 Seiten umfassen soll, abgeleitet werden. Mit der Genehmigung dieses Plans durch den Präsidenten der Vereinigten Staaten ist in Kürze zu rechnen[481]. Künftig kann nach der Devise „Find, Fix, Finish and Follow up“ daher vermehrt von verdeckten militärischen Operationen durch das USSOCOM[482] ausgegangen werden, und zwar nicht

---

478 Offenbar ergeben sich aber erhebliche Abstimmungsprobleme zwischen der diplomatischen und militärischen Special Operation Forces (SOF) bei der Durchführung von Maßnahmen. Siehe hierzu auch: 109th Congress, Committee Print – Embassies as Command Posts in the Anti-Terror Campaign, Washington, D. C., December 15, 2006.

479 Cave Brown, A.: The Secret War Report of the OSS, New York 1976, Central Intelligence Agency (OPA), OSS, Washington, D. C., ohne Jahr (U).

480 Berger, D. H.: The Use of Covert Paramilitary Activity as a Tool: An Analysis of Operation Conducted by the United States Central Intelligence Agency, 1949–1951, Marine Corps Command & Staff College, FAS, E-Print, 2006.

481 Der Plan wurde im Juni 2010 durch den Präsidenten der Vereinigten Staaten angenommen: De Young, K. & Jaffe, G.: US Secret War expands globally as Special Operations Forces take larger role, Washington Post, 4 June 2010; vgl. auch Pincus, W.: Military expands intelligence role, Washington Post v. 8. 6. 2010. Demnach sind im neuesten Defense Authorization Bill der Vereinigten Staaten Haushaltsmittel in Höhe von 100 Mio. US-Dollar für den Irregulare Warfare Support, 88,2 Mio. US-Dollar für Quick Reaction Special Projects, 91,2 Mio. US-Dollar für das University Research Initiatives Program, 87,5 Mio.US-Dollar für das Combating Terrorism Technical Support Office des Verteidigungsministeriums enthalten und werden auch bereitgestellt. Ziel dieser Bemühungen ist die Verstärkung der Fähigkeiten der US-Streitkräfte zur „Infiltration und Zerschlagung feindlicher Kräfte“. Damit verbunden sind auch die „Institutionalisierung“ von Programmen „eigener Fähigkeiten zur Infiltration und Störung lokaler terroristischer Netzwerke“. Dies schließt auch die „Erkundung komplexer Sozialbeziehungen, Abhängigkeiten und Führungsstrukturen von Schlüsselpersonen in lokalen Widerstandsbewegungen und der Möglichkeit ihrer Rekrutierung durch Terrorgruppen“ mit ein.

482 Siehe auch: Congressional Research Service – Statutory Procedures under which Congress is to be informed of U.S. Intelligence Activities, including Covert Actions, Wa-

nur in Ländern der Dritten Welt. Ob diese Operationen in jedem Fall mit dem Gastland koordiniert werden, steht nach bisherigen Erfahrungen dahin. Mit der weltweiten Intensivierung der Nachrichtengewinnung durch die Dienste der USA, insbesondere auch im Bereich menschlicher Quellen (HUMINT), ist daher verstärkt zu rechnen. Allerdings scheint das SOCOM-Personal, das sich bereits zu Unterstützungseinsätzen an Botschaften der USA im Ausland befindet, gelegentlich eigene Vorstellungen von der Durchführung seiner Aufträge zu haben, die mit den Zielen des jeweiligen vor Ort befindlichen Botschafters der USA, der auch die politische Gesamtverantwortung trägt, nicht unbedingt im Einklang stehen. Dies führt häufig zu Reibereien und ernsthafter Intervention durch Vertreter der Gastgebernation[483].

Die US-Streitkräfte bereiten sich offenbar auf ein „Worst Case"-Szenario in Zentralasien vor. Das US-Verteidigungsministerium lässt derzeit Pläne für den Einsatz von US-Special Forces in Zentralasien entwickeln, die unabhängig vom bereits laufenden Einsatz der Special Forces in Afghanistan[484] erfolgen sollen. Zu diesem Zweck wird die 3. US Special Forces Group in Fort Bragg jeweils ein Spezialeinsatzbataillon im Wechsel in Zentralasien einsetzen. Gegenwärtig unterstützt die 3. US Special Forces Group im Rahmen der Foreign Internal Defense (FID) Spezialkräfte in Pakistan, Tadschikistan, Usbekistan, Kasachstan und Kirgisien beim Aufbau von Strukturen für „zivil-militärische Operationen", die folgende Aktivitäten umfassen:

- Dienstleistungen für die lokale Bevölkerung (Anmerkung: Hier ist anzunehmen, dass es sich um die bereits aus anderen Krisengebieten bekannten „Hearts and Minds"-Operationen handelt, also um militärische Counter Insurgency-Operationen[485] im Rahmen der Aufstandsbekämpfung.)
- Psychologische Operationen (PsyOps)

---

shington, D. C., January 18, 2006 (U). Für Einsätze der Spezialkräfte, besonders im Rahmen der Aufstandsbekämpfung in Afghanistan, setzen die US-Special Forces das System ROVER (Remote Operations Video enhanced Receiver) und MoVer, eine softwarebasierte Verschlüsselung für die Kommunikation über unterschiedliche Medien (Funk, Satellitenkommunikation, Lichtwellenleiter und Drahtverbindungen), ein. Das System ROVER dient der Übermittlung von Echtzeitdaten von Sensoren aller Art, so z. B. auch von Videokameras in Drohnen. Ein derartiges System wird auch in den Gefechtsständen der deutschen PRT im Norden Afghanistans eingesetzt. Für die Kommunikation mit Landeseinwohnern wird ein softwarebasiertes Echtzeit-Übersetzungsprogramm mit der Bezeichnung WATSON eingesetzt. Vgl. hierzu: www.strategypage.com/htmw/htiw/articles/20100804.aspx; www.strategypage.com/htmw/htintel/articles/20100803.aspx

483 Embassies as Command Posts in the Antiterror-Campaign, A Report to the Members of the Committee on Foreign Relations, Washington, D. C., 15. 12. 2006.

484 Die durch die US-Streitkräfte im Afghanistan-Einsatz gemachten Erfahrungen werden jetzt bei der Ausbildung der Intelligence-Einheiten der US Army umgesetzt; vgl. ACIPSS-Newsletter 17/2010, Nr. 1068/2010.

485 Vgl. hierzu auch die neueste Ausgabe des „International Special Operations Magazine", Nr. 4/2010, in der eine Übung der NATO, „Exercise Cold Response" 2010, von europäischen Spezialkräften unter Beteiligung einer Reserveeinheit des USSOCOM in Norwegen beschrieben wird.

- Sicherstellung der Fernmeldeverbindungen
- Nachrichtengewinnung (Intelligence)
- Logistische Unterstützungsoperationen

Im Rahmen der Operation „Khaan Quest“ führte die US-Marineinfanterie unter Leitung des Kommandeurs US Marine Forces Pacific, GenLt. Stalder, zusammen mit den mongolischen Streitkräften im August 2009 eine Peace Keeping Operation in der mongolischen Republik durch, die auf mongolischer Seite durch den Stabschef der mongolischen Streitkräfte geleitet wurde. Bei dieser Gelegenheit wurde durch den mongolischen Verteidigungsminister und den mongolischen Präsidenten unter Beteiligung von GenLt. Stalder eine mit US-amerikanischer Unterstützung errichtete Spezialübungseinrichtung auf dem mongolischen Truppenübungsplatz „Fünf Berge“ seiner Bestimmung übergeben. Ob und inwieweit die russische Politik den steigenden Einfluss der USA in dieser Region tolerieren wird, bleibt abzuwarten.

Aufstandsbekämpfungsmaßnahmen durch die US-Streitkräfte

Im Zusammenhang mit der Überarbeitung der National Intelligence Strategy 2009 muss auch die Revision des mehr als 300 Seiten umfassenden Felddiensthandbuches 3-24.2 „Tactics in Counterinsurgency“ der US-Armee vom April 2009 gesehen werden. Neben einer Vielzahl von Einzelweisungen auf taktischer und operationeller Ebene, offenbar sind hier die Erfahrungen der US-Streitkräfte in den zurückliegenden oder noch andauernden Konflikten mit eingeflossen, ist auch die Definition der Aufstandsbekämpfung – „Counterinsurgency“ – durch die Autoren bedeutsam. Nach Auffassung der US Army ist die „Aufstandsbewegung eine organisierte Bewegung, die die Übernahme der Regierungsgewalt durch Subversion und bewaffneten Konflikt beabsichtigt. Der bedeutsame Unterschied zwischen Aufstandsbewegung und anderen Bewegungen ist die Entscheidung, Gewalt zur Erringung der Macht anzuwenden. Ein Aufstand ist typischerweise eine innerstaatliche Auseinandersetzung und keine Auseinandersetzung zwischen Staaten. Üblicherweise verfolgen Aufstandsbewegungen das Ziel, „mit politischen und militärischen Mitteln die Macht der etablierten Regierung zu schwächen und damit an Einfluss zu gewinnen“. Nach dem Verständnis der US-Streitkräfte können Aufstandsbewegungen grenzübergreifend wirken und damit auch die Sicherheit von Staaten oder Koalitionen gefährden. Von besonderer Bedeutung in diesem Felddiensthandbuch ist das Kapitel 5: „Unterstützung der Sicherheitskräfte der Gastgebernation“, da dieses Kapitel die Zusammenarbeit der US-Streitkräfte mit der „Gastgebernation“ und deren Befugnisse im Aufnahmeland regelt. Die Befugnisse der US-Streitkräfte bei derartigen Operationen werden meist in einem Letter of Agreement (LOA), Status of Forces Agreement (SOFA) oder anderweitig vertraglich geregelt. Dies ist insbesondere bei der Freistellung von der Gerichtsbarkeit von im Lande eingesetzten Angehörigen der US-Streitkräfte und möglichen Strafverfolgungsmaßnahmen durch die „Gastgebernation“ für US-Militärpersonal von Bedeutung.

Zusammenfassend ist festzustellen, dass dieses Felddiensthandbuch nicht ausschließlich den Einsatz von Aufstandsbekämpfungskräften in außereuropäischen Regionen berücksichtigt, sondern auch Einsätze in einem urbanen Umfeld. Damit ist nicht auszuschließen, dass derartige Operationen künftig auch in der EU benachbarten Regionen möglich werden.

Das Pentagon wird wohl wegen innen- und außenpolitischer Rücksichten bei der weltweiten Terrorbekämpfung künftig vermehrt auf den weltweiten Einsatz von Spezialeinsatzkräften[486] der US-Streitkräfte und die Unterstützung durch unbemannte Drohnen setzen, die auch zu Waffeneinsätzen befähigt sind. Nicht zuletzt mögen den Minister die Misserfolge der CIA bei Einsatz eigener unkonventioneller Kräfte, besonders in Afghanistan[487], zu einer Stärkung des Special Operations Command der US-Armee bewogen haben. Ob und inwieweit hier

486 US-Verteidigungsminister setzt auf Drohnen und Spezialeinsätze, Reuters Washington/London, 15. 2. 2010. Offenbar sollen die Einsatzgebiete der US-Special Operations Forces auf den Nahen und Mittleren Osten, Ostafrika sowie Zentralasien ausgedehnt werden. Auch sind Einsatzoptionen für Operationen im Iran (BBC-News vom 25. 5. 2010) geplant; vgl. Mazetti, M.: US Is said to expand Secret Military Acts in Mideast Region, New York Times, 24. 5. 2010; Agence France Press v. 25. 5. 2010. Von Bedeutung ist auch der geplante Einsatz deutscher Soldner in Somalia, da sich deren Einsatzräume mit denen des US-Special Operation Forces überschneiden könnten; vgl. www.german-foreign-policy.com/de/info/nl.php v. 26. 5. 2010. Besonderes Gewicht gewinnt auch, dass die neue russische Militärdoktrin den Einsatz von russischen Spezialtruppen auch außerhalb des russischen Territoriums vorsieht: „Der dritte Aspekt umfasst die Aufstellung und Ausbildung von Spezialeinsatzkräften der Streitkräfte und anderer Truppen für den Einsatz im Interesse der russischen Wirtschaft. Diese Vorgabe war möglicherweise begründet mit dem Schutz von Energieinfrastrukturen und möglicherweise auch mit Blick auf die Sicherung künftiger Ressourcen wie in der arktischen Region." (Übersetzung durch Autor); vgl. Russia's New Military Doctrine: A Compromise Document by Marcel de Haas, Clingendael, Netherlands, Russian Analytical Digest 78/10.

Mit der Veröffentlichung der Joint Publication 3-22 des US-Verteidigungsministeriums unter dem Titel „Foreign Internal Defense" (Einsatz im Ausland) am 12. 7. 2010 wird erneut ein Paradigmenwechsel beim Einsatz von Spezialeinsatzkräften der US-Streitkräfte deutlich. „Einsatz im Ausland" umfasst auch die Doktrin der US-amerikanischen Regierung zur „Unterstützung befreundeter Regierungen" bei deren „internen Konflikten". Damit stellt dieses Papier die Handlungsanweisung für die US-Administration bei möglichen weltweiten „Interventionen" aller Art dar. Das Dokument beschreibt umfassend die künftige Politik der Vereinigten Staaten zum weltweiten Einsatz von Spezialeinsatzkräften zur Unterstützung befreundeter Regierungen bei internen Krisen in diesen Ländern. Ergänzt wird diese Publikation durch Feickert, A.: U. S. Special Operations Forces (SOF), Background and Issues for Congress, Congressional Research Service v. 16. 7. 2010 (www.crs.gov), und das Fact Book United States Special Operations Command; vgl. www.fas.org/irp/agency/dod/socom/factbook-2010.pdf

487 Offenbar sind die in Afghanistan zur Nachrichtengewinnung eingesetzten Kräfte der US Army nicht ausreichend auf diese Mission vorbereitet, wie dies aus einer Präsentation des Stellvertretenden Chefs des Stabes für Nachrichten der ISAF, GenMaj. Michael Flynn (US Army), ersichtlich wird; vgl. hierzu auch Flynn: Fixing Intel: A Blueprint for Making Intelligence Relevant in Afghanistan, Center for New American Security, January 2010.

auch Kräfte des US Clandestine Services[488] zusätzlich mit eingebunden sein werden, kann noch nicht abgeschätzt werden.

Die Rolle des Intelligence Directorate des USEUCOM

Eine wichtige nationale Rolle bei der Planung und Durchführung von künftigen möglichen nationalen oder multinationalen Informationsoperationen spielt das USEUCOM in Stuttgart. Neben der Führung und Verwaltung der in Europa dislozierten Streitkräfte der Vereinigten Staaten betreibt es ein Lagezentrum[489] und ist mit seinem Intelligence Directorate European Command Joint Staff-2 (ECJ-2) für die Planung und Durchführung von Nachrichtengewinnung und Informationsoperationen in seinem Zuständigkeitsbereich verantwortlich. Hierzu verfügt es unter anderem über:

---

488 Nach Presseberichten intensivieren die Vereinigten Staaten den Einsatz von Special Operations Forces zur Terrorbekämpfung. Mittlerweile sollen die US Special Operations Forces (USOF) bereits in 75 Staaten präsent sein; vgl. Süddeutsche Zeitung, S. 10, 5. 6. 2010. Zu diesem Zweck werden für das Jahr 2011 Haushaltsmittel in Höhe von 6,3 Milliarden US-Dollar für den Einsatz der SOF gefordert. Zusätzlich werden für „Contingency Operations" der USSOF 3.5 Milliarden US-Dollar gefordert. Insgesamt erhöht sich damit der Etat der SOF um 5,7 % seit 2010; vgl. De Young, K. & Jaffe, G.: US secret war expands globally as Special Operation Forces take larger role, Washington Post, 4. 6. 2010. Mit Stand 2009 verfügten die Streitkräfte der Vereinigten Staaten u. a. über: 5 aktive Special Force Groups (1., 3, 5., 7. und 10 Special Forces Group) und 2 Special Forces Groups der Army National Guard Reserve (ANG), 1 PsyOpsGroup, 1 Ranger Regiment, 1 SplOpsBdeTroopsBn, 1SplOpsSignalBn, 1 SplOpsAvnRgt, 1 SpecWarfareTrngGroup und das John F. Kennedy Special Warfare Cernter and School. Die United Staates Air Force verfügt mit ihrem Air Force Special Operations Command (AFSOC) über das Air Force Special Operations Training Center, 1st Special Operations Wing (Hurlburt Fld), 27th Special Operations Wing (Cannon AFB), 352nd Special Operations Group (RAF Mildenhall) sowie die 353rd Special Operations Group (Kadena), 18th Flight Test Center und 2, der Air National Guard (ANG) zugeordnete Einheiten: 193rd Special Operations Wing, 227th Special Operations Flight. Die US-Navy verfügte mit Stand 2009 über folgende Spezialkräfte: Naval Special Warfare Command (Coronado; US Marine Corps Base bei San Francisco), 1 Naval Special Warfare Group mit 2 Naval Special Warfare Units, 4 Sea-Air-Land-(SEAL)Teams, 1 Mobile CommsTeam, 1 Log & Support Unit, 1 Training Detachment. Auch die Marineinfanterie der Vereinigten Staaten verfügt über Spezialkräfte, auf die aber hier nicht weiter eingegangen werden soll.

489 USEUCOM betreibt offenbar in Molesworth ebenfalls ein nationales Joint Analysis Center (JAC) für USEUCOM/USAFRICOM. Früher war diese Einrichtung unter der Bezeichnung EUDAC (US Army European Analysis and Distribution Center) bekannt und befand sich in Stuttgart.

Die NATO betreibt zur Unterstützung ihrer Kommandobehörden in Fragen der Elektronischen Kriegführung auf der Royal Navy Airstation in Yeovilton, Grafschaft Somerset/Großbritannien, eine mobile Unterstützungseinrichtung für elektronische Kriegführung, die in der Lage ist, eine bedrohungsgerechte Radarumwelt zu simulieren und alle Arten von drahtlosen Kommunkationseinrichtungen zu stören. Daneben verfügt der Joint Electronic Warfare Core Staff (JEWCS) über entsprechende Einrichtungen (Störsender; sogenannte Pods, die an Unterflügelstationen aufgehängt werden können) für den Einsatz durch Flugzeuge; vgl. www.jewcs.nato.int

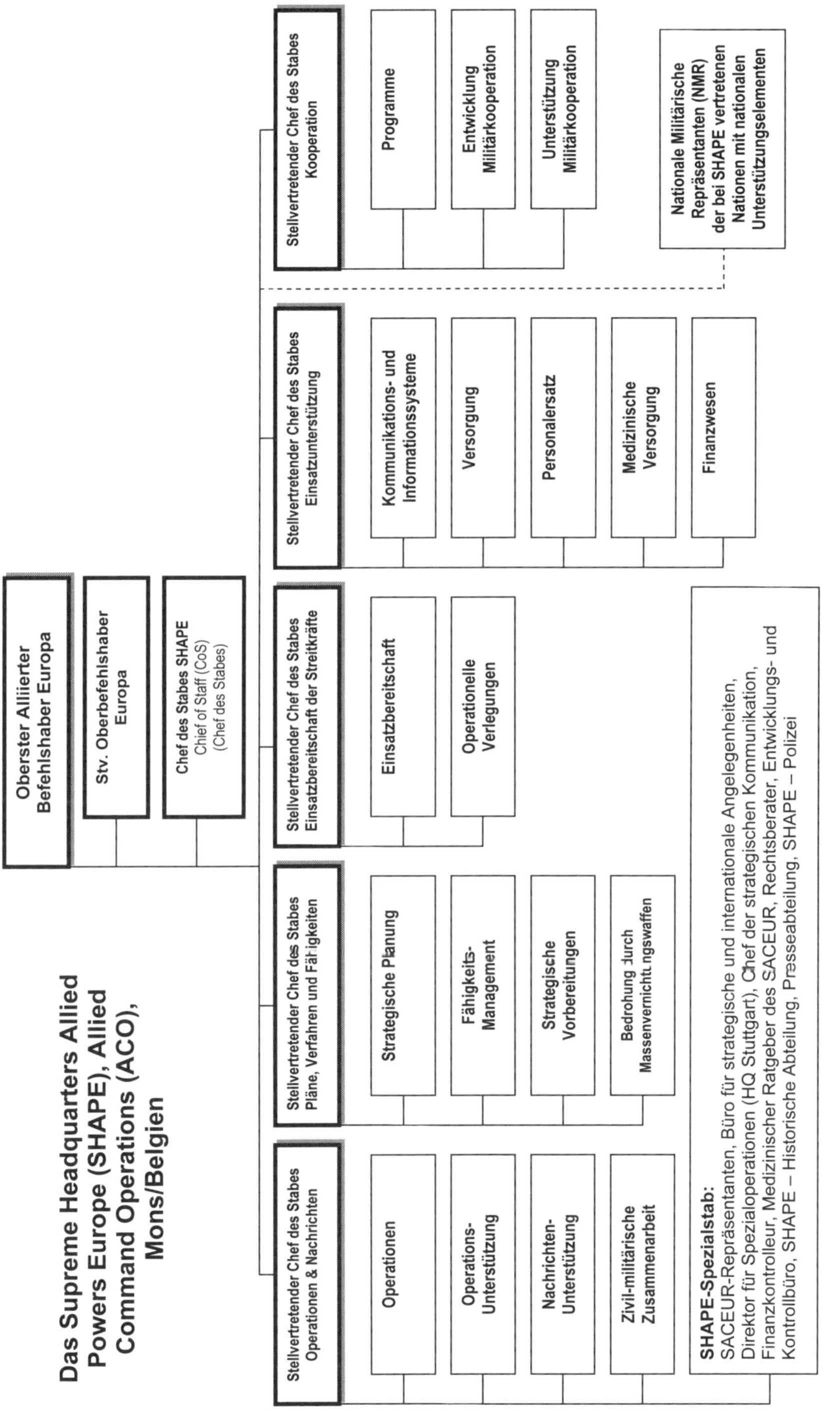

Das Supreme Headquarters Allied Powers Europe (SHAPE), Allied Command Operations (ACO), Mons/Belgien

Vgl.: http://www.aco.nato.int/resources/14/images/structure/New Command ....v. 27. 7. 2010 (Grafik: G. Weiße)

- die Abteilungen (Branches) ECJ-A, DIA, I, JAC, NGA, PR, R, S, SSO sowie X für Intelligence Analytical Support
- Counter Intelligence- and Counterterrorism Support, Program Analysis & Assessment
- Production of National and Theater Analytic Products, Counter Intelligence-Collection & -Production
- Contingency Operations
- Databasing and Trend Analysis und Informations Operations Support

Zwischen den Jahren 2004 und 2006 wurde durch das Verteidigungsministerium der Vereinigten Staaten erhebliche Anstrengungen unternommen, um die bei USEUCOM genutzten Informations- und Kommunikationssysteme sowie deren Hard- und Software an die umfassenden neuen Anforderungen anzupassen. Diese neue Konfiguration und Softwareausstattung bei European Command Joint Staff-2 wird möglicherweise auch die Zusammenarbeit und den Austausch von Informationen mit Partnern und Alliierten in der Zukunft beeinflussen, da die entsprechenden, in nationaler Verantwortung befindlichen System-Schnittstellen angepasst werden müssen. In Stuttgart befindet sich auch der Commander of Special Operations Command Europe/Director for Special Operations (ECSO) im Admiralsrang, dem eine Einheit des SOCOM in Böblingen untersteht.

Besonders im Bereich der Operationsplanung und Führung als auch im Nachrichtenwesen zeigte sich bei der Vorbereitung der Operationsplanung für die NATO Response Force (NRF) bei den gemischten Einsatzgruppen der NATO-Combined Joint Task Forces (CJTF) erheblicher Handlungsbedarf bei der Bereitstellung zusätzlicher Fähigkeiten in der nachrichtendienstlichen Analyse. Die Vereinigten Staaten entwickelten daraus eine Initiative, die nationale Vorschläge für ausführbare (actionable) Nachrichteninformationen (Intelligence) sowie das gesamte Spektrum militärischer Nachrichtengewinnung, Aufklärung und Auswertung umfassten. Die NATO-Mitglieder wurden aufgefordert, sich an der Errichtung eines NATO-Intelligence Fusion Centres (IFC) zu beteiligen. Auf den Forderungen zur Auftragsdurchführung der NATO basierend, definierte dieses Dokument den Auftrag und die Rolle des IFC. Zusätzlich wurden die Struktur, Führung und Kontrolle sowie die Verbindungen zu nationalen Diensten, als auch Stellenbesetzung, Kostenverteilung und der künftige Standort dieser NATO-Einrichtung diskutiert[490]. Das auf fünf Jahre angelegte Programm startete am 1. März 2004 und wurde am 28. Februar 2009 beendet. Es umfasste die Vorbereitung, Planung und Durchführung der Aufstellung eines Intelligence Fusion Centers und unterstützender Maßnahmen bei nationalen Kommandobehörden und Einrichtungen der US-Streitkräfte wie USEUCOM in Stuttgart, USAFE in Kaiserslautern, dem USEUCOM Joint Analysis Center

490 Solicitation # F61521-03-R5002 (Unclassified) Support for USAFE, EUCOM, JAC, USAREUR; and WPC dated June, 2, 2003.

(USEUCOM JAC)[491] in Molesworth/UK[492], der US Army Europe (USAREUR) und dem Warrior Preparation Center (WPC) der US-Streitkräfte in Miesenbach bei Kaiserslautern, die das gesamte Spektrum der Nachrichtengewinnung, Aufklärung, Gegenspionage und Terrorismusabwehr sowie Informationsoperationen berührte. Soweit bekannt, hat das IFC in Molesworth im Herbst 2006 seinen Betrieb aufgenommen.

Der Auftrag des IFC umfasst die Bereitstellung zeitnaher, durchführbarer, netzwerkkonformer militärischer nachrichtendienstlicher Lageinformationen für die Planung und Durchführung von NATO-Response Force Operationen und Combined Joint Task Force Operationen der NATO, die durch den Supreme Allied Commander Europe (SACEUR) geführt werden. Damit ist das Intelligence Fusion Centre die zentrale Ansprech- und Auswertestelle der NATO für Military Intelligence-Informationen[493], die durch die jeweiligen Nationen bereitgestellt werden. Die nachgeordneten Kommandobehörden der NATO-Führungsstruktur

- Supreme Headquarters Allied Powers Europe (SHAPE) in Mons/Belgien,
- Joint HQ in Lissabon,
- Joint Force Command Headquarters (JFC HQ) Brunssum
- und den Joint Forces Headquarters (JFC) in Neapel

sowie deren unterstellte NRF/CJTF (NATO Response Forces/Combined Joint Task Forces) werden zeitgerecht durch das IFC in Molesworth mit bedeutsamen Lageinformationen versorgt. Es ist zu vermuten, dass im IFC auch Informationen für die Führung von Informationsoperationen durch die NATO bereitgehalten werden.

Die EU und die US-SIGINT-Operationen[494]

Aufgrund der durch die Mitgliedsstaaten der EU beschlossenen Speicherung der Kommunikationsdaten erhalten einer Meldung der in Malmö erscheinenden südschwedischen Zeitung „Sydsvenskan" zufolge die USA Zugriff auf die gespeicherten Verbindungsdaten von E-Mail, SMS- und Telefongesprächen in der Europäischen Union. Die Entscheidung darüber soll in einem Protokoll einer am 2. und 3. März 2006 in Wien abgehaltenen Tagung enthalten sein. Nach Mitteilung der US-Sondergesandten Elisabeth Verville waren Einzelabsprachen über den Umfang des Datenaustauschs mit den einzelnen EU-Mitgliedsländern

491 Früher als EUDAC (European Distribution and Analysis Center) bekannt. Bis zu ihrer Verlegung nach Molesworth/UK befand sich diese Einrichtung beim USEUCOM in Stuttgart.

492 Auch in Afghanistan unterhalten die US-Streitkräfte ein Intelligence Fusion-Centre, siehe dazu die Veröffentlichung von GenMaj. Michael Flynn: Fixing Intel: A Blueprint for Making Intelligence Relevant in Afghanistan, Center for New American Security, January 2010. Das IFC Molesworth wird offenbar parallel zum USEUCOM JAC betrieben.

493 Vermutlich nach nationaler Quellenbereinigung. Dies kann besonders für sensitive SIGINT-Informationen gelten.

494 In diesem Falle umfasst der Begriff SIGINT alle Aktivitäten, die mit der Erfassung und Speicherung sowie Verarbeitung von Daten aller Art verbunden sind.

geplant. Die Daten sollen den US-Sicherheitsbehörden zugänglich gemacht werden. Sowohl die österreichische Delegation als auch die EU-Kommission sollen der Datenweitergabe an die USA zugestimmt haben. Über den Umfang der Datenweitergabe an die Dienste der USA liegen naturgemäß noch keine verlässlichen Informationen vor. Über einen Datenaustausch der Europol mit Nachrichten- und Sicherheitsdiensten der USA liegen noch keine gesicherten Erkenntnisse vor.

Im Jahre 2001 brachte die Arbeitsgruppe des Europäischen Parlaments die Arbeiten im Zusammenhang mit der Untersuchung des Überwachungssystems Echelon zum Abschluss und veröffentlichte darüber einen aufschlussreichen Bericht[495], der die technischen Möglichkeiten, den Umfang und die rechtlichen Aspekte der Signalerfassung durch die Vereinigten Staaten, insbesondere soweit die Mitgliedsstaaten der Europäischen Union betroffen waren, darlegte. Der Bericht endet mit Folgerungen und Empfehlungen an das Europäische Parlament. Aus den dargelegten Folgerungen kann abgeleitet werden, dass der Umfang der Erfassung elektromagnetischer Ausstrahlungen durch Echelon, das primär für die Gewinnung von Informationen aus privaten und kommerziellen Kommunikationsbeziehungen konzipiert war, tatsächlich nicht den Umfang[496] erreichte, der ihm durch die Öffentlichkeit beigemessen wurde. Diese Bewertung[497] wurde allerdings nicht von allen Mitgliedern der Kommission geteilt, wie sich aus einem Minderheitenvotum erkennen lässt.

Kanada

Kanada verfügt mit dem Communications Security Establishment (CSE) über eine SIGINT-Organisation mit langer Erfahrung und umfassenden Partnerbeziehungen zu den im UKUSA-Agreement zusammengeschlossenen signalerfassenden Diensten und mit anderen Nationen auf bilateraler Basis. Daneben verfügten die kanadischen Streitkräfte zur luftgestützten taktisch-operativen Signalerfassung Mitte der 1990er Jahre über zwei mit Canadair Challenger CECC-144, Lockheed T-33 (CT-133) sowie Bell 412 (CH-146) ausgestattete Staffeln für die Elektronische Kampfführung. Zwischen 1970 und 1980 war das CSE mit Erfolg auch an Erfassungsoperationen in einer Reihe von wichtigen Haupt-

495 EP – Report on the existence of a global System for the interception of private and commercial communications (Echelon interception system) 2001/2098 (INI) FINAL A5-0624/2001PAR 1, 11. Juli 2001.

496 Anmerkung des Autors: Aufgrund der Entwicklungen seit dem 11. September 2001 ist davon auszugehen, dass die Vereinigten Staaten im Rahmen der Terrorbekämpfung und mit Unterstützung des Network Centric Warfare zur Durchführung von Informationsoperationen die Signalerfassung im gesamten verfügbaren Spektrum systematisch ausweiten.

497 Siehe hierzu auch: EP-Report on the existence of a global System for the interception of private and commercial communications (Echelon interception system) 2001/2098 (INI) FINAL A5-0624/2001PAR 1, 11. 6. 2001, S. 133–140.

städten[498] beteiligt. Beteiligt war das CSE auch an Operationen der NATO in Bosnien durch die Entsendung der Canadian Forces Information Operation Group (CFIOG) nach Pleso. Die rasche Entwicklung der Satellitenkommunikation in den 1980er Jahren veranlasste die UKUSA-Partner zum Aufbau eines Netzes von sechs Erfassungsstellen für Satellitenkommunikation. Unter Führung des CSE wurde in Leitrim eine Erfassungsstelle mit 4 Empfangsantennen zur Überwachung des südamerikanischen PanAmSat-Systems als Teil des NSA/UKUSA-Echelon-Systems errichtet. Bereits 1985 erhielt das CSE einen Rechner CRAY-X-MP/11 für Zwecke der Kryptoanalyse.

Australien und Neuseeland

Wie auch Kanada gehören Australien und Neuseeland zu den UKUSA-Partnern der NSA und des britischen GCHQ, da der pazifische Raum sowohl aus wirtschaftlichen als auch aus militärischen Gründen und nicht zuletzt unter dem Einfluss der Volksrepublik China künftig an Bedeutung gewinnen wird. Daher kann erwartet werden, dass beide Staaten, auch aus Gründen der Terrorbekämpfung, ihre Fähigkeiten zur signalerfassenden Aufklärung und Informationsoperationen verstärken werden.

Australien besitzt mit dem Defence Signals Directorate (DSD) in Canberra, das dem Verteidigungsministerium unterstellt ist, eine Organisation, die eng mit ihren Partnern im UKUSA-Agreement zusammenarbeitet. Auch die NSA der Vereinigten Staaten unterhält in Australien entsprechende Erfassungsstellen für Satellitenkommunikation. Soweit bekannt, betreibt das DSD, teilweise auch auf bilateraler Basis, folgende Erfassungsstellen auf australischem Territorium: Alice Springs, Bamaga, Cabarlah, Darwin, Harman, Geraldton, Kojarena, Nurunggar, Pearce, Pine Gap, Riverina und Watsonia. Die australischen Landstreitkräfte verfügen mit dem Signals Regiment 7 über einen zur Elektronischen Kampfführung befähigten Verband. Die australische Luftwaffe kann für SIGINT Aufgaben Lockheed EP-3 C und C-130 H einsetzen. Die baldige Anschaffung von SIGINT-UAV/UAS durch Australien erscheint wahrscheinlich.

Für die elektronische Aufklärung Neuseelands ist das Government Communications Security Bureau (GCSB) verantwortlich, das dem Chef des Generalstabs der neuseeländischen Streitkräfte unterstellt ist. Ende der 1990er Jahre betrieb das GCSB Erfassungsstellen in Tangimoana und in Waihopei. Die Zentrale des GCSB befindet sich in Wellington. Neuseeland verfügt, soweit bekannt, derzeit nicht über Sensoren zur luftgestützten Signalerfassung. Es kann jedoch vermutet werden, dass aufgrund der geografischen Gegebenheiten bald mit dem Einsatz von SIGINT-UAV durch Australien gerechnet werden kann.

Beherrschendes Element für die Bewertung der SIGINT-Fähigkeiten einer Nation oder eines Bündnisses sind immer noch die „Special relationships" der im UKUSA-Agreement zusammengeschlossenen Nationen: USA, Großbritan-

498 Siehe hierzu: Rudner, M.: The Historical Evolution of Canada's foreign Intelligence Capability: Cold War SIGINT Strategy and its Legacy, The Journal of Intelligence History 6, Berlin 2006.

nien, Kanada, Australien und Neuseeland sowie so genannter Third Parties, die an diesem Agreement partizipieren. Über den Umfang des Informationsaustausches zwischen den Beteiligten liegen naturgemäß keine Angaben aus offenen Quellen vor. Dies kann auch für den Stand der Kryptologie in diesem Bündnis gelten, da derartige Informationen zum Kernbereich der Geheimhaltung in den Diensten gehören. Gegenwärtig dürfte die NSA eine Führungsposition auf diesem Gebiet innehaben, da sie über den derzeit schnellsten Rechner zur Lösung kryptografischer Aufgaben verfügt. Allerdings hat die VR China nahezu gleichgezogen, da diese nun über den zweitschnellsten Rechner verfügen dürfte. Entscheidend für die Technische Aufklärung (SIGINT) sind auch Zugangsmöglichkeiten in der Erfassung und eine entsprechende Electronic Warfare Database mit entsprechenden Parametern der vorhandenen und zu erfassenden Systeme. In der NATO und der EU wird es darauf ankommen, welche Erfassungs- und Auswertesysteme und Daten die beteiligten Nationen zur Signalerfassung im Bündnis bereitstellen.

Russland

Die ehemaligen sowjetischen Nachrichtendienste KGB und GRU verfügten bis zu ihrem endgültigen Abzug aus Deutschland im Jahre 1994 über ausgedehnte Strukturen auf dem Territorium der ehemaligen DDR. Neben zwei Direktoraten des KGB – 1. Hauptdirektorat Aufklärung, mit etwa 900 Mitarbeitern, und dem 3. Hauptdirektorat Abwehr und Gegenspionage, mit etwa 600 Mitarbeitern[499] – war auch die 16. Verwaltung des KGB mit einer unbekannten Zahl von Mitarbeitern in einer Reihe von Erfassungsstellen auf dem Territorium der damaligen DDR in der signalerfassenden Aufklärung tätig.

Sowohl das KGB als auch die GRU arbeiteten mit ihren DDR-Partnern, der HA III (Spezialfunkdienste) des MfS und dem Zentralen Funkdienst (ZFD) der Nationalen Volksarmee, zusammen. Über den Austausch von Informationen[500] liegen allerdings nicht viele Zeugnisse vor. Nach Abzug der russischen Truppen aus Deutschland verloren sowohl das KGB als auch die GRU ihre wichtigen Horchposten in der Mitte Europas. Als letzte Erfassungsstelle der GRU wurde im Jahre 1994 der Brocken geräumt. Soweit bekannt, wurde die ehemals auf dem Brocken stationierte Fernmeldeeinheit nach Wjasma verlegt und soll dort auch wieder Signalerfassung betreiben.

---

499 Myagkov, A.: Inside the KGB, The Foreign Affairs Publishing Company, Richmond, Surrey, UK, 1997.

500 In den achtziger Jahren wurde die signalerfassende Aufklärung zwischen dem KGB (16. Verwaltung), der GRU und dem MfS (HA III) sowie mit dem ZFD der NVA arbeitsteilig organisiert. Der damals sowjetischen Seite gelang auch ein Einbruch in das US-Schlüsselsystem STU II, das auch vom Präsidenten der Vereinigten Staaten genutzt wurde; vgl.: Hufelschulte, J./Tumovec, T.: Der Code ist geknackt, Focus 22/1997. Daher kann angenommen werden, dass die russischen Dienste auch heute noch über fortentwickelte Fähigkeiten auf diesem Gebiet verfügen.

Die russischen Streitkräfte verfügten Anfang der 1990er Jahre noch über die folgende Flugzeuge der Strategischen Luftwaffe, der Frontfliegerkräfte und der Heimatverteidigung zur luftgestützten Erfassung elektronischer Signale und den elektronischen Kampf in Zentraleuropa[501]: 100 Tupolew TU-16 Badger H/J/K, 40 Jakowlew JAK-28 Brewer, 200 MI 8 HIP, 100 sonstige Luftfahrzeuge einschließlich 50 JAK-28 Brewer sowie mindestens 5 Iljuschin IL 18/20 (Coot-B) im westlichen Vorfeld. Die damalige russische Marine nutzte zur seegestützten Erfassung mehr als 70 Luftfahrzeuge, darunter 5 Tupolew TU-95 Bear, 55 Tupolew TU-16 Badger sowie 10 Antonow AN-12 (Cub) sowie über mehr als 60 weltweit einsetzbare Messboote (AGI) unterschiedlicher Klassen.

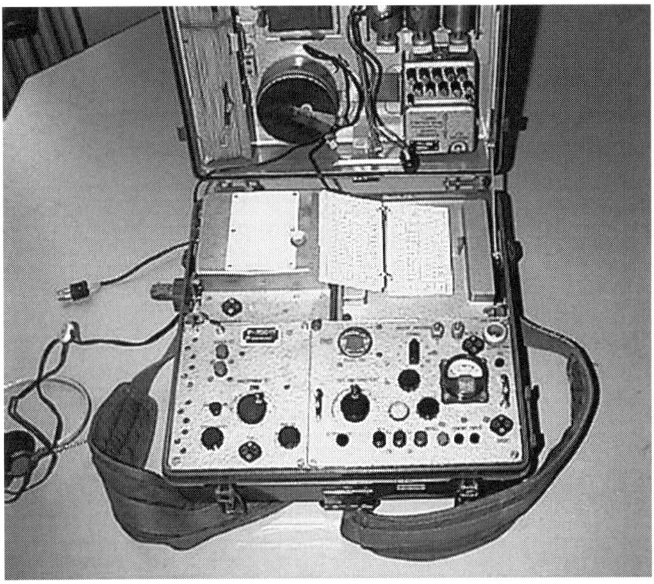

R-350 M, sowjetischer Sender und Empfänger mit mechanischer Schnellsendeeinrichtung; Einführung: 1961, Frequenzbereich: 1.8–7.0 MHz, Sendeleistung: 6 W (nur Telegrafie)

Die weltraumgestützte Signalerfassung erfolgte zu dieser Zeit mithilfe von mindestens 4 ELINT-Satelliten der Kosmos-Serie[502]. Die mehr als 21 Führungs- und Frühwarnflugzeuge Tupolew TU-126 Moss und Iljuschin IL 76 Mainstay sollen hier nicht weiter betrachtet werden, dies gilt auch für die luftgestützten Gefechtsstände der Muster Iljuschin IL 20 (Coot-A) des Generalstabs, der strategischen Raketentruppen, der strategischen Luftwaffe und der Heimatluftverteidigung Russlands zu dieser Zeit.

Nach der Rückführung der Truppen aus dem westlichen Vorfeld und der Neuorientierung und Reorganisation der Nachrichtendienste KGB und GRU

---

501 IIS: The Military Balance 1999, London 1999.

502 Siehe hierzu auch Clark, P. S.: Soviet Worldwide ELINT-Satellites, Janes Soviet Intelligence Review, Juli 1990. Nach dieser Quelle verfügte die Sowjetunion zu dieser Zeit über mindestens 5 ELINT-Satelliten der Kosmos-Serie (1975, 1953, 1933, 1908, 2058), die auf den Positionen 0, 60, 120, 189, 240 und 300 Grad seit 1989 verfügbar waren. Allerdings sind keine Informationen über den derzeitigen Stand der Einsatzbereitschaft dieser Systeme verfügbar.

verfügten die russischen Nachrichtendienste Ende der 1990er Jahre noch über eine Reihe von Erfassungsstellen im Ausland, darunter in Nicaragua (Puerta Cabezas, Santa Rosa, San Francisco und Santa Maria) und in Lourdes auf Kuba. Dort sollen sich seriösen Quellen zufolge noch mehr als 800 Aufklärungsspezialisten im Einsatz befinden. Die in Vietnam befindliche Station in Cam Ranh sowie die Stationen in Afghanistan (Kabul, Herat und Garmushki) wurden aufgegeben beziehungsweise kurz vor dem Abzug der Truppen aus Afghanistan geschlossen. Ob die im Jemen und auf der Insel Socrota eingerichteten Stationen zu dieser Zeit noch in Betrieb waren, ist nicht nachweisbar. Soweit bekannt, ist eine Station im Autonomen Gebiet Königsberg/Kaliningrad (Gusev) heute noch aktiv. Inwieweit die in den 1980er Jahren in Nordkorea durch die GRU betriebenen Stellen noch genutzt werden, ist nicht bekannt. Über die Zusammenarbeit Russlands und Syriens auf dem Gebiet der elektronischen Aufklärung sind nur wenige Informationen verfügbar.

Soweit bekannt, wurden die Fähigkeiten zur elektronischen Aufklärung Russlands im Jahre 1997 in der neu errichteten „Bundesagentur für Fernmeldeverbindungen und Information (FAPSI)[503] gebündelt. Damit waren die Fernmelde- und Elektronische Aufklärung und die Kommunikationsüberwachung Russlands erstmals in einer Hand. Nun kontrollierte diese Behörde nicht nur das gesamte private und staatliche Kommunikationswesen Russlands, sondern fungierte auch als staatliche Fernmeldebehörde, die für die Vergabe von Internet-Lizenzen gegen Kostenerstattung durch den Antragsteller zuständig war und damit die angeordneten Überwachungsmaßnahmen durch die Betroffenen weitgehend selbst finanzieren ließ. Im Jahre 2003 entschied der Präsident der Russischen Förderation, die russischen Nachrichtendienste zu reorganisieren. Damit wurde die FAPSI[504] aufgelöst, ihre Aufgaben zwischen der KGB-Nachfolgeorganisation FSB und dem militärischen Nachrichtendienst GRU aufgeteilt. Ob der Auslandsnachrichtendienst SWR an der signalerfassenden Aufklärung auch beteiligt ist, kann aus den zur Verfügung stehenden Informationen nicht gänzlich ausgeschlossen werden.

SIGINT-Aktivitäten der russischen Dienste

Zur operativen und taktischen Signalerfassung verfügen die russischen Luftstreitkräfte, soweit bekannt, über 30 Antonow AN-30 Clank zur luftgestützten Signalerfassung. Die russische Marine kann für diese Aufgabe mehr als 16 Messbote der Klassen Balzam (1), Vishnya (7), Primorye (1), Moma (4) sowie Alpinist (3) einsetzen. Daneben befinden sich im Bestand der russischen Marine mehr als 67 als „Forschungsschiffe" verschiedener Klassen eingestufte Schiffe. Es kann erwartet werden, dass diese zumindest in Zweitrolle auch für die mari-

503 Die FAPSI verfügte nach ihrer Aufstellung über mehr als 120.000 Mitarbeiter, die mittlerweile nach Auflösung der FAPSI dem FSB unterstellt wurden.

504 Präsidentielles Edikt Nummer 960 vom 11. 8. 2003, Statut des Föderalen Sicherheitsdienstes der russischen Föderation und Strukturen der föderalen Sicherheitsdienste, Moskwa Rossiskaja Gazeta v. 15. 8. 2003.

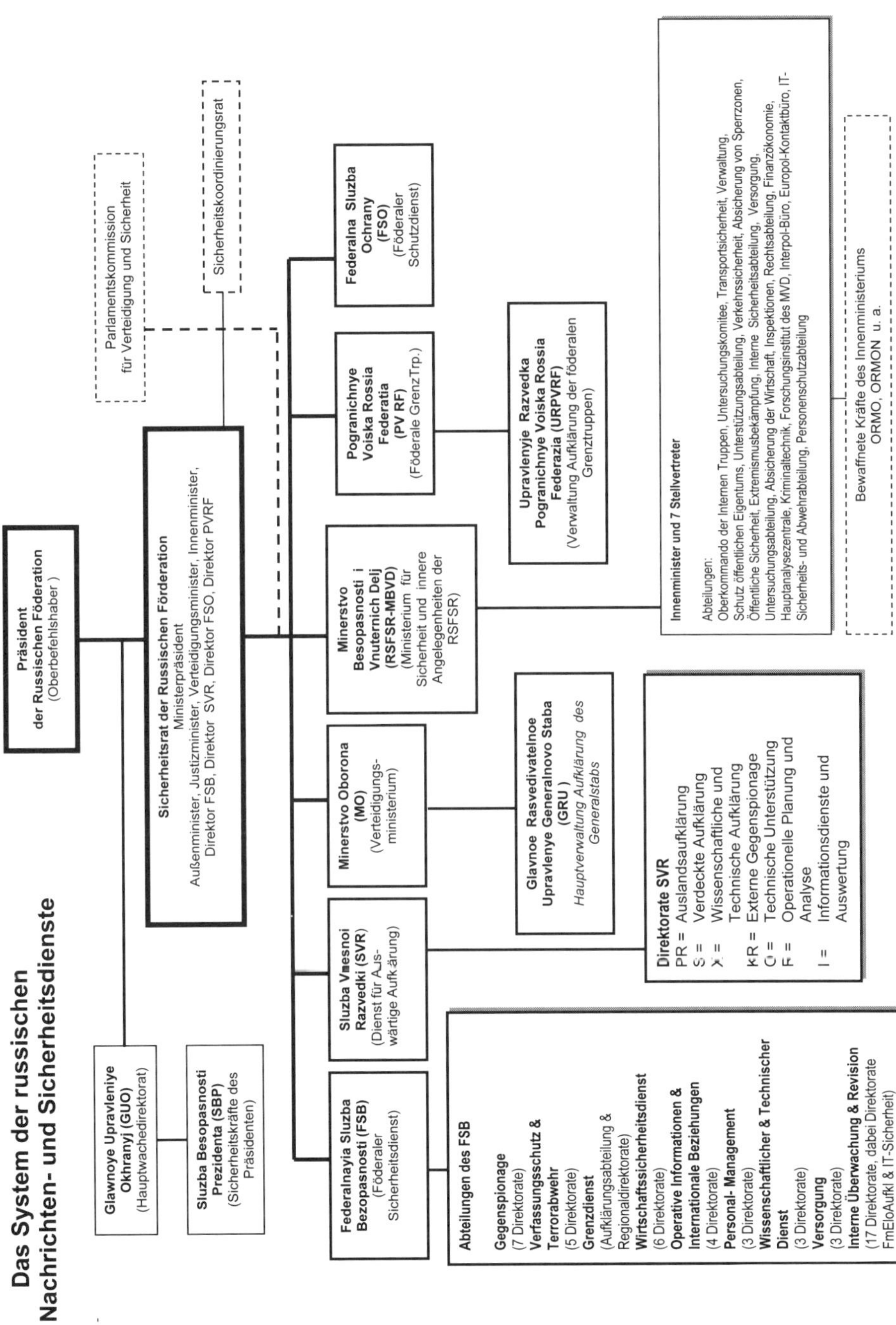

Vgl.: www.fas.org.forums.yale.edu/thread.jspa?threadID=1850; FSB : http://www.agentura.ru/english/dosie/fsb/structure/ v. 29. 7. 2010; MWD: http://eng.mvdrf.ru/struct/ (Grafik: G. Weiße)

time Signalerfassung eingesetzt werden könnten. Dies kann auch für die Schiffe der russischen Handels- und Fischereiflotte gelten, in deren Bestand sich etwa 1503 Schiffe unterschiedlicher Größe befinden, die im Bedarfsfalle ebenfalls für SIGINT-Einsätze genutzt werden können. Für die luftgestützte Signalerfassung kann die russische Marine im Kommando der Nordflotte auf eine mit Iljuschin IL 20 (Coot) ausgestattete Einheit zurückgreifen. Die zusätzlich im Bestand der Flotte befindlichen 18 Antonow AN-12 CUB C/D eignen sich für diese Aufgaben ebenfalls. Die bis 1994 auf dem Territorium der ehemaligen DDR stationierten EloKa-Kräfte der Westgruppe der Truppen (WGT) wurden samt Geräteausstattung nach Russland zurückgeführt. Ob die mehr als 14 EloKa-Einheiten in Brigade-, Regiments- und Bataillonsstärke der vormaligen Westgruppe der Truppen aufgelöst, umgegliedert oder zusammengefasst wurden, konnte bisher nicht festgestellt werden. Daneben wurden spezielle Gruppen der GRU und des KGB zur Signalerfassung auf dem Territorium der ehemaligen DDR festgestellt, über deren Verbleib auch nach dem Abzug keine Informationen vorliegen. Nach Pressemeldungen aus dem Jahre 2006 beabsichtigt jedoch die Führung der russischen Landstreitkräfte, eine Einheit zur Elektronischen Kampfführung[505] neu aufzustellen.

In den 1980er Jahren wurde durch das damalige KGB ein computergestütztes Informationssystem mit der Bezeichnung SOUD[506] entwickelt, in das die Partnerdienste des KGB Angaben zu Verdachtspersonen eingeben konnten. Soweit bekannt, enthielt das System bis Ende der 1990er Jahre 1061 Datensätze aus Quellen des MfS, davon allein 1416 mit Bezug zu westlichen Nachrichtendiensten. Auffällig ist jedoch, dass in diesem System keine Datensätze über Zielpersonen aus der westlichen Wirtschaft, Forschung und Industrie zu finden sind. Es ist anzunehmen, dass dieses System noch in Betrieb ist.

Am 25. Juli 2000 erließ das Russische Fernmeldeministerium eine Anordnung[507], die festlegte, das alle staatlichen und privaten Anbieter von Kommuni-

---

505 Ob dazu auch die ehemals auf dem Brocken und dem Schneekopf stationierte SIGINT-Einheit, die jetzt in Wjasma als 82. Funktechnische Brigade stationiert ist, dazugehört, kann angenommen werden: Vgl.: VS v. 20. 1. 2007, Mitteilung S. Streckel u. Neue Wernigröder Zeitung 3/07 v. 7. 2. 2007.

506 Sistema Objedinnowo Utschjota Dannych O Protivnike – System der vereinigten Erfassung von Daten über den Gegner; in Wegmann, B. & Tantscher, M.: SOUD, das geheimdienstliche Datennetz des östlichen Bündnissystems, BStU, Analysen und Berichte 1/1996, Reihe B, Berlin 1996.

507 PRIKAS No 130 der Russischen Föderation (RF): Der Originaltext findet sich auf der Homepage des Institut Svobodny Moskovskyi Libertarium; LfV Baden-Württemberg, Verfassungsschutz aktuell 1/2007; S. 7, Stuttgart, Januar 2007, Systema Operativno Rozysknykh Meropriyatii, SORM 2. SORM (RFE/RL Radio Free Europe/Radio Liberty), Prag, Februar 2007, Regierungsanordnung Nr. 2339 der Russischen Föderation, Prikas No 5/8 v. 16. 1. 2008 des Ministeriums für Informationstechnologie und Fernmeldewesen der Russischen Föderation/Föderaler Dienst für Spionageabwehr der Russischen Föderation. Diese Regierungsanordnung präzisiert nochmals den Umfang der Kommunikationsüberwachungsmaßnahmen, Zuständigkeiten und Verpflichtungen der Diensteanbieter; vgl. http://libertarium.ru/libertarium/lib_search http://www.minsvyaz.ru/ministry/documents/1548/3226.shtml

kationsdienstleistungen wie Telefon-, Fernschreib-, Fax- und Funkrufanbieter, die Betreiber von Mobilfunknetzen aller Art sowie die staatlichen und privaten Internetdienste-Anbieter in der Russischen Förderation ihre Netze zum Zwecke der Kommunikationsüberwachung dem Inlandsnachrichtendienst FSB zu öffnen hätten. Das System SORM 2[508] erlaubt damit die totale Kontrolle aller Kommunikationsverbindungen im Land und ermöglicht zusätzlich folgenden russischen Diensten direkten Zugriff auf die Kommunikationsinhalte[509] durch den Inlandsnachrichtendienst FSB:

- Steuerpolizei
- Miliz (Polizeiorganisation, die dem Innenminister unterstellt ist)
- Grenzpolizei und Zolldienststellen
- Sicherheitsdienste des Präsidenten und des Parlaments
- Staatsführung

Daneben werden die Diensteanbieter verpflichtet, auf eigene Kosten entsprechende Anschaltmöglichkeiten und Schnittstellen für den Zugang zu den Kommunikationslinien für das FSB bereitzustellen[510] und das Personal des Dienstes ebenfalls auf eigene Kosten in den Betrieb der Anlagen einzuweisen. Außerdem sind dem FSB auch die Verwaltungsrechte auf Servern einschließlich möglicher Verschlüsselungsalgorithmen zu übergeben oder zugänglich zu machen. Dabei ist davon auszugehen, dass die Kommunikationsüberwachung im Rahmen von SORM 2 auch nach Russland ankommende oder aus Russland abgehende Kommunikationsverbindungen vollständig erfasst und durch das FSB ausgewertet wird[511]. Alle technischen Einzelheiten des Systems und des Betriebs unterliegen der Geheimhaltung. Dass mit diesem System auch mögliche nachrichtendienstliche und begrenzte militärische Operationen im Rahmen der An-

---

508 Systema Operativno Rozysknykh Meropriyatii SORM 2, welches das bisherige System SORM 1 ablöste. Siehe hierzu auch: LfV Baden-Württemberg, Verfassungsschutz aktuell, 1/2007, S. 7, Stuttgart, Januar 2007.

509 Siehe hierzu auch SORM RFE/RL (Radio Free Europe/Radio Liberty), Prag, Februar 2007.

510 Regierungsanordung Nummer 2339. Nach Pressemeldungen hat Microsoft den russischen Behörden den Quellcode zu Microsoft 7 übergeben. Dies hat in der westlichen Fachwelt zu erheblichen Irritationen geführt, da es nun dem russischen Nachrichtendienst möglich sein wird, Sicherheitslücken im Quellcode zu finden und diese bei möglichen späteren Informationsoperationen auszunutzen. Vgl. hierzu: http://www.zdnet.co.uk/news/security/20/10/07/08/microsoft-opens-s... v. 8. 7. 2010.

511 Soweit inoffiziell bekannt wurde, sollen Fachunternehmen in Russland spezielle Wort-Datenbanken mit Suchbegriffen in unterschiedlichen Sprachen für Zwecke des Data Mining entwickelt haben, die bereits im Gebrauch sein sollen. Damit ist der FSB in der Lage, auch größere Mengen und komplexe Kommunikationsinhalte gezielt zu durchsuchen und sich bei der Überwachung auf wichtige Kommunikationsverbindungen und deren Inhalte zu konzentrieren. Auch ist davon auszugehen, dass der FSB und die übrigen russischen Dienste entsprechende SNA-Techniken anwenden.

wendung der russischen Prinzipien der „Maskirovka"[512] vorbereitet, verschleiert, unterstützt und durchgeführt werden könnten, steht außer Frage. Will man offiziösen Informationen folgen, so intensivieren die beiden Großmächte Russland[513] und China ihre Bemühungen um Zugang zu Informationen aller Art, und zwar insbesondere jedoch in den Bereichen Wirtschaft und Technik, um den möglicherweise vorhandenen technologischen Rückstand beider Staaten baldmöglichst aufzuholen.

Go West: Russische Nachrichtendienste in Westeuropa

Nach den Erkenntnissen westlicher Sicherheitsbehörden entfalten die russischen Nachrichtendienste in letzter Zeit vermehrt Aktivitäten im Hinblick auf die Beschaffung und Gewinnung von Informationen zur politischen, wissenschaftlichen und wirtschaftlichen Entwicklung in Deutschland[514].

Erste Anzeichen für einen Wechsel, besonders in der Verteidigungs- und Sicherheitspolitik Russlands, zeichneten sich nach Vorlage des Verteidigungsbudgets für den Zeitraum 2007 bis 2015 ab. In diesem Zeitraum sind für Verteidigung und innere Sicherheit Russlands Ausgaben in Höhe von mehr als 145 Milliarden Euro vorgesehen. Für die innere Sicherheit wurde der Haushalt des Inlandsnachrichtendienstes für das Jahr 2007 auf über 26 Prozent erhöht. Für das Jahr 2007 waren Ausgaben in Höhe von 44 Milliarden Euro für innere Sicherheit und nationale Verteidigung geplant. Eine neue Sicherheits- und Verteidigungsdoktrin für Russland wurde im Jahre 2009 auf hoher Ebene unter Führung des Chefs des russischen Generalstabs Balujewski erarbeitet. Auch hier ist mit einschneidenden Veränderungen, die auch Einfluss auf Europa haben können, zu rechnen. Die weitere zu erwartende zentral fokussierte künftige Innenpolitik Russlands wird durch den Apparat der inneren Sicherheit garantiert. Inwieweit dabei der künftige geplante Informationsaustausch mit den Staaten der EU zur Terrorabwehr von Bedeutung sein wird, kann zum gegenwärtigen Zeitpunkt noch nicht bewertet werden. Nach wie vor sind die russischen Nachrichtendienste unvermindert auf hohem Niveau in der westlichen Hemisphäre, insbesondere in der Bundesrepublik Deutschland[515], aktiv. Es steht jedoch zu vermuten, dass der harte innenpolitische Kurs möglicherweise noch verschärft

---

512 N. N.: Sowjetische Täuschungsoperationen – Lehren daraus für die Verteidigung. Dargestellt und bewertet anhand von Beispielen Führungsakademie der Bundeswehr (FüAkBw), Hamburg, ohne Einstufung, 1982.

513 Der neueste Verfassungsschutzbericht des BMI vom 21. 6. 2010 zum Jahre 2009 bestätigt diese Aktivitäten erneut.

514 Vgl.: Bayerisches Staatsministerium des Innern, Verfassungsschutzbericht 2009, Innenministerium Baden-Württemberg, Verfassungsschutzbericht 2009: Bestätigt wird dies durch einen Beitrag des Vertreters des BfV anlässlich einer Tagung der Friedrich-Ebert-Stiftung (FES) und des Gesprächskreises Nachrichtendienste Deutschlands (GKND) am 20. 5. 2010 in Bonn (GKND v. 10. 6. 2010).

515 Vgl.: BMI-Verfassungsschutzbericht 2009, Vorabfassung v. 21. 6. 2010.

wird und Russland außenpolitisch zunehmend an Gewicht gewinnen wird. Dies könnte nicht ohne Einfluss auf die innere Sicherheit Europas[516] bleiben.

Die weltraumgestützte Aufklärung Russlands

Die Aktivitäten zur Signalerfassung im militärischen Bereich werden durch die GRU gesteuert, die dazu über das „Weltraum-Aufklärungsdirektorat" unter Führung des Ersten Stellvertretenden Chefs in Watutinki, 50 km südöstlich von Moskau, verfügt. Eine Zusammenarbeit in der Nachrichtengewinnung mit der Marine erfolgt mit dem 5. Direktorat, dem der Marinenachrichtendienst der russischen Flotte untersteht. In Watutinki befinden sich alle zentralen Auswerteeinrichtungen und eine zentrale Großrechenanlage. Das Weltraumaufklärungsdirektorat der GRU steuert und überwacht den Einsatz der weltraumgestützten Erfassungsplattformen. Von 1967 bis 1992 hat der russische Nachrichtendienst mehr als 200 SIGINT-Satelliten in den Erdumlauf gebracht. Ob sich darunter auch Satelliten für das Abfangen von Kommunikationsverbindungen aller Art (Richtfunk, Mobiltelefone u. Ä.) befunden haben, ist aus den öffentlich zugänglichen Informationen nicht ersichtlich. Mit den Satelliten der Tselina D- und Tselina 2-Serie verfügte Russland über die Möglichkeit, Signalquellen im elektromagnetischen Spektrum weltweit zu orten und die Signalinhalte zu klassifizieren. Mit dem seit 1970 im Einsatz befindlichen ELINT Ocean Reconnaissance Satellite (RORSAT/EORSAT-System), der offenbar auch ständig weiterentwickelt wurde, ist es den russischen Nachrichtendiensten möglich, Schiffsbewegungen weltweit in Echtzeit zu verfolgen und an im Einsatz befindliche russische Flotteneinheiten ohne wesentlichen Zeitverzug weiterzugeben. Soweit bekannt, ist die 6. Verwaltung der GRU für den Einsatz der land-, see- und luftgestützten Erfassungssensoren elektronischer Ausstrahlungen verantwortlich. Die weltweite Führung dieser Elemente erfolgte offenbar durch die 99. Gruppe „Trezubets" der 6. Verwaltung der GRU[517]. Daneben sollen weltweit in mehr als 60 russischen Botschaften und Konsulaten, die diplomatische Immunität genießen, entsprechende Erfassungseinrichtungen der GRU platziert sein. Auch nutzen die russischen Nachrichtendienste nach wie vor Reiseaktivitäten ihrer

516 Unbestätigten Pressemeldungen zufolge sollen sich hochrangige Vertreter von mehr als 60 Nachrichtendiensten im Juni 2010 zu einer Konferenz unter dem Patronat der russischen Regierung in Jekaterinburg getroffen haben. Ziel dieses Treffens soll die Intensivierung der Zusammenarbeit der Dienste bei der Terrorbekämpfung sein. Auch wurden offenbar Fragen des Informationsaustausches zwischen den Diensten behandelt. Beobachtern zufolge scheinen aber nationale Vorschriften den Informationsaustausch über Grenzen hinweg zu behindern; vgl. www.shortnews.de/id/835083/Geheimdienstchefs-der-ganzen-Welt-trafen-sich-in-Russland v. 7. 6. 2010; vgl. auch ACIPSS-Newsletter 2010-24 Nr.: 1665. Daneben wurden im Juni 2010 die gesetzlichen Bestimmungen für den Inlandsnachrichtendienst FSB revidiert und geben dem Dienst wieder die Machtfülle, die das KGB vor seiner Reorganisation in den 1990er Jahren hatte; vgl. Süddeutsche Zeitung, S. 10, v. 12. 6. 2010, dpa-Meldung vom 11. 6. 2010.

517 Verfassungsschutz Aktuell – Sonderausgabe Russische Nachrichtendienste, LfV Baden-Württemberg, Stuttgart 1995.

Mitarbeiter in den Gastländern zur verdeckten Signalerfassung in der Nähe interessanter Objekte wie Satellitenbodenstationen, zivilen und militärischen Richtfunkknoten und militärischen Test- und Übungseinrichtungen aller Art, besonders in den Vereinigten Staaten. Über Erfassungseinrichtungen der GRU in anderen Staaten der Gemeinschaft Unabhängiger Staaten (GUS) liegen keine Informationen vor. Zur weltweiten Peilung vornehmlich von Signalen im Kurz- und Grenzwellenbereich betreibt die GRU eine Peilanlage unter der Bezeichnung „Krug"[518] in Chabarowsk. Eine ähnliche Anlage soll sich in der Nähe Moskaus[519] befinden. Interessant ist auch der Start von Satelliten[520] durch die damalige Sowjetunion, die offenbar die weltweite satellitengestützte Kommunikation der damals sowjetischen Geheimdienstmitarbeiter und Partnerdienste unterstützen sollte. Aus Hinterlassenschaften der HA III (Spezialfunkdienste) des Ministeriums für Staatssicherheit wurde bekannt, dass möglicherweise auch Mitarbeiter des MfS über derartige Verbindungen geführt wurden. Hierzu wurden sie mit speziellen Sende- und Empfangsgeräten für die Satellitenkommunikation[521] ausgestattet.

Bis zu ihrer Auflösung verfügte die ehemalige Sowjetunion über ein umfassendes boden- und raumgestütztes Überwachungs- und Aufklärungssystem. Im Zuge der Bildung der GUS wurden eine Reihe von ehemals sowjetischen Anlagen und Einrichtungen zur raumgestützten Aufklärung in den früheren Sowjetrepubliken in die nationale Verantwortung der Nachfolgestaaten überführt oder aufgelöst. Inwieweit die Nachfolgestaaten der ehemaligen Sowjetunion danach über eigene Aufklärungsfähigkeiten verfügen, kann gegenwärtig nur schwer abgeschätzt werden. Allerdings kann davon ausgegangen werden, dass die ehemals sowjetischen Strukturen zur terrestrischen Kommunikationsüberwachung weitgehend erhalten blieben und sogar unter nun nationaler Verantwortung noch ausgebaut wurden. Auch ist davon auszugehen, dass eine nachrichtendienstliche Kooperation zwischen den GUS-Staaten und Russland besteht. In der Folgezeit hat Russland seine Aufklärungs- und Überwachungssysteme seiner geänderten Interessen- und Bedrohungslage angepasst und laufend modernisiert. Hierbei stützt sich Russland auf eine Reihe neu errichteter Anlagen zum Betrieb fortgeschrittener boden- und raumgestützter Aufklärungs- und Überwachungssysteme, auch außerhalb sowjetischen Territoriums.

Die russische Weltraumüberwachungs- und Aufklärungsorganisation hat offenbar eine nicht zu unterschätzende Rolle im letzten Golfkrieg gespielt, da die russische Führung durch diese Organisation präzise und zeitnah mit Informationen über den Fortgang der alliierten Operation in der Golfregion versorgt wurde. Dies unterstreicht die Bedeutung dieser russischen Systeme für die

518 Frequenzbereich: A-Band (1–35 MHz), Reichweite etwa 15.000 km, Vgl.: LwA AbtNwLw, Az 04-10-01 v. 1. 7. 1978.

519 BStU, HA III 490, Plan des Zusammenwirkens mit der Gruppe 16 des KfS (KGB) v. 30. 6. 1989.

520 Siehe hierzu auch Thaller, G. E.: Spionagesatelliten, Baden-Baden 1999.

521 Hierzu siehe auch Meulstee, L./Staritz, R. F.: Wireless for the Warrior, Vol. 4, Clandestine Radio, Wimbourne Publications Ltd, Ferndown, UK, 2004.

Aufklärung und Überwachung in künftigen möglichen Konflikten. Daher wird Russland seine Aufklärungs- und Überwachungsfähigkeiten, auch im europäischen Raum und anderen für Russland bedeutsamen Regionen den gewandelten Sicherheitsbedürfnissen des Landes anpassen und bei Bedarf verstärken. Der umfassende Informationsbedarf Russlands auf technischem Gebiet, insbesondere bei der Beschaffung sensitiver westlicher Technologien der Luft- und Raumfahrt, der Optronik und der Informationsverarbeitung sowie der Werkstofftechnologie wird auch in den nächsten Jahren unvermindert anhalten.

Die Hauptverwaltung für Aufklärung beim russischen Generalstab (GRU Moskau)

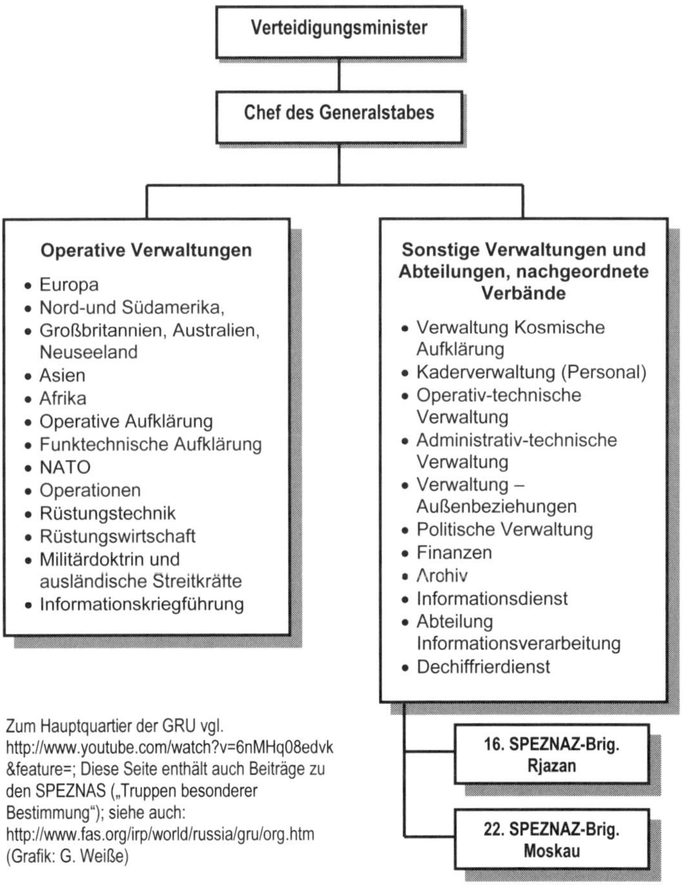

Zum Hauptquartier der GRU vgl. http://www.youtube.com/watch?v=6nMHq08edvk&feature=; Diese Seite enthält auch Beiträge zu den SPEZNAS („Truppen besonderer Bestimmung"); siehe auch: http://www.fas.org/irp/world/russia/gru/org.htm (Grafik: G. Weiße)

Da die ehemals sowjetischen Systeme Tselina das Ende ihrer voraussichtlichen Nutzungsdauer erreicht hatten, wurden Mitte der 1990er Jahre vier Satelliten der Serie Tselina 2 in eine Erdumlaufbahn in eine Höhe von 635–665 km gebracht. Diese Systeme dienen offenbar der weltweiten elektronischen Überwachung und Aufklärung. Weiter ist zu nennen:

Das raumgestützte Anti-Satellitensystem (Anti Satellite Systems/ASAT)

Wenngleich die damalige Sowjetunion die ASAT-Entwicklung möglicherweise im ursprünglichen Umfang nicht fortgeführt hat, dürfte Russland gegenwärtig über Systeme verfügen, die im Bedarfsfalle schnell durch die russischen Weltraum-Streitkräfte aktiviert werden können.

Das Überwachungssystem KRONA (Baumkrone)

Bei dem in den 1990er Jahren durch das Konstruktionsbüro Krasnogorsk entwickelten System handelt es sich um ein radar- und lasergestütztes elektrooptisches Überwachungs- und Verfolgungssystem unterschiedlicher Konfiguration für Raumflugkörper bis zu einer Höhe von 40.000 km. Erfassungsstellen dieses Systems befinden sich im Sanglok-Gebirge in Tadschikistan und werden durch die russischen Weltraumstreitkräfte betrieben. Es dient dabei auch der Frühwarnung und Erkennung von ballistischen Flugkörpern, die eine Bedrohung für Russland darstellen könnten. Es ist offenbar das in den 1970er Jahren entwickelte System Zastava. Daneben soll dieses System auch über Fähigkeiten der Signalerfassung verfügen.

Das Überwachungssystem OKNO (Fenster)

Die in der Nähe von Nurek/Tadschikistan auf 2230 m über N. N. befindliche Erfassungsstation betreibt ein Radar- und lasergestütztes elektrooptisches Weltraumüberwachungssystem und besteht aus zwei Gruppen von jeweils 4 bzw. 6 durch entsprechende bewegliche Abdeckungen geschützte Sensorgruppen auf einer Grundfläche von etwa 200 x 200 m. In der Mitte der Anlage befindet sich ein viergeschossiges Gebäude mit Flachdach, das offenbar als Unterkunft und für die Verwaltung dient. Möglicherweise befinden sich im Untergeschoss die verbunkerten Betriebsräume. Die Baukosten für die Anlagen betrugen mehr als 50 Mio. US-Dollar. Das System ist für die Überwachung des Weltraums auf Entfernungen zwischen 2000 und 40.000 km optimiert und nach russischen Angaben in der Lage, auch kleinste, in einer Erdumlaufbahn befindliche Objekte zu orten, zu identifizieren und zu klassifizieren. Daneben verfügt es über die Fähigkeit, Objekte, die in einer niedrigen Erdumlaufbahn zwischen 120 km und bis zu 2000 km kreisen, zu lokalisieren.

Russland betreibt derzeit in Pleshetsk, Svobodny und Baikonur drei Anlagen zu Test- und Abschusszwecken von Weltraumflugkörpern. Daneben verfügen die russischen Weltraumstreitkräfte über eine Führungsorganisation, deren höhere Führungsstelle sich in Solnechogorsk befindet und deren unterstellte Einheiten in Sofrino, Barabanovo und Noginsk liegen. Die Zentrale der Weltraumstreitkräfte liegt offenbar in Goltsion/Krasnozamensk. OKNO-Komplexe befinden sich in Nurek/Tadschikistan, Tscherkessk und in Nachodka (Ferner Osten). In Tadschikistan sollen dem Vernehmen nach noch mehr als 20.000 russische Soldaten stationiert sein. Daneben befinden sich weitere Unterstützungskomplexe für die Systeme Sashen-S und Sashen-T, die offenbar der raumgestützten Elektronischen Aufklärung dienen, über ganz Russland verteilt. Eine Führungsstelle des Systems Azoy befindet sich auf der Halbinsel Kamtschatka. Zentral geführt werden die Einrichtungen der russischen Weltraumüberwachungs- und Aufklärungskräfte offenbar durch den „Moment-Kontrollkomplex“[522], der sich in der Nähe Moskaus befindet.

Russland im Internet: Kontrolle muss sein

Für die russische Bevölkerung spielte das Internet bisher eine eher untergeordnete Rolle bei der Informationsversorgung. Große Teile der Bevölkerung bevorzugen nach wie vor das staatliche und private Fernsehen, um sich zu informieren. Der Föderale Sicherheitsdienst (FSB) verfügt mit seinem System SORM 2 über das geeignete Instrument der staatlichen Kontrolle des Internets und der im Netz verbreiteten Inhalte. Nach neuesten Erkenntnissen plant die russische Regierung, Internetseiten, die täglich von mehr als 1000 Nutzern aufgerufen werden, unter die Bestimmungen für Massenmedien zu stellen. Dies würde eine weitere Möglichkeit für die Behörden schaffen, auf die durch diese Portale verbreiteten Inhalte Einfluss zu nehmen. Mit der Schaffung einer originären russischen Domain „pΦ-rf“ und „PΦ-blog.rf“ soll wohl die Trennung vom lateinischen Alphabet des Internets und damit auch eine Abspaltung der russischen Teilnehmer vom bisherigen Internetzugang erreicht werden. Soweit aus russischen Internetquellen ersichtlich, soll es sich beim Betreiber dieser Internetseite um eine Untergliederung des FSB handeln. Die russische Regierung betrachtet derartige Unternehmen als „Unternehmen mit strategischer Bedeutung“ für Russlands Wirtschaft und die nationale Sicherheit des Landes. Im Zusammenhang mit Überwachungsmaßnahmen im Hinblick auf das Internet sind weiter zu nennen:

Die Nichtregierungsorganisation Nashi (Unsere) und ihre Beteiligung an Informationsoperationen[523]

Soweit bekannt, war diese Regierungskreisen nahestehende Organisation maßgeblich an den Informationsoperationen gegen estnische Informations- und Kommunikationseinrichtungen im Jahre 2009 beteiligt. Daneben soll diese Organisation auch im Zusammenhang mit den „Kreml-Bloggern“ (Kremlin School of Bloggers/KSB) mit dem Auftrag, sich an Informationsoperationen zu beteiligen, stehen.

522 Führungszentrale der russischen Weltraumaufklärungs-Organisation in der Nähe Moskaus. Der Ort ist aus offenen Quellen nicht festzustellen.

523 British Broadcasting Corporation, Monitoring Service, 19. 8. 2009; Langenscheidts Taschenwörtbuch Russisch – Deutsch, S. 508.

Data Mining durch russische Behörden in sozialen Netzwerken

Im Oktober 2009 hat das russische Ministerium für Presse und Kommunikation eine Ausschreibung veröffentlicht, nach der Vorschläge für die Implementierung einer Technologie, die die Auswertung von Inhalten in sozialen Netzwerken wie Twitter, Facebook oder ähnlichen Portalen erlauben, gesucht werden. Ziel dieser Initiative soll auch die Beeinflussung der Nutzer derartiger Portale sowie die Kontrolle der Kommunikationsinhalte sein. Nicht beschränkt hingegen soll die Nutzung russischer Internet-Portale sein[524]. Damit gewinnt auch die Beteiligung russischer Stellen an dem von der EU unterstützten Programm ETSI-Lawful Interception (TC LI) und deren Arbeitsgruppen (Security Workshop #04 Session 5 am 3. November 2009) besondere Bedeutung. Die in dieser Arbeitsgruppe angeregten einheitlichen Standards zur Überwachung und Kontrolle des Internets und seiner Inhalte würden Russland eine umfassende Kontrolle der in Russland betriebenen Portale erlauben. Weitergehende weltweite Kontrollmöglichkeiten des übrigen Internet durch russische Behörden mithilfe dieser Technologie können daher nicht ausgeschlossen werden[525].

Anschluss an das Know-how des Westens

Die russische Industrie verfügt über eine gute industrielle Basis[526] zur Entwicklung und Herstellung auch fortgeschrittener Erfassungs- und Auswertesysteme für die Signalerfassung und den elektronischen Kampf, wie auf dem Gemeinschaftsstand der russischen Industrie auf der „Security 2006" in Essen[527] unschwer festgestellt werden konnte. Da es sich aber offenbar bei den ausgestellten Musterstücken um Geräte handelte, die aus russischer Sicht weniger sensitiv sind, kann erwartet werden, dass den russischen Diensten auch höher entwi-

524 Moscow Times, 23. 10. 2009.

525 Vgl. hierzu auch: „Die EU plant die totale Kommunikationskontrolle – Neue ETSI-Standards beschlossen" im Sicherheitsmelder vom 8. 12. 2009; vgl. www.sicherheitsmelder.de.

526 Die in den 1980er Jahren durch die russische Industrie entwickelten Empfangssysteme waren bereits damals auf einem hohen technischen Standard. Mittlerweile konnte die russische Industrie in Teilbereichen den Anschluss an westliche Technologien gewinnen. Dieser Effekt wird noch durch die kürzlich mit der deutschen Industrie vereinbarte Kooperation, besonders im Bereich der Sicherheitstechnologie, verstärkt. Zum Stand der Empfängertechnologie in den 1980er Jahren vgl.: Ostermann, F.: Receivers, Past and Present – Communication Receivers 1942–1997, S. 450, Universal Radio Research, Reynoldsburg, Ohio, USA, 1998. Hierbei sind die Systeme: ONIIP M3142, Brigantina, M18005 RUMB, Olkhon-Helios-215, 10–32 MHz von besonderer Bedeutung.

Die an der Wisconsin Avenue gelegene neue Botschaft der Russischen Förderation, ein architektonisch beeindruckendes Gebäude, das in den achtziger Jahren durch einen damals noch sowjetischen Architekten errichtet wurde, scheint aufgrund seiner geographischen Lage auch als Lauschposten besonders geeignet. Vgl. hierzu: Phönix-Dokumentation: Gentlemen im Dienste Stalins, Rekruten des Kalten Krieges, 30. 7. 2010.

527 Dies wurde auch durch Feststellungen einer süddeutschen Sicherheitsbehörde vor Ort bestätigt (Mitteilung N. N., Dezember 2006).

ckelte Technik aus russischer Produktion zur Verfügung steht. Dies kann natürlich auch für die Entwicklung und Anwendung fortgeschrittener Software für Spracherkennung, Data Mining und andere Anwendungen für die russischen Nachrichten- und Sicherheitsdienste gelten, da auch hier erhebliche Entwicklungskapazitäten im Land vorhanden sind. Nicht umsonst kommt einer der fortschrittlichsten und umfassenden Internet-Firewall-Lösungen für kommerzielle und private Anwender aus einem Unternehmen, dessen Hauptsitz und Update-Server sich in Moskau befinden.

Russland wird nach einer Periode der Stagnation in den letzten zehn Jahren seine Streitkräfte langfristig der neuen russischen Verteidigungsstrategie, die auch Militärinterventionen im Ausland ausdrücklich zulässt, anpassen. Einhergehend damit ist mittelfristig eine Verstärkung der Fähigkeiten zur Nachrichtengewinnung und Aufklärung im strategischen und operativen Bereich zu erwarten. Russland wird sich dabei vorrangig auf geographische Aufklärungssysteme abstützen. Nicht zuletzt werden auch der Auslandsnachrichtendienst SWR und der militärische Nachrichtendienst GRU in die Nachrichtengewinnung, auch außerhalb Russlands, eingebunden werden. Die russische Industrie wird sich langfristig um strategisches Know-how westlicher Systeme zur Nachrichtengewinnung und Aufklärung bemühen und dabei nachdrücklich durch die Nachrichtendienste Russlands unterstützt werden. Die durch Russland geplante Einführung des französischen Systems FELINE, einem Informationssystem für den Infanteriekampf, stellt wohl erst den Anfang dar. Inwieweit Haushaltszwänge die Innovationsfähigkeiten der russischen Verteidigungsindustrie beeinträchtigen werden, kann gegenwärtig noch nicht bewertet werden.

Infowar auf Asiatisch

China

Die wachsenden militärischen Fähigkeiten der Volksrepublik China auf dem Gebiet der weltraumgestützten abbildenden Aufklärung und im Bereich der Elektronischen Kampfführung einschließlich der Informationsoperationen (Computer Network Operations)[528] ermöglichen China die Bekämpfung „lokaler Konflikte unter Bedingungen des Informationskrieges“[529]. Dabei kann

528 Offenbar verfügt die VR China neuerdings in ihrem Computer-Zentrum in Shenzen über einen Rechner, dessen Geschwindigkeit ihn in die jährliche Liste der 500 Supercomputer auf Platz Nummer 2 aufrücken ließ. Allerdings verfügen die USA gegenwärtig über den schnellsten Rechner der Welt mit der Bezeichnung „Jaguar“; er ist in der Lage, Operationen mit 1,75 PetaFLOPS durchzuführen (BBC-News v. 31. 5. 2010). Dies eröffnet künftig auch der VR China entsprechende zusätzliche Möglichkeiten bei der Durchführung von Informationsoperationen.

529 Annual Report to Congress. Military Power of the People's Republic of China 2009, Office of the Secretary of Defense, Executive Summary, S. I, Absatz 2, Washington 2009: „Die Volksbefreiungsarmee (VBA) verfolgt eine umfassende Transformation von einer Massenarmee, die für den Abnützungskrieg auf eigenem Territorium vorgesehen war, zu einer [Armee], die in der Lage ist, einen kurzfristigen, mit hoher Intensität geführten Konflikt an ihrer Pe-

nicht ausgeschlossen werden, dass diese primär militärischen Fähigkeiten, die in China bisher vor allem von innenpolitischer Relevanz sind, auch im Bereich möglicher künftiger Auseinandersetzungen auf wirtschaftlichem Gebiet weltweit genutzt werden könnten, sofern es die Umstände erfordern.

Nach wie vor hat China großes Interesse an weltweiter elektronischer Aufklärung, die es mithilfe von Aufklärungssatelliten zu realisieren sucht, die möglicherweise über die Fähigkeit verfügen, elektronische Signale aller Art in auch Echtzeit zu erfassen und an entsprechende mobile Auswertekomponenten am Boden zu übermitteln, über die China bereits verfügt. Weitere Anstrengungen werden unternommen, um ein System von Mikrosatelliten (Gewicht weniger als 100 kg) für die elektro-optische und Radaraufklärung zu entwickeln und im Weltraum zu stationieren. Allein im Jahre 2004 gelang es China, mindestens 10 Satelliten unterschiedlicher Konfiguration im Weltraum zu stationieren. China plant, bis 2020 weitere 100 Satelliten unterschiedlicher Konfiguration, vorwiegend für die Ozeanüberwachung, Radaraufklärung und für andere militärische Applikationen, auf die Umlaufbahn zu bringen. Bis dieses Programm abgeschlossen ist, stützt sich China auf Satelliten anderer Betreiber ab, so zum Beispiel Landsat, Spot, Radarsat, Ikonos und russische Fotoaufklärungssatelliten.

Mit ihren Fähigkeiten im Bereich der elektronischen Aufklärung wird die VR China künftig vermehrt in der Lage sein, neben der Erfassung militärischer Aktivitäten auch andere Aktivitäten, zum Beispiel wirtschaftlicher Art, im westlichen Pazifik und angrenzenden Gebieten zu erfassen und aufzuklären. Besondere Bedeutung gewinnen dabei Chinas wachsende Möglichkeiten der aktiven Durchführung von Informationsoperationen unter militärischen Aspekten, die im Bedarfsfall aber auch jederzeit im Bereich der Wirtschaft angewendet werden könnten, wenn dies aus Sicht der VR China im Pazifikraum oder anderswo erforderlich sein sollte, um den Einfluss Chinas (Power Projection) zu verstärken. Die chinesische Führung ist sich der Implikationen, insbesondere auf dem Gebiet der Informationstechnologie, durchaus bewusst und unternimmt große Anstrengungen, die Technologielücke zu den westlichen Nationen innerhalb kurzer Zeit zu schließen. Hierbei wurden große Fortschritte in den Bereichen Computer-Netzwerk-Angriffe, Computer-Netzwerk-Verteidigung und Computer-Netzwerk-Aufklärung erzielt. Dabei zeichnet sich das chinesische Konzept des „Integrierten elektronischen Netzwerk-Krieges" als chinesische Doktrin für künftige Auseinandersetzungen auf diesem Gebiet ab. Das primäre Ziel auf militärischem Gebiet ist dabei die Ausschaltung kritischer gegnerischer Netzwerkknoten durch Informationsoperationen und begrenzte kinetische Angriffe. Die chinesische Volksarmee verfügt dazu über Einheiten des Informationskrieges, die in der Lage sind, Virus-Attacken gegen feindliche Netzwerke und Systeme zu planen und durchzuführen und eigene Systeme gegen derartige Angriffe zu schützen. Bei Übungen konnte beobachtet werden, dass sich die Einheiten des Informationskrieges zunächst vorrangig um den Schutz eigener

ripherie gegen technisch hochgerüstete Gegner zu führen und zu gewinnen." (Übersetzung durch Autor) Diese Entwicklung läßt die Fähigkeiten Chinas zur Führung „lokaler Kriege unter Bedingungen des Informationskrieges" erkennen.

Netze bemühten. Allerdings haben spätere Übungen gezeigt, dass die chinesischen Streitkräfte vermehrt dazu übergingen, bereits in der Anfangsphase eines angenommenen Konflikts erste offensive Schläge gegen gegnerische Netzwerke durchzuführen. Die Anwendung militärischer Prinzipien und Methoden bei Informationsoperationen gegen weiche Ziele im Bereich der Wirtschaft und Industrie durch chinesische Stellen kann auch in Friedenszeiten nicht gänzlich ausgeschlossen werden, wenn dies aus Sicht Chinas zur Durchsetzung eigener Ziele erforderlich sein sollte. Durch geeignete Maßnahmen könnte der Urheber dieser Angriffe verschleiert werden und damit die Aufklärung durch betroffene Unternehmen besonders erschweren. Diese Entwicklung setzte sich auch in Folgejahren fort, wie aus dem Bericht[530] an den US-Kongress vom 14. März 2009 ersichtlich wird.

Fernmelde- und Elektronische Aufklärung

Die VR China verfügt im Bereich der Fernmelde- und elektronischen Aufklärung über mehr als 25 Stützpunkte[531] innerhalb der VR China und eine unbekannte Anzahl von Stellen, meist unter legaler Abdeckung, für die terrestrische Erfassung von elektronischen Signalen außerhalb des chinesischen Territoriums. Dazu kommen eine Vielzahl luft- und seegestützter Sensoren (Hongdian 5/6, Jianzhen 6/7, Yundian 8, TU 154) und Unmanned Areal Vehicles (UVAs). In der abbildenden weltraumgestützten Aufklärung (u. a. die Systeme DQ-1 [ELINT], JSSW, FSW [Fan Hui Shi Weixing], wiederverwendbare Satelliten für Fotoaufklärung 0 bis 3 [über 17 Satellitenmissionen seit 1975]) verfügt Chi-

530 Annual Report to Congress – Military Power of the People's Republic of China 2009, Washington, D. C., 24. 3. 2009. Die Autoren des Berichts konstatieren, dass China seine Fähigkeiten zur Führung eines lokal begrenzten Konflikts unter Bedingungen des Informationskrieges auch in den letzten Jahren verstärkt hat. Die chinesischen Streitkräfte werden in einem möglichen Konflikt in der Lage sein, neben konventionellen Mitteln auch den Weltraum und den Cyber-Raum für ihre Operationen zu nutzen. Einen anderen Blickwinkel vermittelt: Chinas National Defense-Information Office of the State Council of the Peoples Republic of China, Beijing, Januar 2009. Die politischen und wirtschaftlichen Implikationen einer Erstarkung Chinas behandelt: 2008 Report to Congress of the US-China Economic and Security Review Commission – One Hundred Tenth Congress, Second Session, Washington, D. C., November 2008.

Die chinesische Volksbefreiungsarmee verstärkt ihre Spezialeinsatzkräfte. Damit dürfte China derzeit über etwa 5000 Spezialeinsatzkräfte, die in der 6. und 8. Spezialkampfführungsgruppe sowie im 12. Spezialkampfführungsdetachment und Marine-Kommandoeinheiten zusammengefasst sind, verfügen. Der Personalersatz für die Spezialeinsatzkräfte rekrutiert sich vorwiegend aus dem 15. Luftlandekorps der VBA. Vgl. hierzu auch: http://www.strategypage.com/htmw/htsf/articles/20100803.aspx

531 Offenbar nutzten der chinesische und der US-Nachrichtendienst gemeinsam mit dem BND (BND) eine Anlage mit dem Decknamen „Lanze", die, an der ostwärtigen Grenze Chinas zu Russland gelegen, mit deutscher Erfassungstechnik die Erfassung russischer Signale ermöglichen soll; vgl. Schmidt-Eenboom, E.: Empfänglich für Geheimes – Die westdeutschen Nachrichtendienste im Äther, in: http://www.desert-info.ch/download/pdf/PDF-Forum/Kreipe.pdf

na über beachtliche Fähigkeiten, deren Ergebnisse in die politische und militärische Entscheidungsfindung der VR China mit einfließen. Überdies scheint die VR China über ein System der Satellitenabwehr zu verfügen, dessen Fähigkeiten auf westlicher Seite noch nicht endgültig bewertet werden können. Die VR China betreibt weiter ein satellitengestütztes Fernmeldesystem für militärische und Zwecke der Partei (FH-1 Feng Huo), das in das chinesische Qui Dian-Führungssystem integriert ist.

Die Volkrepublik China intensiviert ihre Fähigkeiten zur raumgestützten Aufklärung und zur Führung von Informationsoperationen[532] gegen militärische[533] und zivile Ziele. Schon vor geraumer Zeit wurde mit der Modernisierung ihrer Fähigkeiten zur netzwerkzentrierten militärischen Operationsführung begonnen. Nicht zuletzt durch die Beteiligung an dem China-Brazil Earth Resources Program (CBERS) ist China derzeit in der Lage, geografische Bereiche von Interesse mit einer Auflösung von unter 20 Metern in Echtzeit zu kontrollieren. Das Programm wird durch den Einsatz von Folgesatelliten der Reihe CBERS 3 und 4 fortgesetzt, die bereits über eine höhere Auflösung verfügen dürften. Daneben ist China an der Beschaffung eines satellitengestützten Schadens- und Umwelt-Überwachungssystems mit der internen Bezeichnung „Huanjing" interessiert. In Phase 1 des Programms sollen drei Satelliten, davon zwei mit Fähigkeiten im Infrarot- und Multispektral-Bereich, beschafft werden. Der dritte Satellit soll über ein SAR-System verfügen, das vom Wetter unabhängige Aufnahmen der Erdoberfläche ermöglichen soll. Im Endzustand (Phase 2) sind insgesamt acht Satelliten (vier Infrarot/multispektral, vier mit SAR-Fähigkeiten) vorgesehen. Durch den Einsatz der drei Bei-Dou-Aktiv-Navigations-Satelliten verfügt China bereits jetzt über die Fähigkeit zur Standortbestimmung über China und den angrenzenden Gebieten, und zwar mit einer Fehlerrate von weniger als 20 Metern. Daneben eignet sich dieses System auch zur sicheren Übermittlung von militärischen Kurzbefehlen. In naher Zukunft kann der Einsatz technisch fortgeschrittener Systeme erwartet werden, deren Aufgaben derzeit noch von kommerziellen Satelliten wie SPOT, Landsat, Radarsat, Ikonos und russischer Systeme erfüllt werden. Eine Weiterentwicklung der derzeitigen Navigationsfähigkeiten Chinas kann auch durch die Beteiligung am europäischen Galileo-System erwartet werden, das dann die bisher genutzten Systeme GPS und GLONASS ersetzen wird.

Nutzung von IT-Systemen in der Raumfahrt

In der bemannten Raumfahrt der VR China werden durchgreifende Erfolge erst zwischen 2009 und 2012 erwartet, wenn Chinas Raumfahrt genügend Er-

---

532 Das im März 2007 vorlegte Rüstungsbudget legt allerdings keine Zahlen über den Anteil für Informationsoperationen vor.

533 Die chinesische Führung bestätigte am 23. 1. 2007 den Abschuss eines alten chinesischen Wettersatelliten in über 800 km Entfernung über der Erdoberfläche. Desgleichen konnte China einen amerikanischen Aufklärungssatelliten mittels Laser im Weltraum blenden; vgl.: ÖMZ, BMfLV, Nr. 2/2007, S. 200, Wien 2007.

fahrungen gesammelt hat. Im Bereich der Kurz- und Langstrecken, Laser- und Schmalband-Radiofrequenzwaffen-Entwicklung sind bereits in nächster Zeit technische Durchbrüche zu erwarten, die sich auf die Funktionsfähigkeit fremder ziviler und militärischer IT-Systeme, insbesondere Computer-Netzwerke, bei Auseinandersetzungen unterhalb der Schwelle kriegerischer Auseinandersetzungen auswirken können. Besondere Anstrengungen unternimmt China, um eigene IT- und Kommunikationssysteme gegen Angriffe durch Radio-Frequenz-Impuls-Waffen immun zu machen. Daneben sind auch Bemühungen Chinas, eigene Mikrosatelliten mit einem Gewicht von unter 100 Kilogramm (Dongfanghong 4) zur Nachrichtenübermittlung und zur elektrooptischen Fernerkundung zu entwickeln, erkennbar. Nicht zuletzt die vermehrten Anstrengungen Chinas auf dem Gebiet der Entwicklung von Niedrig-Energie-Laser-Systemen führen zu deren breiten Anwendung im zivilen und militärischen Bereich.

Herstellung von „Informationsüberlegenheit“

Der Erfolg künftiger Informationsoperationen gegen fremde Systeme fußt in der aktiven und offensiven Anwendung auf Methoden, mit denen gemäß der chinesischen Doktrin gegnerische zivile und militärische IT- und Kommunikationssysteme bereits in einer frühen Phase einer möglichen Auseinandersetzung nachhaltig in ihrer Funktionsfähigkeit beeinträchtigt werden sollen. Die chinesischen Streitkräfte bauen derzeit ihre Kapazitäten in der Informations-Kriegführung mit dem Ziel der „Informations-Überlegenheit“ bei möglichen Konflikten aus. Hierzu werden auch Reserveeinheiten aufgestellt, die ihr Personal mit Spezialisten aus der IT- und Kommunikationsindustrie ergänzen. Während zu erwartender Auseinandersetzungen können diese Einheiten aktive Truppenteile der chinesischen Streitkräfte durch breit gefächerte „Hacker-Attacken“ und Einbrüche in fremde zivile und militärische Netzwerke nachhaltig unterstützen. Derartige Einheiten sind bereits bei groß angelegten Manövern der chinesischen Streitkräfte in Erscheinung getreten. Großes Gewicht legen die chinesischen Streitkräfte auch auf elektronische Gegenmaßnahmen und die Verteidigung eigener Systeme im Rahmen der Computer Network Operations (CNO), die auch die Aufklärung fremder IT- und Kommunikations-Netzwerke (Computer Network Exploitation) umfasst.

Obgleich derzeit noch keine umfassende klassische chinesische Doktrin zur Informations-Kriegführung erkannt werden kann, zeichnen sich jedoch bereits die Umrisse einer künftigen Strategie ab. Danach sollen die chinesischen Streitkräfte in einer möglichen Auseinandersetzung so früh wie möglich die Informationsüberlegenheit über einen möglichen Gegner erringen. Hierzu werden durch die Streitkräfte umfassende Maßnahmen im Rahmen der integrierten elektronischen Netzwerk-Kriegführung geplant und in Teilen bereits umfassend geübt. Dazu haben die chinesischen Streitkräfte aktive Einheiten aufgestellt, zu deren Aufgaben die Entwicklung von Computerviren mit dem Ziel des Ersteinsatzes („preemptive strikes“) gegen fremde Systeme und des Schutzes eigener Systeme gehören. Zu chinesischen Informationsoperationen zählen offenbar auch die in letzter Zeit verstärkt auftretenden Hacker-Angriffe, insbesondere gegen IT-Systeme von deutschen mittelständischen Unternehmen[534]. Daneben werden auch vermehrt westeuropäische Unternehmen Ziel chinesischer Hacker-Angriffe wie auch ein bekanntes Software-Unternehmen in Russland[535].

Ob China derzeit bereits über Fähigkeiten zur Durchführung von Informationsoperationen[536] in globalem Rahmen in der Lage sein könnte, kann noch nicht abschließend bewertet werden. Mit Sicherheit kann angenommen werden, dass China bei begrenzten lokalen Konflikten in diesem Raum über die Möglichkeit verfügt, gegnerische Netzwerke und Systeme bereits zu einem sehr frühen Zeitpunkt in ihrer Funktionsfähigkeit nachhaltig zu beeinträchtigen. Die möglichen Folgen für die Wirtschaft und Zivilgesellschaft als auch für die Streitkräfte der betroffenen Staaten können nur näherungsweise abgeschätzt werden, da Umfang und Intensität derartiger Operationen nicht bewertet werden können und letztlich von der übergeordneten Zielsetzung des Angreifers abhängen.

Die ständig fortentwickelten Fähigkeiten der VR China zu Informationsoperationen, und zwar sowohl im pazifischen-zentralasiatischen Raum als auch in den Vereinigten Staaten, Kanada und Europa, stellt in Krisensituationen einen nicht unbeachtlichen Faktor dar, der möglicherweise bereits in der Anfangsphase über den Ausgang künftiger elektronischer Krisen und Konflikte entscheidet.

Taiwan

Die taiwanesischen Streitkräfte verfügen zur luftgestützten Signalerfassung über 2 Lockheed C-130 Hercules[537] und zwei Douglas C-47 Dakota. Daneben werden auf den Inseln Quemoy und Matsu durch den militärischen Nachrichtendienst Taiwans Erfassungsstellen betrieben. Die in Taipeh, Pingtun Lee, Mae Gardens und Shu Lin Kuo gelegenen Einrichtungen werden vermutlich auf trilateraler Basis auch mit anderen Partnern genutzt. Ob Taiwan auch über die zur Führung von Informationsoperationen erforderlichen Ressourcen verfügt, ist nicht sicher, kann aber aufgrund des im Lande verfügbaren hohen technischen Standards als gegeben angenommen werden.

534 Schwarzwälder Bote, 8. 2. 2007.

535 Vertrauliche Mitteilung N. N., Januar 2007.

536 Nach Angaben des Chief Information Officers der US-Luftwaffe haben chinesische Hacker innerhalb kurzer Zeit zwischen 10 und 20 Terrabyte Daten aus dem DOD Nonclassified IP Router Network (NIPRNet) mit dem Ziel heruntergeladen, Informationen über Zugangsmöglichkeiten zu auch klassifizierten Netzen als berechtigte Nutzer zu gewinnen. John Hamre, Präsident des Center for Strategic and International Studies, befürchtet, dass China in die an die US-Wirtschaft gelieferten Systeme bereits „eingebettete subversive Funktionalitäten" implantiert haben könnte, die bei Bedarf durch China aktiviert werden könnten. Vgl.: AFCIO Weekly, GCN 21. 8. 2006.

537 Truppendienst Spezial, 1/2007, Wien.

Nordkorea

Die politische Führung Nordkoreas beharrte in der jüngsten Vergangenheit auf ihrem Recht, uneingeschränkt Nuklearversuche durchzuführen. Zusammen mit der bereits gezeigten Fähigkeit Nordkoreas, entsprechende Trägermittel für Nuklearwaffen zu entwickeln und zu erproben, wächst das Konfliktpotenzial in dieser Region unkalkulierbar. Daneben verfügt Nordkorea gegenwärtig über wenn auch nur eingeschränkte Fähigkeiten, Informationsoperationen mit Wirkung im ganzen südostasiatischen Raum mit begrenzter Zielsetzung durchzuführen. Dies kann zu nachhaltigen Beeinträchtigungen der gesamten Informations- und Kommunikations-Infrastruktur in dieser Region führen. Soweit bekannt, verfügen die nordkoreanischen Streitkräfte derzeit noch nicht über die Fähigkeit, luft- und seegestützte SIGINT-Operationen durchzuführen. Ob die in Pyongwo, Nakwon und Nampo festgestellten Erfassungsstellen noch aktiv sind, konnte bisher nicht geklärt werden.

Spätestens seit dem Jahre 1984 kann der Ausbau der technologischen Fähigkeiten auf dem Gebiet der Informations- und Kommunikationstechnik in Nordkorea beobachtet werden. Unterstützt wurden die Bemühungen Nordkoreas zum Aufbau eigener Kapazitäten auf diesem Gebiet durch die damalige Sowjetunion und China. Derzeit sind in Nordkorea, soweit durch offene Quellen verifizierbar, folgende staatliche Stellen in die ITS-Entwicklung eingebunden:

Korea Service Office in Shenyang

Diese in einer angrenzenden chinesischen Provinz errichtete Einrichtung produziert Software für den Markt in Nordkorea. Kontrolliert wird das Unternehmen durch die Korea Editing Corporation, deren Hauptsitz sich in Nordkorea befindet. Geschäftsbeziehungen bestehen mit chinesischen Firmen im Rahmen der Softwareentwicklung für Printmedien und andere Bedarfsträger. Daneben verfügt Nordkorea über folgende Einrichtungen, die an der Entwicklung fortgeschrittener Hard- und Software beteiligt sind:

- **Pyongyang Informatics Center (PIC):** Das 1986 gegründete Unternehmen entwickelt Computer-basierte moderne Managementtechniken und unterstützt deren Einsatz in der staatlichen Verwaltung und der Industrie. Derzeit verfügt es über einen Stamm von mehr als 200 Software-Entwicklern, die hauptsächlich Linux-basierte Programme für das staatliche Informationssystem entwickeln.
- **Korea Computer Center (KCC):** Das 1990 errichtete Unternehmen, das dem Vernehmen nach derzeit über mehr als 800 Mitarbeiter verfügen soll, ist maßgeblich an der Implementierung moderner ITS-Technologie, vorzugsweise im staatlichen Bereich Nordkoreas beteiligt. Geführt wird dieses Unternehmen, das auch über Verbindungen zum Nachrichtendienst der Demokratischen Volksrepublik Korea verfügen soll, durch Kim Jong Nam, einem Sohn des Staatsführers Kim Jong Il, der auch die Kontrolle über den Staatssicherheitsdienst innehaben soll. Soweit aus der südkoreanischen Presse bekannt, wurden die Einrichtungen des nordkoreanischen Auslands-

nachrichtendienstes, die für die Nachrichtengewinnung mit „technischen Mitteln" zuständig sind, in das Gebäude des KCC verlegt. Dabei werden vermutlich auch durch das KCC entwickelte Systeme zur Spracherkennung und Management-Systeme mit künstlicher Intelligenz eingesetzt. Im Jahre 2000 gelang dem KCC auch die Entwicklung eines koreanischen Linux 1.0-Betriebssystems.

- **Die nordkoreanische Akademie der Wissenschaften:** Diese bereits im Jahre 1952 gegründete Akademie beschäftigt sich im Wesentlichen mit den theoretischen Grundlagen Computer-basierter künstlicher Intelligenz. Dazu gehören die Entwicklung multisprachlicher Programme, Optical Reader-Programme auf Basis der koreanischen Schrift, ein japanisch-englisches Übersetzungsprogramm sowie Programme zur Entwicklung künstlicher Intelligenz.
- **Das Labor „Silberner Stern" (Unbyol):** Das im Jahre 1995 gegründete Institut ist vornehmlich mit der Entwicklung von Computer-basierten Fernwirkungs- und Kontrollprogrammen wie zum Beispiel „Silberspiegel" beschäftigt. Daneben sollen auch eine Reihe von Spracherkennungsprogrammen und Multimedia-Anwendungen durch das Institut entwickelt worden sein. Zusätzlich übernimmt das Institut auch eigenständige Entwicklungen für fremde Auftraggeber, vorwiegend aus dem südostasiatischen Raum.

Aktivitäten der nordkoreanischen Streitkräfte

Soweit bekannt, verfügen die nordkoreanischen Streitkräfte über langjährige Verbindung zu den chinesischen und ehemals sowjetischen Streitkräften. China ist für die Entwicklung entsprechender Instrumentarien für die Führung von Informationsoperationen bekannt. Nach über zehnjähriger Pause hat Nordkorea wieder Gespräche auf hoher Ebene mit den russischen Streitkräften aufgenommen. Dabei kann nicht ausgeschlossen werden, dass Nordkorea bemüht ist, früher beschaffte sowjetische Systeme nun mithilfe russischer Lieferungen technologisch aufzuwerten. Nach Analyse vergangener US-Operationen haben sich die nordkoreanischen Streitkräfte offenbar entschlossen, sowohl technologischen als auch operativ-strategischen Anschluss an netzwerkzentrierte Operationen nach westlichem Muster zu finden. Ziel dabei ist, spezialisierte Informationskriegs-Einheiten sowohl im militärischen als auch im nachrichtendienstlichen Rahmen aufzustellen. Deren Auftrag könnte sich auf die „Entwicklung von Mechanismen zur Beeinträchtigung der Kohärenz der südkoreanischen Streitkräfte und deren Führungsfähigkeit sowie Nachrichtengewinnung und -beschaffung"[538] erstrecken. Dass diese Zielsetzung im Anlassfall durch Nordkorea auch gegen andere Staaten angewendet werden könnte, kann nicht gänzlich ausgeschlossen werden. Dazu verfügt Nordkorea in der Mirim-Akademie (Ins-

538 Brown, Chr.: Developing a reliable Methodology for assessing the Computer Network Operations Threat of North Korea, Naval Postgraduate School, Monterey/Kalifornien, September 2004, S. 34.

titut für automatisierte Kriegführung) über ein entsprechendes Instrument zur Aus- und Weiterbildung entsprechender militärischer und ziviler Spezialisten. Zum Lehrplan gehören unter anderem: Automatisierte Kommandoführung sowie Elektronische Kriegführung und Nachrichtengewinnung mit technischen Applikationen. Daneben entwickelt das Institut auch Codes und wirkt an der Automatisierung der Datenübermittlung mit.

Beschränkte InfoOps-Fähigkeiten

Nach südkoreanischen Presseberichten (Mai 2004) soll Nordkorea über ein Potenzial von mehr als 2000 hochqualifizierten Spezialisten verfügen, die durchaus in der Lage sein könnten, fremde Systeme anzugreifen. Beim gegenwärtigen Stand der nordkoreanischen Ausstattung mit Systemen, die für Computer Network Exploitation (CNE) und Computer Network Attack (CNA) geeignet sind (meist unterhalb Pentium II-Standard) sowie der äußerst störanfälligen nordkoreanischen Netzwerk-Architektur – nicht zuletzt hervorgerufen durch Versorgungsengpässe bei der Stromversorgung –, erscheinen direkte und konzentrierte Informationsoperationen von nordkoreanischem Territorium zum gegenwärtigen Zeitpunkt wenig wahrscheinlich. Unabhängig hiervon soll Nordkorea jedoch bereits jetzt über eine Reihe von Rechnersystemen auf aktuellem Windows-Standard verfügen und könnte damit sein Instrumentarium zur Durchführung von CNE- und CNA-Operationen[539] erproben, um im Bedarfsfalle derartige Operationen verdeckt außerhalb Nordkoreas zu führen. Sollte sich jedoch die nordkoreanische Führung entschließen, derartige Operationen von außerhalb des nordkoreanischen Territoriums zu führen, dürfte dies zu einer umfassenden Gefährdung weltweit vernetzter Systeme führen, da außerhalb entsprechende technologische Ressourcen fast unbeschränkt zur Verfügung stehen. Wenngleich die Möglichkeit nordkoreanischer Informationsoperationen gegen westliche Systeme gegenwärtig nicht wahrscheinlich erscheint, sollten Unternehmen in diesem geografischen Raum auf derartige Angriffe vorbereitet sein und entsprechende Gegenstrategien und Redundanzen entwickeln.

Südkorea

Im Bestand der Luftstreitkräfte der Republik Südkorea befinden sich neben 15 CASA/ITPN CN-235 M 10 Lockheed C-130 H Hercules und 4 Hawker 800 SIG, die, nach entsprechender Umrüstung bzw. mit zusätzlicher Ausstattung versehen, für die luftgestützte Signalerfassung eingesetzt werden könnten. Die Agency for National Security Planning (ANSP), Nachfolgerin der Korean Central Intelligence Agency (KCIA), ist für die signalerfassende Aufklärung

539 Offenbar verfügt Nordkorea über ein UNIX-basiertes System für Informationsoperationen mit der Bezeichnung „Red Star". Zentren der Vorbereitungen für Informationsoperationen scheinen das Mirim College und die Morabong-Universität zu sein, die jährlich etwa 30 Studenten im Informationskrieg ausbilden. Nordkorea ist für den weltweiten Internet-Zugang auf Server in der VR China angewiesen. Vgl.: Strategy Page v. 11. 3. 2010.

Südkoreas verantwortlich und betreibt eine Reihe von Aufklärungsstützpunkten, die, wie folgt, disloziert sind: Kanghwa-do-Insel, Osan, Pyong-dong, Pyongtaek, Taegu, Tongduchon, Uijongbu und Yongsan. Inwieweit diese Stützpunkte aufgrund bilateraler Abkommen auch durch andere Partnerdienste mit genutzt werden können, konnte nicht überprüft werden. Aufgrund der sehr strengen Geheimhaltung Südkoreas sind hierüber nur wenige Informationen zum Thema verfügbar. Dies kann auch für die möglichen Fähigkeiten zu Informationsoperationen durch Südkorea gelten.

Japan

Die japanischen Luftstreitkräfte sind für Aufgaben im Rahmen der Elektronischen Kampfführung gegenwärtig mit einer Kawasaki C1 A (EC 1) sowie 10 NAMC YS 11 E ausgestattet. Die Marine der japanischen Selbstverteidigungsstreitkräfte verfügt für diese Aufgabe über eine Staffel mit Lockheed EP3D, OP-3C sowie Mitsubishi UP 2 J und LC 90. Die landgestützte signalerfassende Aufklärung wird durch die dem Generalstab der japanischen Streitkräfte unterstehende Chosa Besshitsu (Chobetsu) geführt, deren Hauptquartier sich in Ichigaya, einem Vorort Tokios befindet. Die Chobetsu pflegt umfassende Arbeitsbeziehungen zur NSA der Vereinigten Staaten und verfügt über ein ausgedehntes Netz von Erfassungsstationen, die über die japanischen Inseln verteilt sind. Zusätzlich betreibt die Chobetsu, vermutlich im Verbund mit der NSA, auf Okinawa Erfassungsstellen in Futema und Hanza sowie in Kadena, Kammiseya, Misawa und Yokusuka. Aufgrund der rigiden Geheimhaltung der japanischen Behörden sind Informationen über die Gliederung der Chobetsu nicht verfügbar. Es kann aber als sicher gelten, dass die Chobetsu auch mit der Vorbereitung und Durchführung von Informationsoperationen befasst ist. Ob der im Februar 2007 durch Japan in Umlauf gebrachte Satellit auch zur Signalerfassung geeignet ist, konnte nicht in Erfahrung gebracht werden. Über die Fähigkeiten Japans zur Führung von Informationsoperationen ist wenig bekannt.

Indien

Indien als eine starke Regionalmacht verfügt in seinen Luftstreitkräften über mindestens zwei Boeing 707, zwei Boeing 737 sowie 3 Gulfstream G-1159 A SRA-1[540], die zur Signalerfassung geeignet sind. Daneben kann die indische Luftwaffe mindestens 6 English Electric Canberra (B) I für Zwecke des elektronischen Kampfes einsetzen. Ob die der indischen Marine zugeordneten 8 English Electric Canberra PR-57/67 auch über eine Zweitrollenfähigkeit für SIGINT verfügen, konnte nicht geklärt werden. Für die terrestrische Signalerfassung ist der Research and Analysis Service zuständig, der Stationen in Charbatia und Sarsawa betreibt. Es kann auch als sicher gelten, dass Indien über

540 Truppendienst-Spezial, 1/2007.

die Fähigkeit zur Erfassung von Satellitenkommunikation im Interessenbereich verfügt. Dies gilt auch für die Fähigkeit zur Planung und Durchführung von Informationsoperationen.

Pakistan

Pakistan als Anrainerstaat zu Afghanistan und China war in der Vergangenheit ein wichtiger Partner der westlichen Nachrichtendienste für die signalerfassende Aufklärung in dieser Region. Die pakistanischen Luftstreitkräfte sind für Aufgaben der luftgestützten Signalerfassung derzeit nur mit zwei Mystère Falcon 20 F ausgestattet. Für die Aufklärung mit technischen Mitteln ist der militärische Nachrichtendienst Pakistans, der Inter Service Intelligence (ISI) verantwortlich, der in Parachinar einen Erfassungsstützpunkt betreibt. Pakistan dürfte über entsprechende Fähigkeiten zur Erfassung satellitengestützter Kommunikationsverbindungen und zur Vorbereitung und Durchführung von Informationsoperationen auf entsprechendem Niveau verfügen. Leider sind auch für diesen Komplex nur vereinzelt Informationen aus offenen Quellen verfügbar.

Die dunkle Seite des Infowars: Terrorgruppen, OK und Spione auf dem Datenhighway

Nicht erst seit dem Jahre 2001 nutzen Gruppen des nationalen und internationalen Terrors vermehrt moderne Kommunikationsmittel wie Internet, Mobiltelefone und die Möglichkeiten weltweiter Satellitenkommunikation. Deshalb kann nicht ausgeschlossen werden, dass Terrororganisationen fähig und in der Lage sind, wenn auch nur in begrenztem lokalem Umfang, signalerfassende Aufklärung zu betreiben, wie sich bei den Funden der israelischen Streitkräfte im jüngsten Libanon-Konflikt zeigte. Dabei wurde festgestellt, dass die im Libanon operierenden Kräfte der Hisbollah dank iranischer Unterstützung über relativ moderne Kommunikationsmittel und eine effiziente Computer-Ausstattung verfügten. In dem in Mais al-Dschabal durch die israelischen Streitkräfte entdeckten „Command and Control Center" (C2-Center) war die Hisbollah mit Unterstützung iranischer Spezialisten (vermutlich Angehörigen der Revolutionsgarden) in der Lage, in Echtzeit mithilfe von militärischen, aus ehemaligen US-Beständen stammenden Kommunikationsgeräten, sowohl Verbindung mit den eigenen Kräften aufrechtzuerhalten, als auch einen großen Teil des israelischen Funkverkehrs im Operationsgebiet zu überwachen. Zu diesem Zweck nutzte die Hisbollah unter anderem einen Funkgerätesatz AN/VRC-12 sowie AN/PRC-77 aus US-Beständen und einen Nokia LV-217 VHF Transceiver (Sende-/Empfänger und eine Reihe von handelsüblichen Rechnern, Monitoren, ein Faxgerät und DVD-Recorder).[541] Auch die US-Truppen im Irak und Afghanistan[542] fürchten, dass die dortigen Terrorgruppen in der Lage sein könn-

541 Osborne, S., in Northeast Intelligence Network, August 2006 (homelandsecurity.com).

542 Garamone, AFIS Washington, 19. 10. 2006.

ten, taktische militärische Fernmeldeverbindungen, die mit dem US-System SINGARS[543], das im Frequenzsprungverfahren sendet, betrieben werden, abgehört werden könnten. Soweit bekannt, verfügen auch die Taliban in Afghanistan über entsprechende Kommunikationsmittel und sind in der Lage, den nichtverschlüsselten taktischen Funkverkehr der Alliierten zu erfassen, die Inhalte auszuwerten und zeitgerecht in Aktionen umzusetzen. Da auf dem freien Markt[544] eine Vielzahl von Funkempfängern, Scannern und sonstigen Sende-/Empfangsgeräten und hochwertigen Analyse- und Aufzeichnungsgeräten, nicht nur aus ziviler Produktion, sondern auch aus militärischen Überschussbeständen verfügbar ist, muss davon ausgegangen werden, dass Gruppierungen des nationalen und internationalen Terrorismus in der Lage sind, taktischen militärischen Funkverkehr mit relativ einfachen Mitteln zu erfassen und deren Inhalte auszuwerten. Dies kann auch für die Erfassung von Satellitensignalen aller Art durch Gruppierungen des internationalen Terrorismus gelten, da deren Schwachstellen und ein Großteil der Verfahren zumindest Fachleuten mit entsprechendem Hintergrund bekannt sind und entsprechende Technik[545] auf dem freien Markt verfügbar ist.

Besondere Fähigkeiten[546] entwickeln Terrorgruppen im Nahen und Mittleren Osten auf dem Gebiet des Einsatzes von improvisierten ferngesteuerten (remotely piloted) Drohnen, wie sie bereits für Aufklärungseinsätze gegen israelische Truppen im Libanon durch die dortigen Kräfte der Hamas eingesetzt wurden. Soweit bekannt, wurden derartige Drohnen mit nicht bekanntem Erfolg auch bereits gegen einen israelischen Zerstörer vor der libanesischen Küste eingesetzt. Eine zusätzliche Gefährdung in diesem Raum entsteht durch Verwendung fliegender ferngesteuerter „Improvised Explosive Devices“ (IED) gegen Hubschrauber der US-Streitkräfte im Irak durch Terroristen. Nicht ausgeschlossen werden kann, dass derartige Drohnen auch in einer Störerrolle (ECM) gegen örtliche funkbasierte Kommunikationsnetze der Alliierten eingesetzt werden können. Daneben ist auch mit dem Einsatz von Breitbandstörern in bestimmten, für

---

543 Single Channel Ground and Airborne Radio System; vgl. http://acronyms.thefreedictionary.com/SINGARS

544 Siehe hierzu auch die Verfügbarkeit ausgesonderter militärischer Kommunikationsmittel: sales@armyradio.com und Kuhl/Siebel: Zusatzgeräte für den Funkempfang, Meckenheim 2000; Schiffbauer, N.: Weltempfänger, Testbuch, Meckenheim 2001; Siebel: Zusatzgeräte für den Funkempfang, Meckenheim 1995; Mass, C.: Die Technik des Satellitenanzapfens, Poing 2001; Mass, C.: Satellitensignale anzapfen und auswerten, Poing 2002; Gongolsky, M.: Computer und Radio, Meckenheim 1994.

545 Ein für derartige Zwecke geeignetes Gerät stellt der Empfänger FE-5000 mit AR-5000 dar, der den Frequenzbereich von 5 kHz bis 5 GHz abdeckt und über eine Rechner-Schnittstelle verfügt. Nicht minder geeignet und bereits verfügbar ist das System OSCOR 5000 E der REI Research Industries International, das softwaregestützte Erfassungs- sowie Analysemöglichkeiten im Frequenzbereich 5 MHz bis 21 GHz bietet. Soweit bekannt, wird es bereits durch eine deutsche Stelle, die in der Kommunikationsüberwachung und Lauschabwehr tätig ist, genutzt.

546 Eshel, D.: Schutz vor improvisierten Sprengsätzen, BMfLV, Truppendienst 1/2007, Wien.

die in diesem Raum eingesetzten Streitkräfte wichtigen Frequenzbereiche, zu rechnen. Dies kann auch für die Planung und Durchführung von Informationsoperationen mit begrenzter Zielsetzung in Bereichen oder Einrichtungen von besonderem Interesse für die Terroristen gelten. Ungleich schwieriger könnte es für derartige Gruppierungen werden, in hochwertige Netze der Sicherheits- und Militärbehörden einzudringen, da diese Netze in der Regel durch aufwändige Verfahren gegen Angriffe geschützt werden. Hier genügt es jedoch schon, Schwachpunkte in der Netzführung wie terrestrische Sende- und Empfangseinrichtungen, Netzknoten und Schnittstellen zur Satellitenkommunikation auszuschalten, um die Funktion der Netze nachhaltig zu stören oder partiell für bestimmte Zeiträume auszuschalten. Für die weltweite Kommunikation nutzen auch die Gruppierungen des internationalen Terrorismus sowohl das Internet als auch Mobil- und Satellitentelefone und das konventionelle internationale Telefon- und Fax-Netz. Zum Schutz der Informationsinhalte werden vereinzelt auch schon relativ sichere Schlüsselverfahren genutzt.

Als Cyberterrorismus können sämtliche ungesetzlichen und politisch motivierten Angriffe auf Informations- und Kommunikationssysteme eines Staates oder eines Wirtschaftsunternehmens angesehen werden, wenn diese das Ziel haben, eine Regierung zu beeinflussen oder politische Ziele zu verwirklichen, die Bevölkerung zu gefährden oder ökonomischen Druck auszuüben. Als Ziele für derartige Angriffe können betrachtet werden:

- Verlust der Integrität der Datenbestände
- Verlust der Verfügbarkeit von Daten
- Verlust der Vertraulichkeit der Daten und Offenlegung
- Physische Zerstörung der IT-Systeme

Eine Reihe von Sachverständigen gehen von der Annahme aus, das eine Cyberattacke aus Sicht der Verursacher am wirkungsvollsten ist, wenn diese mit einem zusätzlichen Angriff mit konventionellen und/oder Massenvernichtungswaffen gekoppelt ist, da hier Kollateralschäden in nicht messbarer Höhe auftreten können. Dies gilt insbesondere bei Angriffen gegen Kritische Infrastrukturen einschließlich der Führungs-, Verwaltungs- und Verteidigungssysteme[547] einer Gesellschaft. Soweit feststellbar, wurden im ersten Halbjahr 2005 weltweit mehr als 237 Mio. Angriffe gegen Systeme aller Art, dabei mehr als 54 Mio. Angriffe gegen Regierungssysteme registriert. Nicht unterschätzt werden darf dabei auch die Gefährdung durch „Innentäter", die in der Regel über profunde Systemkenntnisse und dessen Verwundbarkeit und Manipulationsfähigkeit verfügen und damit hohen Schaden anrichten können. Gruppierungen der nationalen und transnationalen organisierten Kriminalität sind, insbesondere dann, wenn diese über entsprechende finanzielle Mittel verfügen, durchaus in der Lage, SIGINT- und Informationsoperationen durchzuführen. Nach der Auflösung

547 Chinesischen Hackern ist es offenbar schon gelungen, sowohl in nichtklassifizierte US-Netze als auch in gesicherte Netze der US-Streitkräfte einzudringen; vgl.: Rollins, J.: Terrorist Capabilities for Cyberattack: Overview and Policy Issues, S. 15, The Library of Congress (RL33123), Washington, D. C., 22. 1. 2007.

und Umgliederung vieler Nachrichten- und Sicherheitsdienste in den ehemaligen Ostblockstaaten wurden hochqualifizierte Mitarbeiter dieser Dienste, insbesondere mit Kenntnissen in der Kommunikations- und Verschlüsselungstechnik, entlassen. Hier könnte die organisierte Kriminalität im Bedarfsfall auf ein Reservoir hochqualifizierter Spezialisten zurückgreifen, um entsprechende SIGINT- und Informationsoperationen durchzuführen. Die Beschaffung entsprechender Ausrüstung dürfte dabei nicht an fehlenden finanziellen Mitteln scheitern. Soweit bekannt, verfügen Gruppierungen der internationalen organisierten Kriminalität, die im Drogengeschäft tätig sind, derzeit über die am weitesten fortgeschrittene Kommunikationsinfrastruktur – einschließlich der Nutzung fortgeschrittener Kryptographiesysteme und der Anwendung der Steganografie bei der Übermittlung ihrer Informationen. Auch hier kann nicht ausgeschlossen werden, dass sich Terrorgruppen der Hilfe der internationalen organisierten Kriminalität und ihrer weltweiten Verbindungen bedienen.

Wirtschaftsspionage aus dem Netz

Die Gefährdung der Informationsinfrastrukturen einer Volkswirtschaft durch Signalerfassung und Informationsoperationen fremder Staaten oder durch die Business Intelligence[548] stellt eine permanente Gefährdung nationalen wirtschaftlichen Handelns dar. Gefährdet sind insbesondere die hochkomplexen Informations- und Kommunikationssysteme der Wirtschaft und Industrie und der Behörden, die das Ziel von Ausspähung und Manipulation werden können, wie eine Reihe von Fällen von Industriespionage und Konkurrenzausspähung der jüngsten Zeit belegen. Allerdings ist hier die Dunkelziffer vermutlich ungleich höher, da es nicht im Interesse der betroffenen Unternehmen liegen kann, dass derartige Vorkommnisse an die Öffentlichkeit dringen. Deutschland befindet sich wegen seiner politischen und wirtschaftlichen Bedeutung und seiner Lage in Zentraleuropa nach wie vor im Fokus fremder und auch befreundeter Nachrichtendienste. Die Nachrichtengewinnung hat sich als Ergebnis der poli-

548 Siehe hierzu auch Dreger, W.: Counter Intelligence- Betriebliche Spionageabwehr, Malmsheim 1998; Schaaf, C.: Industriespionage, Stuttgart 2009, sowie: Sicherheitsforum Baden-Württemberg, SIFO-Studie 2009/2010: Know-how-Schutz in Baden-Württemberg, Handlungsempfehlungen für Unternehmen, Steinbeis, Stuttgart 2010; vgl. auch: „Seit dem Jahr 2005 werden auf breiter Basis durchgeführte zielgerichtete elektronische Angriffe auf Behörden und Wirtschaftsunternehmen in Deutschland erkannt, die bis heute in unverminderter Intensität anhalten. Aufgrund der erkannten Merkmale wird der Ursprung der meisten Angriffe Stellen auf dem Gebiet der Volksrepublik China zugeordnet. Die bei den ausgewählten Zielen zu erlangenden Informationen sind insbesondere für staatliche Stellen von Interesse. Deshalb wird diesen Angriffen eindeutig eine Spionageabsicht unterstellt. Die Angriffe erfolgen mit E-Mails, deren Anhänge ein Schadprogramm enthalten. Wird der Anhang geöffnet, installiert sich das Schadprogramm unbemerkt auf dem Opfersystem und versucht danach eine Verbindung zu einem Computer in China aufzubauen, von dem weitere Informationen nachgeladen werden. Diese können Anweisungen zum Datendiebstahl oder auch zur Datenzerstörung enthalten." BMI-Verfassungsschutzbericht 2009, Abschnitt VI, S. 307–308 vom 22. 6. 2010. Leider sind hierzu keine Fallzahlen verfügbar.

tischen Umwälzungen von der Signalerfassung zunehmend auf das Gebiet der Informations- und Kommunikationstechnologie verlagert. Nicht auszuschließen ist jedoch, dass auch die Kommunikationsverbindungen der Bundeswehr in die Einsatzgebiete nach wie vor durch fremde Dienste erfasst und ausgewertet werden. Die in Deutschland betriebenen umfangreichen Informations- und Kommunikationsnetze, sowohl auf staatlicher Seite als auch im Bereich der Wirtschaft, als auch im privaten Bereich, sind vorrangiges Ziel von Ausforschungsaktivitäten fremder und befreundeter Dienste. Nicht zuletzt werden die Datenverarbeitungsanlagen in Deutschland durch umfangreiche Hacker-Aktivitäten unterschiedlicher Herkunft angegriffen. So waren der Informationsverbund Bonn–Berlin (IVBB), aber auch andere Datenverarbeitungsanlagen in Deutschland das Ziel chinesischer Hacker. Die Kritische Informationsinfrastruktur[549] Deutschlands wird auch in Zukunft durch Informationsoperationen fremder Mächte oder Gruppierungen der internationalen organisierten Kriminalität (OK) als auch durch terroristische Gruppierungen auf das äußerste gefährdet sein. Nicht zuletzt stellen die Informations- und Kommunikationssysteme der Finanzwirtschaft ein überaus verwundbares Ziel für Informationsoperationen aller Art dar.

Bedrohungen für Deutschland[550]

Deutschland als rohstoffarme Industrienation ist für den Bestand seiner wirtschaftlichen Leistungsfähigkeit auf die Entwicklung und den Export von Hochwerttechnologien aller Art angewiesen. Besondere Bedeutung[551] erhalten Forschung und Entwicklung damit in technologischen Kernbereichen wie

549 In China wurde eine Studie zur Verwundbarkeit der Energieversorgungsnetze unter dem Titel „Cascade Based Attack Vulnerability on the US-Power Grid" veröffentlicht, die zu entsprechenden Reaktionen in Fachkreisen führte (ACIPSS-Newsletter 13/2010, Nr 0817/2010). Auch hat der VdS in Köln im Jahre 2008 ein Fachseminar zu diesem Thema veranstaltet; vgl. hierzu: Kritische Infrastrukturen-Risiken und Probleme, Schadenverhütung, Köln 2008.

550 Übereinstimmend werden in den Verfassungsschutzberichten Baden-Württemberg und Bayern für das Jahr 2009 die andauernden Aktivitäten der VR China und Russlands im Bereich der staatlich gelenkten Wirtschaftsspionage festgestellt. Fallzahlen liegen jedoch zu diesem Aspekt in beiden Berichten nicht vor. Ausdrücklich wird jedoch festgestellt, dass auch die Dienste einiger westlicher Staaten aktiv in die Wirtschaftsspionage gegen Deutschland eingebunden sind; vgl. hierzu den Verfassungsschutzbericht 2009 Bayern/Baden-Württemberg. Besondere Beachtung verdient auch die SIFO-Studie des Sicherheitsforums Baden-Württemberg aus dem Jahre 2010.Die Studie enthält ein überaus aktuelles Kompendium von Maßnahmen zur Abwehr von Wirtschafts-/Industriespionage. Steinbeis-Edition, Stuttgart 2010; vgl. hierzu auch Schwarz, M.: „Es gibt keine Schonräume" – Interview mit Hans-Georg Wieck, ehemals Präsident des BND, Junge Freiheit, 9. 7. 2010.

551 Künftig wird auch die Beschaffung von Rohstoffen zu angemessenen Preisen auf dem Weltmarkt für die deutsche Industrie zu einem ernst zu nehmenden Problem werden. Nicht zuletzt werden auch die nationalen Nachrichtendienste künftig die Entwicklung der Finanzmärkte aufmerksam beobachten müssen, um frühzeitig auf bedrohliche Entwicklungen reagieren zu können. Entsprechende Vorschläge sind in einem Aufsatz von Joseph Fitsanakis

- Informationsverarbeitung
- Kommunikationstechnik und -verfahren
- Elektronik
- Luft- und Raumfahrt
- Werkstoffe
- Produktions- und Verfahrenstechnik
- Energie- und Umwelttechnik
- Biotechnik und Medizin

und andere Bereiche, die trotz der Globalisierung der Wirtschaft politische, militärische und wirtschaftliche Relevanz auch nach dem Ende der Ost-West-Konfrontation besitzen und deshalb weiterhin Ziel der Wirtschafts- und Industriespionage sind. Wie oben bereits geschildert, bietet die moderne weltumspannende Kommunikationsgesellschaft, hier besonders das Internet, vielfältige Möglichkeiten der gefahrlosen Informationsbeschaffung[552] aus frei zugänglichen Quellen, die als Basis für weitere umfassende Ausforschungsbemühungen durch fremde staatliche Stellen, Wirtschaftsunternehmen aller Art und Gruppierungen der transnationalen organisierten Kriminalität, Internet-Kriminellen und Terrorgruppen aller Art genutzt werden könnten. Dies kann auch für die Schwellenländer wie zum Beispiel den Iran oder Nordkorea gelten, von denen zu vermuten ist, dass sie Massenvernichtungswaffen entwickeln oder besitzen. Sie arbeiten intensiv an der Erweiterung ihrer Arsenale, zum Beispiel in Form der Entwicklung von Nuklearwaffen oder Trägermitteln aller Art für den Einsatz von chemischen, biologischen und nuklearen Waffen. Sie versuchen, ihren technologischen Rückstand durch Wirtschaftsspionage und Beschaffung Proliferationsverbots-relevanter Informationen und Techniken aufzuholen. Im Bereich der Business Intelligence[553] zielen Ausspähungsbemühungen in erster Linie auf die Herbeiführung von Wettbewerbsvorteilen in einem hart umkämpften internationalen und globalisierten Markt.

---

in intelNews.org enthalten: Fitsanakis, J.: European Spy Agencies must Augment Economic Role, www. rieas.org, Mai 2010.

552 Als besonders geeignet für das Abschöpfen sensitiver privater Daten der Nutzer zeigen sich die „sozialen Medien" wie Facebook, Twitter und andere, die durchaus für Anbahnungsoperationen aller Art genutzt werden können: Soziale Medien sind ein Fluch für IT-Chefs; www.pressetext.at/news/100517023/soziale-medien-im-job-sind-ein-fluch-fuer-it-chefs/ v. 18. 5. 2010).

553 Da die Abgrenzung zwischen staatlich organisierter Wirtschaftsspionage und durch Wirtschaftsunternehmen getragene Konkurrenzausspähung in der Regel erst nach Abschluss strafrechtlicher Ermittlungen möglich ist, wird hier zur Vereinfachung der Begriff „Business Intelligence" verwendet.

Erkennbare Schwerpunkte[554] *der Business Intelligence*[555] *mit Zielrichtung Deutschland*

Am Anfang aller Business Intelligence-Aktivitäten[556] stehen in Regel umfassende Maßnahmen der Informationsgewinnung mit offenen und verdeckten Mitteln durch den Träger der Business Intelligence Operation, die Angaben über folgende Ziele zum Inhalt haben:

- Unternehmensgeschichte
- Unternehmenspolitik
- Unternehmensstruktur
- Forschung und Entwicklung
- Produktionspotenzial
- Vertriebsorganisation
- Eigentumsverhältnisse
- Finanzieller Status
- Kooperation mit anderen Unternehmen
- Tochterunternehmen
- Beteiligungen an anderen Unternehmen
- Produktionsstätten und deren mögliche Schwachpunkte
- Objektschutz
- Personalstruktur und Führungs-/Schlüsselpersonal
- Informations- und Kommunikationssysteme und deren Redundanzen

zu gewinnen. Die Ergebnisse der Zielobjektanalyse werden in entsprechende Planungen umgesetzt und führen in aller Regel zu sorgfältig abgestimmten, schwer detektierbaren, verdeckten Beschaffungsaktivitäten aller Art, einschließlich des Einsatzes hochwertiger Technik und menschlicher Quellen in den besonders gefährdeten Unternehmensbereichen des Zielobjekts mit Zielrichtung wie:

- Aufsichtsorgane – Unternehmerische Entscheidungen aller Art

---

554 Vgl. hierzu auch: Bayerisches Staatsministerium des Innern, Verfassungsschutzbericht 2009, S. 209 ff., München 2010, sowie Tagungsbeitrag eines Vertreters des Bundesamtes für Verfassungsschutz (BfV) bei der gemeinsamenTagung der Friedrich-Ebert-Stiftung (FES) und des Gesprächskreises Nachrichtendienste Deutschlands (GKND) am 20. 5. 2010 zum Thema „Wirtschafts- und Industriespionage: Unternehmen in der Globalisierungs- und Technikfalle?“ in Bonn. Dieser bestätigt die anhaltenden nachrichtendienstlichen Aktivitäten Russlands und der VR China in Deutschland.

555 Da besonders im Anfangsstadium einer Informationsbeschaffungsoperation der Urheber nicht eindeutig identifiziert werden kann, werden sowohl staatlich gelenkte/unterstützte Wirtschafts-/Industriespionage als auch Business Intelligence zunächst als Business Intelligence subsumiert.

556 Siehe hierzu: Wirtschaftsspionage in Baden-Württemberg und Bayern, LfV B.-W. & LfV Bayern, Oktober 2006. Der Verfassungsschutzbericht 2009 Baden-Württemberg und Bayern enthält keine Fallzahlen sondern nur allgemeine Hinweise auf die Hauptträger der staatlich gestützten Wirtschaftsspionage der letzten Jahre, VR China und Russland. Auf die Beschaffung von Embargo/Dual-Use-Gütern zum Zwecke der Herstellung von Massenvernichtungswaffen kann hier aus systematischen Gründen nicht weiter eingegangen werden.

- Unternehmensleitung – Planungen und Entscheidungen auch mit langfristigen Perspektiven
- Verwaltung – Personenbezogene Daten
- Schwachstellen im persönlichen Umfeld
- Forschung und Entwicklung – Produktideen und Strategien
- Long Term Planning
- Produktion – Konstruktionsunterlagen aller Art
- Gütesicherung
- Verfahrenstechnik in der Produktion
- Herstellungsverfahren
- Regel- und Steuerungssysteme
- Schwachstellen im System
- Lieferanten- und Kundendaten
- Marketing
- Finanzwesen- Kalkulationsunterlagen
- Budget
- Investitionsplanungen
- Informations- und Kommunikationssysteme
- Zentraler Zugriff, Redundanzen und sonstiger Schwachstellen

Methoden der Business Intelligence/Competitive Intelligence[557]

Die Business Intelligence bedient sich vielfältiger Methoden zu Beschaffung von Informationen aller Art, die eine Unterscheidung zwischen nachrichtendienstlichen Aktivitäten und der Business Intelligence sehr schwierig macht, da eine Abgrenzung im Frühstadium des möglichen Angriffs nur unter beträchtlichem operativen Aufwand möglich ist und nicht immer den gewünschten Erfolg verspricht. Vielfach bedienen sich die Akteure nachrichtendienstlicher Praktiken, da sie in der Regel über einen derartigen Hintergrund verfügen. Die Methoden sind vielfältig und können umfassen:

- Einsatz menschlicher Quellen zur Informationsbeschaffung[558]
- Ausnutzung von besonderen persönlichen Lagen
- Erpressung
- Korruption u. Ä.
- Auswertung aller verfügbaren offenen Quellen[559]
- Gesprächsabschöpfung bei Messen und Ausstellungen
- Konferenzen und Tagungen

---

557 Die Competitive Intelligence nutzt, soweit bekannt, üblicherweise keine nachrichtendienstlichen Mittel und Methoden zur Informationsgewinnung; vgl. hierzu auch: Direct Risk Management (DRM); vgl.: www.pwc.de/de/risikomanagement.

558 Hierzu gehört auch das „Social Engineering". Auch bleiben die eigenen Mitarbeiter nach wie vor das größte Sicherheitsrisiko: http://www.pressetext.de/news/100529001/eigene-mitarbeiter-bleiben.... v. 31. 5. 2010.

559 Vgl. hierzu auch: Open Source für BI-Anwender, IT-Management, S. 8–9, Juni 2010.

- Call for Papers für Tagungen und Präsentationen in speziell gelagerten Fällen
- Aufforderung zur Abgabe von Angeboten mit spezifischen Offenlegungspflichten des Bieters (Fähigkeiten, Kalkulation, Ablaufplanung und Einsatz sonstiger Hilfsmittel durch den Bieter)
- Umfassender Einsatz technischer Hilfsmittel zur Erfassung kompromittierender, parasitärer Abstrahlungen der IT-Systeme des Zielobjekts
- Einsatz elektronischer Lauschsysteme
- Überwachung der Kommunikationsverbindungen über Luftschnittstellen und Eindringversuche in das IT-System des Zielobjekts[560]

Nicht zuletzt werden ausgeklügelte Systeme zur Analyse der Business Intelligence-Prozesse[561] angewandt, auf deren Beschreibung hier jedoch aus systematischen Gründen verzichtet werden muss.

Lagebild OK: Deutschland im Visier

Wie in den Vorjahren wurde die organisierte Kriminalität in Deutschland von deutschen und türkischen OK-Gruppen geprägt. Es folgen polnische und russische OK-Gruppen. Die Reihenfolge der nachfolgenden Nationalitäten wechselt jedoch häufig. Im Berichtsjahr 2009 ist die Anzahl türkischer (2007: 77), russischer (2007: 23), libanesischer (2007: 13), vietnamesischer (2007: 11) und litauischer OK-Gruppen (2007: 10) gestiegen, wohingegen die Zahl deutscher (2007: 181), italienischer (2007: 19) und nigerianischer (2007: 20) OK-Gruppen gefallen ist. Die Anzahl rumänischer OK-Gruppen liegt hingegen wie im Vorjahr konstant bei 20.[562] Auch Gruppen der OK aus dem Irak konnten identifiziert werden. Hier ist gegenüber dem Jahre 2008 ein Anstieg von 9 auf 16 Gruppen im Jahre 2009 zu verzeichnen. Die hauptsächlichen Aktivitätsfelder der transnationalen organisierten Kriminalität in Deutschland, einem bedeutenden Transitland in Europa, waren im Jahre 2009: Rauschgiftschmuggel mit 237 Ermittlungsverfahren, Eigentumskriminalität mit 83 Verfahren, Kriminalität im Zusammenhang mit dem Wirtschaftsleben mit 75 Verfahren, Steuer- und Zolldelikte mit 53 Fällen, Schleuserkriminalität mit 37 Verfahren, Fälschungskriminalität mit 30 Fällen, Kriminalität im Zusammenhang mit dem Nachtleben in 20 Verfahren, Gewaltkriminalität mit 20 Verfahren. Die Anzahl

560 Der Einsatz derartiger Mittel richtet sich nach Art und Umfang der Business Intelligence Operation. Die hier geschilderten Mittel sollen nur beispielhaft dargestellt werden, da sich deren Einsatz auch an den Abwehrmöglichkeiten des Zielobjekts orientieren muss.

561 Schmalzridt/Lehmann, SAP Business Information Warehouse, SAP, 2002.

562 Organisierte Kriminalität, Bundeslagebild 2008, BKA 2009. Hierbei werden sonstige Gruppierungen mit OK-Bezug (Rockergruppen o. Ä.) offenbar nicht berücksichtigt. Die Innenminister der Länder konnten sich bei ihrer Konferenz im Mai diesen Jahres in Hamburg nicht zu einem Verbot dieser Gruppierungen entschließen; vgl. aber hierzu: Niggl, P.: Rocker in Deutschland, CD-Sicherheitsmanagement Nr. 3/2010, Ausgabe Deutschland, Rodenbach 2010. BKA: Organisierte Kriminalität – Bundeslagebild 2009 v. Juli 2010. Demnach war gegenüber dem Jahre 2008 ein Anstieg der Fallzahlen um 0,7 % festzustellen.

der Verfahren im Bereich der Umweltkriminalität umfasste 5 Verfahren, der Waffenschmuggel war mit 2 Verfahren signifikant niedrig. Außerdem wurden aus sonstigen Kriminalitätsbereichen 17 Verfahren abgeschlossen.

Der durch Aktivitäten der OK in Deutschland verursachte Schaden wird durch das BKA für das Jahr 2009 mit 1,37 Milliarden Euro beziffert. Der durch das BKA für das Jahr 2009 geschätzte Gewinn aus kriminellen Aktivitäten in Deutschland betrug 903 Mio. Euro. Dabei konnten in den durch die Strafverfolgungsbehörden gegen die OK geführten Verfahren Vermögenswerte in Höhe von 113 Mio. Euro vorläufig gesichert werden. Allein in 172 OK-Verfahren waren Geldwäschehandlungen nach § 261 StGB das Ziel der Ermittlungen. Die Aktivitäten der transnationalen OK in Deutschland können nicht isoliert von der Wirtschaftskriminalität und der Kriminalität im Bereich Information und Kommunikation (IuK-Kriminalität)[563] sowie Korruption betrachtet werden. Im Bereich der Wirtschaftskriminalität haben Delikte unter Zuhilfenahme des Internets signifikant um 77 % gegenüber 2008 zugenommen. In 7158 Fällen bezogen sich die Ermittlungen auf Straftaten im Zusammenhang mit dem Internet. Dies bedeutet, dass im Jahre 2008 bei mehr als jedem fünften Fall aus dem Bereich Wirtschaftskriminalität das Internet als Tatmittel verwendet wurde. Im Jahre 2008 wurden in der Kriminalstatistik 7.179 Fälle von Anlagebetrug und Finanzierungsdelikten mit einem geschätzten Schaden von 336 Mio. Euro registriert. Allerdings ist hier eine Unterscheidung nach Tatbeteiligten nicht möglich. Für das Jahr 2008 weist die Kriminalstatistik 5.833 Fälle von Kapitalanlagenbetrug auf. Auch hier ist die Tatbeteiligung der OK aus der Statistik nicht zu ermitteln. Das Bundeslagebild IuK-Kriminalität des BKA für 2009 weist folgende Fallzahlen aus (Fallzahlen aus 2008 sind in Klammer gesetzt):

- Computerbetrug: 22.963 (17.006)
- Betrug mit Zugangsberechtigungen zu Kommunikationsdiensten: 7.205 (5.244), Datenfälschung, Täuschung im Rechtsverkehr bei Datenverarbeitung: 6.319 (5.716)
- Datenveränderung/Computersabotage: 2276 (2207)
- Ausspähen/Abfangen von Daten: 11.491 (7.727)
- IuK-Kriminalität im engeren Sinne: 50.254 (37.900)

Die Schadenshöhe in der IuK-Kriminalität betrug nach Einschätzung des BKA im Jahre 2009 36,9 Mio. Euro. Als besonders schwerwiegend erweist sich der Diebstahl digitaler Identitäten. In einem Hellfeld von insgesamt 6.800 Fällen verteilten sich die Delikte wie folgt:

- Phishing im Zusammenhang mit Online-Banking: 2.923 Fälle
- Carding (missbrauchliche Nutzung bestehender Konten, z. B. E-Bay unter falscher Identität mithilfe von gefälschten Kreditkarten): 53 Fälle

563 Nach Einschätzung der bayerischen Polizeibehörden stellt die IuK-Kriminalität einschließlich der Industriespionage die drittgrößte Bedrohung für das Gemeinwesen dar. Daher wird das bayerische Landeskriminalamt verstärkt IT-Forensiker einstellen und diese mit der Verfolgung von Straftaten im Internet beauftragen; vgl. Bayerisches Fernsehen, BR-Rundschau, Stellungnahme des bayerischen Innenministers Hermann, 24. 7. 2010, 18.45 Uhr.

- Account-Takeover (Kaperung eines Internet-Kontos): 617 Fälle
- Missbräuchliche Nutzung von Zugangsdaten zu Telefonanschlüssen (vermutlich Kaperung von unverschlüsselten W-LAN-Accounts): 3.207 Fälle

Die Zahl der in Deutschland missbräuchlich in Bot-Netzen ohne Wissen des Eigentümers infizierten Rechner wird durch das BKA auf bis zu 700.000 Rechner geschätzt. Nach Schätzungen des BKA ist davon auszugehen, dass in Deutschland mindestens 12 Mio. Computer durch Schadsoftware infiziert sind. Auch in dieser Statistik ist die Tatbeteiligung der OK nicht gesondert ausgewiesen. Allerdings weisen Fälle, insbesondere beim Phishing, immer wieder auf tatbeteiligte Gruppierungen, vornehmlich aus Rumänien und Bulgarien, hin. Nach neuesten Meldungen wurden in Slowenien drei Informatik-Studenten festgenommen, denen zur Last gelegt wird, mindestens 13 Mio. Computer mit dem Trojaner „Mariposa“[564] verseucht zu haben. Dieser Trojaner war schon im Zusammenhang mit der Aufklärung eines Bot-Netzes in Spanien bekannt geworden. Auch bestätigte Microsoft eine gefährliche Sicherheitslücke[565] in Windows (WinCC), die dazu führen kann, Prozessleitsysteme in Kraftwerken aller Art, insbesondere Leitsysteme von Siemens, angreifbar zu machen und zu manipulieren. Weitere Schadsoftware dieser Art unter der Bezeichnung „Stuxnet“ ist derzeit im Umlauf und soll unter anderem eine Unzahl von Rechnern im Iran und in China infiziert haben.

Für das Jahr 2008 ermittelten die deutschen Strafverfolgungsbehörden in 1808 Fällen im Bereich der Korruption. Rund 88 % der Verfahren betrafen den Bereich der „strukturellen Korruption“. Demgegenüber spielten Verfahren der „situativen Korruption“[566] mit einem Anteil von rund 12 % wie bereits in den Jahren zuvor eine untergeordnete Rolle und nahmen im Verhältnis zur strukturellen Korruption sogar ab. Die Beteiligung der OK ist auch in dieser Statistik nicht ausdrücklich ausgewiesen.

---

564 http://computer.t-online.de/mariposa-botnetz-studenten verseuchten ... v. 23.7. 2010. Cyberkriminelle haben mit Hilfe eines Botnet mit der Bezeichnung „Mumba“ mehr als 55.000 Systeme in Großbritannien, Spanien und Deutschland unter ihre Kontrolle gebracht. Mithilfe des Trojaners „Zeus“ gelang es, Bankdaten, Kreditkartennummern und Log-in-Informationen zu „sozialen Netzwerken“ von den Systemen abzuziehen. Auch geraten derzeit iPhones, iPads und iPod-Einrichtungen wegen ihres Betriebssystems (iOS) verstärkt in das Betätigungsfeld von Hackern; vgl. hierzu www.zdnet.com/news/data-stealing-mumba-botnet-hits-55000....... oder http://www.zdnet.com/blog/hardware/your-iphone-ipad-and-ipodtouch..

565 http://computer.t-online.de/trojaner-stuxnet-bedroht-kraftwerke-mit ... v. 23.7. 2010.

566 Unter „situativer Korruption“ werden Korruptionshandlungen verstanden, denen ein „spontaner Willensentschluss“, also keine gezielte Planung, zugrunde liegt. Von „struktureller Korruption“ spricht man, wenn es sich um Korruptionshandlungen handelt, die vor der Tat bewusst geplant oder gezielt vorbereitet wurden. Hier ist die kriminelle Energie naturgemäß höher.

Die Ibn Ladens des Internets

Die Gefahr von Informationsoperationen terroristischer, krimineller Gruppierungen und halbstaatlicher sowie staatlicher Akteure hat, wie jüngste Beispiele gezeigt haben (Baltikum, Armenien und Angriffe gegen staatliche Systeme und Systeme der Wirtschaft in den USA, Deutschland und Großbritannien), in den letzten Jahren zugenommen. Vermutlich mit staatlicher Duldung agierende Gruppierungen aus China und Russland haben in den letzten Jahren vermehrt verdeckte Informationsoperationen gegen staatliche Einrichtungen und Firmen geführt. In Deutschland hat die Informations- und Kommunikationskriminalität[567] im Jahre 2007 mit 34.180 Fällen im Jahre 2008 um etwa 11 % zugenommen und umfasste 37.900 bekannt gewordene Fälle. Möglicherweise liegt die Dunkelziffer bei dieser Deliktart noch weitaus höher, da viele Fälle nicht entdeckt oder der IuK-Kriminalität zugeordnet werden können. Im Fünf-Jahres-Vergleich stiegen die Fallzahlen um rund 300 %. Ziele der IuK-Kriminalität waren trotz verbesserter Abwehrmechanismen nach wie vor das Online-Banking. Zu den weiteren Zielobjekten gehören Social-Network-Plattformen, Zahlungssysteme (PayPal u. a.), E-Mail-Konten, Aktiendepots, Online-Vertriebsportale, Webserver aller Art und besonders Firmennetzwerke. Nicht zuletzt waren auch Kreditkarten das besondere Ziel der IuK-Kriminalität. In der letzten Zeit häufen sich auch die Fälle von Identitätsdiebstahl und Verfälschung von Identitäten mithilfe des Internets. Auch wächst die Gefährdung von Computeranlagen durch Anbindung dieser Rechner an kriminelle Bot-Netze. Nicht zu übersehen ist die Gefährdung geplanter staatlicher Datensammlungen wie ELENA, das geplante zentrale Waffenregister und die durch die EU geplanten zentralen Dateien mit sensitiven Bürgerdaten durch unerkannte Angriffe gegen diese Systeme. Nicht betrachtet werden die bereits im Rahmen von EU-Maßnahmen errichteten Datensammlungen wie SIS, SISII, VIS, EURODAC und ähnliche Systeme, über deren Schutzvorkehrungen derzeit nur unzureichende öffentlich verfügbarer Angaben[568] vorliegen.

567 Kernaussagen zur IuK-Kriminalität, BKA, 8. 10. 2009.

568 Als Beispiel möge hier der nun möglich gewordene Zugang schweizerischer Behörden zur Datensammlung des europäischen Schengen-Informations-Systems (SIS) gelten, in dem umfassende Angaben zu personenbezogenen Daten, Fahrzeugen, Kennzeichen, Schiffen, Flugzeugen, Feuerwaffen, Blankodokumenten, Ausweisen, Reisepässen, Identitätskarten, Führerscheinen, Visaaufklebern, Fahrzeugpapieren, Banknoten und Bankkarten verfügbar gehalten. Dazu enthält die Datei GEWA (Geldwäsche) eine Vielzahl von Einzelheiten zur wirtschaftlichen Tätigkeit natürlicher und juristischer Personen, darunter Angaben zur Anschrift, Telefonnummern, E-Mail-Adresse und andere sachdienliche Informationen. Quellen: Verordnung über den Nachrichtendienst des Bundes (V-NDB) (Entwurf) v. 4. 12. 2009, Bern 2009. Anmerkung: Diese Verordnung ist zum 1. Januar 2010 in Kraft getreten, vgl. auch: Jahresbericht des schweizerischen Nachrichtendienstes 2009: http://www.news.admin.ch/NSBSubscriber/message/attachments/19840.pdf. Gutachten über Rechtsgrundlagen für Computernetzwerkoperationen durch Dienststellen des VBS (VPB 3/2009 v. 2. 9. 2009 [2009.10a, S. 141–177]), EJPD-Direktion für Völkerrecht, Bern, Bundesgesetz über Maßnahmen zur Wahrung der inneren Sicherheit (BWIS) – Vorentwurf fedpol v. 31. 1. 2006.

Die Gefährdung „kritischer Anlagen“[569] der staatlichen Informations- und Kommunikationssysteme als auch der Wirtschaft durch Angriffe aller Art ist im Endergebnis noch nicht abschätzbar, kann aber in außergewöhnlichen Lagen zu einer umfassenden Gefährdung des Gesamtsystems führen. Damit ist die Gesellschaft einer Bedrohung ausgesetzt, deren Grenzen nicht annähernd abgeschätzt werden können.

Deutschland mit seinen sensiblen Strukturen[570] der Informations- und Kommunikationssysteme, die auch international vernetzt sind, stellt ein hochrangiges Ziel für Informationsoperationen[571] aller Art dar. Bisher hat die Bundesregierung im Rahmen des Konjunkturprogramms II mehr als 227 Mio. Euro in die Sicherung der Netze der Bundesregierung und Bundesbehörden investiert. Das Bundesamt für die Sicherheit in der Informationstechnik (BSI) ist federführend bei der Sicherung der öffentlichen Netze der Kritischen IT-Struktur. Im Herbst 2010 wird die NATO voraussichtlich eine „Cyberwar-Doktrin“ verabschieden. Allerdings sind Umfang und Beteiligung der einzelnen NATO-Nationen an der Abwehr von Cyber-Angriffen noch nicht geklärt. Grundsätzliche Probleme bestehen auch bei der rechtlichen Einordnung möglicher Gegenmaßnahmen sowohl auf nationaler Seite als auch innerhalb der NATO. Nach Einschätzung des früheren Staatssekretärs im BMI, August Hanning[572], ist die Bundesrepublik Deutschland bei Angriffen aus dem Internet gegen seine Kritische Infrastruktur nur „ bedingt abwehrbereit“.

Die hässlichen Gesichter des Cybercrime

Ein neues Phänomen zeigt sich in der Informations- und Kommunikationskriminalität (IuK) der letzten Jahre. Waren es im Jahre 2002 noch 17.000 Fälle von

Bern; Verfassungsrechtliche Abklärung betreffend der Teilrevision des Bundesgesetzes über Maßnahmen zur Wahrung der inneren Sicherheit (Vorlage „BWIS“) (VPB 4/2009 v. 2. 12. 2009), Schweizer Armee 2009, Eidgenossisches Departement für Verteidigung, Bevölkerungsschutz und Sport, VBS, Bern 2009. Schweizer Grenadiere in: International Special Operations Magazine- Kommando-Nr. 4/2009, S. 66–68 (K-ISOM), Nürnberg 2009; Militärpolizei der Schweizer Armee in: International Special Operations Magazine-Kommando-Nr. 1/2010, S. 74–75 (K-ISOM), Nürnberg 2009.

569 Vgl. hierzu: Nationale Strategie zum Schutz Kritischer Infrastrukturen (KRITIS-Strategie, BMI; Berlin 2009), sowie: Risiken und Herausforderungen für die öffentliche Sicherheit – Grünbuch des Zukunftsforums öffentliche Sicherheit, Berlin 2008.

570 Als besonders anfällig können auch die deutschen Energieversorgungsnetze gelten, wie dies aus einem Beitrag von Christoph Schneider bei der VdS-Fachtagung im Dezember 2008 deutlich wurde. Schneiders, C.: Das europäische Übertragungsnetz – Anforderungen an den Betrieb einer kritischen Infrastruktur, VdS-Fachtagung Kritische Infrastrukturen, Köln 2008.

571 Siehe hierzu Clauß, U.: Der nächste Krieg wird im Netz geführt; Die Welt, 18. 5. 2010; Welzl, N.: Gefahr durch Stromausfall, CD-Sicherheitsmanagement Nr. 2/2010, Ausgabe Deutschland; Kritische Infrastrukturen, Risiken und Probleme, Schadenverhütung, VdS-Fachtagung, 9. 12. 2008, Köln, VdS- Schadenverhütung, Schulung und Information.

572 Clauß, U.: Im Datenkrieg nur bedingt abwehrbereit, Die Welt, 18. 5. 2010.

IuK-Kriminalität, stieg die Anzahl im Jahre 2005 auf 26.650 Fälle. Als Schwerpunkte der IuK-Kriminalität zeigten sich folgende Angriffsformen:

- Phishing-Angriffe[573]
- Skimming-Angriffe[574]
- Malicous Software
- Bot-Netz-Attacken (Das größte erfasste Bot-Net umfasste mehr als 140.415 Bots)
- Denial of Service Attacken (DdoS – Denial of Service)
- Hacking-Attacken gegen Kreditkarten-Processing-Gesellschaften[575] und Unternehmen der Rüstungs- und IT-Branche
- Angriffe unterschiedlicher Formen auf WLAN, Bluetooth, UMTS und GPRS[576] (allein hier wurden im Jahre 2005 mehr als 100 Viren und Würmer für mobile Plattformen[577] festgestellt)

---

573 Von Mai 2004 bis Mai 2005 wurden weltweit mehr als 1,2 Mio. Bankkunden Opfer von Phishing-Attacken mit einer geschätzten Schadenssumme von mehr als 920 Mio. US-Dollar; vgl. Ziercke, J.: Neue Formen der Kriminalität, CD-Sicherheitsmanagement Nummer 1/2007 – Ausgabe Deutschland, S. 23 ff., Stuttgart, 2007. Nach einer Pressemeldung haben die Phishing/Skimming-Angriffe an Häufigkeit zugenommen. Soweit bekannt, wird mit Geldkartenbetrug jährlich weltweit ein Schaden von mehr als 1 Milliarde US-Dollar verursacht; vgl. www.pressetext.de/news/1004200024/sachverständige-warnen… v. 21.4. 2010.

574 Nach einer Pressemitteilung des BKA vom 20. 5. 2010 betrug der durch das Abgreifen von Daten bei Nutzung von Bank-Automaten angerichtete Schaden im Jahre 2009 in Deutschland mehr als 40 Mio. Euro. Seit 2008 stieg der Anteil dieser, vornehmlich durch die OK aus Rumänien und Bulgarien begangenen Delikte um mehr als 20 % (ARD v. 20. 5. 2010, 16.55 Uhr). Die Forderung nach einer „Zentralen Stelle in Deutschland“ zur Bekämpfung der Internet-Kriminalität erscheint daher sehr populistisch, da sowohl das BSI als auch das BKA über entsprechende Kapazitäten und Expertisen verfügen.

575 Auch die ungehemmte Datensammlung von Einzelhandelsunternehmen und die nicht kontrollierbare Nutzung dieser Daten stellt eine ernsthafte Gefährdung dar; vgl.: Kassenzettel von familia und Rewe in der Kritik, www.pressetxt.de/news/100507024/kassenzettel-von- familia v. 10. 5. 2010. Dies kann auch für die Vielzahl von Bonussystemen gelten, deren Daten ebenfalls für Werbe- und andere Zwecke genutzt werden. Allerdings scheint dieses Phänomen an Bedeutung zu gewinnen, da ein ähnlicher Fall der Weitergabe von Kundendaten bei Facebook und anderen Netzen in den USA aufgetreten ist (www.pressetext.de/news/100521010/facebook-und-co- geben-p... v. 25. 5. 2010).

576 Nach Ansicht von E. Kapsersky, Kaspersky Labs Moskau, werden Smart-Phones mehr und mehr zu Angriffszielen. Dies schließt künftig jedoch Angriffe auf andere Anwendungen im IT-Bereich, so zum Beispiel auf Software in IT-Applikationen in Kraftfahrzeugen, Flugzeugen oder anderen Anwendungen (Smart Homes – vernetzte Häuser, Gebäudemanagement-Anlagen mit ihren IT-Anwendungen) nicht generell aus. Vgl.: Betrüger, Erpresser, Terroristen, ARD v. 1. 3. 2007.

577 Auch der Autor wurde bereits im Jahre 2005 Ziel eines über eine mobile Access-Card geführten Spoofing-Angriffs auf sein mobiles IT-System. Nicht ausgeschlossen werden kann, dass dieser Angriff von den Sicherheitsbehörden ausging, da sich das Mobiltelefon in der Nähe einer Justizvollzugsanstalt befand, von der bekannt ist, dass dort Kommunikationsblocker eingesetzt werden, die eine drahtlose Kommunikation der Insassen der JVA verhindern sollen.

- Angriffe auf „Soziale Netzwerke"[578] aller Art
- Angriffe auf Voice over IP
- Angriffe auf den Informationsverbund Bonn–Berlin (IVBB) (allein hier mehr als 2,5 Mio. Angriffe im Jahr 2004 auf dieses Netz einer geschlossenen Benutzergruppe)
- Interne Angriffe auf IT-Systeme (bei Finanzinstituten, weltweit mit einem Anstieg von über 35 Prozent)

Die Polizeiliche Kriminalstatistik 2009[579] konstatiert für den Bereich der Internet-Kriminalität:

> Erhebungen zum Tatmittel Internet erfolgen über die entsprechende Sonderkennung – optional in den Ländern ab Berichtsjahr 2004 – seit 2006 in 15 Ländern. 2009 wurden bundesweit 206.909 Straftaten erfasst (+23,6 Prozent, 2008: 167.451 Fälle). Das ist der bislang höchste Wert. Erneut sind im Zusammenhang mit dem Tatmittel Internet überwiegend Betrugsdelikte (82,0 Prozent bei 169.743 Fällen, 2008: 76,7 Prozent bei 128.426 Fällen), insbesondere Warenbetrug (37,6 Prozent, 2008: 43,4 Prozent), registriert worden. Der Anteil des Computerbetrugs ist 2009 im Vergleich zu 2008 mit 6,3 Prozent angestiegen. Der Anteil bei der Verbreitung pornographischer Schriften über das Internet ist sehr stark von 6,2 Prozent auf 2,9 Prozent zurückgegangen.
>
> Bei der Computerkriminalität wurde 2009 ein Anstieg um 17,7 Prozent auf 74.911 Fälle registriert. Dies ist überwiegend in der Steigerung der Fallzahlen beim Computerbetrug (+35,0 Prozent auf 22.963 Fälle), beim Betrug mittels rechtswidrig erlangter unbarer Zahlungsmittel (+6,1 Prozent auf 70.918 Fälle) und beim Ausspähen, Abfangen von Daten einschließlich Vorbereitungshandlungen[580] (+48,7 Prozent auf 11.491 Fälle) begründet. Ein Rückgang von 27,1 Prozent auf 1.351 Fälle war hingegen bei der Softwarepiraterie (private Anwendung zum Beispiel von Computerspielen) zu verzeichnen.[581]

578 Hdr: Fünf Gefahren sozialer Netzwerke in: B4B Mittelstand, Juni 2010; vgl. hierzu auch die vom BSI initiierte Studie: Borges, G./Schwenk, J./Stuckenberg, C. F./Wegener, C.: Identitätsdiebstahl und Identitätsmissbrauch im Internet – Rechtliche und technische Aspekte, Bonn 31. 5. 2010, als auch Pernsteiner, J.: Web 2.0: Identität sehr beliebte Diebesbeute. Die durch das Bundesministerium des Innern finanzierte und im Auftrag des Bundesamtes für die Sicherheit in der Informationstechnik (BSI) verfasste Studie behandelt die Strukturen von Identitätsdiebstahl unter Einsatz der Informationstechnologie umfassend und gibt umfassende Handlungsoptionen zu Abwehrmaßnahmen; www.pressetext.de/news/100612004/web-20-identtaet...) v. 24. 6. 2010.

579 Polizeiliche Kriminalstatistik 2009, BMI Berlin, Mai 2010.

580 Dies bestätigt auch ein Artikel unter dem Titel: Datendiebe entwickeln sich zu Cyberspionen weiter. Der Autor konstatiert, gestützt auf Auskünfte betroffener Unternehmen, dass „Attacken auf Firmen an Qualität und Menge zunehmen"; www.pressetext/de/news/100609028/datendiebe...v. 10. 6. 2010.

581 Vgl. hierzu auch: BKA, Kernaussagen zur IuK-Kriminalität 2008, 8. 10. 2009.

Die Business Intelligence/Competitive Intelligence und staatlich geförderte Industriespionage werden aufgrund der gegenwärtigen wirtschaftlichen Situation weiterhin auf hohem Niveau unter Einsatz aller verfügbaren Instrumente fortgeführt werden. Es ist anzunehmen, dass Russland, China und andere Staaten versuchen werden, technologisch Anschluss an die westlichen Industrienationen zu finden, um damit auch Kosten für eigene Forschung und Entwicklungen zu sparen. Die asymmetrische Bedrohung westlicher Kritischer Infrastrukturen durch terroristische Gruppierungen und die organisierte transnationale Kriminalität wird steigen, wenn es diesen Gruppierungen gelingt, sich eine entsprechende fachliche Expertise und Systeme zur Durchführung von Informationsoperationen zu sichern. Die Beschaffungsaktivitäten für Dual-Use-Embargogüter durch entsprechende Dienste aus Schwellenländern werden unvermindert anhalten und stellen damit einen nicht zu unterschätzende Gefahr für die Industrienationen dar.

Resümee und Ausblick

Die Erfassung von Kommunikationsbeziehungen aller Art und deren Auswertung[582] werden aufgrund der zu erwartenden sicherheitspolitischen und wirtschaftlichen Entwicklungen der kommenden Jahre zu den wichtigsten Informationsquellen von Regierungen und öffentlichen Verwaltungen, der Nachrichtendienste und Wirtschaftsunternehmen[583] aller Art gehören. Nachrichtendienste sind ein Teil der öffentlichen Verwaltung eines Staates; sie sind in ihrem Dienst an die Befolgung geltender Rechtsnormen gebunden, gleichwohl sie häufig in rechtlichen und ethischen Grauzonen operieren müssen, um ihren Auftrag[584] erfüllen zu können. Entscheidende und unabdingbare Voraussetzung für die Arbeit in einem Nachrichtendienst ist auf allen Ebenen die persönliche Integrität eines jeden Mitarbeiters. Die Verantwortung[585] des Leiters eines Nachrichtendienstes ist unteilbar, wie BND-Chef Reinhard Gehlen einmal feststellte:

> Der Chef eines Nachrichtendienstes trägt damit die Verantwortung für das Gemeldete ebenso wie für das Nichtgemeldete. Diese Verantwortung setzt natürlich unumschränktes Vertrauen der Regierung in die Loyalität und die Fähigkeiten ihres obersten ND-Leiters und seiner Organisation voraus, sie bedingt aber auch, dass dem Chef eines Nachrichtendienstes auf seinem Fachgebiet ein Höchstmaß an Freiheit des Handelns unter der selbstverständlichen Voraussetzung gegeben wird, das er die ihm zugebilligte Ermessensfreiheit nicht überschreitet. Die Tatsache, dass die Stellung des Leiters des Auslandsnachrichtendienstes zu den wichtigsten und verantwortungsvollsten im Staate gehört, darf keinesfalls dazu führen, diesen Amtschef nach parteipolitischen, also innenpolitischen Gesichtspunkten auszuwählen. Der Nachrichtendienst muss von allen staatsbejahenden Parteien und allen die Gesellschaft bildenden positiven Kräften getragen werden. Dies bedeutet, dass für die Stellenbesetzungen an der

582 Siehe hierzu auch Reischl, G.: Unter Kontrolle, Frankfurt/Wien 2002.

583 Vgl. hierzu auch: Google, Focus Online v. 30. 5. 2010; Focus-Digital: Google-Skandal, Welle an Widersprüchen v. 31. 5. 2010.

584 Siehe hierzu auch Lange, K.: Reformzwänge bei den geheimen Nachrichtendiensten, Akademie für Politik und Zeitgeschehen, HSS, München, 2005. Interview Uhrlau, Bonner Generalanzeiger v. 5. 3. 2007; Neskovic, I.: Die Exekutive igelt sich ein, Gastbeitrag in der FAZ vom 3. 3. 2007.

585 Insofern ist das öffentliche Statement eines Präsidenten einer Bundesbehörde im Fernsehen, der Meldende sei „Angehöriger des Mittleren Dienstes seiner Behörde" gewesen, als ausgesprochen pikant zu bewerten. Siehe auch P. Carstens, „Wie ein Sprachcomputer", FAZ, Nr. 59, S. 4, vom 10. 3. 2007, ngo-Online e. V., „Parlamentarier kritisieren Ex-BND-Chef", v. 19. 3. 2007.

> Spitze des Dienstes nur fachliche Gesichtspunkte, nicht parteipolitische oder taktische Überlegungen und Entscheidungen ausschlaggebend sein sollten. Es gehört zu den ungeschriebenen Gesetzen des Nachrichtendienstes, dass kein Mitarbeiter, auch nicht der Chef, die Entschlussfassung der Regierung beeinflussen darf. Dies verlangt die Bereitschaft und die Fähigkeit, sich selbst, seine eigene Meinung zurückzustellen. Andererseits verlangt eine solche Einstellung und Haltung auch jenes Maß an Zivilcourage, das vorhanden sein muss, um die Informationen und Arbeitsergebnisse gegenüber der Regierung auch dann mit Nachdruck zu vertreten, wenn sie ihr unbequem sind.[586]

Den Ausführungen des Generals und früheren Präsidenten des BND ist nichts hinzuzufügen, außer dass diese Maximen bis heute nichts von ihrer Aktualität verloren haben.

Im Rahmen der Maßnahmen staatlicher Stellen zur Bekämpfung des weltweiten Terrorismus und der transnationalen organisierten Kriminalität erweist sich nach Auffassung der zuständigen politische Verantwortlichen die Kommunikationsüberwachung[587] als ein wirksames Mittel zur Bekämpfung von Terrorismus und Kriminalität in all ihren Ausprägungsformen. Dabei wird die informationelle Selbstbestimmung des betroffenen Bürgers beeinflusst[588]. Mit einer Gesetzesinitiative zum staatlichen Eindringen[589] in Rechner mit dem Ziel, Straftäter bereits im Vorfeld aufzuspüren oder terroristische Anschlagsvorbereitungen bereits im Ansatz zu erkennen, wird das Tor zur totalen Überwachung geöffnet. Damit dürften auch der Einführung von Erkennungssystemen für

---

586 Gehlen, R.: Der Dienst, S. 259, 263 ff., Mainz, 1971; vgl. hierzu auch: Foertsch/Smidt: Tagungsbericht der HSS/GKND-Tagung in Wildbad Kreuth, Dezember 2009.

587 Offenbar reichen die mit konventionellen nachrichtendienstlichen Mitteln der Quellengewinnung und -führung gewonnenen Informationen über terroristische Aktivitäten durch die Dienste der Bundesrepublik nicht aus, da eine Penetrierung derartiger, streng abgeschotteter organisierter Gruppen und Gruppierungen aus naheliegenden Gründen durch deutsche Beamte als äußerst schwierig zu bewerten ist und aus diesem Grund verstärkt zu dem Instrument der Kommunikationsüberwachung gegriffen werden muss.

588 Die Bemühungen der Europäischen Union um eine Ausweitung der Kommunikationsüberwachung und die Schaffung umfangreicher Datenbestände und deren Vernetzung stellt eine Gefährdung der bürgerlichen Freiheiten dar. Hier ist die nationale Politik gefordert, um Auswüchse einer europäisch zentralisierten und im Endergebnis nicht mehr überschaubaren Datensammlung energisch und mit Nachdruck Einhalt zu gebieten. Dies kann auch für befreundete Regierungen und Verbündete gelten, deren Interesse an Informationen und Daten aus Staaten der Europäischen Union allein nicht mit dem Kampf gegen den internationalen Terrorismus und die internationale organisierte Kriminalität begründet werden können. Nicht zuletzt beeinträchtigen die geplanten Maßnahmen der EU im Bereich der Sozialkontrolle und Grenzüberwachung die Entfaltung der persönlichen Bewegungsfreiheit in einem nicht mehr akzeptablen Umfang.

589 Ein offenbar wenig taugliches Mittel, da Kriminelle und Terroristen ihre Daten nicht mehr auf dem häuslichen Rechner, sondern im Internet ablegen und zudem die Möglichkeiten der Kryptologie ausgiebig zu nutzen verstehen. Vgl.: BKA-Präsident J. Zierke zitiert nach Otte, P.: Spam-Anrufe rauben uns den Schlaf, Schwarzwälder Bote, Nr. 64 v. 17. 3. 2007.

„abnormes" Verhalten, die in den USA[590] bereits praktisch erprobt werden, in Europa bald keine politischen Hindernisse mehr in den Weg gelegt werden. Dies geschieht vor allem mit dem Hinweis darauf, dass mit deren Nutzung terroristische Angriffe angeblich schon im Vorfeld aufgedeckt werden könnten. Es steht außer Zweifel, dass umfassende staatliche Maßnahmen[591] gegen Terrorismus und die organisierte Kriminalität auch in Zukunft erforderlich sein werden. Aber auch hier sind die politisch Verantwortlichen aller Ebenen staatlichen Handels gefordert, Augenmaß[592] – insbesondere im sensitiven Bereich der Kommunikationsüberwachung, die alle Bürger gleichermaßen betrifft – walten zu lassen. Vor allem die künftig mögliche Zusammenführung von Daten[593] aller Art durch Behörden und Wirtschaftsunternehmen und deren Verknüpfung, meist für den Betroffenen nicht nachvollziehbar und schon gar nicht überprüfbar, stellt aus Verwaltungssicht ein scheinbar wirksames Überwachungsinstrument dar, dessen unkontrollierte Anwendung sich äußerst problematisch auf die Grundrechte und die informationelle Selbstbestimmung[594] auswirken kann. Entsprechende Beispiele aus der jüngsten Vergangenheit in den Vereinigten Staaten unterstreichen die Gefährlichkeit dieser Datensammlungen für den Betroffenen, da aus der Auswertung der gewonnenen Daten Anfangsverdachtsgründe für Ermittlungen jeglicher Art abgeleitet werden können, die für den Betroffenen nicht absehbare Konsequenzen haben.

---

590 Gesetzentwurf für den Kongress der Vereinigten Staaten zur Beschränkung des Einsatzes solcher Systeme, Antrag der Senatoren Feingold/Sununu, Hot News, 7. 2. 2007.

591 Ob die damalige Aufforderung einer Behörde vom 8. 3. 2007 an Universitäten, terroristische Verdachtsgründe unter ihren Studenten zu melden, in diesem Zusammenhang als hilfreich zu bewerten ist, steht dahin. Es illustriert jedoch die Hilflosigkeit der zuständigen Stellen, die möglicherweise auf erhebliche Defizite bei der nachrichtendienstlichen Quellenlage hindeuten.

592 Vgl.: 14 Thesen zu den Grundlagen einer gemeinsamen Netzpolitik der Zukunft, BM Thomas de Maizière am 22. 6. 2010. Allerdings konterkariert die durch die Bundesagentur für Arbeit geplante Übertragung der Bearbeitung von Anträgen aller Art im Zusammenhang mit der Unterstützung von Erwerbslosen durch die Deutsche Post offenbar die Absichten der „14 Thesen des Bundesinnenministers".

Nach einem Bericht der Artikel 29-Gruppe der Datenschutzbehörden der Europäischen Union werden in einigen Staaten der EU mehr als die erlaubten Telekommunikationsdaten gespeichert. In einigen Staaten wurden sogar die Inhalte der E-Mail-Kommunikation sowie bestimmte Header der E-Mail gespeichert. Mobiltelefone wurden kontinuierlich hinsichtlich der Bewegungen der Nutzer überwacht und die Ergebnisse gespeichert. Vgl. hierzu: http://futurezone.orf.at/stories/1653988 & http//futurezone.orf.at/stories/1655413 sowie http://ec.europa.eu/justice_home/fsj/privacy/docs/wpdocs/2010/wp172_en.pdf

593 Hier besonders das geplante Zentrale Melderegister Deutschlands und mögliche Verknüpfungen zu anderen Dateien.

594 Das Recht auf informationelle Selbstbestimmung bezeichnet im bundesdeutschen Recht das Recht des Einzelnen, über die Preisgabe und Verwendung seiner personenbezogenen Daten selbst bestimmen zu können. Die Rechtsprechung des Bundesverfassungsgerichts (BVerfG) hat dieses Recht als Datenschutz-Grundrecht definiert. Der Vorschlag, im Grundgesetz ein Datenschutz-Grundrecht zu ergänzen, fand indes bisher nicht die erforderliche Mehrheit.

Journalisten und Publizisten haben bei der Veröffentlichung von Vorgängen mit Bezug auf Nachrichten- und Sicherheitsdienste eine besondere Sorgfaltspflicht, da hier auch wichtige Interessen der Allgemeinheit und der auswärtigen Beziehungen berührt werden, die es abzuwägen gilt.

Die technische Entwicklung im Bereich der signalerfassenden Aufklärung wird fortschreiten und durch Vernetzung mit anderen Systemen zu noch präziserer Erfassung und Lokalisierung fremder Strahlungsquellen aller Art führen. Hier ist die Stärkung und Fortentwicklung nationaler Kapazitäten auf dem Gebiet der signalerfassenden Aufklärung eine Forderung, der sich die politisch Verantwortlichen nicht entziehen dürfen, da nur so sichergestellt werden kann, dass Deutschland über ein präzises und verlässliches Element der strategischen Frühwarnung verfügt, mit dem auf entsprechende bedrohliche Entwicklungen angemessen und frühzeitig reagiert werden kann. Daher ist die langfristige Bereitstellung entsprechender Haushaltsmittel für die signalerfassenden nationalen Dienste ein zwingendes Erfordernis[595]. Auf der Ebene der taktischen und operativen Signalerfassung, insbesondere beim Einsatz der Streitkräfte außerhalb Deutschlands, ist noch erheblicher Handlungsbedarf erkennbar, der nicht durch Haushaltskürzungen[596] auf ein für die Streitkräfte gefährliches Niveau abgesenkt werden darf.

Nichtstaatlichen fremden Stellen wird der Zugriff auf hochwertige, frei verfügbare Erfassungs- und Analysetechnik künftig vermehrt erlauben, in einzelnen Bereichen mindestens die gleichen Standards bei der Erfassung und Auswertung, wie es bei den staatlichen Stellen der Fall ist, zu erreichen. Dies wird auch international agierende Terrorgruppierungen und die transnationale organisierte Kriminalität befähigen, in staatliche und sonstige Kommunikationsbe-

---

595 Hierzu auch Gujer, E.: Deutschland – die ängstliche Großmacht, NZZ v. 14. 3. 2007.

596 Vgl. dazu: Sparen bei den Streitkräften? Unruhe in der Bundeswehr nach Guttenbergs Rede; Verteidigungsminister zu Guttenberg will Konsequenzen aus der „dramatischen" Haushaltslage ziehen und sieht massive Sparzwänge für die Streitkräfte. Es sei Anlass zur Sorge, wenn sich die Sicherheitspolitik künftig nach dem Haushalt richte, warnt auch der Bundeswehrverband; vgl. Stephan Löwenstein, Berlin (FAZ-Online v. 27. 5. 2010). Siehe dazu auch Beitrag Kokkinis, M., im DBWV/DE v. 31. 5. 2010. Mit der angekündigten Reduzierung des Umfangs der Bundeswehr auf 150.000 Soldaten steht zu befürchten, dass die Bundesrepublik Deutschland durch diesen Schritt außenpolitisch an Gewicht verlieren wird und erpressbar werden könnte; vgl. hierzu: Deutscher Bundestag, Drucksache 16/8569, 16. Wahlperiode, 12. 3. 2008. Die Anfrage enthält einige Aspekte zum möglichen Einsatz bewaffneter Kräfte aus EU-Mitgliedsstaaten in der Bundesrepublik Deutschland; vgl. auch Artikel 222 AEUV – Konsolidierte Fassung des Vertrags über die Arbeitsweise der Europäischen Union, und 10505/2/09, REV 2, LIMITE, ENFOPOL 157, ENFOCUSTOM 55, CRIMORG 90, COMIX 465, NOTE From: General Secretariat, To: Police Cooperation Working Party (Mixed Committee EU/Iceland, Norway and Switzerland, Liechtenstein), No prev. doc.: 10694/07 ENFOPOL 121 COMIX 553, Subject: Manual on cross-border operations.

ziehungen[597] aller Art einzudringen und sie möglicherweise für eigene Zwecke zu manipulieren.

Die Folgen gezielter Angriffe im Rahmen des Information Warfare/Cyberwar auf unser Gemeinwesen und damit auch auf Verwaltung und Wirtschaft konnten hier aus naheliegenden Gründen nur spekulativ abgeschätzt werden. Festzuhalten bleibt, dass die Nutzung der elektronischen Kommunikationsmittel immer mit einem gewissen persönlichen Risiko verbunden bleiben wird. Der Nutzer von Kommunikationsmedien muss damit rechnen, sich wegen seiner Kommunikationsbeziehungen und deren Inhalte, auch wenn diese strafrechtlich nicht relevant sein mögen, möglicherweise rechtfertigen zu müssen.

Weiter zeichnet sich ab, dass etwaige militärische[598], politische[599] oder wirtschaftliche[600] Auseinandersetzungen in der Zukunft nicht mehr ausschließlich durch den Einsatz von Machtmitteln aller Art entschieden werden. Ein äußerst wichtiger Faktor wird dabei die Informationsüberlegenheit eines Staates und seiner Alliierten in der elektronischen Umwelt spielen. Sie wird den Ausgang möglicher künftiger Konflikte maßgebend beeinflussen. Dazu zählen nicht nur Maßnahmen der Fernmelde- und Elektronischen Aufklärung, sondern auch umfassende, zielgerichtete Informationsoperationen, gepaart mit Psychologischen Operationen (PsyOps) im großen Stil. Die Anwendung derartiger Prinzipien – gerade auch bei den immer spürbarer werdenden Auseinandersetzungen um Märkte und Ressourcen – wird künftig mit einzukalkulieren sein.

---

597 Vgl.: Verfassungsschutzbericht 2009, LfV Baden-Württemberg, Stuttgart 2009, BMI Verfassungsschutzbericht 2009, Vorabfassung v. 21. 6. 2010.

598 Die Vereinigten Staaten werden sich künftig bei Cyber-Attacken militärische Reaktionen (mögliche Militärschläge gegen den Verursacher) vorbehalten; vgl. hierzu: Spiegel-Online v. 12. 5. 2010. Auch wird die neue russische Militärdoktrin künftig einen wesentlichen Einfluss auf die politischen und militärischen Entwicklungen in Europa und im Fernen Osten haben; vgl. Russias Red Herring, ISN-ETH Zürich vom 27. 5. 2010. Mit der Stationierung eines Raketenabwehrsystems durch die USA in Ostpolen können auch dort künftig Spannungen erwartet werden, da sich die Systeme in unmittelbarer Nähe der russischen Exklave Königsberg/Kaliningrad befinden. Aufschlussreiche Einblicke in die Denkweise akademischer, mit den Nachrichtendiensten der USA verbundener Kreise vermittelt: Godson, R. & Shultz, R.: Adapting Americas Security Paradigm and Security Agenda, National Strategy Information Center, Washington, 11. 3. 2010. Der ehemalige Direktor der CIA General a. D. Michael Hayden hat im Rahmen der Sicherheitskonferenz Black-Hat gefordert, Regeln für den Cyberkrieg aufzustellen, da Cyber-Attacken mehr und mehr politisch motiviert sind; vgl. hierzu www.pressetext.de/news/0903140009/cyberattacken-zunehmen... & http://www.pressetext.de/news/100730024/ex-cia-chef....

599 So fordert der frühere Director National Intelligence unter Präsident G. W. Bush, Mike McConnell, die Überarbeitung des Internets mit dem Ziel, das Internet weltweit durch die US-Nachrichtendienste managen und kontrollieren zu lassen; vgl. ACIPSS-Newsletter 11/2010, Nr.: 0695/2010.

600 Vgl. hierzu Fitsanakis, J.: European Spy Agencies must augment Economic Role, www.rieas.org, Mai 2010. Demnach ist künftig mit verstärkten ökonomischen Auseinandersetzungen auch innerhalb Europas zu rechnen. Auch die Vereinigten Staaten befinden sich demnach in einer Frontstellung zu den Staaten der Europäischen Union, soweit Wirtschaftsinteressen berührt sind.

Damit gewinnt die strategische Frühwarnung auf allen Ebenen mithilfe ausgeklügelter Erfassungs- und Analysesysteme entscheidende Bedeutung. Es ist zu erwarten, dass sich künftig die Grenzen der signalerfassenden Aufklärung zwischen der Erfassung militärisch relevanter Kommunikationsverbindungen und dem zivilen Anteil der Kommunikation zwangsläufig verwischen werden und daher der erfolgversprechende Einsatz staatlicher Erfassungsmittel nur unter Nutzung aller verfügbarer Quellen möglich erscheint.

Anhang

Danksagung

Mein besonderer Dank gilt der Verlagsleitung des Ares Verlags in Graz, hier insbesondere Herrn Magister Wolfgang Dvorak-Stocker, und dem Programmleiter des Ares Verlages, Herrn Hans Becker von Sothen, ohne deren Unterstützung dieses Buch nicht hätte publiziert werden können. Besonders danken für die anregenden Gespräche und Hinweise möchte ich auch: Herrn Dr. Bodo Wegmann/Berlin, Herrn Dipl.-Ing. Rudolf F. Staritz/Bamberg, Herrn Martin Benz, M. A./Ditzingen, Herrn Peter Schwenke/Dresden und Herrn Dr. F. W. Schlomann/Königswinter. Besonders danken darf ich Herrn Claus Gerber/Stuttgart, der mir die Nutzung der Datenbank des im Boorberg Verlag Stuttgart erscheinenden Internet-Informationsdienstes „Sicherheitsmelder" gestattete. Auch Frau Simone Külow von der BStU in Berlin, die mich durch Bereitstellung von Dokumenten zur Hauptabteilung III (HA III Spezialfunkdienste [SFD]) des ehemaligen Ministeriums für Staatssicherheit der ehemaligen DDR unterstützt hat, darf ich in meinen besonderen Dank einschließen. Dank gilt auch dem Traditionsverein der Hohenbogen-Kaserne in Bad Kötzting für die freundliche Unterstützung bei der Erstellung von Abbildungen, der in der Ausstellung gezeigten Exponate der Fm/EloAufklärung.

Meiner Frau Elfriede gebührt besonderer Dank für ihre stete Unterstützung und Geduld während der Entstehung dieses Buches.

Literaturverzeichnis und sonstige Quellen

Monographien

Baud, J.: Encyclopédie du Renseignement et des Services Secrets, Paris 1998

Biedermann, B./Schreyer, H./Wegmann, B. (Hrsg.): Die Militäraufklärung der NVA. Ehemalige Aufklärer berichten, Berlin 2007

Biedermann, B.: Offizier, Diplomat und Aufklärer der NVA, Berlin 2008

BMVg: Bestandsaufnahme. Die Bundeswehr an der Schwelle zum 21. Jahrhundert, Bonn 1999

BMVg: Weißbuch 2006 zur Sicherheitspolitik Deutschlands und zur Zukunft der Bundeswehr, Bonn 2006

BND (Hrsg.): Information Warfare-Kampf mit und um Information, Bonn 2003

Buthmann, R.: Hochtechnologien und Staatssicherheit, BStU, Berlin 2000

Cécile, J.-J.: Le Renseignement Français a l Áube du XXIe Siécle, Paris 1998

Der Vertrag von Lissabon, Auswärtiges Amt, Berlin 2010

Dreger, W.: Counter Intelligence – Betriebliche Spionageabwehr, Renningen-Malmsheim 1999

Europäische Politische Zusammenarbeit (EPZ) auf dem Weg zu einer gemeinsamen Außen- und Sicherheitspolitik (GASP), Auswärtiges Amt, Bonn 1992
Hammer, V.: Die 2. Dimension der IT-Sicherheit, Darmstadt 1999
Handbuch der Bundeswehr und der Verteidigungsindustrie 2007–2008, Bonn 2007
Jertz, W.: Im Dienste des Friedens-Tornados über Bosnien, Bonn 1997
Keller, C.: Telekommunikationsüberwachung und andere verdeckte Ermittlungsmaßnahmen, Stuttgart 2008
Kitson, F.: Im Vorfeld des Krieges-Abwehr von Subversion und Aufruhr, Stuttgart 1974
Konsolidierte Fassung des Vertrags über die Arbeitsweise der Europäischen Union (AEUV), Auswärtiges Amt, Berlin 2010
Korte, G. (Hrsg.): Aspekte der nachrichtendienstlichen Sicherheitsarchitektur, Brühl 2005
Krieger, W.: Geschichte der Geheimdienste, München 2009
Krieger, W./Weber, J. (Hrsg.): Spionage für den Frieden, Akademiebeiträge zur politischen Bildung, Tutzing, München o. J.
La Guerre Électronique en France au XXe Siècle, Comité pour l'histoire de l'ármement, Association Guerrelec Centre d'études d'histoire de la Defénse – Actes du colloque organisé le 20 avril 2000 à l'École Militaire, Paris 2000
Liu, F. F.: A Military History of Modern China, New Jersey 1956
Miller, Arthur R.: Der Einbruch in die Privatsphäre-Datenbanken und Dossiers, Berlin–Neuwied 1973
Morisse-Schildbach, M./Peine, A. (Hrsg.): Demokratische Außenpolitik und Geheimdienste, Berlin 2008
Nationale Strategie zum Schutz Kritischen Infrastrukturen (KRITIS-Strategie), BMI, Berlin 2009
Reichenbach, G./Göbel, R./Wolff, H./Stokar von Neuforn, S. (Hrsg.): Risiken und Herausforderungen für die öffentliche Sicherheit in Deutschland – Grünbuch des Zukunftsforums öffentliche Sicherheit, Berlin 2008
Reischl, G.: Unter Kontrolle, Frankfurt a. M.–Wien 2002
Röttgen, N./Wolff, H. A.: Parlamentarische Kontrolle der Nachrichtendienste im demokratischen Rechtsstaat, Konrad-Adenauer-Stiftung, St. Augustin–Berlin 2008
Schaaf, C.: Industriespionage – Der große Angriff auf den Mittelstand, Stuttgart 2009
Schweizer Armee, Frauenfeld 2009
SiFo-Studie 2009/2010 – Handlungsempfehlungen für Unternehmen, Stuttgart 2010
SiFo-Studie 2009/2010 – Know-how-Schutz in Baden-Württemberg, Stuttgart 2010
Smidt, W./Poppe, U. (Hrsg.): Fehlbare Staatsgewalt, Berlin 2009
Thompson, R.: Defeating Communist Insurgency, Studies in international Security 10, London 1967
Todd, P./Bloch, J.: Globale Spionage. Geheimdienste und ihre Rolle im 21. Jahrhundert, Berlin 2003
Watson, B. (Hrsg.): Military Lessons of the Gulf War, London 1991
Wegmann, B.: Die Militäraufklärung der NVA, Berlin 2005
Wiebes, C.: Intelligence and the War in Bosnia 1992–1995, Berlin 2006

Periodika und sonstige Quellen

AFCEA SIGNAL, International Journal, Fairfax, USA
CD-Sicherheitsmanagement, Rodenbach
Die Bundeswehr, verschiedene Jahrgänge, Berlin

F-Flagge – Magazin für den Fernmeldering e. V., Rheinbach
International Special Operations Magazine – Kommando, Nürnberg
Journal for Intelligence, Propaganda and Security Studies (JIPSS), verschiedene Jahrgänge, Graz
Loyal, Magazin für Sicherheitspolitik, verschiedene Jahrgänge, Bonn
Österreichische Militärische Zeitschrift (ÖMZ), verschiedene Jahrgänge, Wien
Security Point, Rodenbach
Sicherheitsmelder, Stuttgart, www.sicherheitsmelder.de
Truppendienst (TD), verschiedene Jahrgänge, Wien

Internet

archive@gwu.edu
http://diepresse.com
http://panorama-resort.org/
https://forums.yaleglobal.yale.edu/thread.jspa?threadID=1850
newsletter@worldsecuritynetwork.net
www.acipss.org
www.afcea.org/portal/
www.esisc.org/
www.eurogendfor.eu/
www.europarl.eu/news/expert/infopress
www.fas.org
www.fernmeldering.de
www.german-foreign.policy.com
www.gknd.de/
www.isn.ethz.ch/isn/Current-Affairs/security-Watch/Detail
www.k-isom.com
www.pressetext.de
www.security.service.com
www.sicherheitsmelder.de
www.statewatch.org
www.steinbeis-edition.de
www.traditionsverein-hohenbogenkaserne.de/
www.zdnet.com

Amtliche Quellen der Vereinigten Staaten[601] (Joint Publications)

1993

Joint Pub No. 3-55, Reconnaissance, Surveillance, and Target Acq Sppt for Joint Op, 14, April 1993
Joint Pub No. 3-55.1, JTTP for Unmanned Aerial Vehicles, 27. August 1993

1994

Joint Pub No. 3-56.1, Command and Control for Joint Air Operations, 14. November 1994

601 Vgl.: Defense Department Intelligence and Security Doctrine, www.fas.org

1996

JP 3-01.1, Aerospace Defense of North America, 4. November 1996

1998

JP 3-07.2, Joint Tactics, Techniques, and Procedures for Antiterrorism, 17. März 1998
JP 2-02, National Intelligence Support to Joint Operations, 28. September 1998

2000

JP 3-51, Joint Doctrine for Electronic Warfare, 7. April 2000

2001

JP 1-02, Department of Defense Dictionary of Military and Associated Terms, 12. April 2001 (as amended through August, 19th, 2009)

2003

JP 2-01.1, Joint Tactics, Techniques, and Procedures for Intelligence Support to Targeting, 9. Januar 2003
JP 3-53, Doctrine for Joint Psychological Operations, 5. September 2003
Joint Pub 3-05. Doctrine for Joint Special Operations, 17. Dezember 2003

2004

JP 3-31, Command and Control for Joint Land Operations, 23. März 2004
JP 3-07.1, Joint Tactics, Techniques, and Procedures for Foreign Internal Defense, 30. April 2004
JP 3-52, Joint Doctrine for Airspace Control in the Combat Zone, 30. August 2004 (887 KB PDF)
JP 2-01, Joint and National Intelligence Support to Military Operations, 7. Oktober 2004

2005

JP 3-61, Public Affairs 9. Mai 2005

2006

JP 3-13, Information Operations, 13. Februar 2006
JP 6-0, Joint Communications System, 20. März 2006
JP 4-06, Mortuary Affairs in Joint Operations, 6. Juni 2006
JP 2-01.2, Joint Doctrine and Tactics, Techniques, and Procedures for Counterintelligence Support to Operations, 13. Juni 2006
JP 3-13.3, Operations Security, 29. Juni 2006
JP 3-13.4, Military Deception, 13. Juli 2006
JP 3-41, Chemical, Biological, Radiological, Nuclear, and High-Yield Explosives Consequence Management, 2. Oktober 2006
JP 1-0, Personnel Support to Joint Operations 16. Oktober 2006
JP 5-0, Joint Operation Planning, 26. Dezember 2006

2007

JP 3-50, Personnel Recovery, 5. Januar 2007
JP 3-68, Noncombatant Evacuation Operations, 22. Januar 2007
JP 3-13.1, Electronic Warfare, 25. Januar 2007

JP 3-01, Countering Air and Missile Threats, 5. Februar 2007
JP 3-33, Joint Task Force Headquarters, 16. Februar 2007
JP 1-04, Legal Support to Military Operations, 1. März 2007
JP 3-16, Multinational Operations, 1. März 2007
JP 2-03, Geospatial Intelligence Support to Joint Operations, 22. März 2007
JP 3-15, Barriers, Obstacles, and Mine Warfare for Joint Operations, 26. April 2007
JP 3-05.1. Joint Special Operations Task Force Operations, 26. April 2007
JP 3-03, Joint Interdiction, 3. Mai 2007
JP 3-35, Deployment and Redeployment Operations, 7. Mai 2007
JP 3-07.4, Joint Counterdrug Operations, 13. Juni 2007
JP 2-0, Joint Intelligence, 22. Juni 2007
JP 3-27, Homeland Defense, 12. Juli 2007
JP 3-28, Civil Support, 14. September 2007
JP 3-07.3, Peace Operations, 17. Oktober 2007

2008

JP 3-0, Joint Operations, 17. September 2006, change 1, 13. Februar 2008
JP 1-06, Financial Management Support in Joint Operations, 4. März 2008
JP 3-32, Command and Control for Joint Maritime Operations, 8 August 2006, Incorporating Change 1, 27. Mai 2008
JP 3-63, Detainee Operations, 30. Mai 2008
JP 3-18, Joint Forcible Entry Operations, 16. Juni 2008
JP 3-57, Civil-Military Operations, 8. Juli 2008
JP 4-0, Joint Logistics, 18. Juli 2008
JP 3-11, Operations in Chemical, Biological, Radiological, and Nuclear (CBRN) Environments, 26. August 2008
JP 3-59, Meteorological and Oceanographic Operations, 24. September 2008

2009

JP 3-14, Space Operations, 6. Januar 2009
JP 3-29, Foreign Humanitarian Assistance, 17. März 2009
JP 1, Doctrine for the Armed Forces of the United States 14 May 2007, Incorporating Change 1, 20. März 2009
JP 3-40, Combating Weapons of Mass Destruction, 10. Juni 2009
JP 2-01.3, Joint Intelligence Preparation of the Operational Environment, 16. Juni 2009
JP 3-09.3, Close Air Support, 8. Juli 2009
JP 3-02, Amphibious Operations, 10. August 2009
JP 3-24, Counterinsurgency Operations, 5. Oktober 2009
JP 3-06. Joint Urban Operations, 8. November 2009
JP 1-05, Religious Affairs in Joint Operations, 13. November 2009
JP 3-26, Counterterrorism 13. November 2009

2010

JP 3-13.2, Psychological Operations, 7. Januar 2010
JP 3-30, Command and Control for Joint Air Operations 12. Januar 2010
JP 3-10, Joint Security Operations in Theater, 3. Februar 2010
JP 4-09, Distribution Operations, 5. Februar 2010

Abkürzungs- und Nachrichtendienstglossar [in Auswahl]

ABG	Automatisierte biometriegestützte Grenzabfertigung (Bundespolizei, Deutschland)
Advanced Passenger Information	Systemüberwachungsprogramm zur Ein- und Ausreisekontrolle (USA)
AGS-NATO	Alliance Ground Surveillance System (Programm der NATO zum Aufbau einer Fähigkeit zur Gefechtsfeldaufklärung und -überwachung unter Nutzung unbemannter Luftfahrzeuge)
AIESI	Agenzia Informazione e Securezza Interne = Italienischer Inlandsnachrichtendienst
AMAN	Agaf Ha Modi'in = Allgemeiner Dienst für strategische militärische Aufklärung (Israel)
AMMOS	Erfassungssystem von Rohde & Schwarz
ANBw	Amt für Nachrichtenwesen der Bundeswehr, Ahrweiler, aufgelöst (Nachfolgeorganisation ➤ ZNBw)
Arrival and Departure System	Überwachungsprogramm zur Ein-und Ausreisekontrolle (USA)
ASINT	Acoustical Intelligence. Durch Abhören gewonnene Informationen
ASIS	Australian Secret Intelligence Service = Auslandsnachrichtendienst (Australien)
AVID	Allgemeene Inlichtingen- en Veiligheitsdienst = Sicherheits- und Spionageabwehrdienst der Niederlande
AW	Agencja Wywiadu = Auslandsnachrichtendienst Polens
AWF	Analytical Work Files der Europol
BAPT	Bundesamt für Post und Telekommunikation (Deutschland)
BATF	Bureau of Alcohol, Tobacco, Firearms and Explosives = Überwachungsbehörde (USA)
BFST	Bundesstelle für Fernmeldestatistik – Organisationseinheit der Abteilung 2 (Technische Aufklärung) des BND
BfV	Bundesamt für Verfassungsschutz (Köln)
BI	Business Intelligence = Wirtschaftsaufklärung
BKA	Bundeskriminalamt (Berlin, Wiesbaden, Meckenheim)
BMI	Bundesministerium des Innern (Berlin)
BMVg	Bundesministerium der Verteidigung (Bonn, Berlin)
BND	Bundesnachrichtendienst (Berlin, München-Pullach)
BSI	Bundesamt für die Sicherheit in der Informationstechnik (Bonn)
BVT	Bundesamt für Verfassungsschutz und Terrorbekämpfung (Österreich)
C2C	Konzeption zur Überwachung digitaler Nachrichtenströme (USA)
CATS	Committee in the area of police and judical cooperation in criminal matters (EU)
CBP	US Customs and Border Patrol Service (USA)
CCPA	Cabinet Committee of Political Affairs = Führungsorgan der pakistanischen Nachrichtendienste
CC-TKÜ	Kompetenzzentrum Technische Kommunikationsüberwachung, Köln (BMI)

CERT	Computer Emergency Response Team; Organisation oder Team von IT-Sicherheitsfachleuten, das sich mit Computersicherheit befasst.
Chi Pao Ko	Dienst für Abwehr und Gegenspionage (VR China)
CHOBETSU	Chosa Besshitsu = SIGINT-Abteilung der japanischen Streitkräfte
CI	Competitive Intelligence = Konkurrenzaufklärung
CI	Counter Intelligence = Gegenspionage
CIA	Central Intelligence Agency = Auslandsnachrichtendienst (USA)
CIC	Counter Intelligence Center = Auswertezentrale für Spionageabwehr (USA)
CIFA	Counter Intelligence Field Activity = Außenbüro für Gegenspionage (USA)
CNA	Computer Network Attack = Computer-Netzwerkangriffe
CNCIS	Commission Nationale de Contrôle des Interceptions de Sécurité = Frz. Fernmeldeüberwachungsbehörde
CND	Computer Network Defense = Computer-Netzwerk-Verteidigung
CNE	Computer Network Exploitation = Computer-Netzwerk-Erkundung
CNI	Critical National Infrastructure = Kritische Nationale Infrastruktur (UK)
CNO	Computer Network Operations = Computer-Netzwerk-Operationen
COMINT	Communications Intelligence = Fernmeldeaufklärung
COMPINT	Computer Intelligence = Aufklärung mit Hilfe von Computern
COMSEC	Communications Security = Fernmeldesicherheit
Consular Lookout Program	Überwachungsprogramm zur Ein-und Ausreisekontrolle (USA)
Convention of Cybercrime	Schutzkonvention der EU gegen Internetkriminalität
COPEN 32	Rechtshilfeabkommen der EU
COSI	Committee on Operational Cooperation on Internal Security (EU)
COSPOL	Comprehensive Operational Strategic Planning for the Police (EU)
CRIMORG	Ausschuss der EU zur Kriminalitätsbekämpfung
CSE	Center for Security Evaluations = Auswertezentrale für Sicherheitsbewertungen (USA)
CSICE	Cabinet Satellite Intelligence Centre des NAICHO (wichtigster Nachrichtendienst Japans)
CSIS	Canadian Security Intelligence Service = Sicherheitsdienst Kanadas zur Spionageabwehr
CSIS	Central Schengen Informations System (EU)
CSR	Centralnaya Sluzba Rezvedki = Zentraler Nachrichtendienst Russlands
CT	Counterterrorism Office des US-State Department
CTC	Counter Terrorist Center = Führungseinrichtung zur Terrorabwehr (USA)
CTG	Counter Terrorist Group der EU
CUI	Controlled Unclassified Information = Kontrollierte, unklassifizierte Information (USA)
DARPA	Defense Advanced Research Projects Agency = Forschungsagentur des US-Verteigungsministeriums
DATINT	Data Intelligence = Nachrichtengewinnung mit Hilfe von Daten

DCHC Defense Counterintelligence and Human Intelligence Center der DIA = Verteidigungs-Spionageabwehr und Agentenführungszentrum der Verteidigungs-Nachrichtenagentur (USA)

DCRG Direction Centrale des Renseignements Généraux = Generaldirektion der Aufklärung/Frz. Überwachungsdienst

DCSP Direction de la Sécurité Publique = Direktion für öffentliche Sicherheit (Frankreich)

DEA Drug Enforcement Administration = Drogenbekämpfungsbehörde (USA)

DGSE Direction Générale de la Securité Extérieure = Generaldirektion für die Auswärtige Sicherheit (Aufklärung)/Französischer Auslandsnachrichtendienst

DHS Department of Homeland Security = Ministerium für Heimatsicherheit (USA)

DIA Defense Intelligence Agency = Zentraler militärischer Nachrichtendienst der US-Streitkräfte

Diaocha Bu Untersuchungsapparat der Kommunistischen Partei Chinas

Dingyuanchen Elektronische Aufklärung (SIGINT) (VR China)

DIO Defence Intelligence Organization (Japan)

DIS Defence Intelligence Staff = Militärischer Nachrichtendienst Großbritanniens

DISA Defense Information Systems Agency (USA)

DKPO Directorate for Peace Keeping Operations der UN

DNI Digital Network Intelligence = Programm der US-Nachrichtendienste zur Nutzung digitaler Netzwerke für die Nachrichtengewinnung

DO Directorate for Operations der CIA, zuständig für Aufklärung mit menschlichen Quellen (HUMINT) (USA)

DOD Department of Defense = US-Verteidigungsministerium

DOI Deutschland Online-Infrastruktur

DPS Defense Protective Service = Schutzdienst des Verteidigungsministeriums = Abschirmdienst der US-Streitkräfte

DS Bureau of Diplomatic Security des US-State Department (verantwortlich für den Schutz aller diplomatischen Einrichtungen der USA im Ausland)

DSB Defence Security Branch = Militärischer Sicherheitsdienst Australiens

DSD Defence Signals Directorate = Australische SIGINT (Fernmelde- und Elektronische Aufklärungs-Behörde

DSO Division Spezielle Operationen (Bundeswehr)

DSS Defense Security Service = Abwehr- und Gegenspionagedienst der US-Streitkräfte

DST Direction de la Surveillance du Territoire = Direktion der Überwachung des Territoriums/Frz. Spionageabwehrdienst

EAS European Union External Action Service = Europäischer Auswärtiger Dienst

EASA European Agency for Security in the Aviation = Europäische Agentur für Flugsicherheit

EASO European Asylum Support Office = Europäisches Asyl-Unterstützungsbüro (EU)

ECCM	Electronic Counter-Countermeasures = Elektronische Gegen-Gegenmaßnahmen
ECCP	Europol European Cybercrime Platform = Europäische Plattform gegen Cyber-Kriminalität (EU)
Echelon	US-amerikanisches System zur Signalerfassung
ECM	Electronic Countermeasures = Elektronische Gegenmaßnahmen (EloGM)
ECTEG	European Cyber Crime Training and Education Group = Europäische Gruppe für Ausbildung in der Abwehr von Internetkriminalität (EU)
EDA	European Defence Agency = Europäische Verteidigungsagentur
ELINT	Electronic Intelligence = Elektronische Aufklärung
ELITE	Electronic Warfare Live Training Exercise = Übung der Elektronischen Kampfführung (Bundeswehr)
EloGM	Elektronische Gegenmaßnahmen
EloKa	Elektronische Kampfführung
EloUM	Elektronische Unterstützungsmaßnahmen
Energenekon	Türkischer Geheimbund
ENFOPOL	European National Police Forces = Polizeiausschuss der EU
ENISA	European Network and Information Agency = Europäische Netzwerk- und Informationsagentur Heraklion
EOS	Earth Observation Satellite = Erdbeobachtungssatellit
ESM	Electronic Support Measures = Elektronische Unterstützungsmaßnahmen (EloUM)
ESRIF	European Security Research and Innovation Forum = Europäisches Sicherheitsforschungs- und Innovations-Forum (EU)
ETSI	European Telecommunications Standards Institute = Europäisches Institut für die Normung von Telekommunikationsstandards
ETSI TC	Lawful Interception Gesetzliches Abfangen von Kommunikationsinhalten
ETSI AG TISPAN	Arbeitsgruppe des Europäisches Institut für die Normung von Telekommunikationsstandards (ETSI)
EUCOM	US Forces European Command = Kommando der US-Streitkräfte in Europa (Stuttgart)
EUISS	European Institute for Security Studies = Europäisches Institut für Sicherheitsstudien
EUMS	European Military Staff = Europäischer Militärstab (Brüssel)
EURO-Hawk HALE	High Altitude Long Endurance Unmanned Aerial System (UAS) = Hochfliegende unbemannte Aufklärungsplattform mit langer Einsatzdauer (USA/NATO)
EUROJUST	Juristisches Netzwerk/Justizausschuss der EU
EuroOps	Webbasiertes Informationssystem der Europol
Europol	Europäische Polizeiorganisation (Den Haag)
EUROSUR	Euro Surveillance = Grenzüberwachung der EU
FAPSI	Federalnoje Agenstwo Prawitelstwennoi Swjazi i Informazii = Föderale Agentur für staatliche Kommunikation und Information/Fernmeldeüberwachungsbehörde Russlands (aufgelöst)
FATF	Financial Action Task Force = Finanzkontrollbehörde der EU
FBI	Federal Bureau of Investigations = Föderales Büro für Untersuchungen der Bundespolizei (USA)

FBIS	Foreign Broadcast Information Service = Rundfunk- und Fernsehauswertedienst der US-Regierung
FBI-Watchlist	Überwachungsliste des FBI (USA)
FinCen	Financial Crimes Enforcement Center = Überwachungsbehörde für Finanzkontrollen des US-Schatzamtes (ähnlich der ➤ FATF)
FOCC	Frontex-Operational Coordination Centre (Warschau)
FOIA	Freedom of Information Act = Informationsfreiheitsgesetz/Gesetz zur Regelung des Zugangs zu staatlichen Informationen aller Art (USA)
FPS	Federalnaja Pogranichnaja Sluzba = Föderaler Grenzschutzdienst (RUS)
FRONTEX	Europäische Grenzschutzagentur (Warschau)
FSB	Federalnaja Sluzba Besopastnosti = Föderaler Sicherheitsdienst Russlands
FSK	Federalnaja Sluzba Kontrarazvedky = Föderaler Spionageabwehrdienst Russlands
FSO	Federalnaja Sluzhba Okhrany = Föderaler Schutzdienst Russlands
FüS	Führungsstab der Streitkräfte im BMVg (Deutschland)
Future Group	Zukunftsgruppe (informeller Zusammenschluss von europäischen Sicherheitsbehörden)
GASP	Gemeinsame Außen- und Sicherheitspolitik der EU
GCHQ	Government Communications Headquarters = Kommunikationshauptquartier der Regierung/britische SIGINT-Organisation
GENIC	German National Intelligence Cell = Nachrichtenauswertung der Bundeswehr im Einsatzgebiet
GIC	Groupement interministériel de contrôle = Interministerielle Kontrollgruppe (Fernmeldeüberwachungsbehörde Frankreichs)
Global Entry	US-amerikanisches System zur Ein- und Ausreisekontrolle
Global Hawk UAV	Aufklärungsdrohne
GLOBE	Global Border Environment (EU)
G-MOSAIC	GMES-Services for Management of Operations, Situational Awarness and Intelligence for regional Crises = Globale Umwelt- und Sicherheitsüberwachung (Maritime Überwachung, Überwachung Kritischer Infrastrukturen und Unterstützung friedenserhaltender Operationen)
GOES	Global Online Enrollment System Globales Online = Einbuchungssystem/US-amerikanisches System zur Ein- und Ausreisekontrolle
Gongan Bu	Ministerium für öffentliche Sicherheit (VR China)
GRU	Glawnoye Razvetaovatelnoye Upravleniye Generalnowo Shtaba = Hauptverwaltung Aufklärung des Generalstabs, russischer militärischer Nachrichtendienst
GUO	Glavnoye Upravlenie Okhrani Rossiskoy Federatsii = Hauptverwaltung für den Schutz der Grenzen der russischen Föderation
Guoija Anquan Bu	Ministerium für Staatssicherheit (VR China)
HA III	Hauptabteilung III des Ministeriums für Staatssicherheits-Spezialfunkdienst (SFD) des MfS
HELIOS	Französisches Satellitenaufklärungssystem
HERON	Israelisches UAV, eingeführt u. a. in der Bundeswehr
HNA	Heeresnachrichtenamt (Österreich)

HUMINT	Human Intelligence = Nachrichtengewinnung mit menschlichen Quellen
IACIS	International Association for Computer Information Systems
IBAN	International Bank Account Number = Internationale Kontonummer
IC	Intelligence Community = Nachrichtendienste der USA
ID	Identifikation
IE	Intelligence Économique = Wirtschaftsaufklärung in Frankreich
ILETS	International Law Enforcement Telecommunication Seminar (EU/USA)
IMINT	Image Intelligence = Bildaufklärung, -auswertung
IMS	International Military Staff = Internationaler Militärstab der NATO (Brüssel)
INDECT	Intelligent information system supporting observation, searching and detection for security of citizens in urban environment = etwa: Intelligentes Informationssystem, das die Überwachung, Suche und Entdeckung für die Sicherheit von Bürgern in einer städtischen Umgebung unterstützt (Geplantes umfassendes Überwachungsprogramm der EU)
InfoOps/IO	Information Operations = Informationsoperationen
INFOSEC	Information Security = Informationssicherheit
INR	Bureau of Intelligence and Research des US-State Department (Außenministerium)
INSCOM	Intelligence and Security Command = Nachrichten- und Sicherheitskommando der US Army
Interpol	Internationale Polizeiorganisation (Lyon)
IRGC	Islamic Revolutionary Guard Corps Intelligence Service = Pasdaran i Inquilab i Islami[602] = Revolutionäre Garden (Iran)
ISE	Information Sharing Environment = Informationsteilhabe-Programm (USA)
ISEC	Safer Internet Programme and the Prevention of Fight against Crime = Sicheres Internet sowie Kriminalprävention und Kriminalitätsbekämpfung (EU)
IUR1.0 = IUR 95	International User Requirements (ILETS) = Internationale Teilnehmervorschriften/Standard in der Telekommunikationsüberwachung (EU/USA)
JARIC	Joint Analysis and Research Intelligence Centre = Gemeinsames Analyse- und Forschungszentrum/Britische Auswertezentrale
JIC	Joint Intelligence Committee = Gemeinsames Nachrichten-Komitee (Ausschuss der britischen Nachrichtendienste)
Joint Intelligence Technical	Technische Auswertung des pakistanischen ND
Joint Situation Centre	Gemeinsames Lagezentrum der EU (Brüssel)

602 Nach jüngsten Erkenntnissen wird dieser Dienst auch als Revolutionary Guards Intelligence Department (RGID) bezeichnet (BMI, Verfassungsschutzbericht 2009, Vorabfassung v. 21. 6. 2010).

JSIB Joint Signal Intelligence Bureau = Gemeinsames Fernmelde- und Elektronisches Aufklärungsbüro/Pakistanische SIGINT-Organisation

KDB Komitet Dzyazauny Byaspeki = Auslandsnachrichtendienst Weißrusslands

KdoStratAufkl (siehe KSA)

KGB Komitet Gosudarstvennoy Besopasnosti = Komitee für Staatssicherheit (Russland) (in FSB umgegliedert)

Kilowatt-Gruppe Informeller Zusammenschluss westeuropäischer Sicherheitsbehörden

KSA Kommando Strategische Aufklärung der Bundeswehr (Gelsdorf bei Bonn)

LAPAS Luftgestütztes, abstandsfähiges Primäraufklärungssystem (Bundeswehr)

Lawful Interception (LI) Behördliche Kommunikationsüberwachung (EU = USA)

LEA Law Enforcement Agency = Strafverfolgungsbehörden in der EU

LfV Landesamt für Verfassungsschutz (Deutschland)

LIMES Land and Sea Integrated Monitoring for European Security = Land und See-integriertes Überwachungssystem der EU

LKA Landeskriminalamt (Deutschland)

MAD Militärischer Abschirmdienst (Bundeswehr)

MARISS European Maritime Security Services = Europäische Maritime Sicherheitsdienste (EU)

MASINT Measurement Intelligence = Nachrichtengewinnung mit Hilfe der Auswertung von Maßen und Signaturen der Zielobjekte

MBR Minerstwo Besopatsnostiy Rosii = Ministerium für Sicherheit (Russland, aufgelöst 1993)

MEC Middle European Conference = Mitteleuropäische Konferenz (Gremium mitteleuropäischer Sicherheitsdienste)

MI5 Military Intelligence[603] = Britischer Inlandsgeheimdienst (auch Security Service genannt)

MI6 Military Intelligence[604] = Auslandsnachrichtendienst Großbritanniens

MilAttDst Militärattachée-Dienst des MilNw (Deutschland)

MILDEC Military Deception = Militärische Täuschung bzw. Irreführung

MilNwBw Militärisches Nachrichtenwesen der Bundeswehr

MITRE Möglicherweise Akronym für „Massuchesetts Institute of Technology Research Establishment“

MOD-UK Ministry of Defence-United Kingdom = Britisches Verteidigungsministerium

---

603 Der Sicherheitsdienst Großbritanniens wird traditionell als MI5 bezeichnet.

604 Der britische Auslandsnachrichtendienst wird als SIS (Secret Intelligence Service) bezeichnet.

Mossad (ha-Mossad le-Modiin ule – Tafkidim Meyuchadim) = Institut für Nachrichtenwesen und besondere Aufgaben = Auslandsnachrichtendienst Israels

MWD Minerstwo Vnutrennich del Rossiiskoi Federatsii[605] = Innenministerium Russlands

N.SIS Nationale Schengen-Informationssysteme

NCIX National Counterintelligence Executive = Behörde für Spionageabwehr (USA)

NCS National Clandestine Service = Abteilung der CIA für die Führung menschlicher Quellen

NCW Network Centric Warfare = Netzwerkzentrierte Kriegsführung

NDB Nachrichtendienst des Bundes (zentraler Nachrichtendienst der Schweiz)

NDIC National Drug Intelligence Center = Auswertezentrale zur Drogenbekämpfung (USA)

NeoConOpticon EU-Security Industrial Complex = Sicherheitsindustrieller Komplex der EU

NetOpFü Netzwerkzentrierte Operationsführung der Bundeswehr

NEWAC NATO Electronic Warfare Advisory Committee = Beratendes NATO-Komitee zur Elektronischen Kriegsführung

NEXUS US-amerikanisches System zur Ein- und Ausreisekontrolle

NG&A Nachrichtengewinnung und Aufklärung

NGA National Geospatial Intelligence Agency = Dienst für die geographische Aufklärung der USA

NIAS Nachrichtendienstliche Informations- und Analysestelle der LfV im FIZ des BND

NIC National Intelligence Council = Zentrum der US-Geheimdienste für strategische Prognosen

NICB National Intelligence Collection Board = Auswertebehörde für Informationen (USA)

NISCC National Infrastructure Security-Coordination Centre = Sicherheitsbehörde der britischen Regierung, die für die Sicherheit ihrer IT-Netzwerke verantwortlich ist

NoFLy and Selectee List Überwachungsprogramm zur Ein- und Ausreisekontrolle (USA)

NRO National Reconnaissance Office = Nationales Aufklärungsbüro, Dienst für die abbildende Aufklärung (USA)

NSA National Security Agency = Nationale Sicherheitsagentur, elektronischer Aufklärungsdienst der USA (gleichzeitig für die Kryptosicherheit der USA verantwortlich)

NSC National Security Council = Nationaler Sicherheitsrat der USA

NSG Naval Security Group = Geheimdienst der US-Seestreitkräfte/SIGINT-Einheit (aufgelöst)

NVA-ZFD Zentraler Funkdienst der NVA (Funk- und funktechnische Aufklärung)

---

605 MWD = russische Abkürzung für Ministerium für innere Angelegenheiten (russ.: Ministerstwo Wnutrennich Del); gebraucht in Bezug auf das Innenministerium der Russischen Föderation und das Innenministerium der Sowjetunion.

NVTC	National Virtual Translation Center = Nationales Übersetzungszentrum (USA)
OASIS	Europol-Analysis System = Analysesystem der Europol (EU)
ÖBH	Österreichisches Bundesheer
OIG	Office of the Inspector General = Generalinspekteur (Behörde, vergleichbar dem Bundesrechnungshof, allerdings mit weitreichenderen Befugnissen) (USA)
OLAF	Office Européen de Lutte Anti-Fraude = Europäisches Amt für Betrugsbekämpfung
ONI	Office of Naval Intelligence = Marinenachrichtendienst (US)
ONYX	Fernmeldeaufklärungssystem der Schweiz
OPSEC	Operations Security = Abschirmung von Operationsmaßnahmen aller Art (NATO/USA)
OSINT	Open Sources Intelligence = Nachrichtengewinnung aus offenen Quellen
OSZE	Organisation für Sicherheit und Zusammenarbeit in Europa (Wien)
P2P	Peer to Peer, Verbindung zweier gleichrangiger Systeme in der IT-Informationstechnologie
Pasdaran i Inquilab i Islami	Siehe IRGC
PCTF	Police Chiefs Task Force = Einsatzgruppe der europäischen Polizeiführer, ein seit dem Jahre 2000 bestehender informeller Zirkel europäischer Polizeiführer
PFIAB	Presidents Foreign Intelligence Advisory Board = Beratungsausschuss des Präsidenten für den Einsatz der Auslandsnachrichtendienste (CIA, NSA)
PfP	Partnership for Peace = Partnerschaft für den Frieden, Organisation der NATO (Brüssel, Mons)
PHOTINT	Photographic Intelligence = Auswertung fotografischer Aufnahmen
PKO	Peace Keeping Operations = Friedenserhaltende Operationen der Vereinten Nationen
PNR	Personal Name Record-Überwachungsprogramm = Namensnachweisprogramm zur Ein-und Ausreisekontrolle (USA)
POLIS	Policing OnLine Information System = Europäisches Polizei-Informationssystem (EU)
Polygone Electronic Warfare Range	Ausbildungseinrichtung zur Elektronischen Kriegsführung (NATO)
PROGNOZ	Raumgestütztes Aufklärungssystem Russlands
PSB	Presidentskaia Sluzba Bezopasnosti = Präsidialer Schutzdienst Russlands
PSC	Political and Security Committee (Brüssel, EU)
PsyOps	Psycholological Operations (NATO/USA)
Quingbao	Generalstab der Volksbefreiungsarmee (VBA) (VR China)
RADINT	Radiation Intelligence = Aufklärung von Strahlungsquellen aller Art
RAMA	Research and Analysis Mili = Forschung und Analyse Militär/Afghanischer Nachrichtendienst

RCMP	Royal Canadian Mounted Police = Polizeiorganisation Kanadas (u. a. auch für die Terrorabwehr zuständig)
SACEUR	Supreme Allied Commander Europe = Militärstrategisch verantwortlicher Oberbefehlshaber des Bündnisses für Operationen
SÄKK	Säkerhetskontoret = Schwedischer Sicherheitsdienst
SAR	Synthetic Aperture Radar = Radar mit synthetischer Apertur
SAS	Special Air Service = Spezieller luftmobiler Dienst (Britische Spezialeinheit)
SECI	Southeast European Initiative = Südosteuropäische Initiative/Gremium südosteuropäischer Polizeibehörden
SENTRI	US-amerikanisches System zur Ein- und Ausreisekontrolle
SFD	Spezialfunkdienst des Ministeriums für Staatssicherheit der DDR
SFOR	Stabilization Force (NATO)
Shabak[606]	Sherut ha-Bitachon ha-Klali = Dienst für Spionageabwehr und Gegenspionage Israels, auch als Shin Bet bezeichnet
SHAPE	Supreme Headquarters Allied Powers Europe (Mons, Belgien) = Oberstes Hauptquartier der alliierten Streitkräfte in Europa
Shin Bet	(siehe Shabak)
SIGSEC	Signals Security = Sicherheit in der Signals Intelligence (USA)
SIRENE	Supplementary Information Request at the National Entry = Zentrale Stelle des nationalen Teils des Schengener Informationssystems (SIS)
SIS	Schengen-Informations-System (EU)
SIS	Secret Intelligence Servive (MI6) = Britischer Auslandsnachrichtendienst
SISNET	Nachfolgesystem des Supplément d'Information Requis a l'Entrée Nationale des SIS (Schengen-Informations-System) (EU)
SitCen	Situation Centre der EU = Lagezentrum der EU Brüssel (EU) / Lagezentrum der NATO (Brüssel) / Lagezentrum der Vereinten Nationen
SKB	Streitkräftebasis der Bundeswehr (Führungsunterstützungsorganisation)
SNA	Social Network Analysis = Digitale Auswertung von sozialen Netzwerken und anderer kommunikationsbasierter Datenquellen
SNBw	Schule für Nachrichtenwesen der Bundeswehr (z. Zt. noch in Bad Ems, untersteht noch dem KSA)
SO	Special Operations = Britische Terrorabwehr
SOCA	Serious Organised Crime Agency = Behörde für Kriminalitätsbekämpfung in Großbritannien
SOCOM	Special Operations Command = Kommando der Spezialeinsatzkräfte der US-Streitkräfte (USA)
SOFA	Status of Forces Agreement = Abkommen über den Status von Streitkräften (Stationierungsabkommen) (USA/NATO)
SORB	Sistema Operativno Rozynskich Besopastnostyi = Überwachungssystem der russischen Nachrichtendienste (möglicherweise Nachfolgeprogramm von SORM)
SORM	Sistema Operativno-Rozysknykh Meropriyatii = Kommunikationsüberwachungssystem der russischen Nachrichtendienste

606 Auch unter der Bezeichnung Shin Bet bekannt.

SOUD	Systema Ojediyonnogo Uchota Dannych o Protivne = Datenverwaltungssystem des FSB
STAA	Ständiger Aufklärungsauftrag (BND, Bundeswehr)
SVR	Sluzba vnesnej razvedki = Auslandsnachrichtendienst Russlands
SWR	Slushba Wneschnej Raswedki = Auslandsnachrichtendienst der Ukraine (vermutlich in SZRU umbenannt)
Technology Alert List	Überwachungsprogramm zur Ein- und Ausreisekontrolle und Kontrolle mitgeführter Unterlagen und Kommunikations- und IT-Systeme (USA)
TEWU	Abteilung für Spezialangelegenheiten der Politischen Polizei Chinas
TFTP	Terrorist Finance Tracking Program = Bankdaten-Kontrolle (EU)
TGS	Turkish General Staff (Türkischer Generalstab)
TIA	Total Information Awareness (Terrorist Information Awareness) = dt. etwa: Totale Informationskenntnis (Auswerteprogramm der US-Dienste, vermutlich in anderen Programmen aufgegangen)
TIA	Transnational Institute Amsterdam = Unabhängige Forschungseinrichtung
TIPHON	Telecommunications and Internet Protocol Harmonization over Networks (ETSI) = Telekommunikation- und Internetprotokollharmonisierung über Netzwerke
Tipp Off Database	Programm der US-Dienste zur Überwachung von Verdächtigen
TK CNO	Teilkonzeption Computernetzwerkoperationen der Bundeswehr
TKG	Telekommunikationsgesetz (Deutschland)
TKÜ	Technische Kommunikationsüberwachung
TKÜ-V	Telekommunikationsüberwachungsverordnung (Deutschland)
TREVI	Abkürzung für Terrorisme, Radicalisme, Extrémisme, Violence Internationale = Arbeitsgruppe der EU (Terrorismus, Radikalismus, Extremismus und Aufruhr)
TRIP-Program	Überwachungsprogramm zur Ein-und Ausreisekontrolle des ➤ DHS (USA)
TS	Technical Standards des ETSI
TTIU	Terrorist Threat Intelligence Unit = Analyseeinheit zum Austausch und zur Auswertung von Informationen über Terrorismus
UAS	Unmanned Aerial System = Unbemanntes Flugsystem
UAV	Unmanned Aerial Vehicle = Unbemanntes Fluggerät
UN	United Nations = Vereinte Nationen
UNDK	Underättelsekontoret = Schwedischer Nachrichtendienstzweig
UNIRAS	United Kingdom National Resilience System = Zentrum zum Schutz Kritischer Infrastrukturen
USAFRICOM	US African Command = Afrika-Kommando der US-Streitkräfte, Stuttgart (USA)
USCBP	US Customs and Border Patrol = Zoll- und Grenzüberwachungsbehörde (USA)
USNCB	US-National Central Bureau = Verwaltungsbehörde des Bundes (USA)
US-SEVIS	Überwachungsprogramm zur Ein-und Ausreisekontrolle (USA)
USSP	Unitatea Speciale de Paza Si Protocol = Personenschutzdienst des rumänischen Präsidenten

USSTRATCOM	US-Strategic Command = Strategisches Kommando (Strategischer Führungsstab der US-Streitkräfte)
US-TTIC	United States Terrorist Threat Integration Center = Nationales Zentrum zur Bekämpfung terroristischer Bedrohungen (USA)
VEVAK	Vezarat-e Ettela'at va Amniat-e Keshvar = Ministerium für Nachrichtenwesen und Sicherheit (Iran)
Visa Condor Program	Überwachungsprogramm zur Ein- und Ausreisekontrolle (USA)
VoIP	Voice Communication over Internet Provider (Internet-Telefonie)
VPN	Virtual Private Network = Virtuelles privates Netzwerk
VPR	Verteidigungspolitische Richtlinien des BMVg
WINPAC	Weapons Intelligence, Nonproliferation and Arms Control = Beschaffung von Informationen aller Art zu fremden Waffensystemen, die eine Bedrohung darstellen könnten, Verhinderung der Weitergabe von Massenvernichtungswaffen, Rüstungskontrolle und Überwachung des Technologietransfers
Working Party on Terrorism	Terrorismus-Arbeitsgruppe der EU
WPC	Warrior Preparation Center = dt. etwa: Kriegsvorbereitungszentrum besser: Einsatzvorbereitungszentrum
ZINA	Zelle Informations-und Nachrichtenauswertung (BND)
ZiuK	Zentralstelle für Information und Kommunikation der Bundespolizei (Heimerzheim)
ZNBw	Zentrum für Nachrichtenwesen der Bundeswehr (aufgelöst) (siehe auch KSA)
ZUSt	Zentrale Untersuchungsstelle des Kommando Strategische Aufklärung (KSA) in Hof/Saale

Sachregister [in Auswahl]